Inhalt

W0292222

Ägypten – eine Frühe Hochkultur 52

Die Lebenswelt der griechischen Polis 86

Methoden in diesem Band

Zeiten und Menschen ...
... ein neues Fach, ein neues Buch

Liebe Schülerinnen und Schüler,

bevor wir zusammen unsere Reise durch die Vergangenheit mit der Hilfe dieses Buches beginnen, solltet ihr zunächst wissen, was euch auf dieser spannenden Entdeckungsreise erwartet und welche unterschiedlichen Stationen es auf eurem Weg gibt.

Jedes Kapitel beginnt mit einer solchen Doppelseite: Hier findet ihr ein großes Bild, das etwas darstellt, was eine wichtige Rolle im folgenden Kapitel spielt. Ein kurzer Text liefert euch dazu weitere Informationen. Es werden euch Anregungen für ein erstes Gespräch gegeben. Vielleicht wisst ihr schon viel über die „Ägypter" oder die „Römer". Hier habt ihr die Möglichkeit, alles „loszuwerden", was ihr bereits über das jeweilige Thema wisst. Ihr könnt auch sagen, was euch besonders interessiert.

Die folgende Station ist der kurze „Überblick": Dort erfahrt ihr zum Beispiel, warum es lohnenswert sein kann, sich mit den alten „Griechen" oder auch dem „europäischen Mittelalter" zu beschäftigen. Zugleich lernt ihr in einem ersten groben Überblick wichtige Ereignisse oder auch Personen kennen, die in dem Kapitel eine Rolle spielen. Auf einer Zeitleiste sind diese zeitlich geordnet.

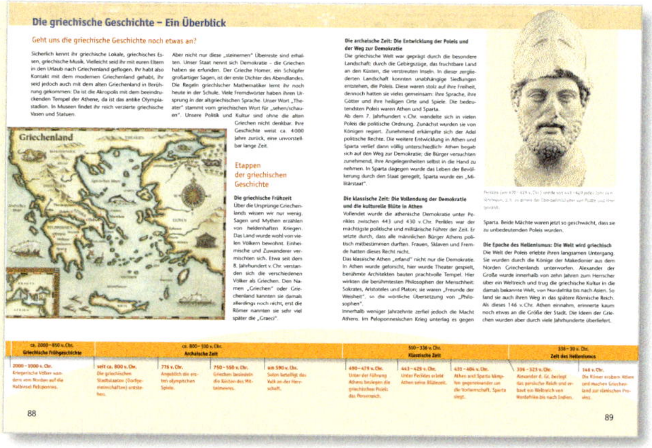

Auf eurer Reise durch das Buch werdet ihr mehrmals auf eine „Forschungsstation" stoßen. Hier seid ihr als „Wissenschaftlerinnen" und „Wissenschaftler" gefordert. Euch wird ein Forschungsauftrag erteilt (meist eine spannende Frage) und ihr arbeitet („forscht") überwiegend selbstständig – ohne fremde Hilfe – an einem Gegenstand. Findet ihr des Rätsels Lösung?

Eine besondere Hilfe werden euch diese Seiten liefern, die den Titel „Methode" tragen. Hier erfahrt ihr, wie ihr als „Geschichtswissenschaftlerinnen" und „Geschichtswissenschafter" arbeiten sollt: Ein echter Forscher hat seine Strategien, ein Bild, einen Text oder auch eine Karte zu untersuchen. Diese Arbeitstechniken bzw. Methoden werden euch auch für andere Unterrichtsfächer hilfreich sein.

Euch kann auch eine Seite begegnen, die den Titel „Information" trägt. Hier geht es – wie der Name schon sagt – überwiegend darum, über vergangene „Zeiten und Menschen" informiert zu werden. Die Texte auf diesen Seiten haben ausschließlich wir – die Autoren dieses Buches – geschrieben.

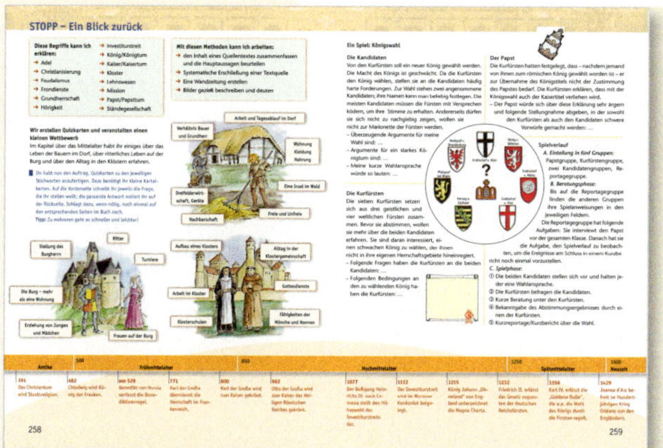

Am Ende eines jeden Kapitels werdet ihr durch das Signal „Stopp – Ein Blick zurück" aufgefordert, stehen zu bleiben und zurückzublicken. Denn was nützt uns das Lernen, wenn wir uns Wichtiges nicht merken können. Wie beim Lernen von Vokabeln, muss man üben und wiederholen. Zusammenfassend und wiederholend – manchmal auch ausblickend – schaut ihr auf das bereits im Unterricht behandelte Thema zurück. Ihr werdet sehen: Auch spielend lernt man leicht.

In dem neuen Fach Geschichte geht es um vergangene „Zeiten und Menschen". Wie lebten die ersten Menschen? Wie konnten so großartige Bauwerke wie die Pyramiden entstehen? Wer waren Gaius Julius Caesar oder Karl der Große? Was wussten Menschen im Altertum eigentlich voneinander? Und welche Wurzeln hat das Mittelalter? Alles spannende Fragen und damit zusammenhängende Geschichten. Mit diesen und noch einigen mehr werdet ihr euch in eurem neuen Fach „Geschichte" beschäftigen. Wenn wir uns anschauen, wie andere Menschen dachten und handelten, machen wir das nicht ohne Grund: Aus der Vergangenheit lässt sich einiges lernen, um unsere eigene Gegenwart zu verstehen und unsere eigene Zukunft zu gestalten.

Zu Beginn einer Reise gibt es viel Unbekanntes – manches wird euch aber auch jetzt schon bekannt vorkommen und eure Reise erleichtern. Lasst uns also in die Vergangenheit aufbrechen!

Geschichte ...

Vergangenheit kennen

Gegenwart verstehen

Zukunft gestalten

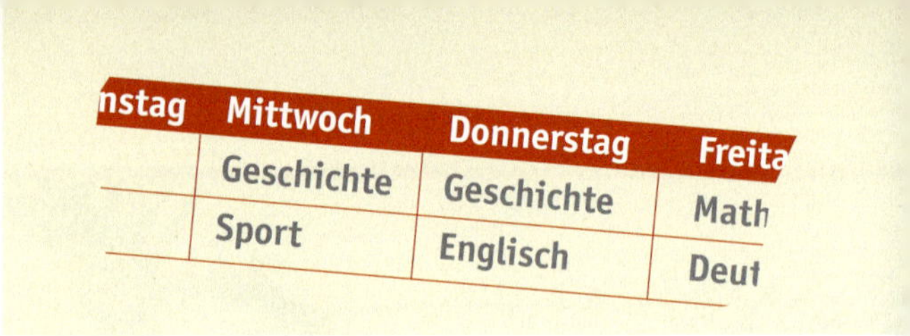

Ein neues Fach auf dem Stundenplan

„Das ist ja eine schöne Geschichte!"
„Ich erzähle dir eine Geschichte!"
„Das ist längst Geschichte!"
Sätze, die euch allen sicherlich bekannt vorkommen und die ihr vielleicht sogar selbst schon benutzt habt. Und nun steht dieses Wort „Geschichte" als neues Fach auf dem Stundenplan. Womit beschäftigt sich dieses Fach?

Wir versuchen, zwei schwierige Fragen im Klassengespräch zu klären:

- **„Geschichte": Was ist das?**
- **Was ist der Unterschied zu „Geschichten"?**

Bereitet das Gespräch in Partnerarbeit vor.

1. Lest den Darstellungstext aufmerksam durch und notiert stichwortartig die Hauptgedanken auf Karteikarten.

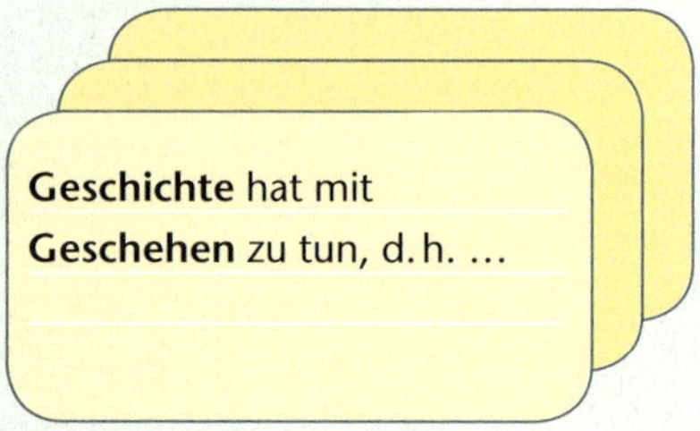

2. Schaut euch die Bilder auf dieser Doppelseite an und überlegt, wie ihr sie als anschauliche Beispiele für eure Antworten auf die beiden Fragen einbeziehen könnt.

M1

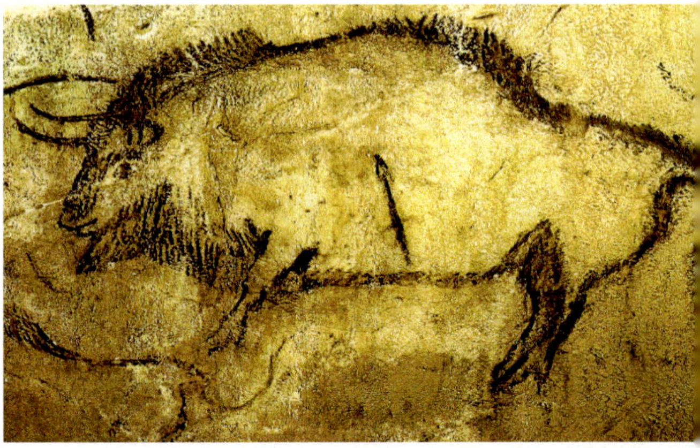

Zeichnung auf einer Felswand: Darstellung eines Wisents (Fundort: Niaux, Frankreich)

M2

Griechische Vasenmalerei: Schulszenen (5. Jahrhundert v. Chr.)

M3

Ein Relief aus der Römerzeit: Es zeigt vier Lebensabschnitte eines Kindes

M4

Buchmalerei: Arbeiten in einem bäuerlichen Haushalt im Mittelalter

Auf den Begriff gebracht

Geschichte hängt mit Geschehen zusammen und Geschichte hat vor allem mit Menschen und ihren Lebensweisen zu tun. Dabei fragen wir nach uns und nach anderen.

In der Familie möchten wir wissen, wer unsere Vorfahren sind, wo und wie sie gelebt haben. Welche Probleme haben sie gehabt? Wie sind sie damit umgegangen? Was haben sie im Vergleich zu uns anders oder gleich gemacht und warum? Worin sind wir ihnen ähnlich oder auch gleich? Was verbindet uns auch heute noch mit ihnen? In gleicher Weise fragen wir neugierig oft auch danach, wie es anderen Menschen auf der Welt, die vor uns gelebt haben, ergangen ist. Dabei kann unser Interesse, wie es die Bilder auf dieser Doppelseite zum Ausdruck bringen, ganz verschiedenen Menschen in ihrer Zeit gelten. In einem Fall steht z. B. die Art und Weise des Lebens der Menschen im Römischen Reich vor mehr als 2000 Jahren oder im Mittelalter vor über 500 Jahren im Mittelpunkt des Interesses. Im anderen Fall beschäftigen wir uns fragend mit dem grausamen Schicksal der Ermordung von Millionen Menschen in den Konzentrationslagern durch das nationalsozialistische Deutschland in den 30er- und 40er-Jahren des 20. Jahrhunderts und versuchen, damit aus unserer Sicht heute verantwortungsvoll umzugehen.

Alle Beispiele verweisen auf ein weiteres entscheidendes Grundmerkmal von Geschichte: Wenn wir uns mit Geschichte beschäftigen, dann beschränken wir uns nicht darauf herauszufinden, was wo und warum geschehen ist, sondern wir müssen immer auch klären, wann sich die Geschehnisse ereignet haben. Und da gibt es noch etwas Besonderes: Die Zeit, in der sich die Dinge abgespielt haben, ist eigentlich nicht mehr da. Wir blicken von heute zurück. Wer sich mit Geschichte beschäftigt, versetzt sich immer in eine – allerdings unterschiedlich lange – vergangene Zeit zurück. Zum Ereignis (Wer?, Was? und Warum?) und zum Raum (Wo?) gehört also immer die Zeit (Wann?).

M5

Foto aus dem 20. Jahrhundert: Kinder am Lagerzaun eines nationalsozialistischen Konzentrationslagers

M6

Foto aus dem 21. Jahrhundert: 11. September 2001 – Anschlag auf das World Trade Center in New York

Geschichte und Zeit

Älteste erhaltene mechanische Wanduhr der Welt (14. Jh.)

Wie sehr hat die Uhr das Leben der Menschen verändert?

Man sieht sie nicht wirklich, wir können sie nicht in der Hand halten und doch spüren und wissen wir, dass sie da ist. Sie bestimmt unser Leben und den Gang der Dinge unaufhaltsam Tag für Tag. Die Rede ist von der Zeit.

Wenn wir heute wie selbstverständlich auf die Uhr schauen, um genau zu wissen, wie spät es ist, ist es den meisten von uns kaum bewusst, dass solch eine präzise minuten- und sekundengenaue Zeitmessung eine recht späte Entwicklung im Verlauf der Geschichte ist. Räderuhren, die die Zeit in kleinen Einheiten (Stunden, Minuten) messen, gibt es erst seit dem 14. Jahrhundert. Über weite Strecken und Zeiträume bestand anscheinend keine Notwendigkeit, Zeiträume und Zeitpunkte exakt zu bestimmen. Dass man Zeit messen kann und dass dies hilfreich für die Gestaltung und Organisation des Lebensalltags ist, entdeckten allerdings die Menschen schon sehr früh. Immer dienten dabei Sonne und Mond zum Messen von Zeit. Die Beobachtung, dass die beiden Gestirne Sonne und Mond ihre Bahn mit größter Regelmäßigkeit durchlaufen, bildete die Grundlage für genauere Messungen von Zeit. Tag, Monat und Jahr als Zeiteinheiten waren das Ergebnis. Damit hatte man auch die Grundlage für den Kalender gefunden.

Wasseruhr zur Zeitmessung im antiken Athen

Dosenförmige Taschenuhr, um 1510 hergestellt

Mit dem Kalender war es dann auch zum ersten Mal möglich, Ereignisse in der Vergangenheit zeitlich genau festzuhalten. Allerdings musste man für die Einordnung der Ereignisse nach Jahres-, Monats- oder sogar Tagesangaben irgendwo im gleichmäßigen Fluss der Jahre einen Festpunkt ansetzen, von dem aus man mit dem Zählen begann. Diesen Festpunkt haben Völker sehr verschieden angesetzt. Somit gibt es auch heute noch unterschiedliche Zeitrechnungen nebeneinander. In vielen Ländern auf der Welt hat man die Geburt Christi als Ausgangspunkt genommen, auf den hin wir die geschichtlichen Daten einordnen. Für unsere Zeitrechnung ist das Jahr 1 das (angenommene) Jahr von Christi Geburt. Da es das Jahr 0 nicht gibt, gilt für unsere Zeitrechnung also Folgendes: Der Zeitraum von der Geburt Christi bis zum Jahr 99 ist das erste Jahrhundert. Das zweite Jahrhundert umfasst die Jahre 100 bis 199 usw. Von diesem Festpunkt (Christi Geburt) aus rechnen wir vor (z. B. 1997, 1998, 1999) oder zurück. Die Zeit vorher zählen wir in umgekehrter Reihenfolge mit dem Zusatz „v. Chr.“ = vor Christus (z. B. 753 v. Chr.).

2000 v. Chr. | 1000 v. Chr. | **Christi Geburt**

Vor- und Frühgeschichte | **Hochkulturen des Altertums**

Cheopspyramide, Ägypten erbaut um 2500 v. Chr.

Parthenon-Tempel, Athen erbaut 447 – 432 v. Chr.

Kolosseum von Rom 80 n. Chr. eingeweiht

Moderne Atomuhr heute

Die „historische Zeit" auf der Zeitleiste

Um die Geschichte in ihren unvorstellbar langen Zeiträumen und im Verlauf ihrer zeitlichen Abfolge zu ordnen und überschaubar zu machen, haben die Geschichtsforscherinnen und -forscher die Geschichte in mehrere große Zeitabschnitte unterteilt. Die früheste Zeit nennen sie Vor- und Frühgeschichte, dann folgen das Altertum (Antike), das Mittelalter und die Neuzeit. Besondere Probleme bereitet dabei der Zeitraum Neuzeit. Dieser Zeitabschnitt, der dem Namen nach streng genommen jeweils bis zum heutigen Tag reicht, wird eigentlich immer länger, da die Zeit nicht aufzuhalten ist. Um auch diesen Zeitabschnitt noch einmal sinnvoll zu unterteilen, benutzen wir für die Geschichte unserer Zeit die Bezeichnung Zeitgeschichte. Damit ist die unmittelbare Vergangenheit gemeint oder auch die „gegenwärtige Geschichte", all das, was sich gerade zum gegenwärtigen Zeitpunkt ereignet.

Diese Zeiteinteilung hat sich eigentlich als nützlich für die großräumige zeitliche Orientierung in der Geschichte erwiesen. Der Zeitablauf lässt sich mittels einer Zeitleiste darstellen. Sie wird ähnlich wie ein Meterstab in Abschnitte unterteilt. Eine solche Zeitleiste hilft uns, geschichtliche Ereignisse anschaulich zeitlich ein- und anzuordnen. Die geschichtlichen Ereignisse werden in ihrer Abfolge nach Jahrtausenden, Jahrhunderten, Jahrzehnten, Jahren und Tagen geordnet aufgereiht.

Die Wissenschaftler nennen ein solches Ordnungsprinzip und Vorgehen *chronologisch*. Das Wort leitet sich aus dem Griechischen ab, „Chronos" war in der griechischen Götterwelt der Gott der Zeit.

Wie rechnen andere Völker die Zeit?

Jüdischer Kalender: Die Juden beginnen ihre Zeitrechnung mit der Weltschöpfung, die sie auf das Jahr 3761 v. Chr. ansetzen.

Römischer Kalender: Die Römer begannen ihre Zeitrechnung mit dem Vorgang der Gründung der Stadt Rom. Sie erfolgte, wenn wir der Gründungssage Glauben schenken können, im Jahr 753 v. Chr.

Islamischer Kalender: Die islamische Zeitrechnung beginnt mit der Flucht des Propheten Mohammed nach Medina. Sie erfolgte nach unserer Zeitrechnung im Jahre 622 n. Chr.

1 Für Rechner: Aus welcher Zeit stammen die abgebildeten Bauwerke
- nach dem jüdischen Kalender?
- nach dem römischen Kalender?
- nach dem islamischen Kalender?

2 Suche dir ein Gebäude aus und erzähle, was du darüber weißt. Ein Lexikon hilft dir weiter.
Tipp: Hier kann auch eine ganz moderne Informationsquelle gute Dienste leisten: Wir benutzen das Internet. Wenn ihr in eurer Schule eine solche Möglichkeit habt, nutzt sie unter Anleitung eurer Lehrerin oder eures Lehrers. Auch Mitschülerinnen und Mitschüler stehen manchmal als Expertinnen und Experten dafür zur Verfügung.

1000 n. Chr. | 1500 n. Chr. | 2000 n. Chr.

Mittelalter | **Neuzeit** | **Gegenwart/Zeitgeschichte**

Wartburg in Thüringen 1080 erstmals genannt

Kölner Dom, Grundsteinlegung 1248

Brandenburger Tor in Berlin, erbaut um 1790

Empire State Building in New York, erbaut 1930

Olympiastadion in Athen eröffnet 2004

Aus der eigenen Geschichte ...

Zehntelsekunden, Sekunden, Minuten, Stunden, Tage, Wochen, Monate, Jahre, Jahrzehnte, Jahrhunderte, Jahrtausende, Millionen von Jahren ... unendlich ist die Zeit. Alles, was „früher war", ist ein Teil der Geschichte: die Dinosaurier, der römische Herrscher Julius Caesar oder auch die letzten beiden Bundeskanzler der Bundesrepublik Deutschland, Helmut Kohl und Gerhard Schröder. Doch die Dinos lebten sehr viel früher als die Bundeskanzler Kohl und Schröder. Eine vergangene Minute ist bei Weitem nicht so lange „Geschichte" wie die Dinosaurier, die vor Millionen von Jahren lebten. An etwas, was gerade erst geschehen ist, erinnern wir uns besser als an etwas, was bereits lange Zeit „vergangen" ist.

- **Wir ordnen Geschichte auf der Zeitleiste.**

Zeitleisten erstellen

a) Zunächst müssen wichtige (Lebens-)Daten zu einer Person oder einem Thema herausgesucht werden.

b) Entscheide dich: Zeichne eine vertikale oder eine horizontale Zeitleiste! Dies kann ein Pfeil oder eine Linie von links nach rechts oder von oben nach unten sein.

c) Entscheide dann, an welchem Punkt die Leiste beginnt (i.d.R. ein Datum). Unterteile den Pfeil oder die Linie in geeignete Abschnitte. Sie sollten gleichmäßig voneinander entfernt sein.

d) Trage nun die ausgewählten Daten auf der Zeitleiste ein.

- **Wir zeichnen einen Stammbaum und erzählen über unsere Familie.**

Einen Stammbaum der „eigenen Familiengeschichte" zeichnen

Ein Stammbaum ist – wie der Name schon sagt – ein Baum, der zeigt, woher jemand stammt. Entsprechend finden sich unten auch die „Wurzeln" und der Stamm. Oben (in der Krone des Baums) steht immer die Person, von der der Stammbaum (bis zu den Wurzeln) ausgeht.

Nun stelle deine „eigene Geschichte" vor:

1 Zeichne nach dem Vorbild der Abbildung einen Stammbaum in dein Heft und trage dich sowie die Namen deiner Eltern, Großeltern, Urgroßeltern usw. ein. Nimm möglicherweise ein Familienbuch zu Hilfe oder frage Verwandte.

2 Stelle den Stammbaum deiner Familie in der Klasse vor.

Eine Zeitleiste der „eigenen Geschichte" erstellen

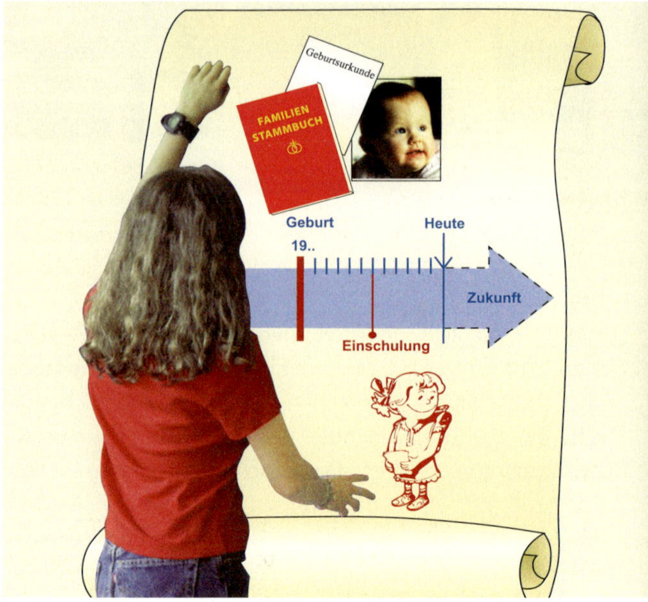

1 Sammle zunächst deine Daten. Versuche dabei möglichst viele Erinnerungen und wichtige Geschehnisse aus deinem Leben zusammenzutragen, z. B. den Tag deiner Geburt oder Einschulung. Frage auch Verwandte: Vielleicht erinnern sie sich an etwas, an das du dich nicht erinnern kannst.

2 Nimm eine Doppelseite im Geschichtsheft (oder besser ein Stück Tapetenrolle) und zeichne eine Zeitleiste. Trage alle Informationen stichwortartig dort ein. Du kannst auch Bilder dazu malen oder Fotos/Kopien ergänzen.

3 Erzähle deine „eigene Geschichte".

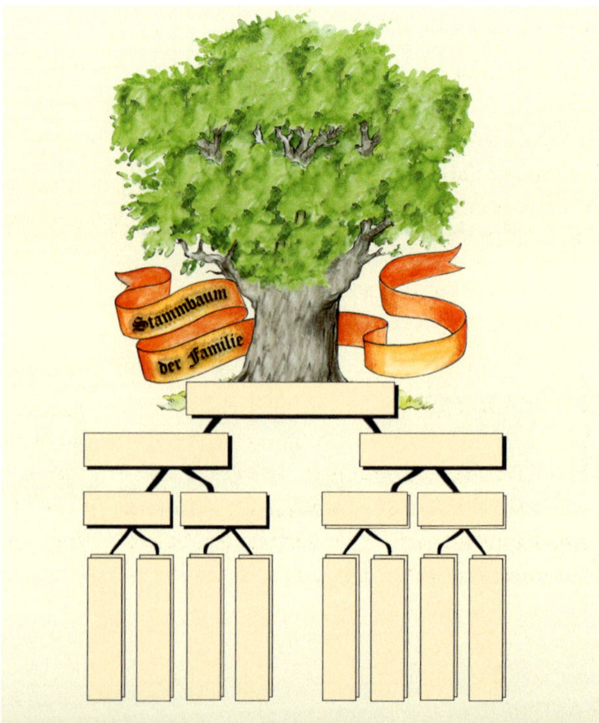

Geschichtswissenschaftler – Kriminalkommissare, die in der Vergangenheit ermitteln?

Die Arbeit von Kriminalkommissaren und Wissenschaftlern hat vielleicht mehr miteinander zu tun, als ihr vermutet. Sind Geschichtswissenschaftler zugleich Kommissare, die allerdings in der Vergangenheit ermitteln? Du sollst dieser Frage nachgehen.

- **Wie erfahren wir etwas über die Vergangenheit oder wer „macht" eigentlich Geschichte?**

Wir erstellen Interviews, um diese spannende Frage zu beantworten.

1. Eine Tageszeitung möchte über die Arbeit der Polizei berichten. Ihr erhaltet als Reporter den Auftrag, mit einem Kriminalkommissar ein Interview über Aufgaben, Vorgehensweisen und Tätigkeiten zu führen, das dann in der Zeitung abgedruckt wird. Schreibt euer Interview auf.

Interviews führen

a) Fragen müssen entworfen werden.
b) Antworten müssen formuliert werden.
c) Ein solches Interview zu führen, setzt Kenntnisse und Wissen über die Sache voraus, das im Vorfeld erworben werden muss.

2. Lest die beiden kurzen Darstellungstexte aufmerksam durch. Sie liefern euch gesicherte Informationen, auf die ihr euch in dem Interview stützen könnt.

Szenenwechsel:
Einige Tage später kommt derselbe Kriminalkommissar bei der Untersuchung eines Falls mit einem Geschichtswissenschaftler ins Gespräch. Die beiden unterhalten sich über ihre Arbeit. Während des Gesprächs entdecken sie, dass ihre Arbeit sich in vielen Punkten ähnlich ist.

Ich bin …

Ich bin …

3. Spielt die Unterhaltung zwischen den beiden in einer kurzen Szene vor der Klasse.

Ein Kriminalkommissar ermittelt …

Es ist drei Uhr nachts … ein lautes Klirren reißt die Nachbarn erschreckt aus dem Schlaf: ein Unfall? Plötzlich wieder Stille. Am nächsten Morgen zeigt sich das Geschehen: eine kaputte Scheibe, Verwüstung im Wohnzimmer … ein Einbruch im Nachbarhaus. Ein Fall für die Polizei. Diese beginnt sogleich mit ihrer Arbeit am Tatort. Die Tat ist geschehen, sie ist bereits vorbei; kein Verbrecher weit und breit zu sehen. Der Kriminalpolizist kann nur aus einzelnen Spuren einer Tat den ganzen Tathergang ermitteln. Denn er war kein Zeuge. Tatkräftig unterstützt von seinen Kollegen aus der Abteilung Spurensicherung sucht er nach allen möglichen Spuren, die hinterlassen wurden. Er sichert sie, damit nichts Wichtiges verloren geht oder übersehen wird. Kommissare, Polizisten und Mitarbeiter leisten dabei Detektivarbeit: Spurensuche, Spurensicherung und Spurenauswertung. Die Polizisten versuchen, auf der Grundlage der vorhandenen Spuren ein möglichst genaues Bild des Tatherganges zu entwerfen. In einem abschließenden Bericht fasst der Kriminalkommissar die Ergebnisse seiner Ermittlungen zusammen. Es ist zunächst einmal seine Sicht des Geschehens. Wird ein Täter gefunden, entscheidet ein Gericht über seine Schuld. Und ein Verteidiger deutet Spuren möglicherweise anders als der Kommissar – zugunsten des Angeklagten: Er hat eine andere Sicht der Dinge.

Kriminalkommissar und Geschichtsforscher – haben sie etwas gemeinsam?

Es gibt auffällige Gemeinsamkeiten zwischen der Arbeit der Kriminalpolizei und der Arbeit von Geschichtsforschern. Die Forscherinnen und Forscher sind sozusagen „Zeitdetektive". Niemand von denen, die auf „Zeitreise" in die Vergangenheit gehen, war selbst dabei. Sie suchen – wie der Kriminalpolizist – nach Spuren der Geschichte, um sich ein Bild machen zu können. Das Ereignis, dessen Spuren sie verfolgen, ist vorbei, ist geschehen und als solches nicht wiederholbar. In ihrer Rolle als Zeitdetektive müssen sie die einzelnen verstreuten Hinweise auf geschichtliche Vorgänge – oft verstreut wie Puzzleteile, die erst noch zusammengesetzt werden müssen – zunächst ordnen. Erst dann können sie eine Vorstellung davon bekommen, wie sich die Ereignisse wahrscheinlich abgespielt haben. Ähnlich wie die Polizei stellt der Forscher Vermutungen auf, was wohl passiert sein könnte – und das auf der Grundlage der gefundenen Spuren. Da auch der Forscher eine eigene Vorstellung vom Geschehen entwickelt, kann ein anderer, der ebenso die Spuren auswertet, zu einem ganz anderen Ergebnis kommen. Er hat die Spuren anders gedeutet. Ereignisse werden „rekonstruiert". Sie stehen dann in Geschichtsbüchern – wie in diesem hier. Euer Geschichtsbuch „Zeiten und Menschen" ist bildlich gesprochen der „Fahndungsbericht" der Schulbuchautoren, die es für euch geschrieben haben: eine spannende Reise in die Vergangenheit, die noch vor euch liegt.

Spuren der Zeit – eine geheimnisvolle Entdeckung

Es geschieht an einem sonnigen Samstag. Schauplatz ist ein griechisches Gebirgsmassiv. Wanderer haben gerade ihr Etappenziel erreicht, als sie plötzlich – versteckt hinter den Zweigen eines Olivenbaums – den Eingang einer Höhle entdecken: Ein Mutiger traut sich hinein und macht eine atemberaubende Entdeckung ...
Jahre später behauptet ein Forscher: „Der Mann, der dort eingesperrt wurde, war mit Sicherheit ein griechischer Handwerker vor mehr als 2000 Jahren. Das weiß ich aus sicherer Quelle!“
Was hat der Wanderer entdeckt? Was ist passiert? Wo hat der Forscher seine Informationen her? Und vor allem:

- **Woher wissen wir eigentlich, was früher war?**

Wir vervollständigen eine Mindmap zu dieser Frage.

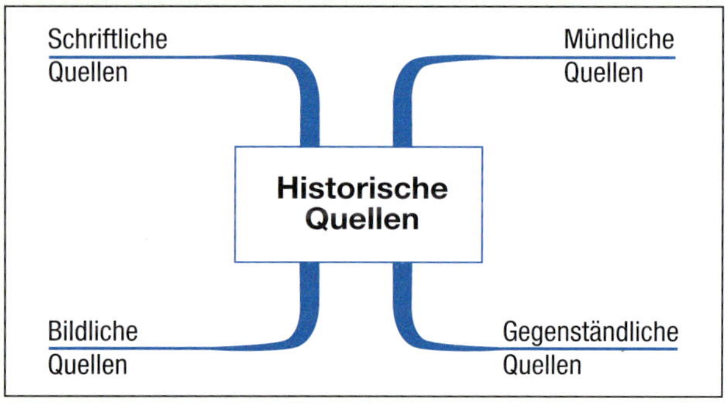

1. Werte die „Fundberichte“ (M1–M4) aus und vervollständige die Mindmap, indem du an die vier vorgegebenen „Äste“ so viele Zweige malst und beschriftest, wie es deiner Meinung nach von der Sache her sinnvoll ist.
2. Stelle deine Lösung der Klasse vor und vergleicht eure Ergebnisse im Klassengespräch.
3. Stelle anschließend weitere Vermutungen darüber an, was in der Höhle geschehen ist und begründe sie mithilfe der „Fundberichte“ M1–M4.

Fundberichte
Menschen, die vor 2000 Jahren lebten, kann ein Wissenschaftler heute nicht mehr persönlich ansprechen. Die Vergangenheit hat dennoch vielerlei Spuren hinterlassen. Mit ihnen lässt sich erfahren, was früher geschehen ist. Alle Materialien, die uns etwas über Vergangenes sagen können, nennt man auch „historische Quellen“. „Historisch“ bedeutet so viel wie „geschichtlich“.

M1

Als die Höhle gründlich durchsucht wurde, fand man zahlreiche schriftliche Quellen. Eine *schriftliche Quelle* ist etwas, was vor langer Zeit von irgendjemandem „aufgeschrieben“ wurde. Das kann z. B. eine Urkunde, ein Vertrag, ein Brief, eine Rede oder eine Inschrift sein. Ihr schreibt heute auf Papier oder auf dem Computer. Das war früher anders: In der Höhle fand sich eine Botschaft, die in Stein gemeißelt war. Anderswo wurde auf Ton oder Wachs geschrieben, manchmal auch in Metall gestanzt.
Die ältesten schriftlichen Quellen, die bislang gefunden wurden, sind ungefähr 5000 Jahre alt. Doch ihr Wert ist hoch: Gegenüber dem gesprochenen Wort und dem, was die Menschen sich über die Jahre von Generation zu Generation weitererzählt haben, sind die Informationen häufig genauer und umfassender. Es gibt beispielsweise Texte, die anschaulich und sehr ausführlich bis in Einzelheiten über den Alltag der Römer oder der Ägypter berichten.
Unsere Botschaft in der Höhle berichtet über einen Griechen: „Ich bin seit drei Tagen hier gefangen.“

1 Was sind schriftliche Quellen?

2 Geht auf Entdeckungsreise in eurem Geschichtsbuch und sucht Beispiele, die ihr vorstellen könnt.

Ein Beispiel für schriftliche Quellen: alte Verzeichnisse in einem Archiv

M2

Als eine Gruppe von Wissenschaftlern die Funde in der Höhle untersuchte, entdeckten sie einige Bilder. Eine Person hat an die Felswand – offenbar mit einem scharfkantigen Stein – ein Bild gemalt: Es sieht aus, als wollte der Maler eine Schusterwerkstatt darstellen: Neben vielen Schuhen und Werkzeugen sieht man eine Person auf einem Hocker sitzen – eine *bildliche Quelle*. Auch mit Bildern haben uns die Menschen Informationen über die Vergangenheit hinterlassen. Die Menschen zeichnen und malen offenbar schon seit frühesten Zeiten, denn manche der bildlichen Quellen sind wirklich sehr alt. Bilder findet man – wie in der Höhle – auf Wänden, aber auch auf Vasen, Papier und Leinwand. Nicht nur, was gemalt wurde, verrät uns einiges, sondern auch die Art und Weise, wie es der Künstler gemalt bzw. gezeichnet hat. Wir erfahren etwas über die Zeit und möglicherweise auch über den Maler.
War der Mann, der in der Höhle war, ein Handwerker, ein Schuster? Die bildliche Quelle an der Wand könnte ein Zeichen dafür sein ... geheimnisvoll.

1 Was sind bildliche Quellen?

2 Sucht nach verschiedenen Beispielen und stellt sie vor.

Ein Beispiel für bildliche Quellen: Malerei auf einer griechischen Vase (Schusterwerkstatt)

M3

Schon als die Forscher die Höhle betraten, waren sie fast über dort verstreut herumliegende Gegenstände gestolpert: Was war das bloß alles für Zeug? Könnte die spitze Metallklinge ein Messer sein? Die Scherben auf dem Boden – ein Zeichen, dass hier ein Töpfer gearbeitet hat?
Alle Funde – Gebrauchsgegenstände, Werkzeuge, Münzen oder auch Waffen – bezeichnet man als *gegenständliche Quellen*. Im weitesten Sinne sind auch Bauwerke und andere Gebäude derartige Quellen. Von einigen Geschichtsforschern werden sie auch als Sachquellen bezeichnet. Alle diese Dinge erzählen auf ihre Weise etwas über die Menschen und ihre Zeit, in die sie gehören. Für lange Zeiträume der Geschichte gibt es übrigens nur gegenständliche Quellen.
Die Zeichen in der Höhle könnten auf einen Handwerker deuten: War der Mann Schuster oder Töpfer?

1 Was sind gegenständliche Quellen?

2 Stellt Beispiele vor, die ihr in eurem Geschichtsbuch findet.

Ein Beispiel für gegenständliche Quellen: Geschirrstücke aus der Antike

M4

Ein Mann, anscheinend ein Dorfbewohner, kam an dem Schauplatz des Geschehens vorbei: „Ich weiß ganz genau, was das für eine Höhle ist. Bereits meine Großeltern haben mir die Geschichte erzählt. Hier wohnten Zauberer. Sie malten eigenartige Bilder an die Wand.“ Ein Forscher sprach den alten Kauz an: „Und woher wissen Sie, dass das stimmt, was sie erzählen?“. Er erwiderte: „Es wurde im Dorf immer weiter und weiter erzählt.“
Der Wissenschaftler zog seine Schlüsse: Auch diese *mündliche Quelle* muss beachtet werden. Vielleicht stimmt das, was die Menschen sich weiter und weiter erzählen. Doch wie sicher diese Informationen sind, kann nicht immer leicht festgestellt werden. Mündliche Quellen bezeichnet man auch als „mündliche“ oder „erzählte“ Geschichte („Oral History“).

1 Was sind mündliche Quellen?

2 Überlegt, welche Beispiele euch einfallen.

Unseren Vorfahren auf der Spur

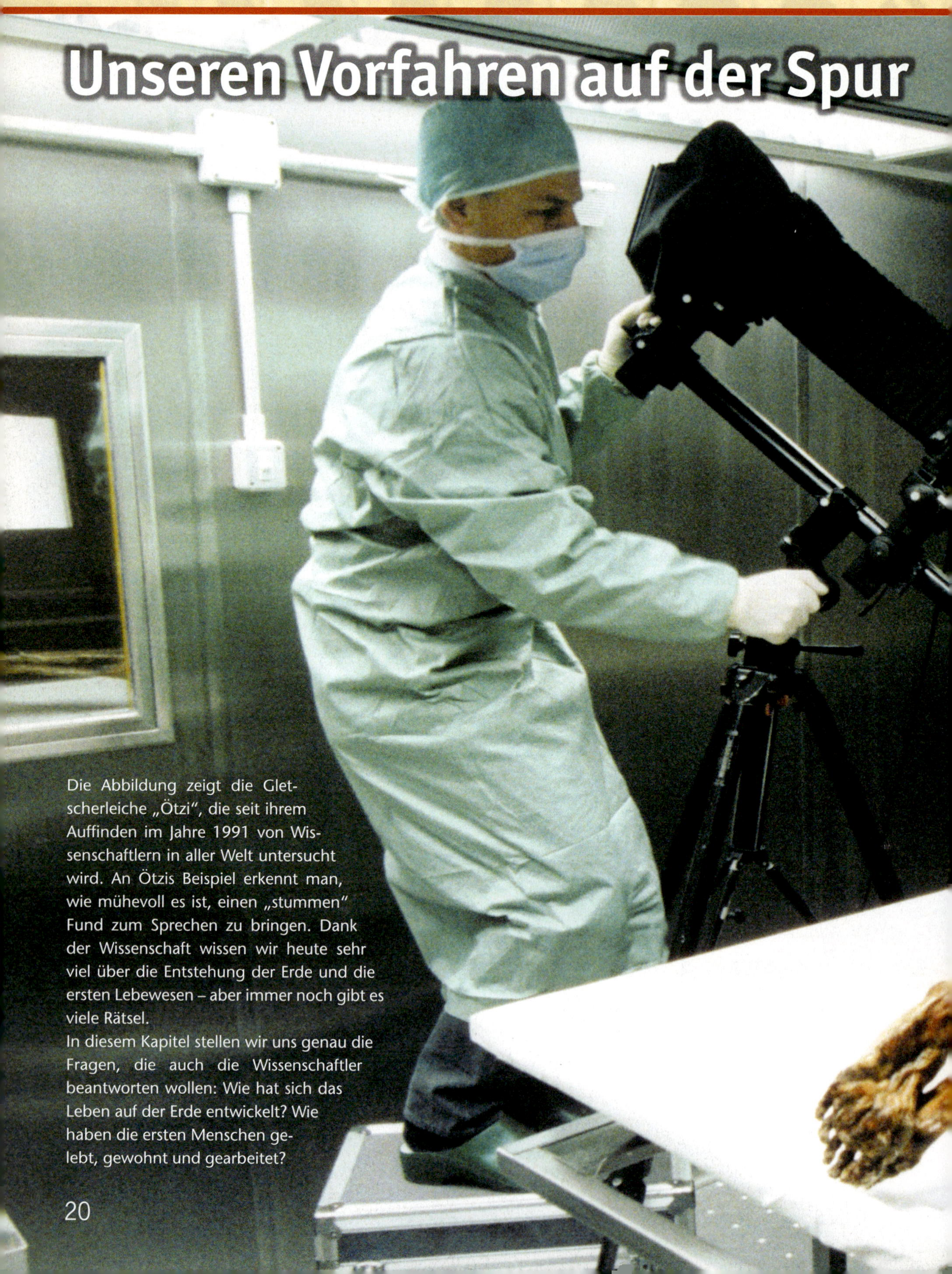

Die Abbildung zeigt die Gletscherleiche „Ötzi“, die seit ihrem Auffinden im Jahre 1991 von Wissenschaftlern in aller Welt untersucht wird. An Ötzis Beispiel erkennt man, wie mühevoll es ist, einen „stummen“ Fund zum Sprechen zu bringen. Dank der Wissenschaft wissen wir heute sehr viel über die Entstehung der Erde und die ersten Lebewesen – aber immer noch gibt es viele Rätsel.

In diesem Kapitel stellen wir uns genau die Fragen, die auch die Wissenschaftler beantworten wollen: Wie hat sich das Leben auf der Erde entwickelt? Wie haben die ersten Menschen gelebt, gewohnt und gearbeitet?

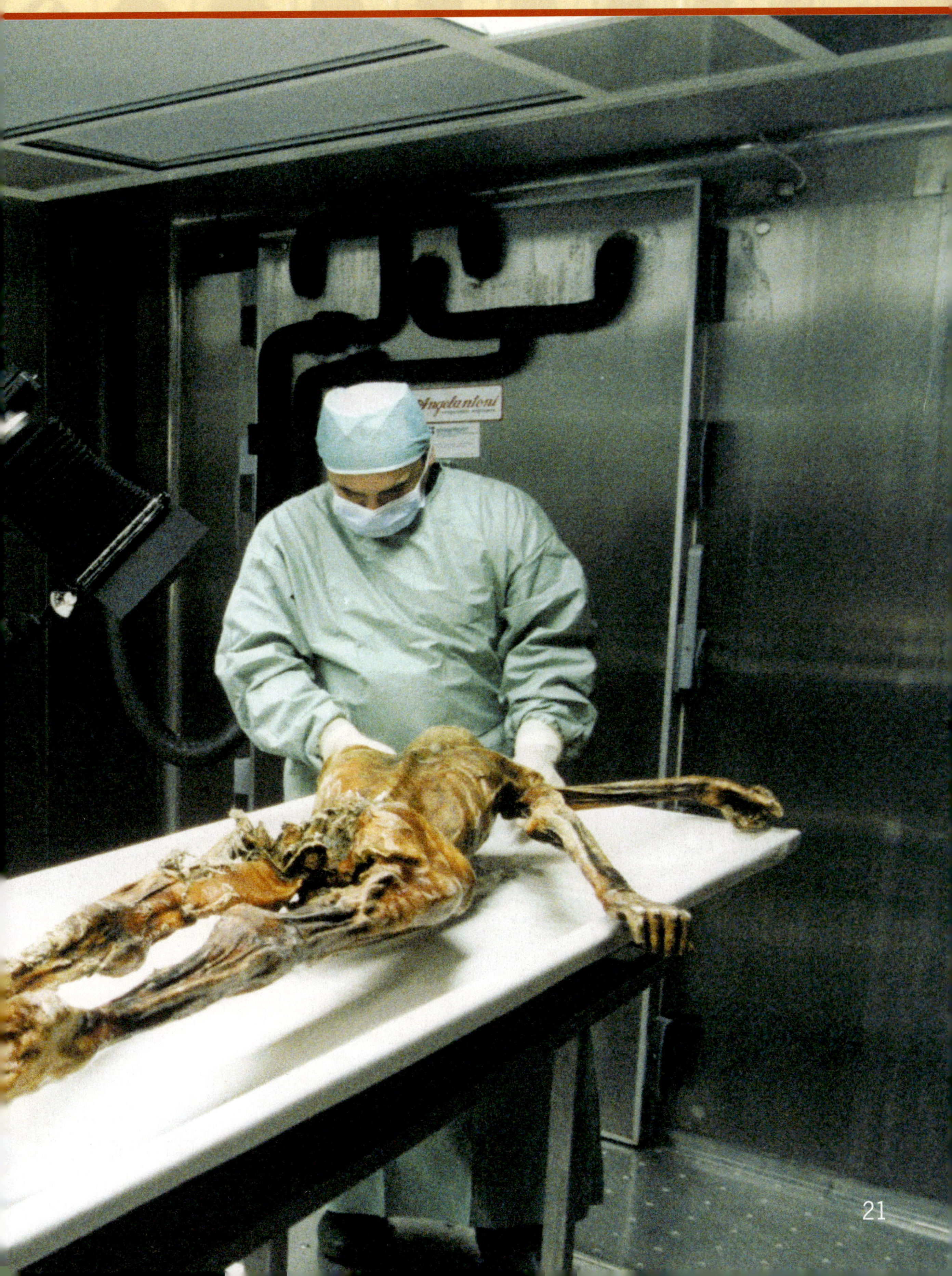
Angelantoni

Die Ur- und Frühgeschichte – Ein Überblick

Der Fund von Xanten: Auf dem Foto siehst du ein ziemliches Chaos. Was da alles durcheinanderliegt! Man kann die Dinge kaum voneinander unterscheiden. Und doch sind diese Dinge alle an einer Stelle gefunden worden. Und zwar bei Baggerarbeiten in der Nähe der Stadt Xanten am Rhein. Eigentlich hatte man nur Kies aus dem Rheinbett holen wollen, aber in den Baggerschaufeln fand sich dann nicht nur Kies, sondern auch allerlei aus der Vergangenheit. Dies hat die Wissenschaftler noch nicht einmal so erstaunt. Was sie aber verblüffte, war das sehr unterschiedliche Alter der Funde. Es gab Reste von einem Mammut, das vor etwa 20- bis 25 000 Jahren gelebt hat. Gemeint ist der Backenzahn, der unten rechts auf dem Foto an seiner auffälligen Riffelung zu erkennen ist. Es gab außerdem Steinwerkzeuge, die etwa 5 000 Jahre alt waren. Du findest sie, wenn du das Bild genau betrachtest. Das gefundene Schwert war etwa 3 000 Jahre alt und das Alter der Helme und Töpfe schätzt man auf höchstens 2 000 Jahre. Funde aus etwa 20 000 Jahren sind also an ein und derselben Stelle wieder aufgetaucht. War das Zufall? Vielleicht eine Folge der Strömungsverhältnisse im Rhein? Oder sind die Gegenstände absichtlich an dieser Stelle in den Rhein geworfen worden? Hat man sie verloren? Auf diese Fragen gibt es bis heute keine Antwort, aber der Baggerfund von Xanten zeigt uns etwas anderes ganz deutlich: In der Geschichte darf man nichts durcheinanderwerfen! Sonst entsteht eben ein Chaos. Es gibt jedoch ein einfaches Hilfsmittel, um Ordnung in das Chaos der Funde zu bringen: Das ist der Zeitstrahl. Ein Beispiel für einen Zeitstrahl findest du hier unten; ganz rechts siehst du den Kopf der zwölfjährigen Anna – als würde sie von heute aus auf die Geschichte von 20 000 Jahren zurückblicken.

Ein Zeitstrahl, der die Geschichte der Erde im gleichen Maßstab wiedergeben will, müsste ungefähr 40 km lang sein! Ein solcher Zeitstrahl passt in kein Geschichtsbuch. Deshalb konzentriert sich der Zeitstrahl auf der folgenden Seite auf einen kleineren Zeitraum. Die Bilder und kurzen Texte geben dir einen Überblick über das, was im Zentrum des ersten Kapitels steht und helfen dir bei der Unterscheidung von Altsteinzeit, Jungsteinzeit und Metallzeit – diesen drei Epochen gilt unser besonderes Interesse.

Mammutzahn

vor etwa 20 000 Jahren

Steinbeil

vor etwa 5 000 Jahren

Schwert

vor etwa 3 000 Jahren

Helm

vor etwa 2 000 Jahren

Anna

heute

Vom Stein zum Metall

Der Faustkeil ist das wichtigste Handwerksgerät. Er ist aus Stein. Daher kommt die Bezeichnung Steinzeit. Schon die Vormenschen haben ihn hergestellt, aber der moderne Mensch konnte die Schneide und Spitze schärfer herausarbeiten.

vor 100 000 Jahren

In Afrika hat sich schon der Typ des ersten modernen Menschen entwickelt. In Europa dagegen lebt noch der Neandertaler. Die Unterschiede sind recht deutlich.

vor 40 000 Jahren

Der erste moderne Mensch erreicht Europa. Schon bald verdrängt er den Neandertaler.

Mammut – Skulptur aus der Vogelherdhöhle auf der Schwäbischen Alb (mit rätselhaften Markierungen)

vor 30 000 Jahren

Die modernen Menschen fertigen regelrechte Kunstwerke an.

Gefäß aus Ton (zum Aufbewahren)

vor 10 000 Jahren

Um 9000 v. Chr. beginnt in Vorderasien eine neue Epoche: die Jungsteinzeit.

Beil aus Kupfer (wie es Ötzi besaß)

vor 5 000 Jahren

In Mitteleuropa beginnt die Metallzeit.

Fundstücke verraten uns, wie die Urzeit der Erde aussah

Information

Die Entwicklung des Lebens auf der Erde

Es ist gar nicht so einfach, ein zuverlässiges Bild von der Frühgeschichte der Erde und der Menschheit zu bekommen. Man ist auf Fundstücke angewiesen, die genau untersucht und ausgewertet werden müssen. Der folgende darstellende Text informiert über den heutigen Wissensstand der Geschichtsforschung zum Thema:

- **Wie entwickelte sich das Leben auf der Erde?**

Wir erstellen einen Zeitstrahl, um die wichtigsten Stationen der Entwicklung chronologisch geordnet festzuhalten.

1. Entnimm dem darstellendenText gezielt Informationen, indem du ihn sinnorientiert liest.

Sinnorientierte Informationsentnahme

a) Die Frage, unter der der Text gelesen werden soll, notieren (z. B. in deinem Geschichtsheft oder auf kleinen Karteikarten, die du umordnen kannst).

b) Den Text aufmerksam unter dieser Fragestellung lesen und prüfen, wo du Wichtiges zu der Frage findest.

c) Wichtige Sachverhalte durch Markieren oder Herausschreiben festhalten. Hier zum Beispiel: wichtige Daten herausschreiben und notieren, was zu dem jeweiligen Zeitpunkt geschehen ist.

2. Erstelle in deinem Heft einen Zeitstrahl. Der Anfang ist hier vorgegeben:

Wie entwickelte sich das Leben auf der Erde?		
Vor 5 Milliarden Jahren entstand die ...	Vor ... Jahren entstanden im Wasser ...	...

Vorschlag:

Wähle den Maßstab so, dass 1 Milliarde Jahre 5 cm im Heft entsprechen.

Vielleicht kannst du zu einigen der Daten auch eigene Zeichnungen anfertigen oder Fotokopien hinzufügen.

Die Anfänge der Erde

Die Wissenschaftler gehen heute davon aus, dass die Erde vor etwa 5 Milliarden Jahren entstanden ist. Zwei Milliarden Jahre vergingen, bis im Wasser die allerersten Lebewesen entstanden. Sie waren noch so klein, dass niemand sie mit bloßem Auge hätte erkennen können. Vor etwa 600 Millionen Jahren entwickelten sich im Wasser die ersten größeren Lebewesen, z. B. Korallen oder Trilobiten. Über das Aussehen dieser Tiere weiß man ziemlich genau Bescheid, denn sie haben deutliche Spuren hinterlassen. Ihre Überreste nennt man Fossilien. In der Umgangssprache benutzt man auch oft das Wort Versteinerung.

Fossilien – Versteinertes Leben

An dem Beispiel des versteinerten Trilobiten (vgl. Abbildung) kann man gut erkennen, wie Versteinerungen entstehen. Dieser Trilobit hat einmal im Meer gelebt. Nach seinem Tode sank der Körper auf den Meeresgrund ab und wurde dort von Schlamm und Sand luftdicht zugedeckt. Nach und nach ersetzten Mineralien die ehemals organischen Stoffe. Das Tier selbst existierte nicht mehr, aber es entstand eine naturgetreue Nachbildung aus Stein. Da dieser Steinkern aus einem anderen Material besteht als das umgebende Gestein, konnte man ihn mit einigem Geschick freilegen. Jetzt kam der Trilobit ein zweites Mal zum Vorschein – nicht als Steinkern, sondern als Abdruck.

Weitere 60 Millionen Jahre später begann in der Natur eine Phase der allergrößten Experimentierfreude. Schnecken, Muscheln, Krebse, Skorpione und auch die ersten Wirbeltiere (Fische) entwickelten sich. Vor 500 Millionen Jahren existierten schon richtig große Tiere, etwa der

Trilobit (Steinkern)

Trilobit (Abdruck)

Quastenflosser, ein urzeitlicher Fisch

Archaeopteryx, ein urzeitlicher Vogel (Rekonstruktionszeichnung)

Quastenflosser. Er war deutlich über 1 Meter groß. Es gab auch ganz merkwürdige Tiere; eins nennen die Forscher Opabinia – das war ein Raubtier, das vermutlich wie eine Matratze aussah, einen Fangrüssel besaß und fünf pilzförmige Augen. Auch der Anomalocaris lebte um diese Zeit. Seine Augen saßen weit entfernt vom Kopf auf langen Stielen; er hatte nicht weniger als 20 Flossen und jagte vermutlich Krebse, deren Schalen er mit stacheligen Klauen knackte. Die Forscher wissen nicht genau, warum sich viele Milliarden Jahre lang kaum etwas geändert hat – dann aber plötzlich in wenigen Millionen Jahren so ungeheuer viel passiert ist. Die Fundstücke geben (bislang) noch keine eindeutige Auskunft. Die ersten größeren Pflanzen bildeten sich auf dem festen Land etwa vor 400 Millionen Jahren. Vor allem Farne waren verbreitet. Sie konnten in einzelnen Fällen so groß werden wie Bäume. Es starben immer wieder Arten aus und neue entstanden.

Die Zeit der Dinosaurier

Vor etwa 250 Millionen Jahren lebten die ersten Saurier – im Wasser, auf dem Lande und auch als Flugsaurier in der Luft. Vor etwa 66 Millionen Jahren starben sie aus – und mit ihnen viele andere Tier- und Pflanzenarten. Die Ursache dieses Massensterbens ist nicht eindeutig geklärt. Viele Wissenschaftler nehmen an, dass ein riesiger Gesteinsbrocken aus dem Weltall in der Nähe des heutigen Mexiko auf der Erde eingeschlagen ist; er soll 10 km im Durchmesser betragen haben. Der Einschlag habe die Erde in eine Glutwolke gehüllt, enorme Mengen von Staub und Asche aufgewirbelt und die Erde über mehrere Monate verdunkelt. Die Temperaturen seien deutlich abgesunken, die Pflanzen hätten keine Chance mehr gehabt und damit hätten die Tiere einfach kein Futter mehr gefunden. Nur wenige größere Tierarten, etwa die Krokodile oder Schildkröten, hätten überleben können.

Die jüngere Vergangenheit

In den nächsten Millionen Jahren entwickelten sich die Säugetiere. Vor etwa 7 Millionen Jahren lebten die ersten Lebewesen, die man heute als Vormenschen bezeichnet – vielleicht aber auch erst vor 5 oder 3,5 Millionen Jahren. Die Wissenschaftler sind sich nicht einig. Sicher ist nur, dass in der langen Entwicklungsgeschichte des Lebens der Mensch als eines der letzten Lebewesen auftauchte.

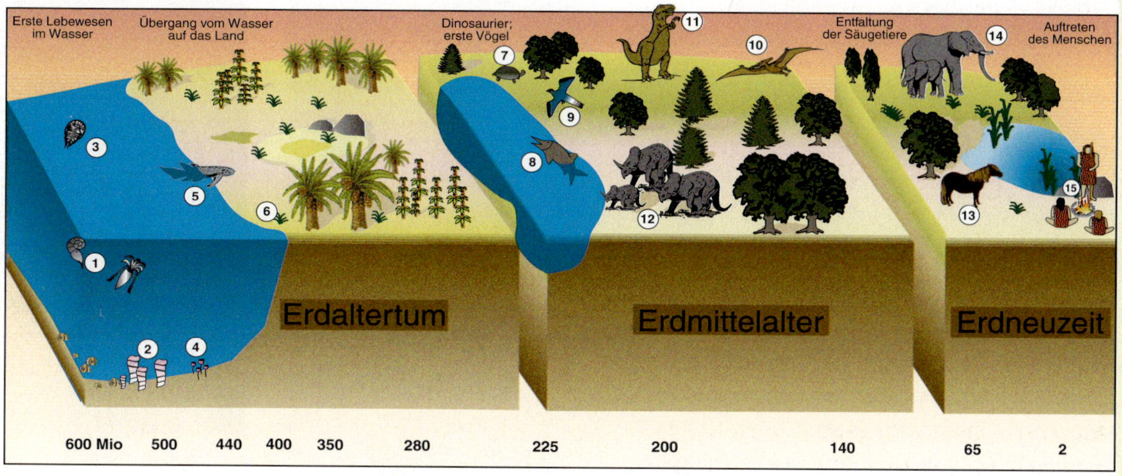

Die Geschichte der Erde (Schemazeichnung)

1 Kopffüßler
2 Korallen
3 Trilobit
4 Seelilien
5 Quastenflosser
6 Baumfarn
7 Ur-Schildkröte
8 Ichthyosaurier
9 Archaeopteryx
10 Pteranodon
11 Tyrannosaurus
12 Triceratops
13 Urpferd
14 Urelefant
15 Mensch

Die Entwicklung zum modernen Menschen

Woher wir kommen, wer wir sind: Um dieses Thema geht es auf den nächsten Seiten. Wir lernen drei wichtige Stationen der Entwicklung des Menschen kennen.

- **Wie entwickelte sich der moderne Mensch?**

Wir stellen in einer kleinen Ausstellung drei Stationen der Menschheitsentwicklung vor und erklären, wo die Wurzeln der Menschheit liegen und wer unsere Vorfahren waren.

1. Entscheidet euch entweder für „Lucy" , den „Turkana-Jungen" oder den „modernen Menschen" und erforscht die drei Stationen in Kleingruppen.
a) Untersucht die Texte und Materialien für den gewählten Typ. Arbeitshinweise und -anregungen zu einzelnen Materialien helfen euch bei der Erschließung.
b) Wählt für die Präsentation eurer Arbeitsergebnisse ein Material aus, das eurer Ansicht nach für die Entwicklungsstufe besonders aussagekräftig ist. Stellt es als Kopie (oder als Folie) der Klasse zur Verfügung.
Ein möglicher Vorschlag: die Steckbriefe von Lucy und dem Turkana-Jungen sowie die Karte zur Ausbreitung des „modernen Menschen." (Den Steckbrief des Turkana-Jungen müsst ihr zuerst selbst erstellen!)
c) Berichtet euren Mitschülerinnen und Mitschülern über die von euch gewählte Station der Menschheitsgeschichte. Erläutert dabei zusammenfassend, worin die Besonderheiten der jeweiligen Entwicklungsstufe liegen.
Wichtig! Nutzt bei euren Ausführungen das ausgewählte „Schlüsselmaterial".

2. Nach der Präsentation: Versucht zusammenfassend zu klären, wo die Wurzeln der Menschheit liegen und wer unsere Vorfahren waren.

Station 1: Typ „Lucy"

Wie Lucy gefunden wurde

Heute ist der 30. November 1974. In der Nähe der Stadt Hadar in Ostafrika scheint die Sonne schon am frühen Morgen glühend heiß vom Himmel. Die beiden amerikanischen Archäologen Don Johanson und Tom Gray stöhnen in der Hitze. Am Mittag wird es weit über 40 Grad heiß sein. Trotzdem bleiben sie bei ihrer Absicht, mit dem Jeep in ein abgelegenes Wüstental zu fahren, um dort die Suche nach Fossilien fortzusetzen. In diesem Tal ist schon einmal ein interessanter Fund gemacht worden: das Kniegelenk eines Vormenschen. Vielleicht haben sie ja Glück. Sie nehmen einen Schluck Wasser aus ihrer Feldflasche – und auf geht's. Unterwegs im Jeep hören sie einen ihrer Lieblingssongs von den Beatles: „Lucy in the sky with diamonds". Dann geht die Suche los. Fast wortlos gehen die Männer auf und ab, den Blick konzentriert auf den Boden gerichtet. Mehrere Stunden geschieht nichts. Die Augen schmerzen, in der Hitze flimmert alles.

M1 Lucy – Steckbrief

Geschlecht:	(sehr wahrscheinlich) weiblich
Größe:	etwa 1,20 m
Gewicht:	etwa 30 kg
Alter:	mindestens 20, höchstens 30 Jahre
Zähne:	grobe Backenzähne (pflanzliche Nahrung)
Gehirn:	etwa 420 ccm (ähnlich den Menschenaffen)
Wann gelebt?:	vor etwa 3,2 Mio. Jahren
Fortbewegung:	kletternd und auf zwei Beinen
Todesursache:	unbekannt
Name:	Australopithecus (= südlicher Affe)

M2 Lucy: Knochenfunde

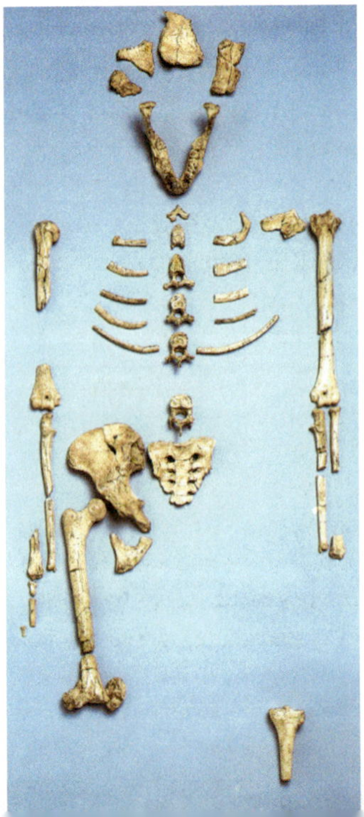

M3 Kopf von Lucy (Rekonstruktion)

Als beide Männer schon zum Lager zurückkehren wollen, bemerkt Johanson an einer Felsböschung ein merkwürdiges, braun gefärbtes Stück. Es ist kaum größer als eine Streichholzschachtel. Johanson hebt es auf und zeigt es Gray. Beide haben die gleiche Vermutung: Das könnte Teil eines Unterarmknochens sein! Fieberhaft suchen sie weiter. Schicht um Schicht werden Sand und Erde abgetragen, mit Zahnstochern und feinen Pinseln werden immer mehr Knochenteile zutage gefördert. Zum Schluss sind etwa 40 % eines weiblichen Skeletts gefunden. Johanson und Gray wissen sofort, dass sie einen sensationellen Fund gemacht haben. „Bei 43 Grad Hitze begannen wir, auf und ab zu hüpfen. Wir konnten unsere Gefühle mit niemandem anderen teilen, also umarmten wir einander, verschwitzt und übel riechend, wie wir waren." Kein Zweifel, das waren uralte Knochen! Jetzt fehlte nur noch ein zugkräftiger Name. Johanson stellte den Kassettenrecorder auf volle Lautstärke. Die ganze Welt sollte es wissen: Lucy war gefunden.

Station 2: Typ „Turkana-Junge"

Wie der Junge vom Turkana-See gefunden wurde

Es ist 1984. In Nordkenia, in der Nähe des Turkana-Sees, durchstreift der afrikanische Archäologe Kamoya die Savanne. Kamoya gehört zum Team der Wissenschaftler Leakey und Walker, die seit Jahrzehnten nach Spuren der ersten Menschen suchen. Kamoya stutzt. Auf dem Boden sieht er das Stück eines versteinerten Knochens. Gleich nebenan findet er ein zweites Knochenstück. Sollten diese Knochen Teil eines menschlichen Schädels sein? Kamoya ist sich noch nicht sicher. Gemeinsam mit Leakey, Walker und zahlreichen Helfern wird die Fundstelle jetzt ganz genau untersucht. Schicht um Schicht werden Sand und Erde abgetragen und durch feinen Maschendraht gesiebt, immer tiefer arbeitet man sich in den Boden vor. Aber lange Zeit verläuft die Suche enttäuschend. Als sie schon aufgeben wollen, geschieht das Unfassbare. Sie entdecken einen fast unversehrten Oberkiefer. Konzentriert arbeiten die Wissenschaftler mit Zahnstochern und feinen Pinseln weiter, finden nach und nach Rippen, die Wirbelsäule, Arm- und Beinknochen. Sie sind begeistert: Vor ihnen liegt das fast vollständige Skelett eines Vormenschen.

Die Wissenschaftler untersuchen den Fund

Die Forscher finden heraus, dass es sich bei dem Skelett um die Überreste eines männlichen Vormenschen handelt, der vor etwa 1,6 Millionen Jahren gelebt hat. Am Knochenbau ist abzulesen, dass er nicht nur auf zwei Beinen ging, sondern auch ein guter Läufer gewesen sein muss. Deshalb nennen Sie den Typ „Homo erectus" (= aufrechter Mensch). Seine Zähne sind besonders interessant. Trotz seiner Körpergröße von 1,60 m und des Gewichtes von 48 kg war er noch nicht erwachsen. Er hatte gerade erst die Milchzähne verloren und in seinem Kiefer brach der zweite Backenzahn durch. Dies geschieht bei heutigen Menschen etwa im Alter von 12 Jahren. Schimpansen aber bekommen die zweiten Backenzähne schon mit 7 Jahren. Wie alt war der Junge wirklich? Forscher, die die Zahnentwicklung mit der Hirngröße (etwa 880 ccm) verglichen, nehmen an, dass er etwa 10 Jahre alt war, als er starb. Zweifellos wäre er noch gewachsen. Als Erwachsener hätte er vermutlich eine Körpergröße von mindestens 1,80 m und ein Gewicht von 68 kg erreicht. Im Vergleich zu Lucy besaß er ein viel größeres Gehirn. Eine hoch entwickelte Sprache besaß er jedoch nicht. Es fehlten ihm die Nervenstränge, um viele Laute zu erzeugen. Ob er schon das Feuer beherrschte? Wir wissen es nicht. Auch ist nicht herauszufinden, woran der Junge gestorben ist.

M4 Veränderungen der Schädelform und des Gehirns

Hirnvolumen 420 ccm etwa 3,2 Mio. v. Chr. (Lucy)	Hirnvolumen 900 ccm etwa 1,6 Mio. v. Chr. (Turkana-Junge)	Hirnvolumen 1400 ccm Gegenwart (Homo sapiens)

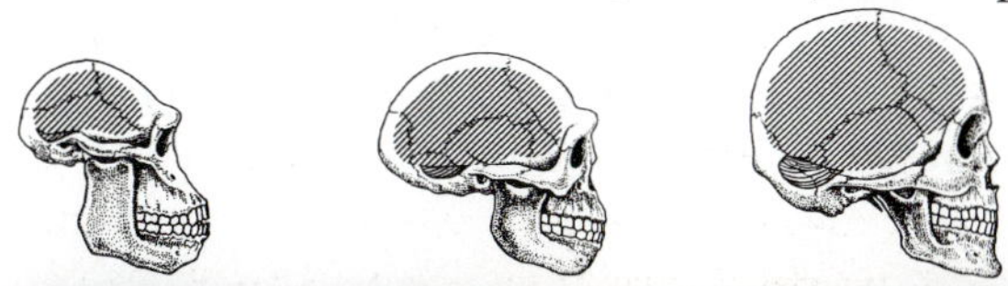

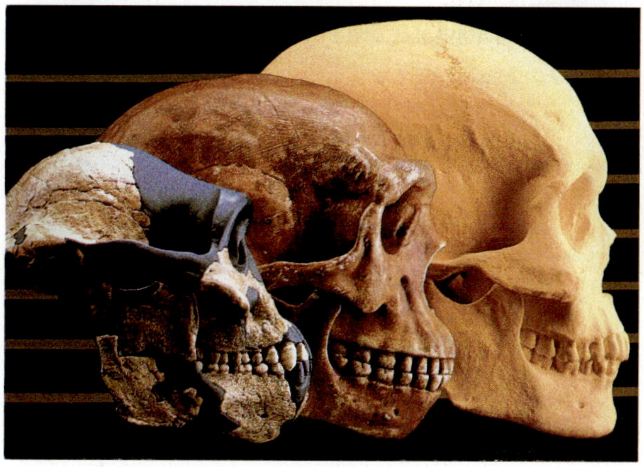

1 Lege nach dem Muster des Lucy-Steckbriefes einen Steckbrief für den Jungen vom Turkana-See an.

2 Welche Unterschiede gegenüber Lucy hältst du für besonders wichtig? Ist der Junge vom Turkana-See schon ein moderner Mensch?

Station 3: Typ „Moderner Mensch“ – Wo stand die Wiege der Menschheit?

M5

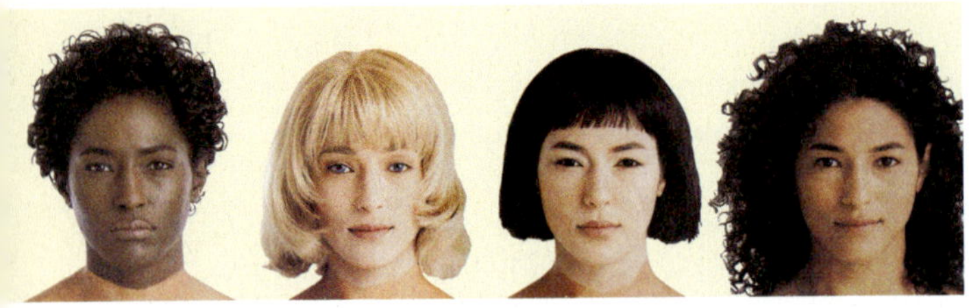

Vier Frauen – vier Erdteile?

Wenn du dir diese vier Gesichter anschaust, wirst du sicher sagen: „Ich sehe vier Frauen: eine schwarze Afrikanerin, eine blonde Frau mit blauen Augen aus Europa, eine Frau aus Asien und einen dunklen Frauentyp mit braun-rötlicher Haut.“ Und dann wirst du dich vielleicht fragen: „Was soll das in einem Geschichtsbuch?“ Die Antwort überrascht fast alle Betrachter: Es handelt sich nicht um vier Frauen, sondern um eine einzige. Ihr Name ist Andrea Searcy. Ganz rechts ist sie ungeschminkt zu sehen. Ein wenig Schminke, Kontaktlinsen und Perücken haben ausgereicht – und wir halten sie für eine Afrikanerin, Europäerin oder Asiatin. Dieses kleine Experiment macht deutlich: Die Unterschiede, die wir auf den ersten Blick wahrnehmen, sind gar nicht so groß. Und um dies zu begreifen, kommt die Geschichte ins Spiel.

Afrika: Die Wiege der Menschheit

Fast alle Wissenschaftler nehmen heute an, dass die Erde von Afrika aus besiedelt wurde. Es spricht einiges dafür, dass diese Besiedelung in zwei Wellen erfolgt ist. Vor etwa 1,8 Millionen Jahren gab es einen ersten Versuch, als aufrecht gehende Lebewesen Afrika verließen. Aber diese Frühmenschen, zu denen etwa der Junge vom Turkana-See gezählt wird, konnten sich nicht durchsetzen. Der zweite Besiedelungsversuch war erfolgreicher. Wie wir aus zahlreichen Funden wissen, entwickelte sich in Ostafrika vor etwa 150 000 Jahren der erste „moderne“ Mensch. Nach weiteren 50 000 Jahren machten sich die ersten modernen Menschen auf den Weg. Sie verbreiteten sich nach und nach über die gesamte Erde. Es ist gut möglich, dass sie dabei mit Vormenschen Kontakt hatten und eine gewisse Zeit Vormenschen und moderne Menschen in großer Nähe lebten. Ob dieses Zusammenleben friedlich ablief oder nicht, ist heute unbekannt. Auf jeden Fall haben sich die modernen Menschen durchgesetzt und als Einzige überlebt. Deshalb ist das Erbgut aller Menschen fast gleich. Eine Karte hilft, den heutigen Wissensstand zu veranschaulichen.

1 Erkläre, wieso es einen Geschichtsforscher nicht überrascht, dass es sich bei den vier Bildern um Bilder derselben Frau handelt.

2 Beschreibe anhand der Karte, wie sich der moderne Mensch über die Erde ausgebreitet hat.

M6 Besiedelung der Erde durch den modernen Menschen

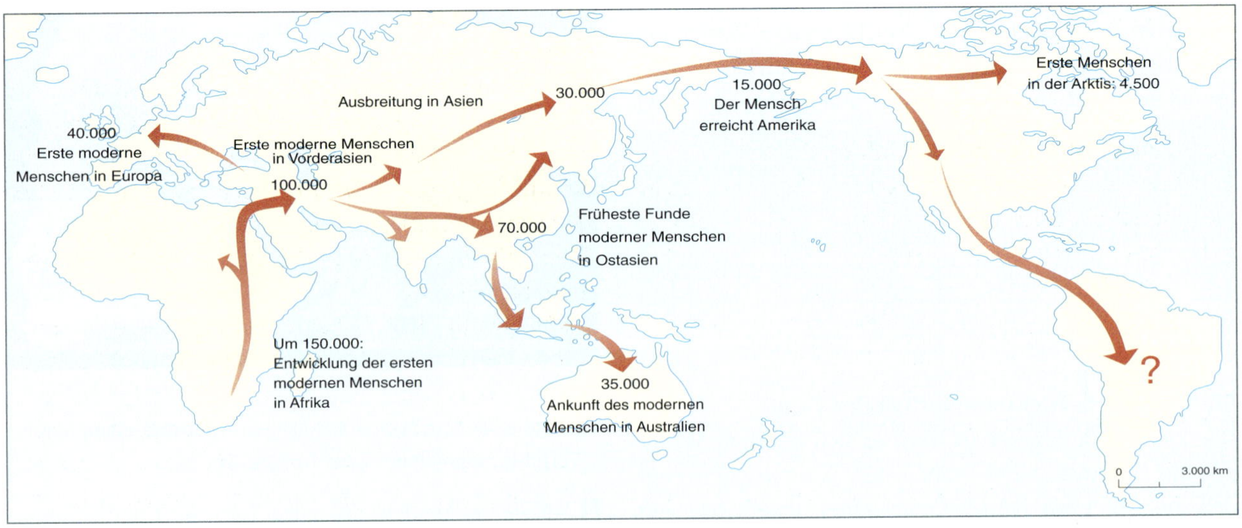

Die Karte zeigt, wie man sich die Ausbreitung des modernen Menschen, des „Homo sapiens“, vorstellt. Die Pfeile zeigen die Richtung der Ausbreitung. Die Zahlen bedeuten Jahre vor der Gegenwart.

Neues vom Neandertaler – Streit in der Wissenschaft

Trotz modernster Forschungsmethoden ist nicht immer genau zu klären, wie viel Ähnlichkeit manche Formen der Vormenschen mit uns heutigen Menschen hatten. Die Wissenschaftler sind keineswegs immer einer Meinung, zum Beispiel über den Neandertaler – den berühmtesten Typ unter den ausgestorbenen Vormenschen. Auch die Wissenschaftler streiten sich über die Frage:

- **Der Neandertaler – ein enger oder ein entfernter Verwandter von uns heutigen Menschen?**

Wir vergleichen die Aussagen zweier Sachtexte.

1. Untersucht die beiden Sachtexte M 2/M 3: Was haben die beiden Autoren über die Neandertaler herausgefunden?

Einen Sachtext lesen und verstehen

a) Text in einem ersten Lesen überfliegen, um zu erfahren, wer ihn geschrieben hat und worum es inhaltlich geht.
b) Text Satz für Satz gründlich lesen und wesentliche Aussagen in Stichworten notieren.
c) Die Hauptgedanken zusammenfassend wiedergeben.

2. Vergleicht die Aussagen miteinander und erklärt, wieso die beiden Wissenschaftler zu unterschiedlichen Ergebnissen kommen. Nutzt dazu auch die Informationen im darstellenden Text.

3. Wie würde der Archäologe Fr. Schrenk die Leitfrage beantworten, wie würde der Biologe Pääbo antworten?

Der Neandertaler – gesicherte Informationen

Er hat den Namen von seinem Fundort: 1856 wurden im Neandertal bei Düsseldorf Knochenreste eines aufrecht gehenden Lebewesens gefunden, das vor etwa 30–35 000 Jahren gelebt hat. Seine robuste Figur (75 kg bei 1,60 m Körpergröße) und seine Körperkräfte (30 % mehr Muskelmasse als heutige Menschen) waren dem Leben unter Eiszeitbedingungen angepasst. In Europa und Vorderasien sind mittlerweile über 300 ähnliche Skelettfunde gemacht worden. Die Vielzahl der Funde erlaubte die Schlussfolgerung, dass sich die Neandertaler aus dem Typ des Homo erectus (Turkana-Junge) entwickelt haben und gegen 30 000 v. Chr. ausstarben.

M1 Rekonstruktion des Neandertalers

M2 Die Einschätzung des Archäologen Fr. Schrenk

Neandertaler bestatteten ihre Toten und gaben ihnen Grabbeigaben mit. Zum ersten Mal in der langen Geschichte der Menschheitsentwicklung nahm man sich der Verstorbenen an. [In einem Grab] fanden sich unter und über einem Neandertaler-Skelett Pollen von [... Blumen]: Der Tote wurde auf einem Bett aus Blüten beigesetzt und mit Blumen bestreut. [...]
In Shanidar, Kurdistan, wurde das Skelett eines Mannes gefunden, der besonders unter Krankheiten und Verletzungen schwer zu leiden hatte: Auf einem Auge war er durch eine massive Kopfverletzung erblindet, ihm fehlte eine Hand, ein Arm war verkrüppelt, sein linkes Bein war mehrfach gebrochen [...]. Die Tatsache, dass er trotz dieser schweren Behinderungen lange Zeit überlebte, kann nur damit erklärt werden, dass ihm von Mitgliedern der Gruppe aktive Hilfe und Fürsorge zuteil wurde. So darf vielleicht bei den Neandertalern ein hohes Maß an Mitgefühl und Verantwortungsbewusstsein angenommen werden.

(Die Frühzeit des Menschen, München 1997, S. 112f.)

M3 Die Einschätzung des Münchener Biologen Pääbo

Frage: Herr Pääbo, was haben Sie [...] untersucht?
Antwort: Wir haben versucht, aus dem Oberarmknochen des ersten gefundenen Neandertalers die Erbsubstanz zu isolieren. [...]
Frage: Was haben Sie herausgefunden?
Antwort: Wir haben das Erbgut des Neandertalers mit dem Erbgut heutiger Schimpansen und Menschen verglichen. Das Ergebnis war verblüffend: Der Neandertaler liegt ungefähr auf halber Strecke zwischen Mensch und Schimpanse.
Frage: Also hat der Neandertaler gar nichts mit uns heutigen Menschen zu tun?
Pääbo: Wenig. Wahrscheinlich hat es einen gemeinsamen Vorfahren gegeben. Aber vor etwa 600 000 Jahren haben sich die Wege getrennt. Als der moderne Mensch auftauchte, hatte der Neandertaler keine Chance. Wenn er überlebt hätte, müsste man sich ernsthaft fragen, ob man ihn in einem Zoo unterbringen müsste.

(Nach: Süddeutsche Zeitung, 11.7.1997)

Wie lebten die Menschen in der Altsteinzeit?

Forschungsstation

Das Leben der ersten modernen Menschen

Du kannst jetzt selbst in die Rolle einer Forscherin oder eines Forschers schlüpfen. Auf S. 32/33 findest du zahlreiche Fundstücke und Rekonstruktionen aus der Altsteinzeit, in der die ersten modernen Menschen in Europa gelebt haben (zwischen 40 000 und 10 000 v. Chr.).

Das ist euer **Forschungsauftrag**:

- **Die ersten modernen Menschen in Europa: Wie sie lebten, wohnten und arbeiteten.**

1. Forscht in kleinen Gruppen. Arbeitet mit den Materialien genauso wie die Vorgeschichtsforscher. Wie Wissenschaftler, in diesem Fall Archäologen, forschen und aus Funden Ergebnisse ableiten, zeigt die Anleitung „Die archäologische Methode".

a) Geht bei euren Untersuchungen von den Vermutungen aus, die ihr in der Liste (M 1) vorfindet.

b) Tragt eure Forschungsergebnisse in eine Tabelle ein. *Vorschlag:*

Die ersten modernen Menschen in Europa: Wie sie lebten, wohnten und arbeiteten

	Fund-stück 1	Fund-stück 2	Fund-stück 3
Kurze Beschreibung Auswertung: Was verrät der Fund über die Menschen? Welche Vermutung wird bestätigt/widerlegt? Welcher andere Fund passt gut zu der Auswertung?			

2. Präsentiert eure Arbeitsergebnisse zum Forschungsauftrag auf einem Plakat und erläutert sie euren Mitschülerinnen und Mitschülern.

M1 Die ersten modernen Menschen in Europa

Um dir die Forschungsarbeit zu erleichtern, findest du hier einige Vermutungen über die ersten modernen Europäer. Einige wurden durch die neuere Forschung bestätigt. Andere stellten sich als falsch heraus. Schau genau hin und überprüfe selbst. Wenn du weitere eigene Vermutungen über die ersten Europäer hast, kannst du die Liste noch ergänzen.

Einige Vermutungen:

> Die ersten modernen Europäer waren ziemlich dumm.
> Sie lebten in Höhlen.
> Sie jagten wilde Tiere.
> Die Menschen lebten in Horden von 10 bis 25 Personen.
> Sie haben nur ganz einfache Werkzeuge benutzt.
> Die Frauen kümmerten sich nur um die Kinder, sonst taten sie nichts.
> *Eine weitere eigene Vermutung: ...*

Rekonstruktion einer Eiszeitlandschaft

Methode Die archäologische Methode

Am Beispiel eines Fundes, der bei Göttingen (Niedersachsen) gemacht wurde, kannst du erfahren, wie die archäologische Methode funktioniert. In der linken Spalte kannst du nachlesen, wie mit dem Fund umgegangen wurde; rechts findest du eine Grafik, die das Vorgehen allgemein zusammenfasst.

Im Jahre 1997 hat man in der Nähe von Göttingen bei Erdarbeiten viele Geweihe von Rentieren gefunden. Da Rentiere heute nur in den kalten Gebieten nördlich des Polarkreises leben, führten diese **Funde** zu der **Vermutung**: „In Europa war es in der Altsteinzeit kälter als heute."
Zunächst wurden die Knochen- und Geweihfunde genau **untersucht**. Schnell stellte sich heraus, dass es sich bei den Funden tatsächlich um Überreste von Rentieren handelte. Aber war es in Europa früher wirklich kälter? Um ganz sicherzugehen, haben die Wissenschaftler weitere Funde genau untersucht und mit den Funden **verglichen**. Sogar Bohrungen im Gletschereis wurden vorgenommen. Die **Auswertung** hatte ein interessantes Ergebnis: Das Klima hat sich zwar recht häufig verändert – aber zwischen 100 000 und 10 000 v. Chr. war es in Europa fast immer sehr kalt. Die langen Eiszeiten waren nur von wenigen wärmeren Jahrtausenden unterbrochen. Zumindest Nordeuropa war immer mit Eis bedeckt, das an einzelnen Stellen über 2 000 m dick war! Etwas angenehmere Temperaturen gab es nur im südlichen Europa. In Warmzeiten konnte es hier auch so heiß werden wie heute in Afrika.
Wenn man alle Informationen zusammenträgt, kann man die Eiszeitlandschaft **rekonstruieren**: Die Teile Mitteleuropas, die nicht unter den Eismassen lagen, müssen recht trostlos ausgesehen haben. Es gab keine Bäume, kaum Sträucher, nur Gräser, Moose und Flechten. Die ersten Jetztmenschen lebten also in einer Tundra-Landschaft, wie man sie heute noch in Sibirien oder Alaska findet.

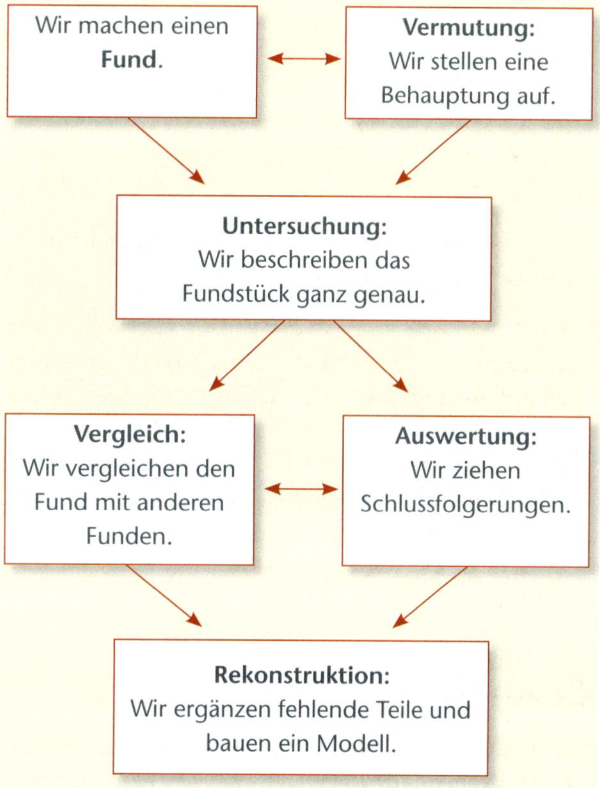

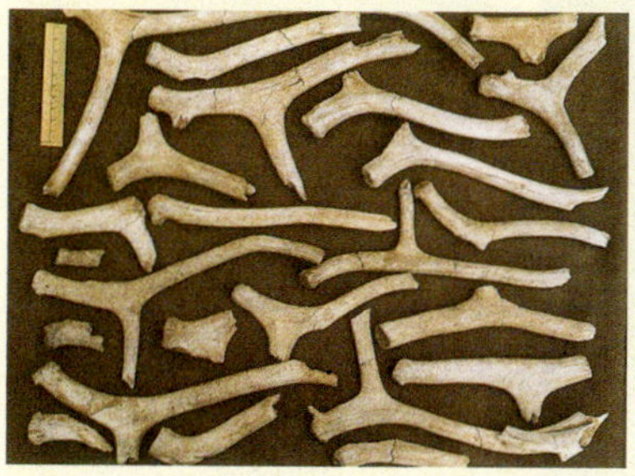

Fund: Abwurfstangen von Rentieren (Nähe Göttingen, 1997)

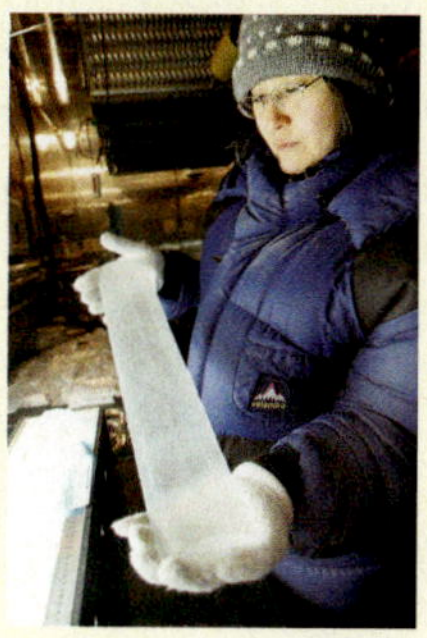

Gletschereis: Bohrkern

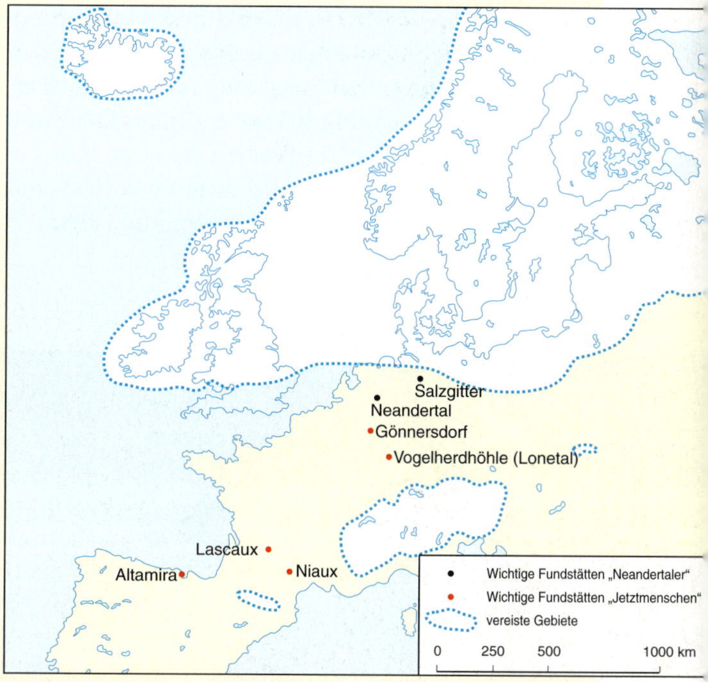

Europa während der letzten Eiszeit (ca. 120 000 bis 10 000 v. Chr.)

Die ersten Jetztmenschen in Europa: Funde und Rekonstruktionen aus der Zeit zwischen 40 000 und 10 000 v. Chr.

M2

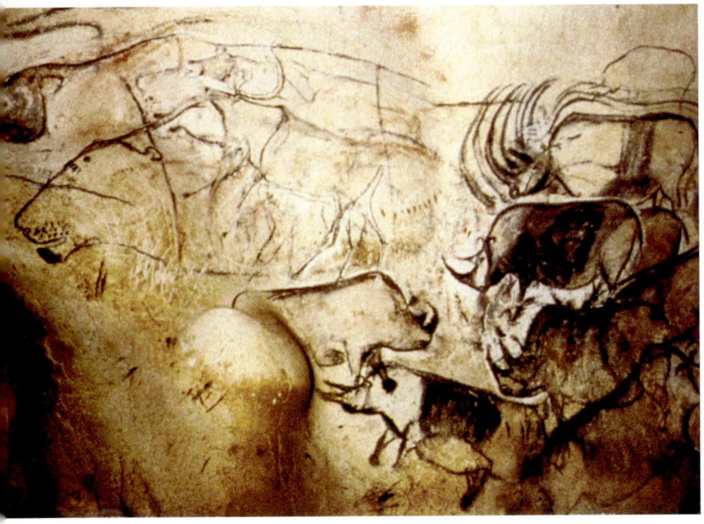

Darstellung verschiedener Tiere (Zeichnung auf einer Felswand; Fundort: Chauvet-Höhle, Frankreich)

M3 Funde in der Chauvet-Höhle

Der Eingang der knapp 500 m langen Höhle wurde noch in der Eiszeit durch einen Erdrutsch verschüttet. Dadurch blieben die Malereien und das Höhleninnere völlig intakt. Der Boden war übersät mit Tierknochen. In der Höhle selbst ist es ganz dunkel, aber im Boden finden sich kleine Vertiefungen mit Ascheresten: Überbleibsel von Beleuchtungsfeuern. In ihrem Licht und im Schein von Holzfackeln können die Felswände bemalt worden sein. In anderen Höhlen sind auch Öllampen gefunden worden sowie Trommeln und Flöten.

M4

Wildpferd
(Elfenbeinschnitzerei aus der Vogelherdhöhle, Württemberg; Original etwa 5 cm lang)

M5

Faustkeil aus Stein
(Fundort: Eilenburg, Sachsen; ca. 14 cm lang)

M6

Angelhaken aus Knochen
(Fundort: Dänemark)

M7

Honigsammlerin
(Felszeichnung aus Spanien)

M8

Skelett eines Mannes, der mit einer Kette aus Elfenbeinperlen bestattet wurde
(Fundort: Sungir, Russland)

M9

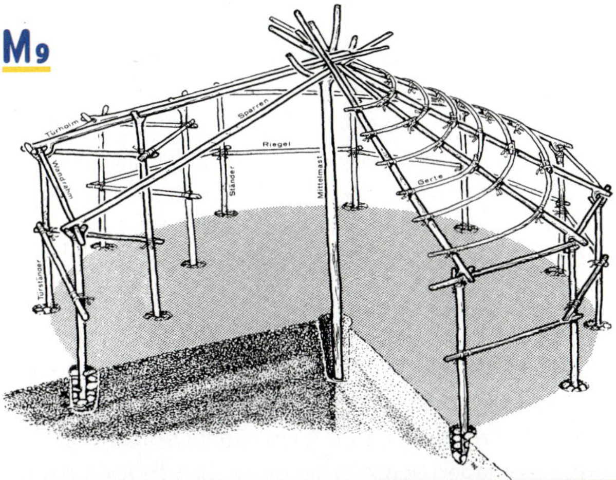

Typische Behausung der Altsteinzeit
(Rekonstruktion nach Funden in Gönnersdorf, Rheinland).
In der unmittelbaren Umgebung fanden sich Reste von Holzkohle und Aschehaufen, in denen viele Tierknochen lagen. Am häufigsten waren die Knochen von Rentieren, von Schneehasen und Eisfüchsen; vereinzelt fanden sich Knochen großer Wildtiere (Wollnashorn, Auerochse, Mammut).

M10

Typische Werkzeuge der Altsteinzeit: Harpunenspitze und Nähnadel aus Knochensplittern, Schaber und Messerklingen aus behauenem Stein

M11

Jäger greifen ein Hirschrudel an (Felszeichnung, Spanien).

M12

Felsdach von Château-d'œx (Schweizer Voralpengebiet, aktuelle Fotografie). Die Südwand des Felsblocks ist geneigt und bedeckt eine geschützte Fläche von 10 m Länge und 1 bis 2 m Breite. Der Platz ist über Jahrtausende hinweg genutzt worden, wie zahlreiche Knochen von Wildtieren und Steinwerkzeuge beweisen.

Großwildjäger in der Altsteinzeit

Das interessanteste Tier der Altsteinzeit ist aus heutiger Sicht das Mammut. Noch vor 10 000 Jahren haben die letzten Exemplare in Sibirien gelebt, bevor sie endgültig ausgestorben sind. Wenn man sich intensiver mit dem Mammut beschäftigt, erfährt man gleichzeitig sehr viel über das Leben der Mammutjäger – also der Menschen der Altsteinzeit.

- **Was verrät uns die Mammutjagd über die Entwicklungsstufe der Altsteinzeit?**

Wir erzählen und schreiben über Lebensbedingungen in der Altsteinzeit.

1. Informiere anhand der Darstellungstexte, der Bildmaterialien und des Schaubilds die Klasse über das Mammut.
Zwei Tipps:
a) Eine Stichwortliste zu den Gliederungspunkten „äußere Erscheinung“, „Lebensraum“, „Nahrung“ und „Bedeutung für die Menschen der Altsteinzeit“ wäre eine gute Grundlage für das Erzählen.
b) Die Mitschüler hören besonders gern zu, wenn du ein Mammut an die Tafel, auf eine Folie oder Pappe zeichnest und zwischendurch auf diese Darstellung eingehst.

2. Schreibe eine Geschichte: „Wir jagen ein Mammut“. Versetze dich in die Rolle eines Jägers, der mit seiner Horde auf die Jagd geht.
Schreibtipps: Nutze die Informationen dieser Doppelseite, entscheide dich für eine der beiden Jagdmethoden. So könnte deine Geschichte beginnen:
„Schon seit Tagen hatten wir nichts Richtiges mehr gegessen. Wir überlegten schon, das Zelt abzubrechen und weiterzuziehen, als …“

3. Klassengespräch: Am Beispiel Mammutjagd könnt ihr typische Merkmale der Altsteinzeit erläutern. Folgende Begriffe sollten auf jeden Fall auftauchen:
Jäger, Jagd, Horde, Nomade.

Das Mammut

Ein Mammut konnte etwa 4 m groß werden und wog 4 Tonnen. Die äußere Speckschicht betrug oft 10 cm, darüber befand sich ein dunkles Fell mit struppigen Haaren. Bei ausgewachsenen Exemplaren waren die Stoßzähne 3 m lang und wogen jeweils 200 kg. Mammuts lebten in den kalten Gebieten Nord- und Nordosteuropas, während der Eiszeiten auch im heutigen Mitteleuropa. Da die Mammutherden ständig zwischen den Sommer- und Winterweiden hin- und herzogen, legten sie jährlich bis zu 3 000 km zurück. Ein Mammut musste fast ununterbrochen fressen, um sich am Leben zu erhalten. Im Magen eines gut erhaltenen Mammuts in Sibirien hat man 15 kg Moose und Jungtriebe von Bäumen gefunden.
Ungeklärt ist der Grund ihres Aussterbens: Viele Jahre glaubte man, sie seien wegen der Erwärmung des Klimas gegen Ende der letzten Eiszeit ausgestorben. Heute geht man eher davon aus, dass sie Opfer der modernen Menschen wurden, deren Zahl immer mehr zunahm. Als jagende Nomaden könnten sie hinter den Herden hergezogen sein und die Tiere regelrecht ausgerottet haben.

M1 Ein Fund

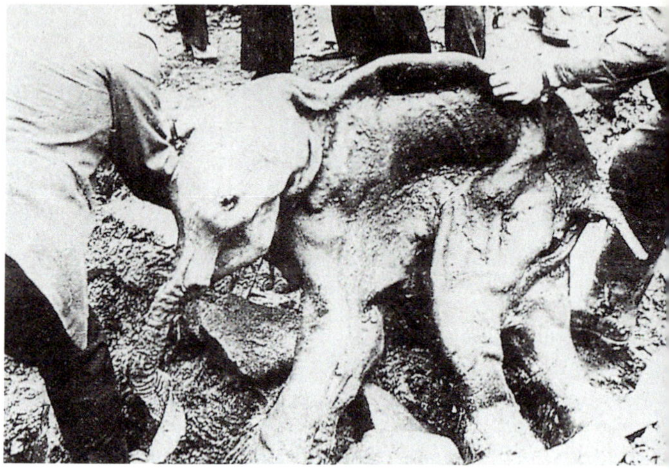

1977 entdeckte man in Sibirien ein 12 000 Jahre altes Mammutbaby. Sein Körper war im Gletschereis völlig erhalten geblieben. Die Todesursache ist unbekannt.

M2 Verwertung eines Mammuts

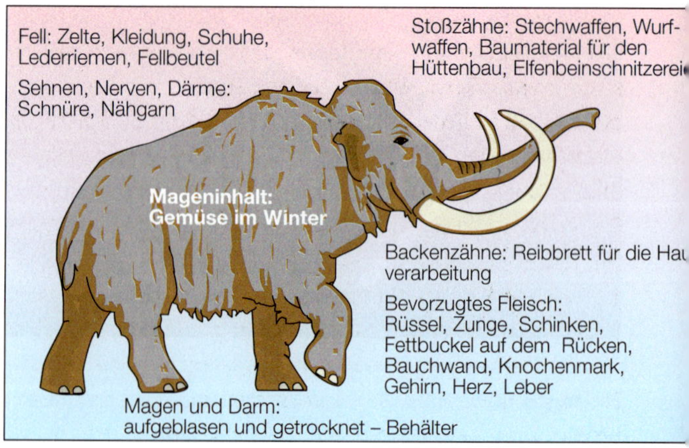

M3

Darstellung der Mammutjagd im „Park der Vorgeschichte" (bei Lascaux, Frankreich)

M4

Wandmalerei in der Höhle von Pindal (Nordspanien): Das Herz des Tieres ist gekennzeichnet.

M5

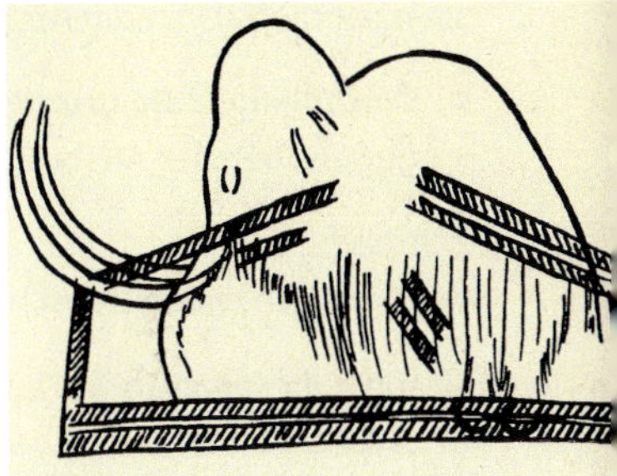

Wandmalerei in der Höhle von Font-de-Gaume (Frankreich): Mammut in der Falle

Wie hat man sich die Jagd vorzustellen?

Im Jagdverhalten auf Großwildtiere unterschieden sich die Neandertaler und die ersten modernen Menschen kaum. Grundsätzlich dürften bei einer Jagd alle Mitglieder der Horde eingespannt gewesen sein, also ca. 10 bis 25 Personen. Die Jagd auf große Wildtiere wie Mammuts oder Elefanten war eher selten – und vermutlich eine Sache der Männer. Die Frauen und Kinder sammelten täglich Wurzeln, Beeren, Nüsse, Eier usw.; damit trugen sie erheblich zum Überleben der Horde bei. Bei der Großwildjagd waren sie allerdings wohl nur beim Belauern und beim Zutreiben beteiligt. Zwei Jagdarten sind durch Funde nachgewiesen: die Jagd mit dem Speer und mit der Fallgrube.

Die Jagd mit einem Speer

An einem kleinen See bei Verden (Niedersachsen) hat man das fast vollständige Skelett eines etwa 45 Jahre alten Elefanten gefunden, der ca. 5 m hoch und 5 Tonnen schwer war. Zwischen den Rippen steckte ein 2,4 m langer Eibenholzspeer mit einer feuergehärteten Spitze. In der näheren Umgebung lagen Steingeräte wie Faustkeile und Schaber.

Die Wissenschaftler haben den Fundort ausgiebig untersucht und den Sachverhalt rekonstruiert. Danach hat das Tier vor über 100 000 Jahren gelebt, als es zwischen zwei Eiszeiten in Mitteleuropa sehr warm geworden war. Eine Horde von umherstreifenden Elefantenjägern muss eine Elefantenherde aufgespürt und so lange verfolgt haben, bis sie nahe genug an einen der Dickhäuter herankommen konnten. Einem der Jäger muss es gelungen sein, seinen Holzspeer schräg von vorne in die Brust des Tieres zu stoßen. Es war aber nur verwundet und schleppte sich bis zu einem Tümpel, wo es mitsamt der tief im Körper steckenden Waffe einsank und verblutete. Die Jäger verfolgten ihre Beute. Sie griffen sich Steine, die verstreut umherlagen, und fertigten an Ort und Stelle einfache Werkzeuge an, um mit ihrer Hilfe die aus dem Wasser herausragenden Teile abzulösen.

Bei dieser Jagdmethode muss es sehr wichtig gewesen sein, dass der Speer das Beutetier schwer verletzte, also tief in den Körper eindrang oder etwa das Herz traf. Ging der Stoß daneben, drohte dem Jäger der Tod. Viele Skelette von Menschen aus der Altsteinzeit weisen Verletzungsspuren auf.

Die Jagd mit der Fallgrube

Diese Fangart dürfte vor allem in der Nähe von Wasserstellen angewandt worden sein. Die Steinzeitmenschen konnten davon ausgehen, dass die Tiere mit einiger Regelmäßigkeit zur Tränke gingen. An schmalen Zugängen oder hinter Felsvorsprüngen haben sie deshalb Gruben ausgehoben und mit Sträuchern abgedeckt. Die ganze Horde hat Lärm gemacht und vielleicht auch Feuer eingesetzt, um die Tiere in die Falle zu treiben.

Wie lebten die Menschen in der Jungsteinzeit?

Die Welt sieht jetzt ganz anders aus ...

Von der Alt- zur Jungsteinzeit: Auf den ersten Blick ist nur eine Vorsilbe ausgetauscht worden. Man könnte denken, die Jungsteinzeit sei nur ein Anhängsel der Steinzeit. Wer genauer hinschaut, wird erkennen, dass der Wechsel einen deutlichen Einschnitt in der Menschheitsgeschichte bezeichnet. Am Beispiel der Siedlung in Köln-Lindenthal kannst du herausfinden, warum man sogar von einer „neolithischen Revolution" spricht (neo = neu, Lithikum = Steinzeit). Mit dem Wort Revolution bringt man zum Ausdruck, dass sich das Leben der Menschen mit Beginn der Jungsteinzeit radikal veränderte.

- **Worin liegen die grundsätzlichen Veränderungen gegenüber der Altsteinzeit?**

Zeitreise:
Wir gestalten eine historische Spielsituation nach.

So könnt ihr vorgehen, um euch sachgerecht in Personen hineinzuversetzen, die vor langer Zeit gelebt haben:

1. Erstellt eine geordnete Stichwortsammlung als geschichtliche Wissensgrundlage.
Sammelt dazu Informationen, die ihr dem Darstellungstext entnehmen könnt, und solche, die ihr aus den Bildmaterialien herauslesen könnt, und tragt sie in die entsprechenden Spalten eures Stichwortzettels ein.

Mein Stichwortzettel für den Vergleich		
	So leben wir in unserer Horde:	So leben die Lindenthaler:
Wohnung/ Unterkunft		
Berufe		
Nahrung		
Typische Geräte		
Lebensweise		
Sonstiges		

2. Bereitet auf dieser Grundlage in Kleingruppen eine Spielszene vor:
Stelle dir vor, du hättest als Mädchen oder Junge in einer altsteinzeitlichen Horde gelebt. Durch Zufall bist du nach Köln-Lindenthal gekommen und hast dort das Leben in der Siedlung beobachtet. Nach der Rückkehr in deine Horde erzählst du, was du beobachtet hast und welche Unterschiede dir aufgefallen sind. Nutze den Stichwortzettel für deine Erzählung.

3. Abschließende Klassendiskussion nach der Spielszene:
a) Wurde sachgerecht gespielt?
b) Wie könnte eine zusammenfassende Antwort auf die Leitfrage lauten?

Eine Siedlung wird ausgegraben

Im Jahre 1930 stießen Archäologen in Köln-Lindenthal auf merkwürdige Verfärbungen im Boden. Schnell kam die Vermutung auf: Das könnte sich um Überreste eines Hauses handeln! Um die Vermutung zu überprüfen, wurde die archäologische Methode Stück für Stück angewandt. Vorsichtig und gleichmäßig trugen die Archäologen die obere Bodenschicht ab, um den Fund freizulegen. Dabei entdeckten sie dunkle, runde Flecken auf der Erde. Aus größerem Abstand konnten sie die Anordnung der Flecken leicht beschreiben und sofort erkennen, dass diese Verfärbungen nicht zufällig angeordnet waren (M 1). Sie zeichneten einen Grundriss (M 2). Dann untersuchten sie die Flecken genauer. Überall fanden sie drei verschiedene Bodensubstanzen. Das Forschungsteam zögerte nicht mit der Auswertung: An diesen Stellen hatten früher einmal Holzpfosten gestanden! Das Holz war zwar verrottet, aber die Spuren hatten sich erhalten (M 3). Als die Forscher in unmittelbarer Nähe auch noch Lehmbrocken fanden, die Abdrucke geflochtener Weidenruten aufwiesen (M 4), waren sie sich einig: Hier musste einmal ein Haus gestanden haben! Mit einer Grundkonstruktion aus Holzstämmen und festen Wänden aus Flechtwerk und Lehm. Die Rekonstruktion eines solchen Hauses (M 5) war jetzt ein Kinderspiel.
Umfangreiche Grabungen in den nächsten Jahren ergaben genauere Ergebnisse: Um 5500 v. Chr. haben in Köln-Lindenthal etwa 100 Menschen gelebt. Sie be-

wohnten 10 Häuser der gleichen Bauart, von denen einige bis zu 36 m lang und 8 m breit waren. Die gesamte Siedlung war von einem Zaun umgeben. Sorgfältig wurde auch festgehalten, welche kleineren Funde in der Umgebung gemacht wurden (M 6). Einige Fundstücke, vor allem handwerkliche Geräte, wurden rekonstruiert und nachgebaut (M 7). Den Wissenschaftlern wurde immer klarer, dass sie keinen Lagerplatz von umherziehenden Jägern und Sammlerinnen ausgegraben hatten. In Köln-Lindenthal hatten über eine lange Zeit hinweg Menschen gewohnt, die als Ackerbauern und Viehzüchter in einer kleinen Siedlung gearbeitetet haben.

M1 Luftbild: Ausgrabung eines Hauses der Jungsteinzeit

M2 Vermessungsplan/Grundriss

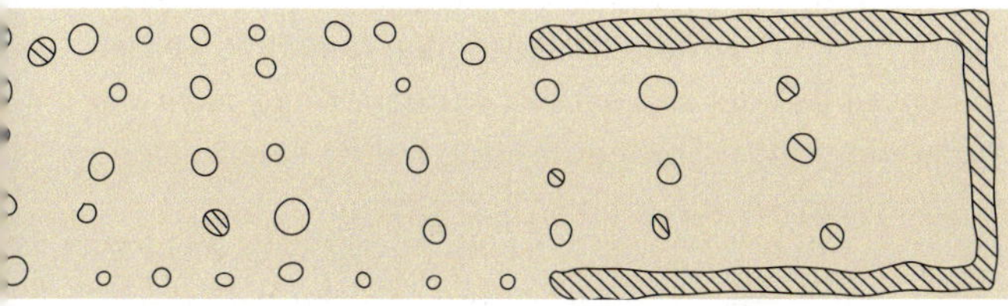

M3 Pfostenloch

M4 Lehmverputz

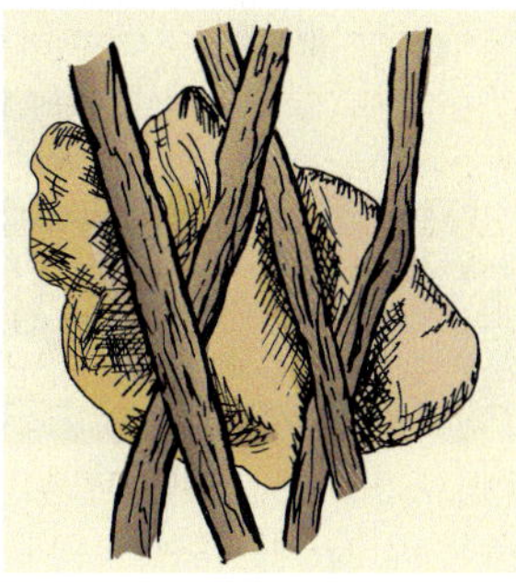

M5 Rekonstruktion eines Hauses

M6 Funde

Pflanzenreste: Getreide wie Hirse, Gerste, Emmer und Dinkel; Erbsen, Linsen; Flachs.
Knochen: Hund, Ziege, Schaf, Schwein, Rind, Reh, Wildschwein, Elch, Bär.
Geräte: Grabstöcke, Sicheln mit Schneiden aus Feuerstein, Holzpflug, Pfeile und Bogen, Speere mit Steinspitzen, geschliffene Steinbeile, Bohrapparate, Webstühle, im Feuer gehärtete Tonscherben, Getreidemühlen.

M7 Rekonstruktion einzelner Fundstücke

Wodurch wurde die neolithische Revolution ausgelös

Grundlegende Veränderungen werfen immer die Frage auf, wer oder was den Wechsel verursacht hat.

- **Was löste die neolithische Revolution aus?**

Wir vergleichen Informationen aus zwei Darstellungstexten.

1. Teilt die Klasse in zwei Gruppen auf und entscheidet euch für die Bearbeitung eines der beiden Texte.
2. Informiert euch gegenseitig, welche Antwort der gewählte Text auf die Leitfrage gibt. (Vgl. dazu S. 24: „Sinnorientierte Informationsentnahme".)
3. Vergleicht im Klassengespräch: Stimmen die Antworten überein, widersprechen sie sich – oder sind sie vereinbar?

Der Klimawechsel als auslösender Faktor

Über mehr als 100 000 Jahre hinweg hatten die Menschen gejagt und gesammelt. Zwischen 10 000 und 4 000 v. Chr. begannen die Menschen, sich durch Viehzucht und Ackerbau zu ernähren. Eine ungeheure Veränderung! Die Wissenschaftler sind sich einig, dass eine Klimaveränderung diesen Wechsel ausgelöst hat. Vor etwa 12 000 Jahren endete die letzte Eiszeit und es wurde langsam wärmer. Das Mammut starb aus, andere Pflanzen wuchsen, viele Bäume bildeten nach und nach große Wälder. In Mittel- und Nordeuropa verzögerte sich die Entwicklung, weil die dicken Eismassen erst langsam abschmolzen. Im Vorderen Orient stiegen die Temperaturen schneller an. Hier reagierten die Menschen als Erste auf die neuen Umweltbedingungen. Vor allem erkannten sie die Möglichkeiten einer neuen Pflanze: des Wildgetreides. Sie begannen, die Getreidekörner zu säen und zu ernten. Gleichzeitig gelang es, wilde Tiere zu zähmen. Große Siedlungen wie Jericho oder Catal Hüyük mit mehreren tausend Einwohnern entstanden. In Mitteleuropa dauerte es noch 3 000 Jahre, bis sich Ackerbau und Viehzucht durchsetzten.

Hatten auch die Frauen die Finger im Spiel?

Einige Wissenschaftler vertreten die Auffassung, dass es Frauen waren, die den Ackerbau entdeckten. Als Sammlerinnen besaßen sie ja das nötige Vorwissen. Sie konnten genießbare und giftige Pflanzen auseinanderhalten und vor allem kannten sie die Orte, an denen in jedem Jahr Wildgetreide wuchs. Für die Frauen war es nur ein kleiner Schritt, um den Zusammenhang von Aussaat und Ernte zu erkennen und dem Wachstum von Getreide durch die Anlage von Gärten oder Feldern nachzuhelfen. Einige Funde deuten darauf hin, dass sich die Entdeckung des Ackerbaus für die Frauen gelohnt hat. Die Historikerin Wingert hat Wandgemälde untersucht, die sich in Catal Hüyük erhalten haben. Auf ihnen sieht man viele Frauen abgebildet. Für Wingert machen sie alle „einen selbstbewussten Eindruck, ob gertenschlank, ob üppig, ob fett". Auch in der Kunst, so Wingert, hat die Umstellung auf die Landwirtschaft eine Revolution ausgelöst: In Catal Hüyük verschwinden die Wandbilder, die Jagdszenen zeigen. In den Vorratskammern, in denen vermutlich religiöse Handlungen vollzogen wurden, fanden sich neben Stierhörnern (Hinweise auf Viehzucht?) vor allem Frauenfiguren, die als Fruchtbarkeitsgöttinnen gedeutet werden und vermutlich religiös verehrt wurden. Denn nicht der Jagderfolg, sondern eine gute Ernte war für eine Siedlung der Jungsteinzeit von größter Bedeutung.

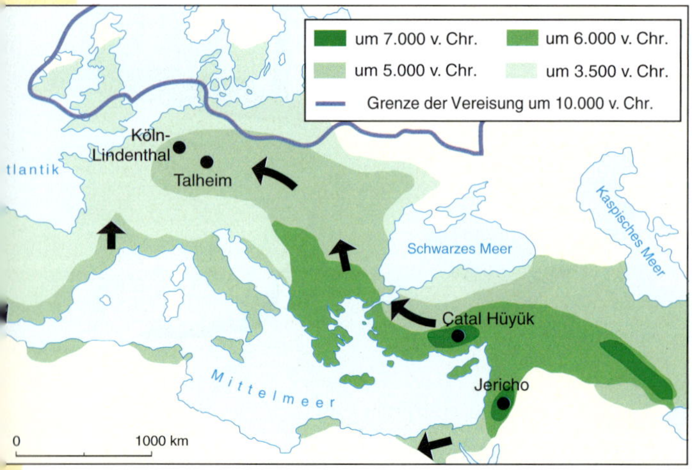

Ausbreitung des Ackerbaus

Blick in die Siedlung von Catal Hüyük: Um 6500 v. Chr. gab es etwa 1 000 Häuser, die terrassenförmig an einen Hügel gebaut waren.

Was verraten uns zwei Kunstwerke über Alt- und Jungsteinzeit?

Die Felswandzeichnung und die Tonfigur aus Catal Hüyük sind als Kunstwerke auf der ganzen Welt bekannt. Für einen Archäologen sind sie typische, aussagekräftige Funde für die Altsteinzeit bzw. die Jungsteinzeit, an denen sich wesentliche Unterschiede und Veränderungen in frühen Kulturen beschreiben lassen.

- **Die neolithische Revolution – auch Kunst und Religion änderten sich.**

Du hältst einen Kurzvortrag zu diesem Thema.

1. So kannst du deinen Vortrag inhaltlich aufbauen und anschaulich machen:
   a) Lies noch einmal den Info-Text „Wodurch wurde die neolithische Revolution ausgelöst?" (S. 38). Notiere die Kernaussagen zu deinem Vortragsthema.
   b) Folgende Punkte solltest du in deinem Vortrag ansprechen und inhaltlich ausführen:
   - Beschreibung der beiden Kunstwerke.
   - Informationen über die Fundorte.
   - Auswertung der Felswandzeichnung: Hinweise auf die Altsteinzeit.
   - Auswertung der Tonfigur: Hinweise auf die Jungsteinzeit.
   - Begründete Vermutungen über die religiöse Bedeutung.

2. Projiziere die beiden Abbildungen (z. B. Farbfolie, Beamerprojektion) und nutze sie zur Veranschaulichung deiner Ausführungen.

M2

Tonfigur aus Catal Hüyük (Türkei): Die Figur (ca. 20 cm hoch) wurde in einem Getreidebehälter gefunden, der sich in einer Vorratskammer befand. Sie zeigt eine (gebärende?) Frau, die sich auf zwei Leoparden stützt.

M1

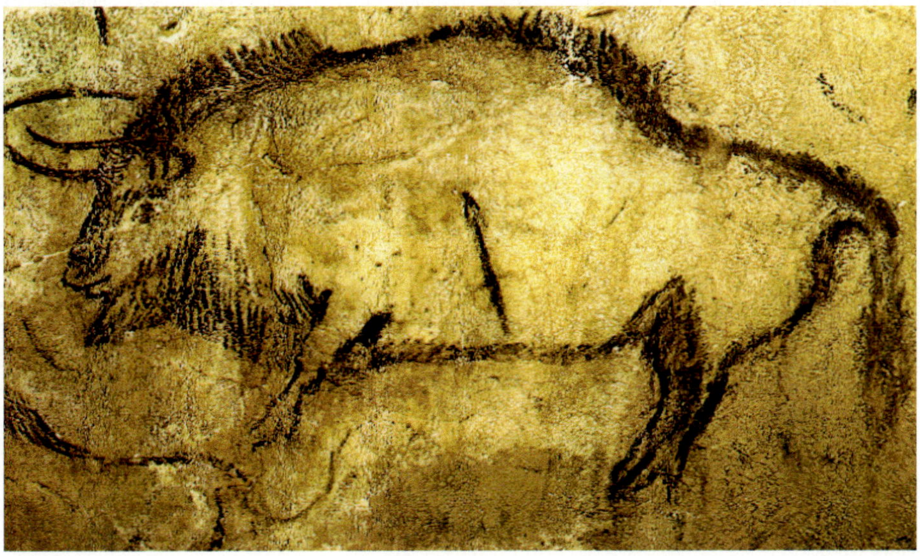

Zeichnung auf einer Felswand in der Höhle von Niaux (Frankreich), ca. 25 000 v. Chr.: Darstellung eines Wisents, mit Pfeil im Bauch

In welcher Zeit hättest du lieber gelebt?

Über mehr als 100 000 Jahre hinweg hatten die Menschen gejagt und gesammelt und auf diese Weise ihr Überleben gesichert. Die Jungsteinzeit hatte eine tief greifende Veränderung gebracht. Die Menschen begannen, sich durch Viehzucht und Ackerbau zu ernähren. Meinungen zu Veränderungen sind häufig verschieden.

- **Hättest du lieber unter Jägern und Sammlerinnen in der Altsteinzeit oder lieber in einer bäuerlichen Siedlung der Jungsteinzeit gelebt?**

Du vertrittst deine Meinung in einem kleinen Rollenspiel.

1. Schauplatz Köln-Lindenthal in der Jungsteinzeit: Im Dorf geht es hoch her, denn es gibt Streit zwischen zwei Gruppen. Einige Männer und Frauen möchten wieder als Jäger oder Sammlerin umherstreifen und die Siedlung verlassen. Andere Bewohner sind der Meinung, dass es viel vorteilhafter ist, in Lindenthal zu leben.

2. So findet ihr gute Gründe für euren Standpunkt, den ihr in dieser Spielszene vertreten möchtet:
Lest den Darstellungstext aufmerksam durch und notiert, welche Fortschritte und welche Probleme mit der Entwicklung von der Alt- zur Jungsteinzeit verbunden waren. Berücksichtigt auch die Materialien.

Der Alltag in Köln-Lindenthal: ein Schritt nach vorn?

Eine neue Lebensweise

Die neolithische Revolution veränderte den Alltag der Menschen in vielfacher Weise. Die vielleicht auffälligste Veränderung betrifft das Zusammenleben: Die Lindenthaler lebten über viele Jahre hinweg an der gleichen Stelle, sie waren also sesshaft und zogen nicht als Nomaden umher. Mit großer Wahrscheinlichkeit ist davon auszugehen, dass die Menschen nicht mehr als Horde zusammenlebten. In jedem Haus fanden sich vermutlich Gruppen von nahen Verwandten zusammen (Großfamilien?). Einzelnen Männern kam offenbar eine führende Rolle zu, denn in ihren Gräbern fanden sich besonders reiche Grabbeigaben (verzierte Gefäße, Steinäxte). In den Jägerkulturen war alles untereinander geteilt worden; jetzt gab es wertvolle Gebrauchsgegenstände wie Betten, Truhen, Geschirr oder Textilien, die wahrscheinlich Eigentum einer Hausgemeinschaft waren und an die folgenden Generationen vererbt wurden.

M1 **Siedlung von Köln-Lindenthal (Rekonstruktion)**

M2

Die Abbildung zeigt, welche Fläche notwendig ist, um zehn Menschen zu ernähren: rot = durch Jagen und Sammeln (ungefähr 30 qkm), grün = durch Ackerbau und Viehzucht (ungefähr 1,5 qkm).

Produktion von Nahrung

Die Lindenthaler hatten gelernt, wilde Tiere zu zähmen und Haustiere zu züchten. Sie haben planmäßig Felder angelegt, Getreide ausgesät und Monate später geerntet. Dieses Verhalten war völlig neu in der Weltgeschichte. Einige Wissenschaftler meinen sogar, dass erst diese produzierende Wirtschaftsweise den Menschen vom Tier unterscheidet. Affen z. B. sind pfiffig und schlau, aber nie kämen sie auf die Idee, eine Bananenplantage anzulegen. Die Frauen und Männer von Lindenthal waren nicht mehr darauf angewiesen, Beutetiere zu suchen und zu erlegen oder essbare Pflanzen zu finden. Sie konnten Haustiere schlachten oder auf Getreidevorräte zurückgreifen. Weil sie ihre Nahrung selbst herstellten, wurden sie also unabhängiger von der Natur.

Gesundheit

Andererseits war die Nahrungsgrundlage nicht immer stabil. Zwei nasse, kalte Jahre reichten aus, um die bäuerliche Gemeinschaft in eine Krise zu stürzen. Neben dem Hunger dürfte auch die mangelnde Hygiene in den Siedlungen die Lebenserwartung gesenkt haben. Gute Ernten jedoch erlaubten auch die Pflege kranker oder verletzter Dorfbewohner. Insgesamt sorgte die neolithische Revolution für einen Bevölkerungsanstieg.

Arbeitszeiten

Die Menschen mussten regelmäßig arbeiten. Das Vieh musste auf die Weiden gebracht und dort beaufsichtigt werden. Der Wald musste gerodet werden, um Felder anlegen zu können. Aussaat und Ernte verlangten ebenfalls eine klare Folge von Arbeitsschritten. Auch im Hause fielen täglich Arbeiten an: bei der Lagerung und Verarbeitung der Lebensmittel, bei der Herstellung von Werkzeugen usw. Anders als die Jäger und Sammlerinnen haben die ersten Bauern und Viehzüchter wohl keine umfangreiche Freizeit gehabt. Welche Arbeiten die Männer und welche die Frauen erledigt haben, ist unbekannt. Die Lindenthalerinnen haben jedoch kaum von dem Wechsel zur bäuerlichen Lebensweise profitiert. Gräberfunde zeigen, dass die erwachsenen Frauen fast alle im dritten Lebensjahrzehnt starben und damit etwa 10 Jahre eher als die Männer. In jungsteinzeitlichen Siedlungen gab es nur sehr selten Großmütter.

Konflikte

Lange hat man gerätselt, warum Zäune oder Mauern die ersten Siedlungen umgaben. Heute weiß man, dass die ersten Ackerbauern und Viehzüchter nicht immer friedlich lebten. Im Frühjahr 1983 machten Archäologen in Talheim (Kreis Heilbronn) einen grausigen Fund. Sie fanden die Knochen von 34 Menschen (18 Erwachsene und 16 Jugendliche und Kinder), die etwa 5000 v. Chr. in einem Massengrab verscharrt worden waren. Die Archäologen halten es für wahrscheinlich, dass sie Opfer eines Überfalles geworden sind. Die Talheimer hatten wohl versucht zu fliehen, aber bei fast allen war das Schädeldach von hinten zertrümmert. Zwei wurden mit Pfeilen getötet. In den Jahren zuvor muss es mehrere Missernten gegeben haben, denn die Knochenuntersuchungen verrieten Eisen- und Vitaminmangel sowie Wachstumsverzögerungen bei den Kindern. Die Bewohner einer benachbarten Siedlung, so die Vermutung der Wissenschaftler, haben die Siedlung bei Talheim überfallen, um an die letzten Vorräte zu gelangen.

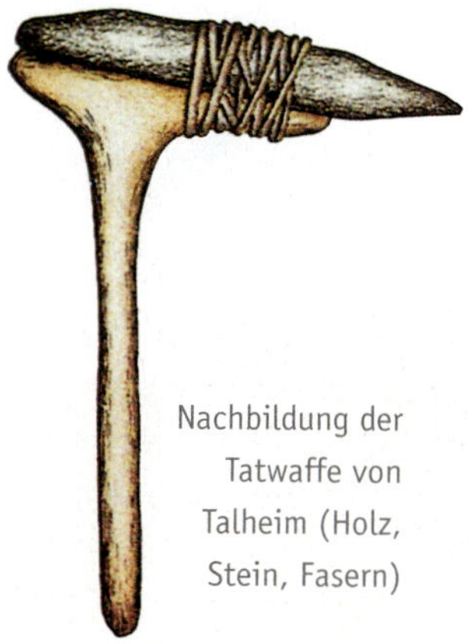

Nachbildung der Tatwaffe von Talheim (Holz, Stein, Fasern)

Umwelt

Wenn Menschen die Natur bearbeiten, verändern sie auch ihre Umgebung. Felder und Viehweiden brauchen Platz; deshalb sind in vielen Teilen der Welt Bäume gefällt worden. Kurzfristig konnte man auf den neuen Flächen gut wirtschaften, dann aber stellten sich Schäden ein. Der Grundwasserspiegel sank und die Böden trockneten aus. Oder das Vieh zerstörte den Pflanzenwuchs. An den Orten, an denen die ersten jungsteinzeitlichen Siedlungen entstanden, kann man heute kaum noch Ackerbau betreiben; die Böden sind steinig.

Vom Stein zum Metall

Der Tote vom Ötztal

Seitdem im Sommer 1991 die Leiche eines Menschen in den Südtiroler Alpen gefunden worden ist, beschäftigt dieser Fund die Wissenschaftler in vielen Instituten auf der ganzen Welt. „Ötzi", so wurde der Tote vom Ötztal schnell genannt, ist in mehrfacher Hinsicht ein Glücksfall für die Wissenschaftler: Das Besondere und Einmalige an diesem Fund ist, dass hier ein Mann – mitten aus dem Leben gerissen – mitsamt seiner Kleidung und Ausrüstung erhalten geblieben ist. Und dass er zu einer sehr spannenden Zeit gelebt hat – als sich die Steinzeit zu der Metallzeit weiterentwickelte. Die äußere Erscheinung konnte man recht schnell rekonstruieren. Aber bis heute gibt Ötzi noch viele Rätsel auf. So weiß man immer noch nicht, was Ötzi oberhalb der Baumgrenze in den Bergen wollte. Vielleicht war er auf der Flucht vor Menschen, die sein Dorf überfallen hatten. Vielleicht ging er auch nur seinem Beruf nach. Aber welchen Beruf hatte er? Wir versuchen, wie die Kriminalpolizei vorzugehen und uns ein genaueres Bild von Ötzi zu machen.

- **Wer war der Tote vom Ötztal?**

Wir erstellen einen „Fahndungsbericht", der die wichtigsten Informationen zusammenstellt.

1. Informiert euch noch einmal zum Thema „Kriminalkommissar – Geschichtsforscher" (s. S. 17).

2. „Ein unbekannter Toter im Eis". Erstellt euren „Fahndungsbericht", indem ihr die Materialien auswertet, die euch zur Verfügung stehen.
Wichtig zu beachten: Unterscheidet in euren Ausführungen genau zwischen Belegbarem und eher Vermutetem. Dies ist besonders wichtig, wenn ihr auf der Grundlage des Steckbriefes (M 3) und der Funde (M 2/M5) der Frage nachgeht, welchen Beruf Ötzi hatte. War er z. B. Hirte, Jäger, Metallsucher, Zauberer oder Händler?

3. Übertragt eure „Fahndungsberichte" auf Wandplakate und stellt sie in der Klasse vor.

M1 Der Tote aus den Ötztaler Alpen, teilweise freigelegt (Fotografie vom 21.9.1991)

Sensationeller Fund einer Gletscherleiche – Zusammenfassung der Ereignisse im Sommer 1991

Der Sommer des Jahres 1991 ist ungewöhnlich warm gewesen. Auch am Donnerstag, dem 19. September 1991, herrscht wunderbares Wetter. Die Fernsicht in den Ötztaler Alpen ist einfach fantastisch. Deshalb entschließt sich das Nürnberger Ehepaar Erika und Helmut Simon, die Bergwanderung zu verlängern. Sie wollen nicht direkt zur Similaun-Hütte gehen, sondern erst noch die Finailspitze erklimmen, um von dort aus zur Berghütte hinabzusteigen. Als sie eine schmale Gletscherwanne passieren, sehen sie etwas Merkwürdiges aus dem Eis ragen. Eine Schaufensterpuppe? Das kann doch wohl nicht wahr sein! Sie treten näher heran und zucken sofort zurück. Kein Zweifel, im Eis liegt eine Leiche! Kopf und Schultern sind deutlich zu erkennen. Erika und Helmut Simon haben ein flaues Gefühl im Magen, als sie schnell zur Hütte hinabsteigen und ihre Beobachtung melden: „Da oben liegt ein Toter im Eis!" Die Gäste sind aufgeregt; vielleicht ist ein Wanderer oder Bergsteiger verunglückt? Der Wirt Markus Pirpamer will der Sache auf den Grund gehen. Er lebt seit seiner Kindheit im Ötztal, aber von einem vermissten Wanderer oder Bergsteiger ist schon seit Jahren keine Rede gewesen. Als Pirpamer den Fundplatz erreicht, betrachtet er den Toten genauer. Er glaubt eine „Schädelverletzung" zu erkennen. Ist der Tote Opfer eines Verbrechens? Pirpamer verständigt die Polizei. In den nächsten Tagen überschlagen sich die Ereignisse. Da ein Verbrechen nicht auszuschließen ist, ordnet der Staatsanwalt an, die Leiche gerichtsmedizinisch zu untersuchen. Dazu muss sie aber erst einmal mit Bohrhämmern aus dem Eis gelöst werden, was sehr schwierig ist, da das Wetter sich verschlechtert hat. Hartnäckig wird der tote Körper vom Eis festgehalten. Aber im Umkreis finden sich merkwürdige Gegenstände: eine Art Axt mit

Metallspitze, Schuhe aus Gräsern, ein Messer. Der Ortspolizist hat einen Verdacht: „Das Beil könnte die Tatwaffe sein!“ Vorsichtshalber steckt er sie ein und nimmt sie mit ins Tal. Merkwürdige Zeichnungen auf dem Rücken des Opfers geben dem Bergungsteam zusätzliche Rätsel auf. Wer ist der Tote? Ist er wirklich umgebracht worden? Am 21.9., die Leiche liegt immer noch im Eis, kommt der weltbekannte Bergsteiger Reinhold Messner vorbei. Als er die Gräserschuhe betrachtet, weiß er sofort, dass er keine gewöhnliche Gletscherleiche vor sich hat. Solche Schuhe hat er schon einmal gesehen – bei den Eskimos! Für ihn gibt es kein Halten mehr: Messner verständigt das österreichische Fernsehen. 500 Jahre, so schätzt Messner, ist die Leiche bestimmt alt.

Am nächsten Morgen eilt ein Kamerateam herbei, um den Abtransport zu filmen. Da Ötzi, so wird der Tote mittlerweile genannt, über Nacht wieder eingefroren ist, muss er unter großen Mühen ein zweites Mal freigebohrt werden, wobei unter anderem ein merkwürdig geformtes Messer gefunden wird. Erstmalig ist auch ein Wissenschaftler vor Ort. Er ist elektrisiert: Dieses Messer, meine Güte!, das muss uralt sein! Und dann soll es noch eine Axt auf der Polizeistation geben. Am liebsten würde er die Leiche und alle Fundstücke direkt nach Innsbruck fliegen lassen. Aber die Staatsanwaltschaft folgt ihren Vorschriften: Der Tote muss ordnungsgemäß vom nächstgelegenen Bestatter eingesargt werden. Also wird Ötzi in den Hubschrauber verladen und dann in der kleinen Ortschaft Vent in den Sarg gelegt. Erst einen Tag später, am Dienstag, dem 24.9.1991, liegt die Leiche auf dem Tisch des gerichtsmedizinischen Institutes in Innsbruck. Daneben das Messer, die Gräserschuhe, auch das Beil mit der Metallspitze und weitere Fundstücke. Die Experten sind sich einig: Ötzi ist wirklich keine gewöhnliche Leiche, Ötzi ist 5 000 Jahre alt – mindestens!

M2 Fundstücke bei Ötzi

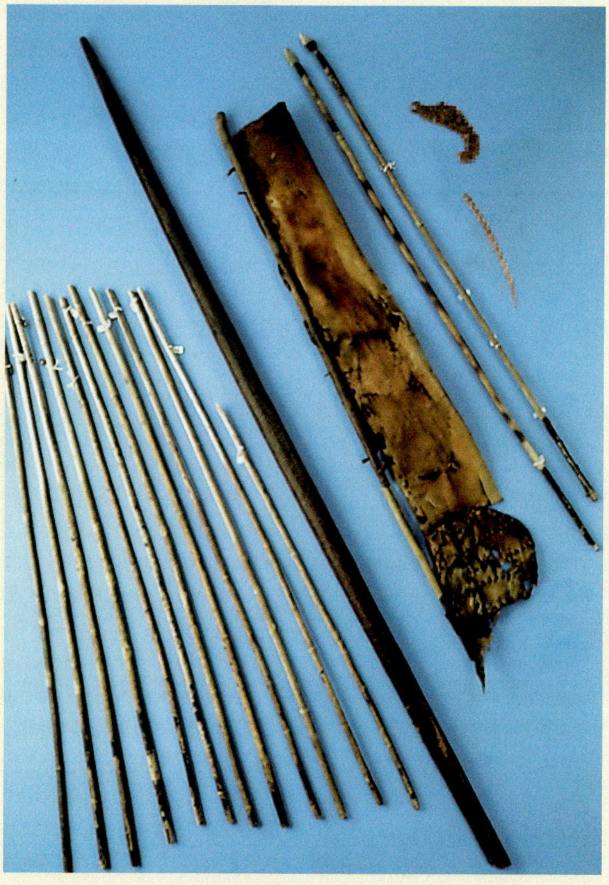

Pfeile, Bogen, Köcher; oben rechts: Schnur aus Baumbast, zu einem Knäuel aufgewickelt, und Dorn aus Hirschgeweih (Pfeilspitze?)

Beil

Messer mit Bastscheide

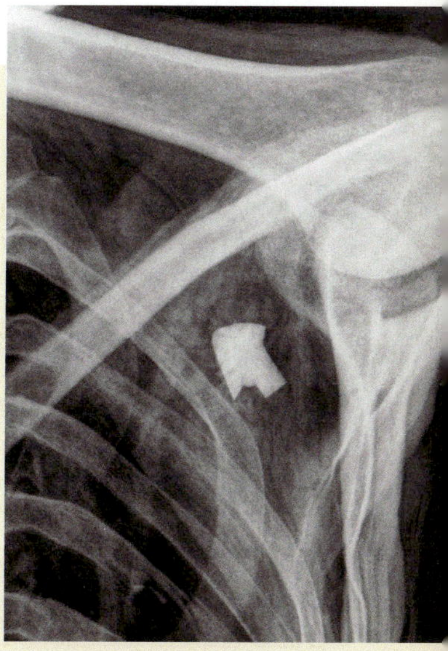

Röntgenaufnahme der Schulter: Zu sehen ist ein Fremdkörper in Form einer Pfeilspitze.

Fußbekleidung, Überzug aus Gräsern

M3 Ötzi-Steckbrief

Die Untersuchungen an der Gletschermumie führten bislang (Stand: 2008) zu folgenden Ergebnissen. Es ist nicht auszuschließen, dass künftige Forschungen die Sachlage verändern.

Ötzi

Größe:	1,60 m
Alter:	ca. 46 Jahre (Mindestalter 40, Höchstalter 53)
Geschlecht:	männlich
Haare:	lang, dunkel, bärtig; Besonderheit: Kupferspuren
Zähne:	abgekaut, ohne Karies, aber ein Zahn fehlt
Todesursache:	Vermutlich kam er bei einem Kampf ums Leben; dafür sprechen eine Pfeilspitze in der Schulter, schwere Verletzungen an der rechten Hand und am Schädel. Primäre Todesursache waren entweder die schweren Blutungen oder die Schädelverletzungen.
Lebenszeitraum:	ca. 3300 v. Chr.
Erhaltung:	außergewöhnlich gut; direkt nach dem Tod müssen warme Winde geherrscht haben, die den in einer Felsnische liegenden Körper austrockneten; Neuschnee und Gletschereis versiegelten den mumifizierten Körper.
Besonderheiten:	Tätowierungen an den Beinen und auf dem Rücken, ungewöhnlich kräftige Oberschenkel (geübter Wanderer oder Läufer?)

M4 Ötzi-Rekonstruktion

M5 Auswertung der Funde

Auch die weiteren Fundstücke wurden genau untersucht. Die Tabelle gibt den Forschungsstand aus dem Jahre 2008 wieder.

Fundstück	Beschreibung	Auswertung
Bekleidung/ Schuhe	Oberbekleidung aus dem Leder von Hausziegen; Schuhe (Hirsch- bzw. Bärenleder) mit Heupolstern ausgestopft; Mantel aus Grasgeflecht; Mütze aus Bärenfell.	Auf niedrige Temperaturen vorbereitet; Hinweis auf Jagd, auf Viehzucht?
Köcher mit Bogen und Pfeilen	Köcher aus dem Fell einer Gämse; nur zwei der 14 Pfeile sind funktionsfähig, die restlichen Pfeile und der Bogen sind halb fertig; Schnitzspuren.	Musste Ötzi seine Waffen reparieren?
Beil	Beil mit einer Klinge aus fast reinem Kupfer – dazu Spuren von Silber und Arsen, das bei der Kupferherstellung anfällt; die Klinge ist im Schaft mit Pech festgekittet und mit Lederriemen umwunden.	Kein Stein-, sondern Metallbeil; im Ötztal gibt es keine Metallvorkommen.
Messer	Griff aus Eschenholz; Befestigung der Klinge aus Feuerstein mit einer Tiersehne und Birkenrindenteer.	Vielseitig verwendbar.
Baumpilz	Pilz der Birke, enthält Polyporensäure C.	Wirkt wie ein Antibiotikum, Reiseapotheke?
Pflanzenfunde	Zwei Früchte der Schlehe, frisch gepflückte Spitzahornblätter, Pollen der Hopfenbuche; außerdem zwei Getreidekörner.	Tod im Frühsommer? Hinweis auf Ackerbau?
Reststücke von Grasgeflecht	Umhang oder Grasmantel, wurde noch um 1900 von Hirten im Südtiroler Hochgebirge getragen.	Regenschutz?

Information

Das Metall verändert die Welt

Ötzi lebte in einer Zeit, in der sich die Steinzeit langsam zur Metallzeit entwickelte. Kupfer war das erste Gebrauchsmetall. Anders als Gold oder Silber fand man es nicht als reines Metall in der Natur, man musste es aus Erzen gewinnen und es war noch recht weich. Erst die Herstellung von Bronze (das ist eine Legierung aus Kupfer und Zinn), brachte einen Entwicklungsschub. Je geschickter die Menschen mit diesem Metall umgehen konnten, desto größer wurden die Unterschiede gegenüber der Jungsteinzeit.

- **Welche Auswirkungen hatte die Herstellung von Metallen auf das Leben der Menschen?**

Wir visualisieren und beschreiben Veränderungen der Lebensbedingungen mithilfe einer Mindmap.

1. Übertragt die Mindmap in eure Geschichtsmappe.

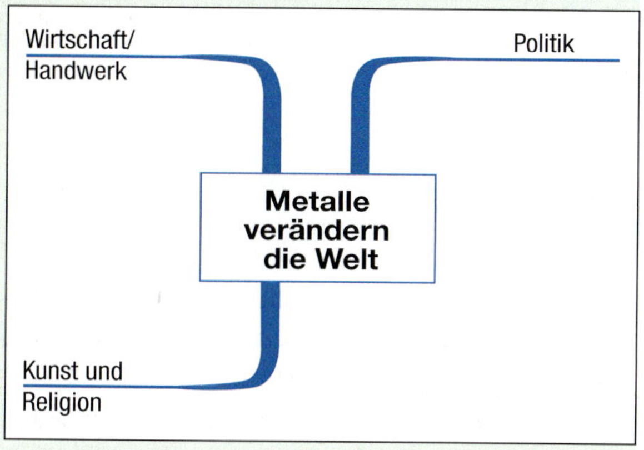

2. Lest den Darstellungstext aufmerksam durch. Nutzt die in der Mindmap vorgegebenen Oberbegriffe als Stichworte für die sinnorientierte Informationsentnahme der Kernaussagen (vgl. Methode S. 24).

3. Vervollständigt die Mindmap.

4. Präsentiert eure Mindmap (Folie, Tafelbild) und beschreibt die Veränderungen.
Tipp: Wenn ihr die Bilder einbezieht, wird eure Darstellung noch anschaulicher.

Neue Berufe entstehen

Für Bauern und Viehzüchter muss es jedes Mal ein faszinierendes Schauspiel gewesen sein, wenn ein Schmied ins Dorf kam: Aus Steinen und Lehm mauerte er einen Ofen und füllte ihn mit einem merkwürdigen Gestein, das rötlich oder silbern glitzerte. Unter dieses Gestein mischte er Holzkohle, die er schließlich anzündete. Jetzt stiegen dicke Rauchschwaden aus den Abzügen der Brennöfen und der Geruch von Rauch lag über der ganzen Siedlung. Ununterbrochen fachte er die Hitze mit einem Blasebalg an, sodass die Temperatur immer mehr anwuchs. Erst nach mehreren Stunden nahm der Schmied den Abstich vor: In Bodennähe schlug er eine kleine Öffnung in den Ofen. Die Dorfbewohner dürften sehr gestaunt haben, dass aus dieser Öffnung ein glühendes Metall floss. Der Schmied arbeitete jetzt blitzschnell, denn die Flüssigkeit erkaltete in wenigen Sekunden. Er lenkte sie in eine kleine Form, z. B. aus Sandstein oder Ton. Nach einer kürzeren Phase der Abkühlung konnte er dieser Form ein fertiges Produkt entnehmen, z. B. einen Dolch oder ein Schmuckstück. Der Schmied hatte Steine zum Schmelzen gebracht und aus Hitze, Rauch und Feuer großartige und nützliche Gegenstände „gezaubert“! Wenn er sie wieder erhitzte, konnte er sie auf einen Amboss legen und weiter bearbeiten oder verfeinern.
Es hat sicher viele Jahrhunderte gedauert, bis Schmiede nicht mehr als Zauberer oder Magier geachtet und gefürchtet wurden. Tatsächlich erforderte die Metallherstellung ein umfangreiches Spezialwissen über die metallreichen Gesteine, die Brenntechnik und den richtigen Schmelzpunkt (zwischen 1000 und 1100 Grad). Vor allem die Herstellung von Bronze (Mischungsverhältnis von Kupfer und Zinn etwa 9 : 1) war eine knifflige Angelegenheit und setzte viel Erfahrung und Sorgfalt voraus. Doch auch der beste Schmied konnte nichts machen,

Lanzenspitze aus Bronze, im Hintergrund die Hälfte der Gussform (Sandstein)

wenn er kein erzhaltiges Gestein hatte. Deshalb bildete sich ein zweiter Beruf heraus: der professionelle Erzsucher. Wenn eine Lagerstätte gefunden war (zumeist im Gebirge oder in einem Flusstal), wurde sie abgebaut. In Mitteleuropa geschah dies seit etwa 2300 v. Chr. in großem Stil. Die Schmiede siedelten sich jetzt in der Nähe der Erzgruben an und stellten Metallbarren her, die sich leichter transportieren ließen als Gesteinsbrocken. Um den Absatz kümmerten sich von nun an Händler, die das „reine" Metall an Schmiede in weiter entlegenen Gebieten auslieferten – oder auch fertige Produkte verkauften.

Was hat Metall mit Politik zu tun?

Während der Jungsteinzeit hat es vermutlich größere und kleinere Bauernhöfe gegeben, aber die Unterschiede zwischen den Menschen waren aller Wahrscheinlichkeit nach nicht sehr groß. Erst mit der Metallzeit änderte sich das: Geschickte Schmiede oder erfolgreiche Erzsucher und Händler waren deutlich reicher und mächtiger als einfache Bauern und Viehzüchter. Die Wissenschaftler sagen deshalb, dass sich mit Beginn der Metallzeit eine gegliederte Gesellschaft herausgebildet hat. Einige Gräber und Grabbeigaben deuten darauf hin, dass es in der Metallzeit sogar sehr reiche und sehr mächtige Menschen gegeben hat, die sich deutlich von ihren Mitmenschen unterschieden. In heutigen Begriffen: Sie besaßen Macht über andere Menschen, konnten diesen Befehle erteilen und Herrschaft ausüben. Seit 1000 v. Chr. bewohnten diese Fürsten oft regelrechte Burganlagen. Das waren befestigte Siedlungen, in denen über 200 Personen lebten. Das Grab des sogenannten Keltenfürsten von Hochdorf ist ein besonders eindrucksvolles Beispiel für den Reichtum und Luxus, der sich in herrschenden Familien ausbilden konnte.

Grabkammer des Fürsten von Hochdorf/Baden-Württemberg (Rekonstruktion)

Fundstücke aus dem Grab

Um den Fürsten zu beerdigen, wurde eine 2,5 m tiefe Grube ausgehoben. Aus Eichenstämmen zimmerte man darin eine etwa 20 m^3 große Kammer, die man wie ein prunkvolles Wohnzimmer ausstattete (Stoffe, Blumenschmuck, goldene Trinkhörner, reich verziertes Sofa aus Bronze – etwa 2,75 m lang). Der verstorbene Fürst trug viel Goldschmuck und besaß neben einem Köcher mit Pfeilen auch Rasiermesser, Nagelschneider und Angelhaken aus Metall. Ein großer Bronzekessel (der aus Süditalien eingeführt worden war) war mit 500 l Met gefüllt. Auf einem vierrädrigen Wagen befand sich Bronzegeschirr für neun Personen. Nach der Beisetzung wurden auf die Kammer 250 Tonnen Steine geschafft, um sie gegen Grabräuber zu schützen. Schließlich wurde ein Grabhügel aufgeschüttet, der eine Höhe von 6 m und einen Durchmesser von 60 m besaß.

Kunst und Religion

Die Erfindung der Metallherstellung hatte auch Auswirkungen auf die Kunst und die Religion. Zumindest die reichen und mächtigen Menschen der Bronzezeit hatten nun die Möglichkeit, die Verstorbenen äußerst liebevoll und mit wertvollen Gegenständen zu beerdigen. Zweifellos glaubten sie an ein Leben nach dem Tode.
Sie hatten auch die Möglichkeit, mit „schönen" Gegenständen ihre Religion zum Ausdruck zu bringen. Im Zentrum dieser Religion standen die Sterne und vor allem die Sonne. Der Sonnenwagen von Trundholm stammt aus dem 14. Jahrhundert v. Chr. und wurde 1902 von einem Bauern gefunden, der seinen Acker umpflügte. Man deutet die Scheibe als eine Sonne, die auf einem Wagen über den Himmel gezogen wird. Auch die Goldhüte, die an

Sonnenwagen von Trundholm/Dänemark, 14. Jh. v. Chr. (Länge ca. 60 cm)

Goldener Hut von Schifferstadt, 14. Jh. v. Chr. (Höhe ca. 30 cm)

vielen Stellen in Mitteleuropa gefunden wurden, werden als Ausdruck einer weit verbreiteten Sonnenverehrung verstanden. Man streitet darüber, ob Priester diese Hüte bei einer Zeremonie getragen haben oder ob die Hüte vielleicht Gefäße waren, in denen wichtige Flüssigkeiten aufbewahrt wurden. Der Aufwand bei der Herstellung der Hüte war enorm. Deshalb waren sie mit größter Wahrscheinlichkeit keine reinen Schmuckstücke, sondern heilige Objekte.

Bronzezeit = Zeit der Sternendeuter?

Jüngste Funde, die in Mitteldeutschland gemacht wurden, haben sehr viel Bewegung in die Diskussion um die Religion in der Bronzezeit gebracht. Die „Himmelsscheibe von Nebra", die 1999 gefunden und seit 2002 wissenschaftlich untersucht wurde, versetzte Fachleute in Erstaunen und Aufregung. Sie ist ca. 2 kg schwer und besteht aus Bronze mit 36 Goldpunkten bzw. -blechen. Sonne, Mond und Sterne sind schnell zu erkennen, aber hat die Scheibe einen „Sinn"? Die Antwort lautet: „Ja!" Die Scheibe diente dazu, die Bewegungen von Sonne und Mond wie in einem Kalender darstellen zu können. Das Interessante aber sind die sieben Sterne links neben der oberen Mondspitze. Sie stehen für ein bestimmtes Sternenbild: das Siebengestirn (Plejaden). Stehen die Himmelskörper in der hier abzulesenden Weise am Himmel, wussten die Sternendeuter, dass ein Schaltmonat einzulegen war. Die Scheibe drückt also eine astronomische Erkenntnis aus, die man den Menschen der Bronzezeit niemals zugetraut hätte. Nach dem heutigen Kenntnisstand sind die Menschen von Nebra allerdings nicht selbst auf diese Idee gekommen, sondern haben das Wissen aus einer fremden Kultur übernommen. Dies würde betonen, dass die Kontakte während der Bronzezeit viel internationaler waren, als lange Zeit gedacht. Gesichert ist, dass das Kupfer aus dem Ostalpenraum stammt, das Gold aus dem heutigen Rumänien. Wie die Scheibe nach Mitteldeutschland kam, ist völlig unklar. Der Fundort in Nebra deutet darauf hin, dass sternenkundige Priester die Scheibe bei religiösen Feiern benutzt haben könnten, denn in der Nähe des Fundortes befand sich eine Sternwarte. So zeigt sich auch in der Himmelsscheibe von Nebra das enge Zusammenwirken von Handwerk, Kunst und Religion.

Himmelsscheibe von Nebra, ca. 3 600 Jahre alt

Naturvölker heute

Ein Tag im Leben der australischen Ureinwohner

Verstreut über die Erde gibt es auch heute noch Menschen, deren Lebensweise sich seit der Steinzeit kaum verändert hat. Diese Naturvölker leben zeitgleich mit uns modernen Menschen, befinden sich aber auf einer Entwicklungsstufe, die für uns längst vergangen ist. Die Naturvölker leben in schwer zugänglichen Gebieten, die uns völlig lebensfeindlich erscheinen (etwa im Regenwald oder rund um den Nordpol). Die Mardu sind ein Beispiel für ein Naturvolk von heute. Sie sind australische Ureinwohner und leben in einer Wüste, wo es kaum regnet. Tagsüber ist es extrem heiß (oft über 40 Grad im Schatten), nachts kann es frieren. Ihre wenigen Werkzeuge bestehen aus Stein, Knochen oder Holz.
Der amerikanische Wissenschaftler R. Gould hat berichtet, wie eine Gruppe von 13 Mardu einen Sommertag im Jahre 1966 verbrachte.

- **Das Leben heutiger Naturvölker – wie sieht es aus und wie sollten wir damit umgehen?**

Wir vergleichen zwischen „früher" und „heute".

1. Stelle Gemeinsamkeiten und Unterschiede zwischen den Mardu und unseren Vorfahren in der Steinzeit in einer kleinen Tabelle zusammen.
2. Einige Geschichtsforscher sprechen von der „Gleichzeitigkeit des Ungleichzeitigen", wenn sie die Lebensweise der Mardu mit unserer Lebensweise in Europa vergleichen. Erkläre, was damit gemeint ist.
3. Es gibt unterschiedliche Meinungen, wie man sich gegenüber solchen Völkern wie den Mardu verhalten soll.

Position beziehen:
- Wir positionieren uns entlang einer markierten Linie im Klassenraum.
- Um seinen Standpunkt zu verdeutlichen, stellt man sich an den Punkt auf der Linie, der der eigenen Position entspricht.
- Wir begründen unseren Standpunkt und diskutieren die Positionen in der Klasse.

Ich meine: -- **Ich meine:**

„Man sollte diese Menschen in Ruhe lassen; sie brauchen keine anderen Nahrungsmittel, keine Kleidung und auch keine moderne Medizin."	„Diese Menschen kann man nicht so primitiv weiterleben lassen."

Übrigens: Eure von diesen beiden Positionen vielleicht etwas abweichende Meinung könnt ihr dadurch verdeutlichen, dass ihr euch in einem entsprechenden Abstand von den beiden Eckpunkten auf der Linie positioniert.

M1

Die Abbildung zeigt einen typischen Lagerplatz der Mardu. Die Lager waren meist einfache Windfänge aus Sträuchern.

M2

Ein kleiner Mardu-Junge zeigt stolz eine Eidechse, die er selbst erlegt hat.

M3

Frauen und Kinder beim Sammeln. Die Körbe dienen zum Transport, mit dem Grabstock wird nach Wurzeln und kleinen Tieren gesucht.

M4 Ein Tagesablauf

Bei Sonnenaufgang verzehrte die Gruppe die Reste des Abendessens vom Vortage. Dann berieten alle darüber, was sie nun tun wollten.

Die beiden Männer beschlossen, an einer nahe gelegenen Stelle Emus zu jagen. Dort waren sie nämlich schon einmal erfolgreich gewesen. Als sie dort ankamen, bauten sie sich einen Sichtschutz aus Sträuchern und ließen sich zum Warten nieder. Nach etwa fünf Stunden tauchte ein Emu auf. Als aber einer der Männer seinen Speer schleudern wollte, verursachte er ein Geräusch und verscheuchte den Vogel. Die Männer kamen zu dem Entschluss, dass wohl keine weiteren Emus kommen würden, und traten den Rückweg ins Lager an. Unterwegs erlegten sie einen kleinen Waran (= Echse, etwa 50 cm lang), dessen Spur sie gefunden hatten.

Nachdem die Männer fortgegangen waren, machte sich der Rest der Gruppe (er bestand aus drei erwachsenen Frauen, einem heranwachsenden Mädchen und sieben kleinen Kindern) in der entgegengesetzten Richtung auf den Weg, um Pflanzen zum Essen zu sammeln. Sie mussten weiter laufen als die Männer (etwa 8 km), doch hatten die Frauen und Kinder in weniger als einer Stunde 18 kg gesammelt. Sie trafen kurz nach den Männern, die den Waran bereits in den Kohlen eines Feuers rösteten, wieder im Lager ein.

Als das Tier gar war, wurde das Fleisch unter der ganzen Gruppe verteilt. In den folgenden Stunden machten die Frauen ein Nickerchen, schwatzten oder spielten mit den Kindern. Die Männer zogen sich an einen entlegenen Ort zurück und ritzten Bilder auf Steinplatten. Dies war ein religiöser Vorgang. Die Mardu-Männer glaubten fest daran, mit den Geistern Kontakt aufzunehmen, wenn sie die Bilder schufen. Wenn sie die Seelen der Geister gewannen, würde auch die künftige Jagd erfolgreich sein.

Am Nachmittag schälten und zermahlten die Frauen ihre gesammelte Nahrung. Aus dem groben Mehl bereiteten sie eine Art Fladenbrot von etwa 20 cm Durchmesser. Als es Nacht wurde, legten sich Erwachsene und Kinder zum Schlafen hin.

(nach: Lee Sackett, Australiens Aborigines; in: Naturvölker heute, Hamburg 1994, S. 76ff.)

STOPP – Ein Blick zurück

Wir können jetzt an mehreren Beispielen zeigen, dass wir die archäologischen Methoden gut verstanden haben. Wir wissen also, wie die Geschichtswissenschaftler forschen und aus Funden Ergebnisse ableiten. Dabei helfen uns die Kenntnisse, die wir über das Leben der ersten Menschen gewonnen haben. Bei unseren Auswertungen und Schlussfolgerungen sind wir sehr vorsichtig, denn es ist nicht einfach, stumme Quellen zum Sprechen zu bringen.

Fundstück

Wie gehen Wissenschaftler mit einem Fundstück um?

In jeder Lücke fehlt ein Fachbegriff. Ordne jeder Zahl den richtigen Begriff zu. Schreibe die Lösung in dein Heft.

(1) Ausgrabung
(2) …
(3) …
(13) …

Altsteinzeit, Archäologen, Ausgrabung, Auswertung, Holz, Jagdglück, Jagdwaffe, Jungsteinzeit, Magie, Mammut, Metallzeit, Naturvölker, Rentiergeweih.

Rekonstruktion und Handhabung

Bei einer (1) erregte ein merkwürdiges Fundstück die Aufmerksamkeit der (2). Man untersuchte den Fund gründlich. Er bestand aus (3) und war etwa 10 cm groß. Zweifellos war der Gegenstand bearbeitet worden: Bei genauerer Betrachtung erkannte man die Umrisse eines Tieres, vermutlich eines (4). Die Naturwissenschaftler der Universität sollten herausfinden, wie alt das Fundstück war. Mithilfe komplizierter Verfahren gelang es ihnen, das Alter festzustellen: Es war etwa 12 000 Jahre alt, deshalb kamen weder die (5) noch die (6) infrage. Der Fund stammte also aus der (7).

Lange rätselte man über den Zweck dieses Gegenstandes. Kopf und Rücken des Tieres bildeten eine gerade Linie, die Beine ein Griffloch wie für einen Finger; der Schwanz war gekrümmt, als wenn er etwas festhalten sollte. Welchen Sinn sollte das haben? Erst als man auf die Idee kam, dass zu dem Fundstück noch ein zweites Teil gehören musste (das leider verloren gegangen war), ging den Forschern ein Licht auf: Was fehlte, war vielleicht ein zugehöriger Speer aus einem anderen Material, das sich nicht erhalten hatte, vielleicht aus (8). Die Forscher probierten die Sache aus. Sie nahmen einen Speer, legten ihn auf den Rücken des Tieres und nutzten das Fundstück, um ihren Wurfarm damit künstlich zu verlängern. Nach einigen Versuchen klappte es prima: Sie konnten den Speer mithilfe der Schleuder viel schneller und weiter werfen als ohne. Der Fund gehörte zu einer (9), man hatte eine Speerschleuder gefunden. Die (10) wird noch dadurch unterstützt, dass auch heutige (11) ganz ähnliche Speerschleudern benutzen. Gespräche mit diesen Menschen verraten auch, warum die Schleudern so aufwendig geschnitzt sind: Der Jäger verspricht sich mehr (12): Er hat das zu jagende Tier schon einmal „ins Bild gesetzt", er hat es „besiegt" und seinen „Geist gebannt". Die Waffe besitzt in seiner Vorstellung eine gewisse (13), eine Zauberkraft.

Australischer Ureinwohner bei der Jagd

Wir arbeiten wie die Archäologen: Zwei Fundstellen werden untersucht

Wenn du dir durchliest, welche Überreste an den Fundstellen in Salzgitter und Altenerding ausgegraben wurden, hast du vielleicht schon eine Idee, aus welchen Zeiten die Funde stammen. Überprüfe deine Vermutung.

1954 fanden Archäologen in der Nähe von Salzgitter (Niedersachsen) folgende Gegenstände:
Schaber aus Feuerstein, Knochen eines Wolfes, Knochen von Wildpferden, Zeltstöcke neben dicken Steinen, Harpunenspitzen aus Knochen, Knochen eines Geiers, Knochen von Enten, Knochen von Nashörnern, Knochen von Schwänen, Speerspitzen aus Knochen, Messer aus Feuerstein, Knochen von Mammuts, Knochen von Wisenten, Rentierknochen.

Bei Ausgrabungen in Altenerding (Bayern) wurden in den Jahren 1949 bis 1951 folgende Gegenstände gefunden:
Knochen von Rehen, Henkeltassen aus Ton, Nadeln aus Knochen, Sicheln mit Klingen aus Feuerstein, Knochen von Pferden, Knochen von Schafen, Henkelkrüge aus Ton, Schüsseln aus Ton, Knochen von Schweinen, Knochen von Ziegen, Knochen von Rindern, Tonscherben mit Getreidekörnern, Knochen eines Hundes, Töpfe aus Ton.

1 Lege in deinem Heft eine Tabelle nach folgendem Muster an. Trage dann die Fundstücke in die richtige Spalte ein; nimm für die Funde aus Salzgitter einen roten, für die Funde aus Altenerding einen grünen Stift.

Jagdbare Tiere	Haustiere	Jagdgeräte	Hausgeräte

2 Was verraten die Funde über die Menschen, die in Salzgitter bzw. Altenerding gelebt haben?

Ernährungsgewohnheiten ändern sich: Ein Schaubild gibt Auskunft

Archäologen haben in einem Dorf der Jungsteinzeit (Mehrgarh, Pakistan) eine Abfallgrube untersucht. Sie haben festgestellt, dass die Grube über Jahrtausende hinweg benutzt wurde. Die gefundenen Tierknochen haben sie gezählt und sortiert. Das Ergebnis wurde in zwei Schaubildern festgehalten.

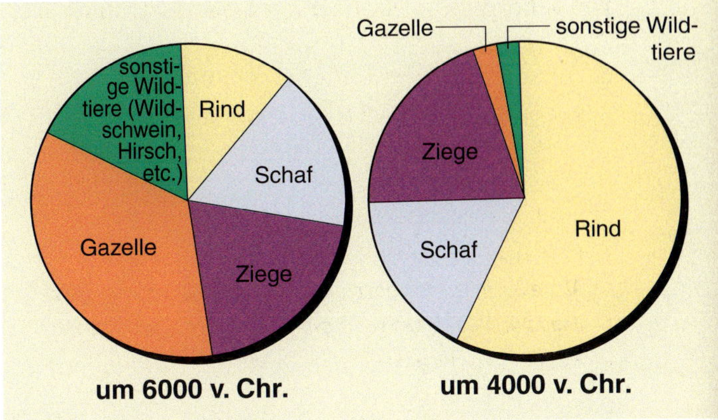

1 Beschreibe zunächst die Schaubilder; gib an, von welchen Tieren sich die Menschen um 6000 v. Chr. bzw. um 4000 v. Chr. hauptsächlich ernährten.

2 Gib jetzt übergreifend an, wie sich die Ernährung zwischen 6000 und 4000 v. Chr. geändert hat.

3 Versuche, die Entwicklung zu erklären.

Diese Begriffe kann ich erklären:

- → Altsteinzeit
- → Jungsteinzeit
- → Neolithische Revolution
- → Metallzeit
- → Vormenschen
- → Jäger und Sammlerinnen
- → Ackerbauern und Viehzüchter
- → Naturvölker
- → Archäologie

Mit diesen Methoden kann ich arbeiten:

- → Die archäologische Methode

Außerdem:

- → Sinnorientierte Informationsentnahme
- → Einen Sachtext lesen und verstehen

Ägypten – eine Frühe Hochkultur

Eine herausragende Leistung der Frühen Hochkultur am Nil sind die Pyramiden von Giza – mit der höchsten aller Pyramiden, der Cheops-Pyramide (rechts). Sie wurden um 2500 v. Chr. errichtet. 4 000 Jahre lang waren sie das höchste Bauwerk der Welt. Schon in der Antike wurden die Pyramiden als ein Weltwunder bestaunt.

Hochkultur Ägypten – Ein Überblick

Das Alte Ägypten – ein Magnet

Ausstellungen zum Alten Ägypten ziehen viele Menschen an. Der größte Renner war die Ausstellung mit Fundstücken aus dem Grab des Pharao Tutanchamun, die 1980 und 1981 in mehreren deutschen Städten gezeigt wurde. Vor den Museen bildeten sich lange Warteschlangen. Was mag das Mädchen vor der goldenen Maske des Tutanchamun denken? „Du bist also Tutanchamun! Berühmt bist du geworden, weil dein Grab noch nicht von Grabräubern geplündert war, als man es 1922 fand. Als du Pharao wurdest, warst du nicht viel älter als ich. Obwohl die Maske, die auf deiner Mumie lag, fast 3400 Jahre alt ist, wirkst du immer noch jung – und schön."

Es sind nicht nur solche Ausstellungen, die die Menschen heute faszinieren. Der Gang ins Reisebüro und ein Blick in das Angebot der Reisekataloge zeigen, dass das heutige Ägypten ein häufig gebuchtes Reiseziel ist. Und dies nicht wegen Sonne, Luft und Meer. Bevorzugt gebucht werden Rundreisen zu den Pyramiden und Flusskreuzfahrten auf dem Nil, vorbei an Götterstatuen und den zahlreichen imposanten Tempeln wie zum Beispiel den weltberühmten Tempeln von Abu Simbel.

Die Tempel von Abu Simbel sind eine der großartigen Leistungen der Frühen Hochkultur in Ägypten. Sie wurden in der ganzen Welt bekannt, als sie von einem geplanten riesigen Stausee überflutet zu werden drohten. Die UNESCO, eine Organisation der Vereinten Nationen, rief zur Rettung dieser einzigartigen Kulturgüter auf. Mit großem Aufwand wurden die Tempel von 1964 bis 1968 in über tausend Steinblöcke zerlegt und 64 Meter höher und 180 Meter weiter landeinwärts wieder aufgebaut. Das Geld für diese Rettungsaktion wurde von über 50 Ländern gespendet. Es sind also die riesigen Bauten und beeindruckenden Kunstwerke des Alten Ägypten, die uns heute noch so viel Wert sind und Faszination und Bewunderung hervorrufen.

Ein Block des Tempels wird transportiert.

Die 20 Meter hohen Statuen bewachen wieder den Tempel.

3500 v. Chr.	zwischen 3250 und 3000 v. Chr.	2700–2150 v. Chr.
Erste Anfänge einer Hochkultur am Nil	**Vereinigung von Ober- und Unterägypten**	**Altes Reich**

Beginn Früher Hochkultur in Mesopotamien **(3500)**

Beginn Früher Hochkultur am Indus **(3000)**

Frühe Hochkultur – eine neue Lebensform

Ein Leben ohne Schrift, ein Leben ohne Städte, ein Leben ohne feste Häuser, ein Leben ohne hoch spezialisierte Berufe. Solche Lebensumstände können wir uns heute nicht vorstellen. Vieles, was für uns selbstverständlich ist – z. B. das Schreiben und Lesen – hat sich vor 5500 Jahen aus kleinen Anfängen entwickelt. Die neuen Lebensformen, die sich deutlich von den steinzeitlichen Kulturen unterschieden, entstanden seit etwa 3500 v. Chr. an einigen wenigen Stellen in der damaligen Welt. Sie werden „Frühe Hochkultur" genannt. Die Karte zeigt, dass ein Fluss die wichtigste Voraussetzung für das Entstehen einer Frühen Hochkultur war. Sie entstanden an den Flüssen Euphrat und Tigris, in Palästina, am Fluss Indus in Indien, am Huang-He-Fluss in China sowie am Nil in Ägypten.
Die bekannteste und am besten erforschte Frühe Hochkultur ist das Alte Ägypten. Daher sind wir über das Alte Ägypten so gut informiert wie über keine andere Frühe Hochkultur.

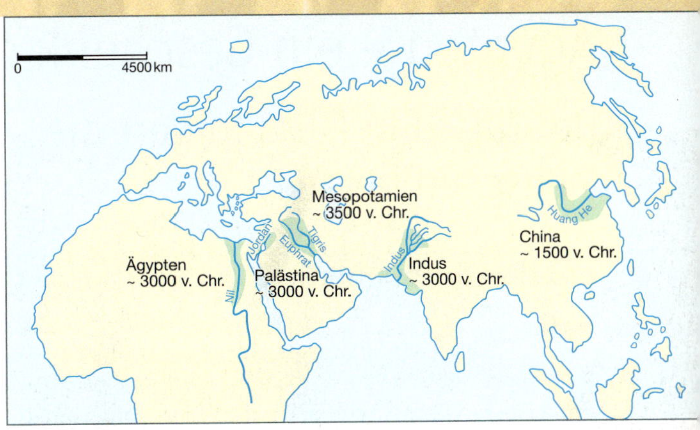

Frühe Hochkulturen an Flüssen

Besonderheiten der ägyptischen Hochkultur sind die aufwendige Ausstattung von Gräbern sowie herausragende technische und künstlerische Leistungen. Auch die Rolle der Frauen in der ägyptischen Gesellschaft unterschied sich deutlich von anderen Frühen Hochkulturen. Ab etwa 5000 v. Chr. siedelten Menschen im Niltal.
Der lange Zeitraum des ägyptischen Staates wird heute unterteilt in drei große Zeitabschnitte: In der Zeit des Alten Reiches, des Mittleren Reiches und des Neuen Reiches war der Staat stark und stabil. Dazwischen lagen Zeiten der Schwäche, die Macht der Pharaonen war eingeschränkt. Nach 1075 v. Chr. – in der Spätzeit – blieb Ägypten zwar selbstständig, war aber unter dem Einfluss fremder Länder.
30 v. Chr. verlor Ägypten seine Selbstständigkeit und wurde römische Provinz.

Eine riesige Wüste und ein schmaler fruchtbarer Streifen zu beiden Seiten des Nil, das war vor 5000 Jahren nicht viel anders als heute. Hier entstand die Frühe Hochkultur Ägypten.

2040 – 1785 v. Chr. **Mittleres Reich**	1550 – 1075 v. Chr. **Neues Reich**	1075 – 30 v. Chr. **Spätzeit**	30 v. Chr. **Rom besiegt und unterwirft Ägypten**

Beginn Früher Hochkultur am Huang He in China **(1500)**

Ägypten – ein Geschenk des Nil?

Der Nil – Ein Fluss fordert die Menschen heraus

Voller Sorge, angstvoll, ja auch zornig schauen Menschen auf überflutete Felder und Straßen, in denen durchfließendes Wasser Schlamm, Geröll und Beschädigungen an Gebäuden hinterlässt. An Flussdämmen und vor ihren Häusern versuchen sie, mit Sandsäcken das Wasser zurückzuhalten, um noch Schlimmeres zu verhindern. Bilder eines außergewöhnlichen Ereignisses, die wir im Fernsehen häufiger zu sehen bekommen. Ein Fluss ist über die Ufer getreten und jeder hofft, dass dies sich nicht wiederholt und durch geeignete Maßnahmen zukünftig verhindert werden kann. Gänzlich anders gedacht haben die Menschen im Alten Ägypten. Sie haben sogar darauf gewartet, dass der Nil über seine Ufer trat und das Niltal weitläufig überschwemmte.

Wir erklären Denken und Handeln der Menschen aus ihrer Zeit heraus:

- **Warum war der Nil für die alten Ägypter ein besonderer Fluss?**
- **Wie haben sie über den Nil gedacht?**

1. Du bist Intef, der Mann an dem Pumpschwengel, dem du auf dem Bild (M 5) begegnest. Erzähle über die Besonderheiten des Nil, seine Bedeutung und deine Tätigkeit.
So kannst du dich in die „frühere Zeit" hineinversetzen:
Wenn wir Fremdes, etwas, was wir aus unserer eigenen Lebenswelt nicht kennen, verstehen und darstellen wollen, müssen wir uns erst einmal kundig machen.
Der Darstellungstext und die Materialien M 1 – M 6 helfen, dir auf anschauliche Weise die notwendigen Informationen zu verschaffen, wenn du sie mithilfe der Erschließungshinweise untersuchst.
Halte die Ergebnisse deiner Arbeit an diesen Materialien, die für deine Rolle wichtig sind, in Stichworten fest.

2. Spiele die Szene:
„Ich, der Pumpschwengelarbeiter Intef …
Wir arbeiten mit vielen zusammen, weil …
Die Felder liegen …
Wir haben fruchtbaren Boden, weil …
Da es in unserem Land kaum regnet, müssen wir …
Das Hochwasser fällt nicht immer gleich aus …
Meine Arbeit ist wichtig, weil …"

Befrage die Karte: Was ist das Besondere an diesem Land?
Tipp: Die Legende hilft dir. Sieh dir auch nochmals das Foto der Nillandschaft auf S. 55 an.

Hochwasser und Schlamm – ein Segen?

Klimaveränderungen nach der letzten Eiszeit führten in Teilen Nordafrikas zu Austrocknung und Wüstenbildung. So begannen vor über 7000 Jahren Menschen, die zuvor als Nomaden gelebt hatten, sich am Nil als Bauern anzusiedeln. Besonders fruchtbaren Boden fanden sie im Nildelta und auf dem schmalen Streifen zu beiden Seiten des Flusses. Da der Fluss mit den schmalen Seitenstreifen wie ein Tal aussieht, wird diese Landschaft *Niltal* genannt.
Heftige Niederschläge in Äthiopien, dem Quellgebiet des Nil, führten in jedem Jahr in Ägypten zu einer großen Überschwemmung. Jedes Hochwasser ließ eine dünne

Schicht schwarzen Schlammes zurück. Der Schlamm war sehr fruchtbar. Im November, wenn das Hochwasser gesunken war, konnte in den Schlamm ausgesät werden. Die Ernte im März brachte gute Erträge. Schon früh nannten die Ägypter ihr Land „Kemet", d. h. „Schwarzes Land". Die Menschen beobachteten, dass das Hochwasser regelmäßig auftrat. Sie konnten sich darauf einstellen und Deiche bauen, um ihre Dörfer zu schützen. Als die Menschen sahen, dass nach dem Absinken der Flut Wasser in natürlichen Senken zurückgeblieben war, kamen sie auf eine Idee: Wenn sie vor Eintritt des Hochwassers an diesen Stellen künstliche Dämme aufwarfen, konnten sie noch mehr Wasser zurückhalten. Diese Arbeiten konnten von den Menschen nur als Gemeinschaftsaufgabe bewältigt werden.

M2 Ein Gedicht aus dem Alten Ägypten

Heil dir, o Nil, der du nach Ägypten kommst, um es am Leben zu erhalten. Wenn sein Wasser über die Ufer tritt, wird ihm geopfert und große Geschenke werden ihm dargebracht. Wenn er [der Nil] zu schwer ist, um sich zu erheben, sind wenige Menschen an seinen Ufern. Wenn er zu hohes Wasser bringt, dann verringern sich die Menschen, denn er tötet sie. Man erblickt dann die Stadt wie ein Sumpfgebiet, jeder legt seine Arbeitsgeräte nieder.

(Frei nach: Emma Brunner-Traut (Hg.), Lebensweisheit der Alten Ägypter, Freiburg (Herder) 1985, S. 49ff.)

1 Welche unterschiedlichen Formen des Hochwassers kannst du dem Gedicht entnehmen?

2 Wie wird in dem Gedicht über den Nil gesprochen?

M3 Querschnitt durch das Niltal bei Niedrigwasser

Zeichne den Querschnitt durch das Niltal ab und trage ein:
a) Das Niltal bei durchschnittlichem Hochwasser und die anderen Formen des Hochwassers, die in dem Gedicht genannt werden.
b) Markiere natürliche Senken, in denen Wasser zurückgehalten werden konnte.
c) Zeichne mögliche Standorte von Pumpschwengeln ein.

M4 Das durchschnittliche Hoch- und Niedrigwasser des Nil

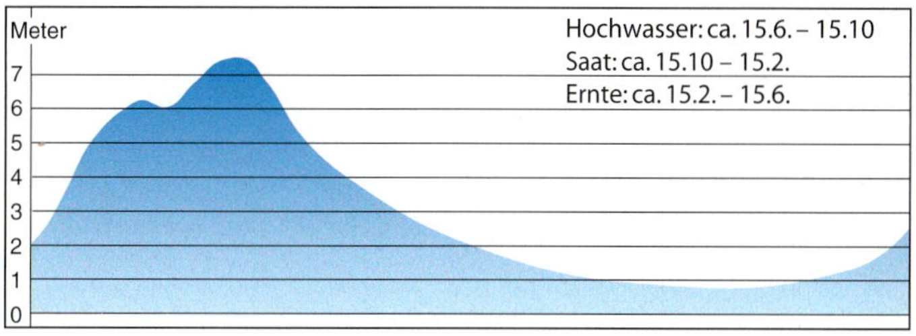

Wie groß ist der Unterschied zwischen dem durchschnittlichen Hochwasser und dem niedrigsten Wasserstand?

M5 Künstliche Bewässerung im Alten Ägypten

Der Mann betätigt einen Pumpschwengel. Das Gegengewicht an der Stange erleichterte das Hochziehen des gefüllten Ledereimers. Rechts ist ein Teil einer weiteren Hebevorrichtung zu sehen. Was heute große Pumpen leisten, dafür musste im Alten Ägypten eine große Zahl Menschen zusammenarbeiten.

M6 Künstlich bewässerte Felder

Der Nil – Ein Fluss stellt Aufgaben

Bilder und Zeichnungen belegen es: Die alten Ägypter haben gerechnet, gemessen, geschrieben. Sie haben sogar verschiedene Berufe ausgeübt. Heutige Wissenschaftler sind sich sicher, dass der Nil, dessen Besonderheiten als Fluss wir schon kennengelernt haben, dabei eine ganz entscheidende Rolle und Bedeutung gehabt hat. Auf den ersten Blick nicht ganz einfach nachzuvollziehen – oder?

- **Was hat der Nil mit dem Zusammenleben der Menschen zu tun?**
- **Was hat der Nil mit dem Entstehen neuer Berufe zu tun?**
- **Was hat der Nil mit Geometrie zu tun?**
- **Was hat der Nil mit dem Kalender zu tun?**
- **Was hat der Nil mit Schrift zu tun?**

Wir erklären Zusammenhänge mithilfe einer Mindmap.

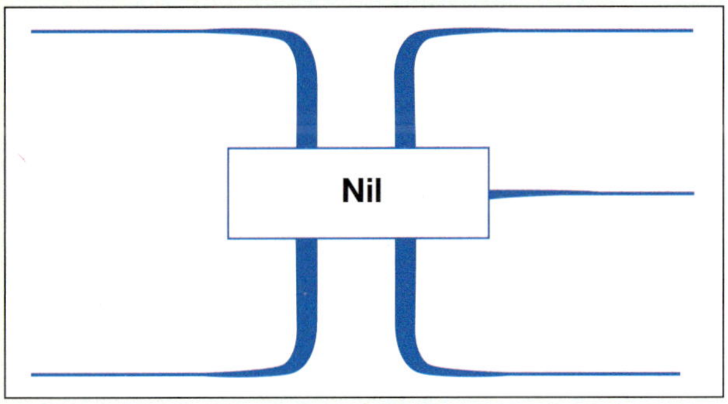

1. Arbeite aus dem Darstellungstext die wichtigsten Informationen zu den Fragestellungen heraus.
   Tipp: Wende die erlernten Schritte der Technik „Sinnorientierte Informationsentnahme“ (s. S. 24) an.
2. Notiere deine Arbeitsergebnisse in einer Mindmap, die du auf ein Plakat malst.

Große Aufgaben – gemeinsam bewältigt

In Ägypten waren durch den Nil gute Bedingungen für das Entstehen einer Hochkultur gegeben.
Eine weitere günstige Voraussetzung für das Entstehen einer Hochkultur in Ägypten lag darin, dass der Ertrag der gemeinsamen Arbeit weitgehend ungestört blieb: Riesige Wüsten machten das Land lange Zeit für Feinde nahezu unangreifbar.

Gemeinsamkeit und Spezialisierung
Zunächst waren es nur kleine Gruppen, z. B. die Bewohner eines Dorfes, die zur Bewältigung der Bewässerungsprobleme zusammenarbeiteten. Aber die Arbeiten, zu denen der Nil herausforderte, konnten besonders wirksam geleistet werden, als immer mehr Menschen beteiligt wurden. Es gelang im Laufe einiger hundert Jahre, den fruchtbaren Streifen zu beiden Seiten des Nil zu verbreitern und die Ernteerträge noch weiter zu steigern. Die Menschen erkannten auch, dass es vorteilhaft war, gemeinsam Vorräte für schlechte Zeiten zu lagern.
Die vielfältigen Aufgaben führten dazu, dass sich die Menschen immer weiter spezialisierten. Das wurde vor allem auch durch die guten Ernteerträge möglich: In den steinzeitlichen Kulturen hatten fast alle Menschen für den Nahrungserwerb arbeiten müssen. Auch in Ägypten waren die meisten Menschen Bauern, aber durch den Überschuss an Nahrungsmitteln konnten außerhalb der Landwirtschaft viele neue Berufe entstehen; Menschen konnten sich für neue Aufgaben spezialisieren. Das führte zu neuen Erfindungen – z. B. für die Bearbeitung von Holz, Stein und Metallen – und auch zu großen künstlerischen Leistungen.
Mit den qualitativ hoch entwickelten Produkten wurde Handel getrieben. Als zentraler Verkehrsweg für kurze und auch lange Strecken bot sich der Nil an.

Erntearbeiten: Unter der Aufsicht eines Beamten wird das geerntete und gedroschene Getreide geworfelt, d. h. das Getreide wird in die Luft geworfen, damit sich die leichte Spreu vom Korn trennt. Danach wird das Korn mit Messgeräten aufgeschüttet. Ein Teil wird eingelagert werden.

Diese Entwicklung – berufliche Spezialisierung oder berufliche Differenzierung genannt – war das wohl entscheidende Ergebnis der beginnenden Hochkultur und gleichzeitig wichtige Voraussetzung für die Weiterentwicklung der Hochkultur.

„Seilspanner" bei der Arbeit. Der Junge zwischen den beiden Männern ist vermutlich in der Ausbildung.

Messen und Rechnen

Jedem Bauern war ein Stück Land zur Bewirtschaftung zugewiesen. Von der Ernte durften die Bauern nur einen Teil für sich behalten. Der größere Teil wurde von Beamten, den Beauftragten des Staates, eingezogen. Durch die jährliche Überschwemmung ergab sich jedoch ein Problem: Der Schlamm deckte alles zu und die Grenzen der Felder waren nicht mehr erkennbar. Woher sollte der Bauer also wissen, welche Fläche er zu bearbeiten hatte? Wie konnten von den Bauern die Ernteabgaben eingezogen werden, wenn unklar war, um welche Fläche es sich überhaupt handelte? Um dieses regeln zu können, wurden nach jeder Überschwemmung und vor der Ernte die Felder immer wieder neu vermessen. Diese Arbeit wurde unter der Aufsicht von Beamten durch Spezialisten, die sogenannten „Seilspanner", durchgeführt. Aus dieser Landvermessung entwickelte sich eine Wissenschaft, die später Geometrie genannt wurde.

Kalender

Im Laufe der Zeit machten die Menschen in Ägypten interessante Beobachtungen. Zwischen zwei Nilhochwassern lagen 365 Tage. Das Hochwasser trat also regelmäßig in jedem Jahr zum gleichen Zeitpunkt auf. Und wenige Tage vor diesem wichtigen Ereignis konnten sie jedes Jahr im Osten den Stern Sirius sehen. Aus diesen Beobachtungen entwickelten die Ägypter den Kalender; gleichzeitig war dies der Beginn der Astronomie, der Wissenschaft von den Gestirnen und dem Weltall.

Im Alten Ägypten wurde das Jahr eingeteilt in 12 Monate zu je 30 Tagen mit fünf Zusatztagen am Schluss des Jahres. Von welch großer Bedeutung die jährliche Überschwemmung für die Ägypter war, können wir daran erkennen, dass sie das neue Jahr mit dem neuen Nilhoch-

Rechnen wie ein Ägypter

Die Null war den Ägyptern unbekannt. Geschrieben wurde überwiegend von rechts nach links. Folgende Zahlenzeichen wurden verwendet:

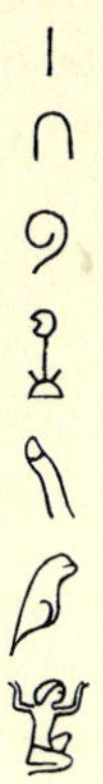

1	ein Merkstrich oder Zeigefinger
10	ein Bügel oder Huf
100	eine aufgerollte Messschnur
1 000	eine Lotusblume
10 000	ein gekrümmter Zeigefinger
100 000	eine Kaulquappe
1 000 000	der Gott der Unendlichkeit

Ein Beispiel für Addition:

1 654

+2 535

= 4 189

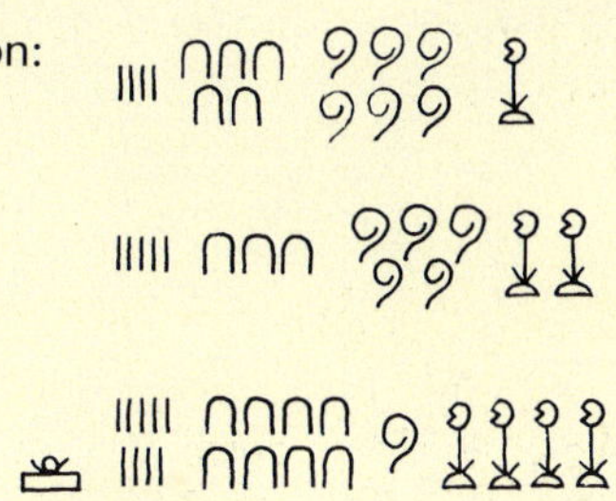

Entziffere die Zahl:

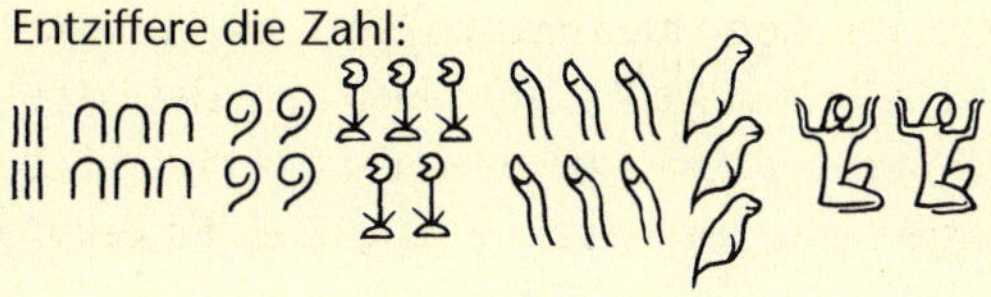

wasser beginnen ließen. Der ägyptische Neujahrstag lag etwa am 15. Juni unseres Kalenders. Die Ägypter gliederten das Jahr in drei Einheiten mit jeweils vier Monaten. Sie nannten die Jahreszeiten „Überschwemmung", „Herauskommen des Landes" und „Trockenheit". Der gesamte Tag wurde gegliedert in 12 Tag- und 12 Nachtstunden. Diese Einteilung gelang mithilfe der Sonnenuhr und durch die Beobachtung der Sterne.

Schrift der Ägypter

Es war eine geniale Erfindung, Worte auf Dauer festzuhalten. Die Notwendigkeit von Schrift entstand vermutlich beim Einziehen von Abgaben, beim Verwalten der Vorräte, beim Organisieren der Arbeit an den Bewässerungsanlagen, beim Transport von Waren und beim Übermitteln von Befehlen des Herrschers.

Es ist unklar, ob zuerst die Ägypter ihre Hieroglyphenschrift oder die Sumerer in der mesopotamischen Hochkultur ihre Keilschrift erfunden haben. Sicher ist, dass es etwa in der Zeit vor 3100 v. Chr. war. Die Unterschiede zwischen beiden Schriftsystemen sind so groß, dass kaum anzunehmen ist, die Sumerer hätten die Schrift von den Ägyptern übernommen oder umgekehrt. Vermutlich sind die Schriftsysteme in Ägypten und in Mesopotamien – wie auch in den anderen Frühen Hochkulturen – unabhängig voneinander entwickelt worden.

Die Bezeichnung „Hieroglyphen" stammt von den Griechen, das Wort bedeutet: „heilige, in Stein gemeißelte Zeichen". Diese Schrift findet man in Stein gemeißelt in den Gräbern und an den Wänden der Tempel. Die Letzten, die die Hieroglyphenschrift geschrieben haben, waren ägyptische Priester im 4. Jahrhundert n. Chr.; danach geriet sie in Vergessenheit. Spätere Versuche, diese Schrift zu entziffern, scheiterten lange Zeit daran, dass man glaubte, es handele sich um eine reine Bilderschrift. Die Hieroglyphen der Ägypter lassen erkennen, dass der Ursprung der Schrift tatsächlich in einer reinen Bilderschrift lag: Das Bild eines Rindes bedeutete ursprünglich auch „Rind". Es ist klar, dass ein solches Schriftsystem an Grenzen stößt. Bei den Ägyptern entwickelte sich die Schrift aber recht schnell weiter: Aus Bildzeichen wurden Lautzeichen – ähnlich wie in unserem Alphabet.

Die Schrift war gleichzeitig eine herausragende Leistung der Frühen Hochkultur und eine wichtige Voraussetzung für die Weiterentwicklung der Hochkultur.

Etwa um 1200 v. Chr. entwickelten die Phöniker eine Schrift, aus der unsere Buchstabenschrift entstanden ist.

In Gold gearbeitete Hieroglyphen: Sie befinden sich am Fußende des massiv goldenen Sarges des Pharao Tutanchamun (etwa 1325 v. Chr.). Einige dieser Zeichen wirst du in dem „Hieroglyphen-Alphabet" auf S. 61 wiederentdecken können.

Wir schreiben Hieroglyphen

1822 gelang dem Franzosen François Champollion die Entdeckung, dass die Schriftzeichen überwiegend wie unsere Buchstaben benutzt wurden. Beispiel: Das Zeichen der Eule hat den Lautwert „m“. Sollte das Schriftzeichen „Eule“ auch wirklich „Eule“ bedeuten, dann wurde ein Strich danebengesetzt. Geschrieben wurden meist nur Konsonanten, keine Vokale. Um nur aus Konsonanten bestehende Wörter aussprechen zu können, wenden die Wissenschaftler, die sich mit dem Alten Ägypten beschäftigen (Ägyptologen), einen Trick an: Man spricht einige Konsonanten als seien sie Vokale. Außerdem fügt man zwischen die Konsonanten ein „e“ oder einen anderen Vokal ein.

Hieroglyphen können von links nach rechts, von rechts nach links oder von oben nach unten geschrieben werden. Zeichen von Menschen und Tieren, z. B. Wachtelküken für u oder w und Hornviper (eine Schlange) für f, blicken immer zum Wortanfang.

Mit einem vereinfachten „Alphabet“ – das ist eine Auswahl aus etwa 2000 Zeichen – kann man üben, seinen eigenen Namen – oder auch mehr – zu schreiben. Allerdings wird aus Deutsch in Hieroglyphenschrift noch kein Altägyptisch!

Um Missverständnisse zu vermeiden, haben die Ägypter sogenannte Deutzeichen angefügt. Ein solches Zeichen wurde nicht mitgelesen. Bei Personennamen beispielsweise wurde eine sitzende Frau oder ein sitzender Mann als Deutzeichen ergänzt.

PTR = Petra

PTR = Peter

Wer die Wörter mit Vokalen schreiben möchte, z. B.

für Petra, kann entsprechend ergänzen.

Der Lautwert einiger Zeichen wurde angepasst: In der ägyptischen Sprache gab es kein L, doch der liegende Löwe (eigentlicher Lautwert: ru) kann für ein L eingesetzt werden.

1 Was bedeutet: 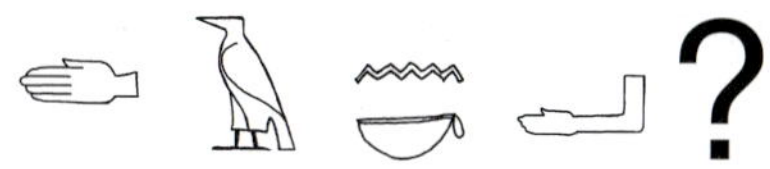

2 Wenn wir in unserer Sprache ohne Vokale schreiben würden, welches Deutzeichen würdest du hinter „hs“ (Haus oder Hase oder Hose) setzen?

3 Welche Worte unserer Sprache könnten mit „lb“ gemeint sein, wenn wir ohne Vokale schreiben würden? Welche Deutzeichen würdest du erfinden, um zu verdeutlichen, was mit „lb“ jeweils gemeint sein kann?

4 Eine spannende Frage: Könnten sich ein heutiger Ägyptologe und ein zum Leben wiedererweckter Schreiber aus dem Alten Ägypten verständigen?

„Hieroglyphen-Alphabet“

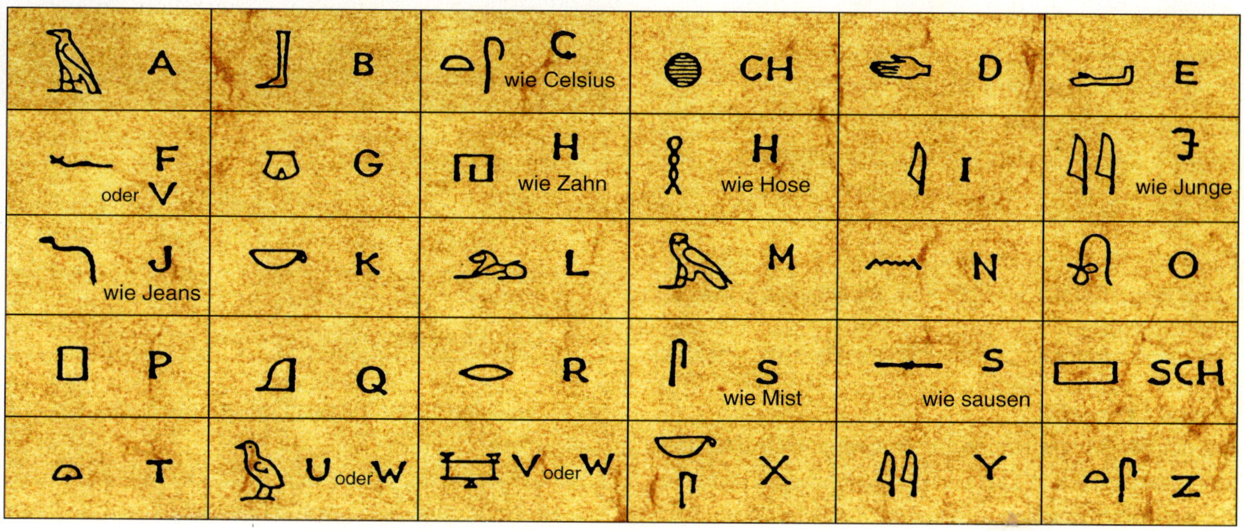

Hochkultur: Herrschaft und Gesellschaft

Information

Ein Staat entsteht

Staat ist heute überall. Der Staat, in dem wir leben, soll das friedliche Zusammenleben der Menschen organisieren, schützen und fördern.
Die Menschen in steinzeitlichen Kulturen hatten ohne staatliche Ordnung gelebt. Die für die Gemeinschaft notwendigen Dinge waren im Stamm oder im Dorf geregelt worden.
Das musste bei einer Bevölkerung von einer Million Menschen – das ungefähr ist die Größenordnung des ägyptischen Flächenstaats am Nil – anders organisiert werden.

- **Wie ist der ägyptische Staat entstanden?**

Wir markieren wichtige Textpassagen sowie Schlüsselbegriffe und erstellen eine geordnete Stichwortsammlung zur Fragestellung.

Vorbereitender Arbeitsschritt:
Eine Kopie des Textes (Fotokopie, Scan) anfertigen. Dies als Arbeitsgrundlage benutzen, denn das Schulbuch ist meistens nicht dein Eigentum.

1. Mithilfe dieser Arbeitsschritte kannst du gezielt markieren und ordnen:

a) Erstes Lesen des Textes, um einen Gesamteindruck zu erhalten, worum es inhaltlich (Thema, Textabschnitte, Gedankengang) geht.
b) Zweites genaues Lesen des Textes. Dabei die wichtigen Informationen – d.h. Kernaussage(n), Schlüsselwörter, zugehörige Einzelinformationen – **markieren**.
Wichtig! Sparsam markieren, das heißt nicht zu viele Markierungen vornehmen, damit es übersichtlich bleibt. Verschiedene Farben benutzen.
a) **Stichwortsammlung erstellen**, um den Inhalt des Textes knapp und treffend zusammenzufassen. Ordne sie nach übergeordneten Aspekten bzw. Gesichtspunkten.

2. Auf der Grundlage der Stichwortsammlung kannst du zur Fragestellung, wie der Staat am Nil entstanden ist, berichten.

Goldener Pharao: Innerer Sarg des Pharao Tutanchamun, aus reinem Gold (um 1325 v. Chr.).
Der Pharao hält in jeder Hand ein Herrschaftszeichen: Krummstab und Geißel. Diese Zeichen durfte nur ein Gott oder ein Pharao tragen. Ursprünglich waren dies Arbeitsgeräte von Viehhirten: Mit einem Krummstab konnten Viehhirten Tiere am Hinterlauf fassen, mit einer Geißel wurden die Tiere angetrieben.

Ein Staat entsteht

In jeder der Frühen Hochkulturen bildete sich eine staatliche Einheit. Unter Staat versteht man eine Einrichtung, die das Zusammenleben einer großen Zahl von Menschen auf einem bestimmten Gebiet regelt. Wie war das in Ägypten?
Für alle Menschen, die an den Ufern des Nil arbeiteten, war es von Vorteil, wenn ihre Arbeit gelenkt wurde. Man

kann sich das gut erklären an dem Bau von Dämmen zum Schutz gegen schädliche Auswirkungen des Hochwassers. Was hilft ein Damm von einigen hundert Metern Länge, wenn die Fluten oberhalb und unterhalb des Dammes einströmen können? Besonders günstige Lebensbedingungen für alle Menschen ergaben sich also, wenn die Arbeit geplant, organisiert und überwacht wurde.

Dabei bildeten sich Herrschaftsstrukturen heraus: Es musste klar sein, wer Befehle geben konnte, wer die Befehle befolgen musste, wer die Arbeiten überwachte und wer das Recht und die Macht hatte zu bestrafen. Da ein solches System für alle Menschen am Nil Vorteil brachte, kann man annehmen, dass es auch von allen Menschen akzeptiert wurde.

Zunächst herrschten Häuptlinge über ein oder mehrere Dörfer. In einer langen Entwicklung von mehreren hundert Jahren bildete sich Herrschaft über immer mehr Menschen und immer größere Gebiete heraus. Um 3250 v. Chr. gab es zwei Reiche mit jeweils einem König an der Spitze: Unterägypten (Nildelta) und Oberägypten (Niltal).

Lange Zeit glaubten Forscher, in einem Krieg hätten die Viehzüchter aus dem Niltal die Ackerbauern aus dem Nildelta besiegt. Inzwischen gibt es Hinweise, dass es ein langer Prozess von ca. 250 Jahren war, der in vielen einzelnen Schritten zur Vereinigung führte. Vermutlich war es eine weitgehend friedliche Entwicklung. Aber sicher ist, dass sich die Viehhirten aus dem Süden gegen die Bewohner des Nildeltas durchsetzten.

Das Ergebnis: Etwa um 3000 v. Chr. stand über einer Bevölkerung von etwa einer Million Menschen nun ein einziger Herrscher: der Pharao, wie die ägyptischen Könige genannt werden.

Schon früh wurde Ägypten in Gaue aufgeteilt, das waren Verwaltungsbezirke: 20 für Unterägypten und 22 für Oberägypten.

Die Frage, die heutige Forscher beschäftigt, ob die Vereinigung von Unter- und Oberägypten friedlich oder durch einen Krieg vollzogen wurde, stellten sich die Menschen im Alten Ägypten nicht. Für sie bestanden keine Zweifel, dass Ägypten von den Göttern geschaffen worden war, ja sogar, dass in früher Zeit Götter selbst Könige von Ägypten gewesen waren.

„Herr der beiden Länder". Das Relief zeigt eine Statue des Pharao Thutmosis III., die bei einer Prozession die Statue eines Gottes begleitet. Vor dem Kopf des Pharao steht der Name, den er bei der Thronbesteigung angenommen hatte; links davon ein Titel, den jeder Pharao trug: „nesut bity neb taui", übersetzt: „König von Ober- und Unterägypten, Herr der beiden Länder" (um 1480 v. Chr.).

„Die Vereinigung der beiden Länder". Am Thron vieler Königsstatuen finden sich Reliefs in dieser Art. Zwei Nilgötter binden die Wappenpflanzen zusammen: Papyrus (rechts) für Unterägypten und Lotus (links) für Oberägypten (um 1250 v. Chr.). Jeder Pharao musste bei seinem Regierungsantritt diese Vereinigung von Ober- und Unterägypten symbolisch durchführen.

An der Spitze des Staates: der Pharao

Du hast gesehen, dass der Nil besonders günstige Lebensbedingungen bot und die Menschen zu großen Leistungen herausforderte – wenn es zum Beispiel gelang, die riesigen Aufgaben der künstlichen Bewässerung und des Schutzes vor Hochwasser gemeinsam zu bewältigen.
Nur der Pharao hatte die Macht, die für das Überleben aller Menschen in Ägypten notwendigen Arbeiten zu organisieren. Ohne den mächtigen Pharao an der Spitze des Staates Ägypten hätte es die Hochkultur am Nil wohl nicht gegeben.

- **Wer war der Pharao?**
- **Der Pharao: Gott? – Mensch? – Gottmensch (d.h. gleichzeitig Gott und Mensch)?**

Wir formulieren ein begründetes eigenes Urteil.

Der Weg zu einem eigenen Urteil, das anderen vorgestellt und mit ihnen diskutiert werden kann:

1. Informiere dich anhand des Darstellungstextes über die Aufgaben des Pharao.
2. Beschreibe die Bildquellen M1, M2 und M3 und ziehe deine Schlüsse unter der Leitfrage: In welcher Beziehung stand der Pharao zu den Göttern?
3. Befrage die Textquellen M4 und M5 nach dem auf S. 66 beschriebenen Verfahren.
4. Formuliere dein Urteil. Du könntest es mithilfe einer Zeichnung verdeutlichen. Zeichne ein Bild mit drei Figuren: ägyptischer Gott – Pharao – Menschen. Wohin stellst du den Pharao: zu den Göttern, zu den Menschen, zwischen Götter und Menschen, dabei näher zu den Menschen oder näher zu den Göttern? Begründe deine Entscheidung. Bei deiner Begründung kannst du dich an den Begriffen Gott – Mensch – Gottmensch orientieren.

Der Pharao war Spitze

Die Könige wurden in Ägypten „Pharao" genannt. Das Wort bedeutet „großes Haus" und war ursprünglich die Bezeichnung für den Königspalast. Als weltlicher Herrscher stand der Pharao an der Spitze des Staates.
Im Pharao war alle Macht vereint: Ihm unterstanden die Verwaltung des Landes, das Einziehen der Steuern, das Lagern der Vorräte, das Planen und Überwachen öffentlicher Bauten wie Kanäle und Tempel. Alle Menschen in Ägypten waren von ihm abhängig. Seine Befehle waren Gesetz, gleichzeitig war er oberster Richter. Ihm gehörte zu Beginn des ägyptischen Reiches das gesamte Land, ihm gehörten alle Steinbrüche und alle Äcker. Er war Herr über das Militär.
Nach der Religion der Ägypter war es die wichtigste Aufgabe des Pharao, den Willen der Götter zu befolgen. Davon hing nach dem Glauben der Ägypter das Schicksal der Welt ab. Die göttliche Ordnung war gestört, wenn Feinde in Ägypten einfielen, wenn die Gottesdienste in den Tempeln nicht durchgeführt wurden, wenn die Herrschaft im Lande ungerecht war. Der Pharao hatte darauf zu achten, dass in ganz Ägypten Ungerechtigkeit und Chaos verhindert wurden. Nur der Pharao konnte Kontakt zu den Göttern aufnehmen, er war der höchste Priester.
Zur Rechtfertigung seiner Herrschaft berief er sich auf die Götter. Hierfür gibt es einen Fachausdruck: sakrale Legitimation der Herrschaft; „sakral" bedeutet heilig und göttlich, „Legitimation" bedeutet Rechtfertigung. Die Herrschaft des Pharao hing also nicht mehr – wie in der frühen Phase der Entwicklung Ägyptens bei den Stammeshäuptlingen – von seiner Person ab, sondern von seinem von den Göttern verliehenen Amt an der Spitze des ägyptischen Staates.

M1 Der Pharao opfert

Der Pharao Thutmosis III. kniet vor dem Gott Amun. In den Händen hält der Pharao Opferschalen.

M2 König und Gott

Der Pharao Haremhab ließ sich in einer Statue neben dem Gott Horus darstellen. Auf dem Kopf tragen Gott und König die Krone Ägyptens, an der Stirn eine Kobra in Angriffsstellung. Die Kobraschlange galt als ein Zeichen von Göttlichkeit. In seiner linken Hand hält der Gott das Anch-Zeichen, das bedeutet „Leben"; der Gott verleiht also dem König Lebenskraft. Der König trägt einen künstlichen Bart, den „Zeremonialbart"; auch Götter tragen einen solchen Bart, allerdings nicht, wenn sie mit Tierkopf dargestellt werden. Der Gott hat seinen rechten Arm um den König gelegt. Diese Statue stand in einem Tempel.

1 Wer ist Pharao – wer ist Gott?

2 Wie stellt die Statue den Pharao im Verhältnis zu dem Gott dar?

M3 Ein Pharao wird geboren

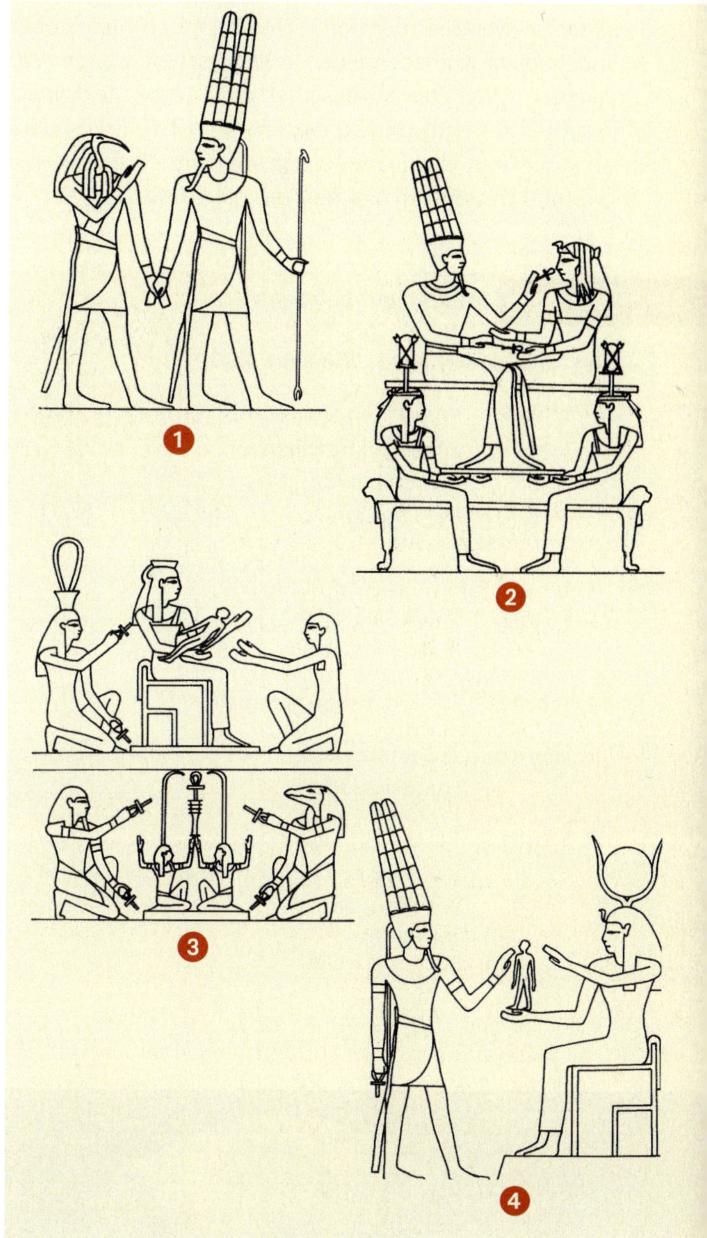

Diese Bilder stammen aus einem Tempel: Der Gott Thot führt den Gott Amun zur Königin (1). Amun und die Königin zeugen das Kind (2). Die Mutter hält das Neugeborene in den Armen; eine Amme ist bereit, das Kind zu nehmen (3). Die Göttin Hathor stellt Amun das Kind vor, das er als sein Kind anerkennt (4).
Die Mutter eines Pharao trug den Titel „Gottestochter".

■ Wenn du spezielle Informationen zu den Göttern hinzuziehen willst, schaue auf den Seiten 75 ff. nach.

Wir befragen zwei Textquellen

Die Bilder geben uns erste Hinweise zu der Frage: „Der Pharao – Mensch oder Gott?" Damit können wir uns aber noch nicht zufriedengeben. Wir forschen weiter: Wir werden zwei Textquellen befragen. Eine Textquelle stammt aus dem Umfeld des Pharao (M 4). Die andere Textquelle ist ein kurzer Auszug aus einer Erzählung, die vermutlich viele Ägypter gekannt haben (M 5).

Methode Textquellen befragen

Textquellen befragen: Wie geht das?

1. Schritt: Wir richten eine präzise formulierte Frage an die Textquelle(n).
In unserem Fall:
Der Pharao – Mensch oder Gott?

2. Schritt: Die Textquelle(n) Satz für Satz lesen.

3. Schritt: Jeden Satz prüfen: Finde ich hier etwas zu meiner Frage?

4. Schritt: Die Ergebnisse sammeln.

5. Schritt: Zusammenfassen, was die Textquelle zur Frage aussagt.

6. Schritt: Bei der Untersuchung mehrerer Textquellen: Gibt es Übereinstimmungen oder Abweichungen zwischen den verschiedenen Textquellen?

Hatschepsut

M4

In einer Erzählung aus dem Alten Ägypten erfahren wir von der Begegnung eines Mannes mit einem Pharao. Sinuhe, der Erzähler, berichtet:

Ich fand seine Majestät auf dem großen Thron von Gold, in einer Nische. Da lag ich ausgestreckt auf meinem Bauch; ich war ohne Besinnung vor ihm, während dieser Gott mich freundlich grüßte. Ich war wie einer, der von der Dämmerung überfallen ist. Meine Seele war entwichen, meine Körperkraft gebrochen […]. Da sagte seine Majestät: „Er soll sich nicht fürchten, nicht erfüllt sein von Angst und Schrecken".

(Alfred Jespen (Hg.), Von Sinuhe bis Nebukadnezar, Leipzig (Evangelische Verlagsanstalt) 1975, S. 80)

M5

In einer Huldigung für den berühmten Pharao Ramses II. heißt es:

Wir kommen zu dir, Herr des Himmels, Herr der Erde, lebende Sonne des ganzen Landes, Herr der Lebensdauer, du Sonnengott der Menschheit, du Schöpfergott, du Säule des Himmels, Balken der Erde. Du, der wacht, wenn alles schläft, dessen Kraft Ägypten errettet, der über die Feinde siegt, dessen Stärke Ägypten schützt, groß an Gewalt, du, unser König, unser Herz, unsere Sonne. Wir sind hier vor deiner Majestät, dass du uns Leben, das du geben kannst, gewährst, Pharao, du, bei dessen Erscheinen alle Welt zu leben beginnt!

(G. Guggenbühl (Hg.), Quellen zur Geschichte des Altertums, Zürich 1953, S. 15)

Nur Männer auf dem Königsthron?

Das Königsamt war männlich. Es gab nur wenige Ausnahmen, z. B. Hatschepsut. Als ihr Ehemann, der Pharao Thutmosis II., starb, hinterließ er zwei Kinder. Mit Hatschepsut hatte er eine Tochter. Thronfolger jedoch wurde der von einer Nebenfrau geborene Sohn, beim Tod des Vaters acht Jahre alt. Hatschepsut übernahm zunächst für das Kind die Regentschaft. Nach wenigen Jahren jedoch ließ Hatschepsut sich krönen. Ihr offizieller Name war nun „König Hatschepsut". Sie regierte über 20 Jahre.

Beamter in Ägypten – ein Beruf wie andere?

Ohne Beamte hätte der Pharao den Staat nicht regieren können. Die ägyptischen Beamten hatten viele wichtige Aufgaben zu erfüllen, die ihnen vom Pharao übertragen wurden, und stellten deshalb eine wichtige Personengruppe in der ägyptischen Gesellschaft dar.

Wir erstellen ein Berufsbild:

- **Damals – Beamter im Alten Ägypten.**

Eine aussagekräftige Berufsbildbeschreibung sollte:
- die Aufgabenbereiche vorstellen;
- die Herkunft und den beruflichen Werdegang beschreiben;
- darstellen, was ein Beamter können musste;
- das Selbstverständnis von Beamten, d.h. wie sie sich in ihrer Position und Rolle selbst sahen, herausstellen.

Die dafür notwendigen Informationen findet ihr auf dieser Seite und der folgenden Doppelseite.

1. Wertet die Materialien aus. Arbeitsvorschläge zu einzelnen Materialien geben Hinweise, worauf ihr besonders achten solltet, und helfen so bei der Erschließung der Quellentexte und der Bildquelle.
a) Du hast in dem Ägypten-Kapitel schon einiges über die Arbeit der Beamten erfahren. Sieh noch einmal auf den Seiten 58–60 nach und schreibe heraus, was du zu den Beamten findest.
b) Welche Aufgaben hatten die Beamten?
c) Wer wurde Beamter?
d) Den Textquellen M 2, M 3 und M 4 kannst du entnehmen, wie die Beamten selbst ihre Bedeutung und ihre Stellung in der ägyptischen Gesellschaft sahen.
e) Sieh dir die Situation auf dem Bild M 6 an; versuche, die Bildquelle aus dem Alten Ägypten zum Sprechen zu bringen.

2. Erstellt ein werbewirksames Plakat für den Beamtenberuf.

M1 Der Aufgabenbereich: Die Beamten hatten viele wichtige Aufgaben

den Bau von Pyramiden und Tempeln organisieren

das Militär leiten

Berichte schreiben

Felder vermessen

Teile der Ernte, der Viehherden, des Fischfangs als Steuer einziehen

Vorräte lagern

Vorräte verteilen

Statue des Schreibers Heti, um 2300 v. Chr.

für öffentliche Ordnung sorgen

die Arbeit der Handwerker überwachen

den Bau der Bewässerungsanlagen planen und überwachen

den Einsatz und die Verpflegung der vielen tausende von Arbeitskräften an den Baustellen regeln

Arbeiten in Steinbrüchen überwachen

Ägypten verwalten – keine leichte Aufgabe

Die geographischen Bedingungen waren zugleich günstig und ungünstig für die Entwicklung eines stabilen Staates: Einerseits schützten riesige Wüsten Ägypten vor äußeren Feinden, andererseits begünstigte der 1200 km lange und nur wenige Kilometer breite Siedlungsraum aber das Entstehen vieler kleiner Einheiten. Das Auseinanderbrechen des Staates konnte nur durch eine gut organisierte Verwaltung verhindert werden.

Schon in der frühen Zeit des ägyptischen Staates gab es in den 42 Gauen etwa 1600 Ämter- und Rangtitel für Beamte. An der Spitze der Verwaltung stand der Wesir. Er empfing die Befehle direkt vom Pharao. Der Wesir gab die Befehle an hohe Beamte. Diese leiteten die Befehle weiter an Beamte mit mittlerem und niedrigerem Rang. Direkt unter dem Wesir standen der Schatzmeister, der Schatzhausvorsteher und der Scheunenvorsteher. Darunter standen die Bürgermeister der Städte und mittlere Verwaltungsbeamte, die u. a. für das Einziehen der Steuern zuständig waren. Als Letzte empfingen Viehzähler, Steuereintreiber und einfache Schreiber die Befehle. Diese unterste Gruppe der Beamtenschaft war gleichzeitig die größte. Über den Schreibern standen Vorsteher, darüber Leiter der Schreiber. Die Zuständigkeiten aller Beamten waren in umfangreichen Listen genau geregelt.

Die Beamten genossen ein sehr hohes Ansehen. Nur sie hatten Schreiben und Lesen gelernt. War es dann nicht ein Wunsch vieler Eltern, ihre Kinder Beamte werden zu lassen? Die Ausbildung zum Beamten war eigentlich für alle offen. In Wirklichkeit aber waren es überwiegend Söhne von Beamten, die diesen Beruf ergriffen. Im Verhältnis zur gesamten Bevölkerung Ägyptens waren dies nur sehr wenige. Mädchen hatten keinen Zugang zur Beamtenlaufbahn. Daher konnten Frauen – vielleicht abgesehen von einigen wenigen Ausnahmen – auch nicht lesen und schreiben.

Im Alter von fünf Jahren begann die Ausbildung in der Schreiberschule. Im Alter von 16 bis 18 Jahren erhielt der junge Beamte seinen ersten Posten in der Verwaltung.

M2 Tjanuni, Vorsteher der Heeresschreiber, erklärt:

Ich begleitete den guten Gott, Herrscher der Weltordnung, König von Ober- und Unterägypten, Thutmosis III.; […] ich sah die Siege des Königs, die er über alle Fremdländer errang. […] Ich aber war es, der diese Siege verewigte, […] schriftlich festgehalten.

(Zit. nach: Arne Eggebrecht, Ägyptens Aufstieg zur Weltmacht, Mainz (Zabern) 1987, S. 39)

■ Wie schätzt Tjanuni die Bedeutung seiner Arbeit ein?

M3 „Werde Schreiber"

In Texten, die Schüler in Schreiberschulen zu Übungszwecken immer wieder abschreiben mussten, werden die Vorzüge des Beamtenstandes beschrieben:

Sieh, es gibt keinen Beruf, in dem einem nicht befohlen wird, außer dem des Beamten; da ist er es, der befiehlt. […]
Du hast ein herrliches Wesen seit deiner Geburt, dein Haus ist übervoll mit Speisen. Du bist stark auf den Feldern, hast volle Scheunen, der Weizen hat sich dir am Tage deiner Geburt verbunden.

(Zit. nach: F. W. Bissing, Altägyptische Lebensweisheiten, Zürich (Artemis) 1955, S. 57 und S. 71 f.)

1 Stimmt es, dass den Beamten nicht befohlen wird? Vergleiche mit dem Text „Ägypten verwalten – keine leichte Aufgabe".

2 Die Aussage „Du hast ein herrliches Wesen seit deiner Geburt" und der Hinweis „der Weizen hat sich dir am Tage deiner Geburt verbunden" weisen hin auf den Wohlstand eines Beamten. Aber woher konnte man schon bei der Geburt wissen, dass diesen Jungen später die Vorrechte eines Beamten erwarteten? Um das zu klären, sieh noch einmal links im darstellenden Text nach (3. Absatz).

M4 Aus Übungstexten für Schreiberschüler

Ich habe den Erzarbeiter bei seiner Arbeit beobachtet, an der Öffnung seines Schmelzofens. Seine Finger sind krokodilartig, er stinkt mehr als Fischlaich.
Jeder Holzarbeiter, der den Meißel führt, ist müder als ein Ackersmann; […] In der Nacht fühlt er sich zerschlagen, da er über seine Kräfte geleistet hat bei der Arbeit […].
Der Steinmetz graviert mit dem Meißel in allerlei harten Steinen. Hat er die Arbeit vollendet, so versagen ihm seine Arme und er ist müde; wenn er sich des Abends hinsetzt, sind seine Knie und sein Rücken gebrochen.
Der Töpfer steckt in seinem Lehm; der beschmiert ihn mehr als ein Schwein, bis er seine Töpfe gebrannt hat. Seine Kleidung ist steif vor Lehm. Die Luft bläst ihm ins Gesicht, wie sie aus dem Ofen kommt. Er stampft den Lehm mit seinen Füßen und wird dabei selber zerstoßen […].
Der Maurer […] muss sein Brot mit ungewaschenen Fingern essen. […]
Denkst du nicht, wie es dem Ackersmann geht, wenn man die Steuer von seiner Ernte fordert? Der Wurm

hat die Hälfte des Korns geholt und das Nilpferd hat das andere gefressen, der Mäuse sind viel auf dem Felde und die Heuschrecke ist eingefallen, das Vieh frisst und die Sperlinge stehlen – wehe über die Bauern!

(Zit. nach: Bissing, a.a.O., S. 57ff.)

Was wurde bei diesen Aussagen über andere Berufe bewusst hervorgehoben?

M5 „Das Ohr eines Jungen sitzt auf seinem Rücken" Übungstexte für Schreiberschüler:

Es gibt nichts, das über die Bücher ginge. Ich lasse dich Schriften mehr lieben als deine Mutter.
Nützlich ist dir schon ein Tag in der Schule und eine Ewigkeit hält die in ihr geleistete Arbeit vor, wie Berge. […]
Bringe keinen Tag müßig zu oder man wird dich schlagen. Das Ohr eines Jungen sitzt auf seinem Rücken.

(Zit. nach: Bissing, a.a.O., S. 57ff. und S. 62)

Schüler in Schreiberschulen mussten Texte wie in M 3 bis M 5 zur Übung immer wieder abschreiben. Warum gerade solche Texte? Welchen Grund vermutest du?

M6 Eine Bildquelle: Menena bestraft

Auf dem Bild siehst du links unter einem Baldachin den Beamten Menena. Sein genauer Titel lautet: „Schreiber der Felder des Herrn der beiden Länder", das bedeutet: Menena war zuständig für das Vermessen der Felder. Menena war Aufseher über eine Gruppe Schreiber und Seilspanner, er war ein Beamter von mittlerem Rang.
Vor Menena werden (unten) zwei Männer in seinem Auftrag verprügelt. Auf dem Bild oben sind Männer angetreten, die an ihrer Kleidung als Beamte erkennbar sind, vermutlich einfache Schreiber der königlichen Ländereien und direkte Untergebene von Menena. Sie sehen, was mit den beiden Bauern geschieht. Die unterwürfige Haltung der vier Männer in der oberen Reihe lässt vermuten, dass sie Angst haben.

Lass Menena sprechen, z. B. so: „Ich bin Menena … Meine Aufgabe ist … Wir Beamten sind … Ich bestrafe, weil …"

Typisch Hochkultur: Gesellschaft im Alten Ägypten

Als Gesellschaft bezeichnet man die Gesamtheit von Menschen, die wie durch ein Netz miteinander verbunden sind. Die Menschen im Alten Ägypten bildeten die ägyptische Gesellschaft. Jede Gesellschaft gliedert sich in Gruppen. Dabei haben einige Gruppen einen hohen, andere einen niedrigeren Rang. Um dieses Über- bzw. Untereinander auszudrücken, spricht man auch von gesellschaftlichen Schichten.
Solche komplizierten Sachverhalte werden häufig in einem Schaubild dargestellt. Auf diese Weise kann es gelingen, mit graphischen Mitteln Kompliziertes anschaulich und überschaubar ins Bild zu setzen.

Wir erklären ein Schaubild zum Gesellschaftsaufbau:

- **Wie war die ägyptische Gesellschaft aufgebaut?**
- **Warum handelt es sich um eine „hierarchische" Gesellschaftsordnung?**

So könnt ihr vorgehen:

1. Malt das Schaubild (M) auf ein Plakat. Beschreibt es, indem ihr euren Mitschülerinnen und Mitschülern über den Aufbau der Gesellschaft berichtet.

2. Bringt die Personen und Gruppen, die im Schaubild aufgeführt sind, mithilfe der Informationen, die ihr hier zu den einzelnen Gruppen findet, und unter Einbeziehung dessen, was ihr schon zum Pharao und den Beamten auf den vorangehenden Seiten erfahren habt, zum Sprechen.

3. Überlegt, ob eurer Meinung nach die Form des Schaubilds bewusst gewählt und in diesem Zusammenhang sinnvoll ist.

4. Erklärt, inwiefern es sich bei der ägyptischen Gesellschaft um eine „hierarchische Gesellschaft" handelt.
Tipp: Den Begriff „hierarchisch/Hierarchie" könnt ihr im Lexikon nachschlagen.

M Aufbau der ägyptischen Gesellschaft

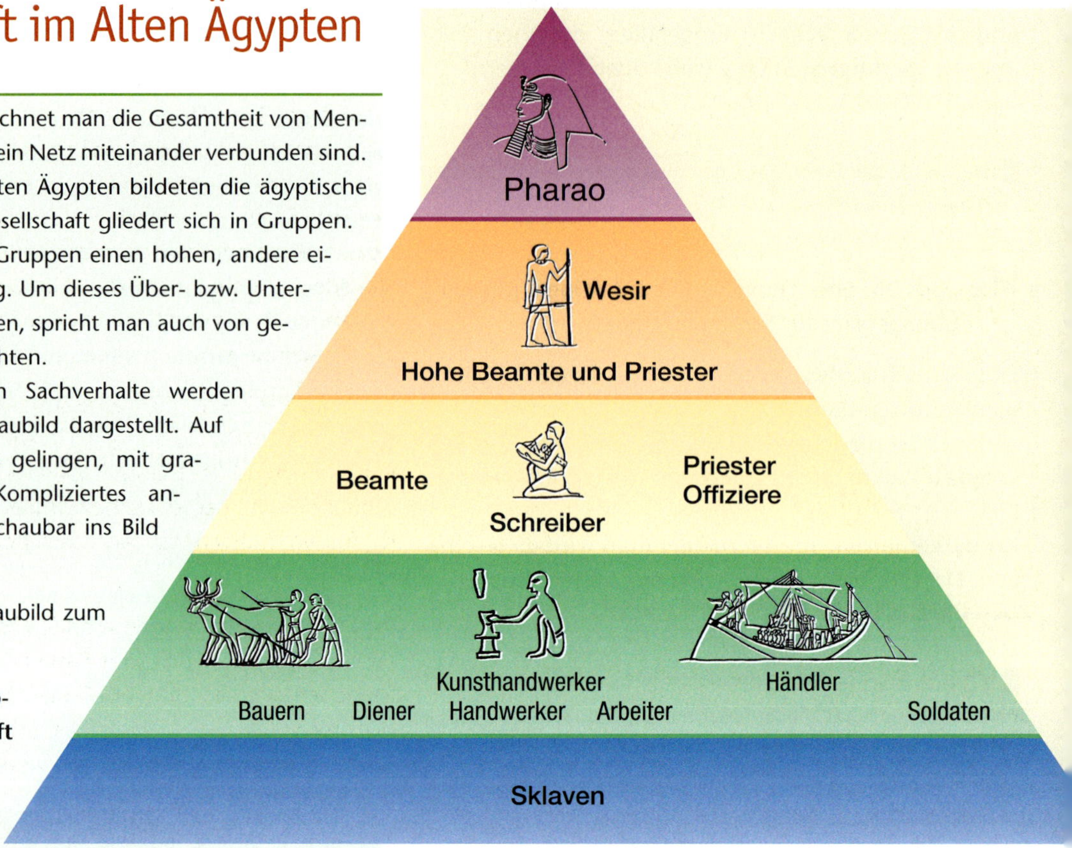

Wir über uns ...

☞ **Wie die meisten Menschen in Ägypten arbeite ich in der Landwirtschaft.** Meine Frau und die Kinder müssen mitarbeiten. Unsere Arbeit ist hart und wir werden von den Beamten scharf kontrolliert. Während der Überschwemmungszeit werde ich zu staatlichen Baumaßnahmen verpflichtet. Freie Zeit haben wir nur wenig.

☞ **Ich bin der höchste Beamte Ägyptens.** Ich trage viele Titel, der wichtigste ist „Oberster Leiter aller Arbeiten des Königs". Ich bin dafür verantwortlich, dass Befehle des Pharao umgesetzt werden, dass die Steuern eingetrieben werden und dass Gerechtigkeit in Ägypten herrscht. Der Pharao selbst hat mich für dieses Amt ausgewählt. Ich gebe die Befehle weiter an hohe Beamte, die mir direkt unterstehen, und diese geben sie dann weiter an Beamte mit einem mittleren und niedrigeren Rang. Ich habe ein großes Einkommen. Damit kann ich Handwerker bezahlen, die mir ein großes und prächtiges Wohnhaus bauen, die für mich und meine Familie Kleidung, Schmuck und Gefäße herstellen. Auch lasse ich mir ein standesgemäßes Grab bauen.

☞ **Ich bin ein Kunsthandwerker.** Meine Kollegen – die Zeichner, Maler, Holzarbeiter, Glashersteller, Juweliere – und ich arbeiten an der Ausgestaltung von Gräbern hoher Beamter und Priester. Als Bildhauer bin ich zuständig für Reliefs an den Wänden der Grabkammern. Unsere Arbeit wird von Beamten genau überwacht: Wir bekommen unsere Arbeit genau vorgeschrieben und müssen gute Qualität abliefern und die vorgegebenen Termine einhalten. Uns geht es nicht so gut wie den Beamten, aber viel besser als den Bauern und den einfachen Handwerkern. Wir sind hoch spezialisiert und werden gut bezahlt und außerdem können wir neben den staatlichen Aufträgen nebenbei etwas herstellen und tauschen.
Ähnlich wie uns geht es den Händlern, die von Beamten kontrolliert mit ihren Booten Waren bis in fremde Länder transportieren und viele wertvolle Dinge mit zurückbringen.

☞ **Ich bin Vorlesepriester** im Tempel des Gottes Horus. Ich bin dafür verantwortlich, dass bei der Verehrung des Gottes die vorgeschriebenen Texte feierlich verlesen werden. Mir unterstehen mehrere Priester. Mein Vorgesetzter ist der Oberpriester des Horus-Tempels. Wie bei den Beamten gibt es auch bei uns Priestern hohe, mittlere und untere Ränge.

☞ **Ich bin ein Schreiber.** Das ist zwar ein einfacher Beamtenrang. Aber ich bin den Handwerkern und Bauern weit überlegen. Ich überwache deren Arbeit und die haben Angst vor mir.

Wichtig zu wissen ...

Leben ohne Geld? Der gesellschaftliche Rang hing vom Beruf ab. Die Bedeutung eines Berufes können wir daran ablesen, wie hoch das Einkommen war. Allerdings: Geld in unserem Sinne gab es nicht.
Ägypten war weitgehend ein Land der Naturalwirtschaft, d. h. die Einkünfte wurden überwiegend in Ernteerträgen gezahlt, die dann getauscht werden konnten. Meist wurde der Wert einer Ware umgerechnet, z. B. in Getreidesäcke oder in Kupfer. Wenn der Lohn beispielsweise in Broten angegeben wurde, war das nur eine Grundlage für die Berechnung.

Wo stand die Frau in der ägyptischen Gesellschaft? Der gesellschaftliche Rang der Frau war abhängig von Rang und Beruf des Mannes. Wenn wir nach dem Unterschied zwischen einer reichen und einer armen Ägypterin fragen, müssen wir nach dem Beruf der Ehemänner fragen.

Wer wurde was? Jungen ergriffen meist den Beruf des Vaters, also der Sohn eines Bauern wurde auch Bauer. Mädchen aus den unteren Gesellschaftsschichten wurden meist Dienerin. Die Kinder der unteren Schicht mussten schon früh bei der Arbeit helfen. Besser ging es den Kindern der Beamten.

Die Rolle der Frau in der ägyptischen Gesellschaft

Der Grieche Herodot, der um 450 v. Chr. Ägypten bereiste, stellte mit Erstaunen fest: „In Ägypten gehen die Frauen auf den Markt und treiben Handel, und die Männer sitzen zu Hause und weben." Der Grieche Diodor schrieb 400 Jahre später sogar: „Bei den Ägyptern herrscht die Frau über den Mann. Deshalb versprechen in einem Ehevertrag die Männer, dass sie ihrer Frau in jeder Beziehung gehorchen wollen." Von Römern gibt es ähnliche Aussagen. Aber: Sind diese Aussagen richtig?

Wir führen ein Interview mit einer Expertin oder einem Experten:

- **Wie sahen Leben und Alltag der Frauen in der ägyptischen Gesellschaft aus?**
- **Hatten Frauen im Alten Ägypten einen Vorrang gegenüber Männern oder wie war das Verhältnis zwischen Mann und Frau geregelt?**

Das Gespräch mit Experten stellt eine gute Möglichkeit dar, um zu einem Thema etwas zu erfahren und selbst zu einer begründeten Meinung zu gelangen. Dies wird jedoch nur erfolgreich gelingen, wenn man sich selbst schon sachkundig gemacht hat und über Kenntnisse verfügt.

1. Bereitet euch in Kleingruppen auf ein solches Interview vor: Verschafft euch gesicherte Informationen, um angemessen fragen und antworten zu können. Bearbeitet dazu den Darstellungstext und die Materialien. Haltet in Stichworten fest, was ihr zum Leben und zur Stellung der Frauen erfahrt.

2. Bereitet euch in eurer Gruppe so vor, dass ihr beide Rollen übernehmen könnt: Erstellt Fragen und überlegt, was ihr darauf antworten würdet. Haltet die Fragen schriftlich fest.

3. Lost aus, welche Rolle (Interviewer/Experte) von welcher Gruppe übernommen wird, und führt das Interview dann durch.

4. Abschließende Diskussion unter den Zuhörern: Frauen im Alten Ägypten – gleichrangig? gleichberechtigt?

Der Interviewer moderiert, d. h. er leitet die Diskussion.

Merit, Ehefrau des hohen Beamten Sen-nefer, mit ihrem Mann (Wandmalerei im Grab des Sen-nefer)

Auf einigen Grabreliefs findet sich für Frauen die Bezeichnung „Herrin des Hauses". Was bedeutete das im Leben des Alltags?

„Herrin des Hauses" in der Oberschicht

In den großen Häusern der Oberschicht – also der hohen Beamten und Priester – wurde die Arbeit von Dienern und Dienerinnen verrichtet. Die Aufgabe der „Herrin des Hauses" war es, zu organisieren und zu beaufsichtigen. In ihrer Freizeit empfingen die Wohlhabenden gern Gäste. Auch Familien der Oberschicht hatten meist viele Kinder. Ammen und Kindermädchen werden dabei viel Arbeit übernommen haben. Frauen der gesellschaftlichen Oberschicht hatten somit viel Freiraum und Zeit für sich und andere Dinge als Haus und Familie. Möglicherweise findet man deshalb viele Frauen aus der Oberschicht als Priesterin und als Verantwortliche für die Musik im Tempel. Dabei waren aber die Frauen immer Untergebene eines männlichen Priesters.

„Herrin des Hauses" in der Mittelschicht

Zur Mittelschicht zählten Schreiber und einfache Beamte. Familien der Mittelschicht hatten viel kleinere Häuser als die hohen Beamten und Priester, entsprechend gab es

Korn mahlende Frau

hier auch weniger Dienstpersonal. So war hier die „Herrin des Hauses“ mit Sicherheit stärker in die Herstellung von Nahrung eingebunden. Grundnahrungsmittel war Korn, das zu Brot und Bier verarbeitet werden musste. Korn mahlen und Backen waren üblicherweise Tätigkeiten, die von den Frauen verrichtet wurden. Die „Herrin des Hauses“ eines kleinen Haushaltes wird hiermit viel beschäftigt gewesen sein. Nur zu einem geringen Teil konnte sie damit eine Dienerin beauftragen. Spinnen und Weben waren ebenfalls weibliche Tätigkeiten, die meist von Dienerinnen durchgeführt wurden. Wenn Herodot webende Männer gesehen hat, dann muss das eine Ausnahme gewesen sein.

Frauen im Haushalt der Unterschicht

Menschen der Unterschicht bildeten die Masse der Bevölkerung. Die Frau eines Bauern wird vor allem mit der Nahrungszubereitung, z. B. dem Korn mahlen, mit Spinnen und Weben beschäftigt gewesen sein. Sie musste am Fluss Wasser holen und Wäsche waschen. Vor allem bei Sonderarbeiten half sie auf den Feldern. Die Familien in der Unterschicht waren zahlenmäßig groß. Je größer eine Familie war, desto größer war die Möglichkeit, dass einige Kinder das Erwachsenenalter erreichten und so für die Eltern eine Hilfe im Alter darstellen konnten. Söhne werden überwiegend den Beruf des Vaters übernommen haben, Töchter werden geheiratet und eigene Familien gegründet oder in fremden Häusern als Dienerin gearbeitet haben.

Gleichrangig? Gleichberechtigt?

Römer und Griechen staunten zu Recht, denn Frauen im Alten Ägypten hatten mehr Rechte als Frauen in Griechenland und Rom: Das Vermögen, das eine Frau in die Ehe einbrachte – „Frauensachen“ genannt – blieb ihr Eigentum; Besitzangelegenheiten wurden in Eheverträgen geregelt. Beim Tode des Ehemannes hatte die Frau Anspruch auf ein Drittel des in der Ehe erworbenen Vermögens, zwei Drittel fielen an die Kinder und die Geschwister des Ehemannes; der Ehemann konnte ihr sogar das ganze Vermögen vererben. Was das Erbe betraf, gab es keine Unterschiede zwischen Söhnen und Töchtern. Wirtschaftlich waren Frauen den Männern grundsätzlich gleichgestellt; Frauen konnten kaufen und verkaufen und Verträge abschließen. Eine Frau konnte als Klägerin oder auch als Zeugin vor Gericht auftreten; wenn sie angeklagt war, konnte sie für sich selbst antworten. Sie brauchte also nicht – wie in Rom – einen männlichen Vormund.

Aber in wichtigen Bereichen hatten auch die Frauen im Alten Ägypten weniger Rechte als Männer: Der Staat wurde ausschließlich von Männern regiert und verwaltet. Nur Jungen wurden zur Schule geschickt, um eines Tages Schreiber und Beamte zu werden. Frauen konnten also nicht lesen und schreiben – es sei denn, ein Mädchen der Oberschicht hätte dies privat gelernt.

In der Regel waren es Männer, die das Grab als Wohnung für die Ewigkeit ausstatteten. Von ihnen hing es ab, ob sie die Versorgung der Frau auch im Jenseits übernehmen wollten. Meist ließ sich der Grabherr mit seiner Ehefrau darstellen: Er wollte das Leben im Jenseits so verbringen, wie er es im Diesseits gelebt hatte.

M1 Aus einem Ehevertrag

Deine Frauensachen, die oben beschrieben sind, du hast sie mit dir in mein Haus gebracht; ich habe sie vollständig aus deiner Hand empfangen, ohne einen Rest. Mein Herz ist zufrieden mit ihnen. Wenn ich dich als Ehefrau entlassen werde oder wenn du zu gehen beliebst, so gebe ich dir die Frauensachen, die du mit dir in mein Haus gebracht hast, oder ihren Wert in Silber. Mein ist ihre Verwahrung.

(Zit. nach: Steffen Wenig, Die Frau im Alten Ägypten, Leipzig (Edition Leipzig) 1967, S. 24)

1 Wie stand es um das Eigentum der Frau?

2 Von wem konnte eine Scheidung ausgehen?

M2 Aus dem Testament des Priesters Wah

Mit dieser Urkunde übertrage ich alles, was mein Bruder mir hinterlassen hat, meiner Frau Scheftu. Sie wiederum soll es nach eigenem Ermessen an alle Kinder weitergeben, die sie mir gebären wird. Was mein Grab betrifft, soll kein anderer außer mir und meiner Frau dort ruhen.

(Zit. nach: Joyce Tildesley, Töchter der Isis – Frauen im Alten Ägypten, München (Limes) 1996, S. 55)

M3 Irenefret, Ehefrau des Samut, kauft eine Sklavin (ca. 1275 v. Chr.)

Im Jahre 15 kam der Kaufmann Raia mit der syrischen Sklavin Gemniherimentet zu mir und sagte zu mir: „Kaufe dieses Mädchen und gib mir ihren Preis", so sagte er zu mir. Ich nahm das Mädchen und gab ihm seinen Preis. Nun siehe, ich gebe vor den Richtern eine Aufstellung des Preises, den ich für es bezahlt habe: [Hier folgt eine Aufzählung von Dingen, die Irenefret selbst hergestellt hat oder in ihrem Haus hat herstellen lassen, u.a.:] 1 Decke aus feinem Stoff, 1 Umschlagtuch aus feinem Stoff, 3 Schürzen aus feinem Stoff. [Außerdem gibt Irenefret als Teil der Kaufsumme noch mehrere Gefäße an, die sie zuvor von anderen gekauft hatte.] Und ich gab es dem Kaufmann Raia […] und er gab mir das Mädchen, das ich Gemniherimentet nannte.

(Zit. nach: Thomas G.H. James, Pharaos Volk, München (dtv) 1991, S. 285f.)

Das Bild zeigt eine typische Darstellung, wie sie in vielen ägyptischen Gräbern zu finden ist: Der Grabherr lässt sich so abbilden, wie er im Jenseits leben möchte:

Intef und seine Ehefrau Heqet stehen vor einem Tisch mit Opfergaben. In der Realität werden sie nebeneinandergestanden haben, aber dann hätte im Relief einer den anderen verdeckt; also haben die ägyptischen Künstler bei solchen Bildern die Personen hintereinandergestellt. Dabei steht die Frau *immer* hinter dem Mann. Intef hält in einer Hand einen Amtsstab, er war also wohl Beamter.

Vor dem Ehepaar steht ein junges Mädchen (Kinder werden meist nackt und mit einer Haarlocke dargestellt). In der Hieroglyphenschrift vor dem Mädchen steht: „seine Tochter Henutsen"; sie war vermutlich die jüngste Tochter des Ehepaares, vielleicht ist sie auch schon im Kindesalter gestorben. Auf der anderen Seite des Tisches steht: „sein geliebter Sohn Nesu-Month". Ein Sohn in der Familie war immer zuständig für das Totenopfer für die verstorbenen Eltern. Es folgt: „sein Bruder Amen-em-het", also der Bruder des Intef. Unten stehen zwei Frauen (Töchter) und ein Kind (vermutlich die Enkeltochter).

Das Bild kannst du befragen:

1 Wie beurteilst du die Reihenfolge der dargestellten Personen unter dem Gesichtspunkt „Bedeutung Mann/Frau"?

2 Wie beurteilst du die Inschrift „*seine* Tochter", „*sein* Sohn"?

M4 Intef und seine Familie (um 2000 v. Chr.)

Hochkultur und religiöser Kult

Der Begriff „Kult" ist ein Fachbegriff und meint Verehrung der Gottheit. Religion beschreibt im weitesten Sinn ein besonderes Verhältnis der Menschen zu einem Gott oder mehreren Göttern.
In welchem Verhältnis der Pharao zu den Göttern stand, ist euch mittlerweile bekannt. Deutlich wird am Beispiel des Pharao auch, dass ein umfangreicher religiöser Kult Kennzeichen einer Hochkultur ist.

- **Welche Götter gab es?**
- **Wo wohnten die Götter nach der Vorstellung der Ägypter?**
- **Wie wurden sie verehrt?**
- **Wie ist die Darstellung von Göttern als Tiere zu erklären?**

Wir halten Kurzvorträge mithilfe von Karteikarten zu diesen Fragen.

Hinweise zur Vorbereitung:

1. Stellt Informationen zum Thema Götter und Göttinnen und zu Tempeln auf der Grundlage der Darstellungstexte und der Materialien zusammen.
2. Notiert alles Wichtige auf Karteikarten.
3. Übt Vorträge in Kleingruppen ein und tragt sie vor der Klasse vor.

Götter und Göttinnen in Ägypten

Vor über 150 Jahren bereiste der schottische Zeichner Roberts Ägypten. Er fertigte zahlreiche sehr genaue Aquarelle an. Hier ist der Tempel der Göttin Isis auf der Nilinsel Philae abgebildet.

Methode Mit Karteikarten einen kurzen Vortrag halten

Die Priester

Das Innere des Tempels

Das Äußere des Tempels
- Länge
- Höhe
- Eingang

Jemand, der einen Vortrag hält, kann nicht alles im Kopf haben. Lege deshalb für deinen kurzen Vortrag Karteikarten an.

Die 6-Schritt-Methode zum guten Vortrag

1. Schritt: Überlege und entscheide dich, welche Aspekte du in deinem Vortrag ansprechen möchtest.

2. Schritt: Lege für jeden Aspekt einen Stichwortzettel an. Das hat den Vorteil, dass du dich zu jedem einzelnen Aspekt schnell orientieren kannst. Außerdem kannst du die Abfolge, wenn nötig und sinnvoll, noch während des Vortragens verändern.

3. Schritt: Sammle zu jedem einzelnen thematischen Aspekt Einzelinformationen.

4. Schritt: Bringe die Einzelinformationen auf jedem Stichwortzettel in eine sinnvolle Reihenfolge.

5. Schritt: Lege alle Stichwortzettel nebeneinander und bringe sie in eine inhaltlich sinnvolle Reihenfolge, in der du vortragen möchtest.

6. Schritt: Kontrolliere deinen Vortrag: Alles Wichtige aufgenommen? Oder fehlt etwas? Gibt es Überschneidungen? Ist die Länge des Vortrags angemessen?

Alles hing von den Göttern ab

Ob die Sonne über Ägypten aufging, ob der Nil regelmäßig Hochwasser brachte, ob die Ernte gedieh, ob neues Land entstand – alles hing nach dem Glauben der Ägypter von den Göttern und Göttinnen ab. Die Gottheiten waren keine außerirdischen Wesen, sie waren vielmehr in der Welt wirksam. Sie konnten zerstören oder segensreich wirken. Durch den täglichen Gottesdienst in den vielen Tempeln Ägyptens sollten die Götter und Göttinnen besänftigt und gut gestimmt werden.

Land der Tempel

Wie kaum ein anderes Land der Erde war das Alte Ägypten ein Land der Tempel. Obwohl im Laufe der Jahrtausende viele Tempel zerstört worden sind, staunt der heutige Ägyptenbesucher immer noch über die Vielzahl der Tempel und ihre Größe.

Das Betreten des Tempels war der einfachen Bevölkerung nicht gestattet. Zum Allerheiligsten – dem Raum, in dem der Gott oder die Göttin wohnte – hatten nur die Oberpriester Zugang.

Die Tempel wurden auf einer Anhöhe angelegt. Bei einigen Tempeln war der Hügel auch künstlich aufgeschüttet worden. Innerhalb des Tempels stand das Allerheiligste wiederum erhöht im Vergleich zu anderen Tempelräumen.

Das Personal der Tempel bestand aus wenigen Hohepriestern und einfachen Priestern, die nur für einen Teil des Jahres ihr Amt ausübten, sowie Hilfskräften und Schutztruppen. Hinzu kamen Bauern und Handwerker zur Versorgung des Tempels. Einige Tempel besaßen riesige Ländereien, die der Pharao ihnen übertragen hatte. Die Haupteinnahmen kamen von den Feldern des Tempels. Die Tempel besaßen auch Wein- und Gemüsegärten sowie Vieh. Für einige Tempel sind genaue Angaben über das Vermögen überliefert: Der größte Tempel, der Amun-Tempel in Theben, verfügte über 2 393 km² Felder und 421 362 Tiere; 81 322 Menschen arbeiteten für diesen Tempel. Die ägyptischen Priester hatten völlig andere Aufgaben, als wir es von Priestern kennen. Sie waren nicht Prediger oder Verkünder, sie dienten dem Gott im Tempel. Entsprechend nannten sie sich „Diener Gottes".

Für jeden Gott ein Tempel?

Einige Götter und Göttinnen wurden in ganz Ägypten verehrt; sie hatten als Wohnsitz einen Haupttempel und als „Zweitwohnsitz" Nebentempel. Andere Gottheiten wurden nur an einem Ort verehrt; sie hatten dort ihren Tempel. Einige Gottheiten wurden nur in Hausaltären in den Wohnhäusern verehrt.

M1 Plan eines ägyptischen Tempels

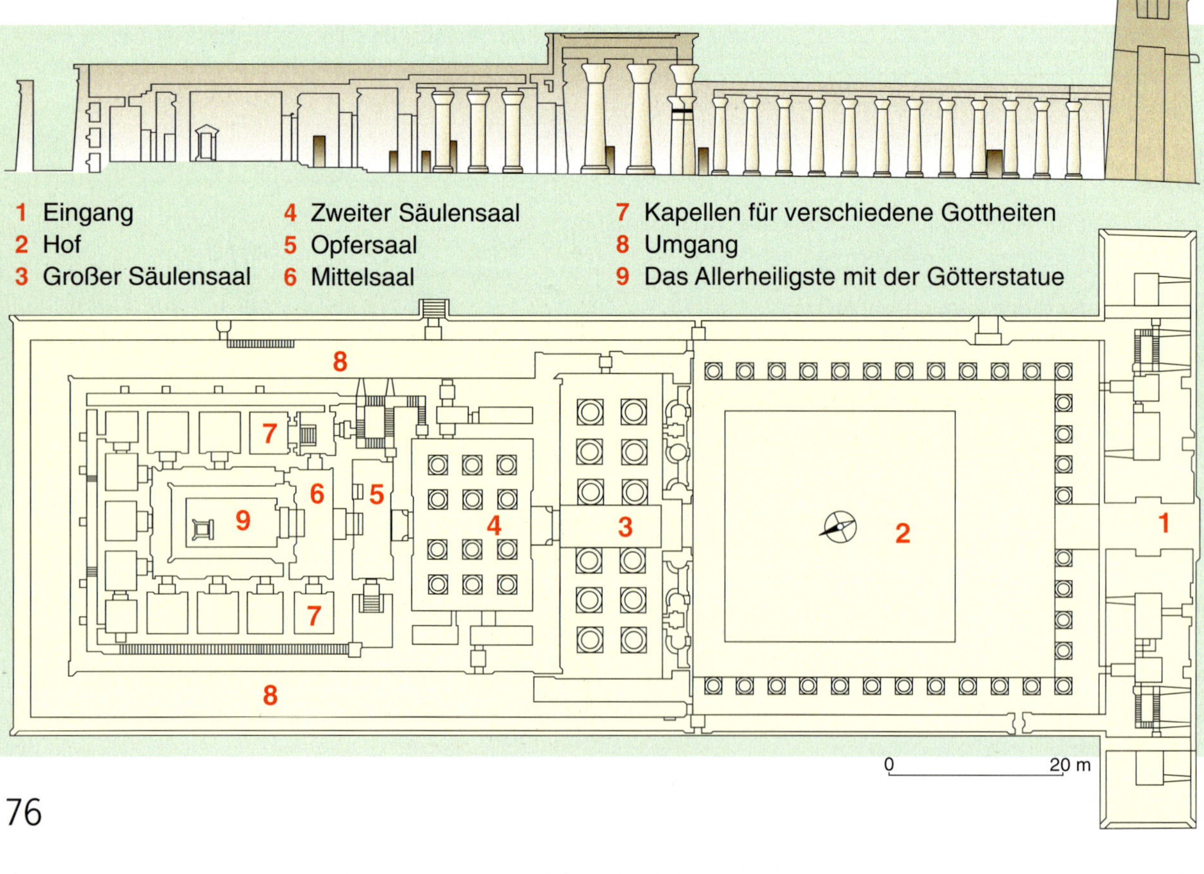

Die Götter der Pharaonen

Die Ägypter verehrten eine Vielzahl von Gottheiten, insgesamt gab es mehrere hundert Götter und Göttinnen. Die meisten ägyptischen Gottheiten hatten den Körper eines Mannes oder einer Frau, aber oft den Kopf eines Tieres. Diese Tiergestalt der Gottheit war ein Zeichen für die Ehrfurcht, welche die Bewohner des Nillandes denjenigen Geschöpfen entgegenbrachten, mit denen sie das fruchtbare Flusstal teilten.
Eine solche Religion – der Glaube an viele Götter – wird als Polytheismus bezeichnet (von griech. „poly" = viel und „theos" = Gott).

M2 Einige wichtige ägyptische Götter

Der Sonnengott Re oder Ra war der wichtigste ägyptische Gott. Re war der altägyptische Name für die Sonne und den Sonnengott. Er war der Herr der Weltordnung, der mit der aufgehenden Sonne seine Barke bestieg, um täglich über den Himmel zum westlichen Horizont zu segeln. Dort bestieg er dann seine Nachtbarke, die er durch die Unterwelt steuerte, bevor er im Osten wieder auftauchte. Der Gott Re wurde meist falkenköpfig mit Sonne dargestellt. Der Pharao wurde häufig als Sohn des Re bezeichnet.

Thot war der Gott der Weisheit und Schreiber der Götter; er wurde mit dem Kopf eines Ibis oder als Pavian dargestellt.

Die Göttin Ma'at verkörperte die Gerechtigkeit, Wahrheit und Ordnung oder Rechtschaffenheit. Sie ist die Tochter des Sonnengotts Re. Der Begriff Ma'at stand für die gesamte kosmische und irdische Ordnung und bedeutete für den König die Verantwortung, in Ägypten für Ordnung zu sorgen und die Feinde vom Land fernzuhalten. Dargestellt wird diese Göttin mit einer Feder, die ihren Kopf schmückt.

Osiris war der Herrscher des Totenreiches. Er wurde umwickelt, wie eine Mumie, dargestellt.

Isis – die Ehefrau des Osiris – galt als eine besonders liebenswerte Göttin. Als Kennzeichen trägt sie einen Thron auf dem Kopf.

Die Göttin Hathor wurde als Kuh oder als Frauengestalt mit Kuhkopf oder mit menschlichem Antlitz und mit Kuhgehörn – dazwischen eine Sonnenscheibe – dargestellt. Sie war eine Göttin der Liebe und auch eine Totengottheit, die die Verstorbenen im Jenseits beschützte.

Anubis, der für den Schutz der Toten und für die Einbalsamierung zuständige Gott, wurde als Schakal dargestellt.

Der Sohn von Isis und Osiris war der falkenköpfige Horus. Während sein Vater über das Totenreich herrschte, war Horus König über Ägypten. Der Pharao galt für die Ägypter als der Gott Horus in Menschengestalt.

M3 Eine Expertin gibt Auskunft über die ägyptische Götterwelt

Weil die Dinge doch kompliziert und für uns in der heutigen Zeit nicht so ganz einfach zu verstehen sind, fragen wir eine Ägyptologin, die uns wesentliche Forschungsergebnisse zu diesem Thema mitteilen kann:

Frage: Wie kamen die Ägypter überhaupt auf die Idee Götter ganz oder teilweise als Tier darzustellen?
Antwort: Die frühen Bewohner des Niltals lebten eng mit Tieren zusammen. In ihrer unmittelbaren Umgebung erlebten sie furchterregende oder bewundernswerte Eigenschaften von Tieren, z. B. die Kraft eines Löwen oder die liebevolle Sorge einer Kuh für ihr Kalb. Hier liegt wohl der Ursprung.
Frage: Werden die Götter und Göttinnen, wenn sie mit menschlichem Körper und mit dem Kopf eines Tieres abgebildet werden, nicht niedriger gestellt als Menschen?
Antwort: Die Frage lässt eine Einstellung zu Tieren erkennen, die von der der Ägypter deutlich abweicht. Die Ägypter sahen im Tier vor allem Kräfte, über die der Mensch nicht verfügte. Die Fähigkeiten eines Tieres zusätzlich zu den Fähigkeiten eines Menschen war mehr als nur Mensch, also: Gott.
Frage: Glaubten die Ägypter wirklich, dass beispielsweise der Gott Horus einen Falkenkopf hatte?
Antwort: Die Ägypter glaubten, dass die Götter unsichtbar seien. Das wirkliche Aussehen, das kannte niemand. Die Darstellung zeigte also nur die Idee von dem Gott, nicht den Gott selbst. Wenn wir von jemandem sagen, er sei ein schlauer Fuchs, nehmen wir auch nicht an, dass er wie ein Fuchs aussieht.
Frage: Warum begnügten sich die Ägypter nicht mit einem einzigen Gott?
Antwort: Die religiösen Vorstellungen der Ägypter bildeten sich in der ganz frühen Phase der Besiedlung der Nillandschaft. Die einzelnen Stämme hatten zunächst kaum Kontakt zueinander. Später übernahm man religiöse Vorstellungen anderer Stämme. So kamen also zu den eigenen Göttern weitere hinzu. Die alten religiösen Vorstellungen wurden nicht beiseitegelegt, sie wurden ergänzt.
Frage: Gab es denn keinen Streit zwischen den Anhängern verschiedener Götter?
Antwort: In Ägypten gab es zwar wichtigere und unwichtigere Götter, aber es gab nicht den einzigen Gott. Jeder Ägypter verehrte mehrere Götter. Es ist wohl nicht falsch, wenn ich sage, dass der Glaube an mehrere Götter – man nennt das Polytheismus im Gegensatz zum Monotheismus (Glaube an einen Gott) – zu tolerantem Verhalten führen kann.
Frage: Aber die Götter selbst – kamen die miteinander klar?
Antwort: Auch hier dachten die Ägypter anders als wir wohl heute denken würden. Es gab nicht Streit unter den Gottheiten, im Gegenteil: Es gab Götter und Göttinnen, die in der Vorstellung der Ägypter Eigenschaften anderer Gottheiten übernahmen; in einigen Fällen wurde sogar aus zwei Gottheiten eine einzige.

Die Göttin Sachmet

Frage: Wie mächtig waren die Göttinnen und Götter der Ägypter?
Antwort: Sie galten als mächtig, nicht aber als allmächtig.
Frage: Wer war wofür zuständig? z. B. Hathor?
Antwort: Hathor stand vermutlich als Sinnbild der mütterlichen Fürsorge der Kuh für ihr Kalb. Aber: Die einer Gottheit zugeschriebenen Eigenschaften waren nicht eng festgelegt, vielmehr waren sie wandelbar.
Frage: Und der Unterschied zwischen Göttern und Göttinnen ...?
Antwort: Eine eindeutige Zuordnung von Gottheiten zu Männer- und Frauenrollen ist nur teilweise möglich. Die Mutterrolle wurde von Göttinnen wie Isis und Hathor übernommen. Andererseits war eine Gottheit, die Schrecken verbreitete, weiblich: die löwenköpfige Kriegsgöttin Sachmet; gleichzeitig schützte Sachmet allerdings auch vor Krankheiten. Entsprechend der Vorherrschaft des Mannes in der ägyptischen Gesellschaft waren es jedoch auch männliche Gottheiten, die die führende Stellung innehatten.
Frage: Wie stellten sich die Ägypter die Entstehung der Welt vor?
Antwort: Überwiegend stellten sich die Ägypter das Entstehen der Welt so vor: Aus einem riesigen Gewässer tauchte ein Hügel aus Schlamm auf. Hier entwickelte sich das erste, von einem Gott erschaffene Leben.
Angesichts der großen Zahl verschiedener Gottheiten gab es auch verschiedene Vorstellungen, welcher Gott die Welt erschaffen hatte. Aber immer war dieser Schöpfergott männlich.

Hoher Aufwand für ein Leben im Jenseits – eine besondere Leistung der ägyptischen Hochkultur

In allen Frühen Hochkulturen glaubten die Menschen an ein Weiterleben nach dem Tode. Allerdings war der Aufwand, der hierfür geleistet wurde, in Ägypten wesentlich größer als in jeder anderen Frühen Hochkultur. Ausstellungen zum Alten Ägypten ziehen meist große Mengen Besucher an. Die Ausstellungsstücke, die hier bestaunt werden, stammen überwiegend aus Gräbern.

- **Warum haben die Ägypter einen so großen Aufwand für ein Leben nach dem Tod betrieben?**
- **Wie stellten sie sich ein Leben nach dem Tod vor?**

Wir beschreiben Einzelheiten in Bildquellen und erklären die Zusammenhänge des Dargestellten.

1. Betrachte die beiden Bilder M1 und M2 und notiere deine ersten Eindrücke.
2. Schreibe auf, was du siehst.
3. Du wirst auch auf Rätselhaftes stoßen und viele Fragen haben. Schreibe Sie auf.
4. Versuche sie mithilfe des Darstellungstextes zu klären.
5. Projiziere eines der beiden Bilder (z. B. Folie oder mithilfe eines Beamers) und bring das Bild zum Sprechen.

Das Grab – eine Wohnung für die Ewigkeit

Vorsorge für ein Leben nach dem Tode

Warum ließ Heti – wir sind ihm auf der Seite 67 schon begegnet – eine Statue in sein Grab stellen, die ihn als stolzen Schreiber zeigt?
Der Grund ist, dass die Ägypter davon überzeugt waren, dass sie nach dem Tode weiterleben konnten und dass sie mit der Ausstattung ihres Grabes beeinflussen konnten, wie ihr Leben im Jenseits aussah.
Mit der Statue, die über 4000 Jahre in seinem Grab gestanden hat, wollte der Schreiber Heti das Ansehen und die Vorrechte, die er im Leben genossen hatte, mit in das Jenseits hinübernehmen.

Wovon lebt der Tote?

Die Ägypter glaubten, dass das Leben im Jenseits ähnlich aussah wie das Leben im Diesseits. Wie im wirklichen Leben mussten sie auch im Jenseits Nahrung zu sich nehmen. Von in Stein gehauenen oder in die Wand gemalten Broten konnte sich der Tote bis in alle Ewigkeit ernähren. Da das Leben im Jenseits also davon abhing, wie das Grab ausgestattet war, betrieben die Ägypter einen hohen Aufwand für ein gutes Grab, denn das war die Wohnung für die Ewigkeit.

M1

Blick in das besonders schön ausgeschmückte Grab des hohen Beamten Sen-nefer. Diese in den Fels geschlagene unterirdische Kammer diente zur Unterbringung des prunkvollen Sargs und der Grabbeigaben. In dem Sarg befand sich die Mumie. Hinter dem Durchgang liegt ein Vorraum, der so gestaltet ist, als wolle sich der Hausherr in einem Garten vor seinem Haus ausruhen. Sen-nefer hatte gehofft, in seinem „Haus der Ewigkeit“ ungestört leben zu können. Schon früh drangen Grabräuber ein. Heute besuchen Wissenschaftler und Touristen das Grab.

Verbindung zwischen Diesseits und Jenseits

In der Form eines Vogels konnte die Seele eines verstorbenen Ägypters oder einer Ägypterin das Grab verlassen und in das Diesseits kommen. Lebende konnten vor das Grab Briefe legen, die der oder die Verstorbene las. Auch freute sich der oder die Tote über frische Speisen.

Wer konnte sich eine Wohnung für die Ewigkeit leisten?

Den Aufwand, den ein Pharao für sein Grab betrieb, lernst du noch kennen (S. 83/84).
Eine Grabanlage war nicht billig. Es gab unterschiedliche Ausführungen, abhängig von den finanziellen Möglichkeiten des Grabbesitzers. Aufwendige Gräber mit mehreren Räumen konnten sich nur wenige leisten. Eine wenig aufwendige Ausstattung einer Sargkammer entsprach etwa 30–35 Monatslöhnen eines Handwerkers, eine etwas bessere Ausstattung entsprach etwa 100 Monatslöhnen eines Schreibers. Zum Vergleich: Der Innere der drei Särge des Pharao Tutanchamun (s. S. 62) ist aus reinem Gold und wiegt 110 kg. Das entsprach etwa 35 000 Monatslöhnen eines Handwerkers. Dabei ist nur der reine Materialwert erfasst, nicht die Herstellungskosten, z. B. die Löhne der hoch spezialisierten Handwerker.
Wer sich kein Grab leisten konnte, wurde nach dem Tode in ein Tuch eingewickelt und im Wüstensand vergraben. Die Aussichten auf ein Leben im Jenseits waren für diesen Ägypter düster. Meist war der Grabbesitzer ein Mann. Es hing von ihm ab, welche Familienmitglieder mit in das Grab aufgenommen wurden.

M2 Der Beamte Junu im Jenseits

Aus dem Grab des hohen Beamten Junu: Der Grabherr sitzt vor seinem Speisetisch (Ausschnitt). Vor seinen Augen sind in Hieroglyphenschrift geschrieben: „Weihrauch", „Salbe", „Feigen", „Wein". Auf dem Tisch stehen Brote, darüber ein Rinderschenkel und eine Gans; unter dem Tisch von links nach rechts: „Kleidung", „Alabaster" (ein wertvoller Stein), „Brot", „Bier". Direkt vor ihm steht ein Krug in einer Schale: Junu wollte sich – wie er es in seinem diesseitigen Leben gewohnt war – nach dem Essen die Hände waschen. In der oberen Zeile sind seine Titel genannt, u. a.: „Großer des Zehnerrates von Oberägypten", „Sohn des Königs". Junu war in der einen Landeshälfte zuständig für die Versorgung und den Arbeitseinsatz der Bevölkerung. Er war nicht wirklich Königssohn, das war ein hoher Titel.

Vor dem ewigen Leben stand ein Gericht

Bilder erzählen viel über Geschichte. Das Bild M 3 wurde im Grab des Schreibers Hunefer gefunden.
Über der Szene des eigentlichen Totengerichts legt Hunefer in Hieroglyphenschrift Rechenschaft über sein Leben ab, u. a.: „Ich habe kein Unrecht gegen Menschen begangen, ich habe keine Tiere misshandelt, ich habe keinen Gott beleidigt, ich habe nicht Schmerzen zugefügt und niemanden hungern lassen, ich habe keine Tränen verursacht, ich habe nicht getötet, ich habe das Flächenmaß nicht geschmälert und am Ackerland nichts verändert, ich habe nicht gestohlen, ich habe keinen Gott beleidigt, kein Unrecht ist an mir."

- **Was erzählt dieses Bild?**

Du bringst ein Bild mithilfe von Erschließungshinweisen als geschichtliche Quelle zum Sprechen.

Nach dem Glauben der Ägypter musste sich jeder nach seinem Tod vor einem Göttergericht rechtfertigen. Dabei wurde das Herz des/der Verstorbenen gegen eine Feder aufgewogen; am Herzen konnten die guten und die schlechten Taten gemessen werden. Wenn das Herz zu schwer oder zu leicht war, wurde es von einer krokodilköpfigen Totenfresserin verschlungen. Das hätte den endgültigen Tod bedeutet – ohne Aussicht auf ein Leben im Jenseits.
Damit die Prüfung vor dem Totengericht zu einem guten Ergebnis führte, wurde dem/der Verstorbenen – wie bei Hunefer – eine Liste mit der Aufzählung aller guten Taten in das Grab gelegt.
Außerdem wurde häufig eine Abbildung des Totengerichts mit in das Grab genommen – so auch bei Hunefer. Darauf ist gezeigt, wie sich der/die Verstorbene den Ablauf des Totengerichts erhoffte.

M3 Das Totengericht

1 Einige Götter solltest du wiedererkennen (s. S. 77).

2 Begleite den Schreiber Hunefer beim Totengericht und bringe in die richtige Reihenfolge:
- Thot notiert das Ergebnis.
- Anubis leitet den Wiegevorgang.
- Anubis führt Hunefer zur Waage.
- Hunefer wird von Horus zu Osiris geführt.
- Die krokodilköpfige Ammit lauert neben der Waage.

3 Hunefer hat sich diese Papyrusrolle in sein Grab legen lassen. Seine guten Taten sind in Hieroglyphenschrift über der Waage notiert. Was erwartete Hunefer, wenn das Urteil für ihn günstig war? Was kam auf ihn zu, wenn das Urteil ungünstig war?

4 Hunefer wird durch die Kleidung als Schreiber erkennbar, auch wird sein Beruf schriftlich genannt. Warum war ihm das wichtig für das Jenseits?

Mumien – den Körper für die Ewigkeit erhalten

Wenn du bei Gleichaltrigen oder auch Erwachsenen eine Befragung durchführen würdest, was ihnen spontan zum Alten Ägypten einfällt, würden neben Pyramiden am meisten Mumien genannt werden.

- **Was geschah mit der Leiche?**
- **Warum Mumifizierung?**

Du erklärst ein Fundstück.

1. Stell dir vor, du bist Museumsführer im Kestner-Museum in Hannover und informierst die Besucher über Mumien im Alten Ägypten.
Tipp: Natürlich kannst du zusätzlich zu dem Darstellungstext auf dieser Seite auch weitere Informationsquellen (Lexikon, Sachbücher, Internet) hinzuziehen.

2. Scanne das Ausstellungsobjekt ein und präsentiere es mithilfe eines Beamers deinen Besuchern auf einer Projektionsfläche.

Was geschah mit der Leiche?

Die Unterschiede zwischen Arm und Reich wirkten bis in den Tod. Das zeigte sich nicht nur bei Größe und Ausstattung des „Hauses für die Ewigkeit". Auch der Körper der Verstorbenen wurde sehr unterschiedlich behandelt. Wer es sich eben leisten konnte, versuchte, den toten Körper für die Ewigkeit lebensecht zu bewahren. Das Verfahren nennt man Mumifizierung.

Es gab bei den Ägyptern verschiedene Arten der Mumifizierung. Bei der aufwendigsten und teuersten wurden das Gehirn und die Eingeweide entnommen; der Körper wurde über Wochen in Natron gelegt, wodurch er austrocknete; alle Hohlräume wurden mit Harz oder mit harzgetränkten Stoffballen gefüllt, nachdem sie vorher mit Palmwein gereinigt worden waren. Die entnommenen inneren Organe wurden gereinigt und getrocknet; anschließend wurden sie in Leinentücher eingewickelt und in Krüge gelegt oder zurück in den Körper. Der Körper wurde mit Leinenbändern umwickelt. Bei einer Mumie haben Wissenschaftler nachgemessen: 375 m^2 Leinenstoff für eine einzige Mumie!

Schließlich wurde die Mumie in einen oder mehrere ineinandergestellte Särge gelegt. Diese Särge waren innen und außen mit heilbringenden Texten und Bildern ausgestattet.

Warum Mumifizierung?

Die Ägypter hofften, den Körper möglichst unversehrt für die Ewigkeit erhalten zu können. Denn nach ihrer Vorstellung lebte der Verstorbene im Jenseits weiter: Wenn der Begräbniszug vor dem Grab angekommen war, berührte ein Priester die Mumie. Mit dieser „Mundöffnung" sollte Leben in den toten Körper zurückkehren.

Seit wann gibt es Mumien in Ägypten?

Die frühesten Mumien sind Naturmumien; sie entstanden, weil in Ägypten ein extrem trockenes Klima herrscht und gleichzeitig der Wüstensand Natron enthält. Man kann sich vorstellen, dass die frühen Ägypter sehr beeindruckt waren, wenn sie nach einem Wüstensturm in freigewehten Gräbern Verstorbene weitgehend unversehrt fanden. Das brachte sie auf die Idee, den Erhalt des Körpers nicht dem Zufall zu überlassen. Zu Anfang hatten sie damit wenig Erfolg. Es dauerte einige hundert Jahre – etwa bis zum Jahre 1000 v. Chr. – bis das oben beschriebene Verfahren entwickelt war.

Wie geht man heute mit den Mumien um?

Heute gibt es die Möglichkeit, Mumien zu untersuchen, ohne sie auszuwickeln. Mithilfe von Computern hat man sogar schon versucht, ein Gesicht zu rekonstruieren.

M4

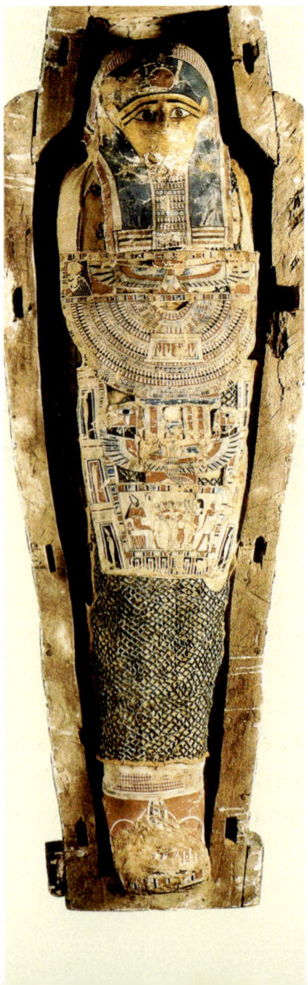

M5

Mit modernen Methoden rekonstruiertes Aussehen der Mumie (M 4)

Mumie einer Frau (heute im Kestne… Museum in Hannover). Über den Ko… der Mumie wurde eine Maske gestülp… mit aufgemalten Augen. Auf der äu… ßeren Mumienhülle kann man Szene… aus dem Totengericht erkennen. Ur… tersuchungen ergaben, dass es sich… um eine 20- bis 30-jährige Frau ha… delt, die um 300 v. Chr. lebte.

Nach dem Tod – Pyramiden als Königsgräber

Mit einem Bild der Cheops-Pyramide haben wir das Kapitel über die Frühe Hochkultur Ägypten begonnen und mit dem Thema Pyramiden beenden wir unsere Reise in die Vergangenheit der Frühen Hochkultur Ägypten.
Pyramiden bauen – das war nicht nur Ausdruck religiösen Totenkults für verstorbene Pharaonen, sondern auch Zeugnis hoch entwickelter technischer Fähig- und Fertigkeiten. Bilder oder Texte aus dem Alten Ägypten, die über den Pyramidenbau Auskunft geben könnten, hat man bisher nicht gefunden. Daher ist man weitgehend auf Vermutungen angewiesen.

- **Wie kann man sich den Bau der Pyramiden vorstellen?**

Wir erstellen Poster zu dieser Frage.

1. Lest die anschauliche Beschreibung eines modernen Autors, wie er sich den Bau der Pyramiden vorstellt.
2. Recherchiert in anderen Büchern oder auch im Internet zu dieser Frage.
3. Malt und klebt eure Ergebnisse auf eine Tapetenrolle oder ein Plakat.
4. Hängt eure Poster im Klassenraum auf und erzählt dazu.

Der Bau der Pyramiden – so könnte es gewesen sein

Bereits im zweiten Regierungsjahr begann der Pharao, sich für das Ende seines irdischen Daseins und für das kommende ewige Leben vorzubereiten. So beauftragte er Mahnud Hotep, seinen Architekten, ein Grabmal für ihn zu entwerfen, das ewige Zeiten überdauern sollte. Noch während die Pläne gezeichnet wurden, brachte man mehrere tausend Männer zum Bauplatz: Steinmetze, Mauerer, Landvermesser, Mörtelhersteller, Zimmerleute und allgemeine Arbeitskräfte. Sie sollten das ganze Jahr hindurch in Steinbrüchen oder auf dem Baugelände arbeiten, wo nun auch Wohnbaracken und Bauhütten errichtet wurden. Jedes Jahr mobilisierte man während der Überschwemmungszeit zwischen Juli und November ungefähr 50 000 Mann als zusätzliche Hilfskräfte. Es waren vor allem Bauern, die ihre Arbeit auf den Feldern nicht verrichten konnten, da diese unter Wasser standen. Sie wurden in verschiedene Gruppen aufgeteilt und hatten die Aufgabe, die Steine von den Steinbrüchen an ihren Bestimmungsort zu transportieren. Jede Gruppe bestand aus 25 Mann mit einem Soldaten als Vorarbeiter. Die Arbeiter wurden mit Kleidung und Verpflegung entlohnt.
Bevor die Arbeiten beginnen konnten, stellten Schreiber Listen auf, denen man die Menge und die Größe sämtlicher benötigten Steinblöcke entnehmen konnte. An alle Steinbrüche wurden Kopien dieser Listen gesendet – mit dem Befehl, die Arbeit zu beginnen.
Während der Überschwemmungsperiode konnte der Transport der schweren Blöcke über fast die ganze Strecke zu Wasser zurückgelegt werden.

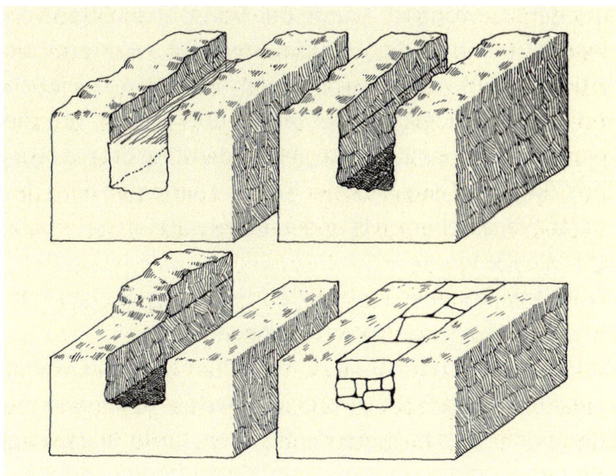

An der Baustelle musste zunächst die genaue Nordrichtung ermittelt werden, da man die Pyramide exakt ausrichten wollte. Das gelang durch genaue Beobachtung der Sterne. Als Nächstes musste der Bauplatz geebnet werden. Ein Netz schmaler Verbindungsgräben wurde über das gesamte Areal gelegt und mit Wasser aufgefüllt, damit der Wasserspiegel ein ebenes Niveau bezeichnen konnte. Nachdem man den Wasserstand an den Seitenwänden markiert hatte, wurde das Grabensystem entleert, der Fels überall bis auf die Höhe der Markierung abgetragen und die Gräben wurden wieder zugemauert (s. Abb. S. 83 u.).

Riesige Blöcke aus Granit und Kalkgestein mussten den Aufweg hinaufgeschleppt werden, wo sie dann auf leichte, schaufelartige, bewegliche Schlitten geladen wurden. Nachdem man die Seiten eines Blockes sorgfältig geglättet hatte, meißelte man ihm eine Nummer ein, gemäß der er dann versetzt werden würde.

Fast ein Jahr dauerten das Vermessen und die Aushebungsarbeiten. Viele Blöcke warteten bereits darauf, an ihren Bestimmungsort gebracht zu werden. Einer nach dem anderen wurden sie von ihrem kippbaren Schlitten auf ein Holzgerüst gehoben, das über der Stelle lag, wo der Stein hingehörte. Dann wurde eine dünne Mörtelschicht auf Unterseite und Ende des Blockes gestrichen, das Holzgerüst weggezogen und der Stein in seine endgültige Position geschoben.

Im Gegensatz zu den Blöcken der ersten Lage, deren Verlegung keine allzu großen Schwierigkeiten bereitete, mussten die Steine der folgenden 123 Lagen zuerst auf die Höhe der vorangegangenen Lage gebracht werden, bevor man sie an die richtige Stelle schieben konnte. Mahnud Hotep löste dieses Problem, indem er mit Nilschlamm stabilisierte Schuttrampen bauen ließ.

Sobald die Rampen benutzt werden konnten, begann man die Blöcke für die zweite Steinlage auf ihnen hochzuziehen. Gewöhnlich wurde der Transportschlitten von einer 20 Mann starken Gruppe gezogen, während die restlichen fünf Arbeiter von hinten mit Hebeln stießen und eine Gleitflüssigkeit auf die Rampe gossen, um die Reibung unter den Kufen zu vermindern. Im Innern wurden Gänge und eine Kammer für den steinernen Sarg des Pharao vorgesehen. Mit jeder neuen Steinlage wuchs auch die Rampe.

Unglücksfälle kamen nicht selten vor und jedes Jahr hatten die Dörfer einige Tote zu beklagen.

Zum Schluss – fast 30 Jahre, nachdem Mahnud Hotep seine Pläne dem Pharao vorgelegt hatte – begannen die Arbeiter mit dem Abbruch der Rampen, die für die Erbauung notwendig gewesen waren. Oben beginnend wurden die Rampen zunächst nur für einige Meter entfernt; um den freigelegten Teil wurde dann ein Baugerüst errichtet. Auf dem Gerüst standen Arbeiter, die die Oberfläche der Pyramide glatt schliffen.

Diese Arbeiten wurden so lange fortgeführt, bis die ganze Pyramide ihre glatte Oberfläche erhalten hatte.

Als der Pharao starb, waren die Arbeiten an der Pyramide fertiggestellt. Die Arbeiten an dem Tempel vor der Pyramide waren noch nicht abgeschlossen.

(Text und Bilder nach: David Macaulay, Wo die Pyramiden stehen, © 1974/1977 Artemis & Winkler Verlag, Düsseldorf/Zürich; bearbeitet)

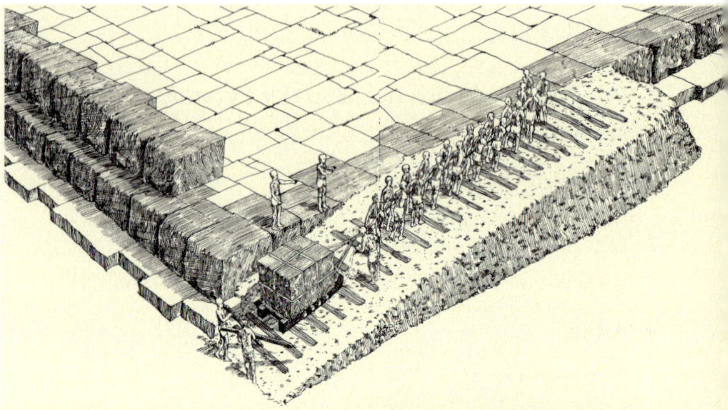

Stopp – Ein Blick zurück

Mit Lernkarten arbeiten

Mit dem, was ich über die Hochkultur Ägypten gerlernt habe, kann ich diese Lernkarten mit Informationen füllen und dann als „Experte“ Mitschülerinnen und Mitschülern berichten.

Nil

Hieroglyphen

Pharao

Berufe

Beamte

Frauen

Götter und Göttinnen

Pyramiden

Schreiber

Kalender

Arbeitsteilung

Leben im Jenseits

Mumie

Staat

Gesellschaftspyramide

Diese Begriffe kann ich erklären:

- → Hochkultur
- → Arbeitsteilung
- → Verwaltung
- → Staat
- → Gesellschaft
- → Herrschaft
- → Religion
- → Hierarchie

Mit diesen Methoden kann ich arbeiten:

- → Textquellen befragen
- → Mit Karteikarten einen kurzen Vortrag halten

Außerdem:

- → Wichtiges markieren und eine Stichwortsammlung erstellen

Ich kann nun Bilder aus dem Alten Ägypten „zum Sprechen bringen“ ...

Die Lebenswelt der griechischen Polis

Die Akropolis von Athen: Sie ist der Burgberg, der die Stadt überragt. Unzählige Treppenstufen mussten die Besucher bewältigen, bis sie die Säulen der mächtigen Eingangshallen passierten. Dann konnten sie die großartigen Tempel bestaunen. Den beeindruckendsten seht ihr in der Mitte des Bildes: der Parthenon, das Heiligtum der Athena. Sie war die Schutzgöttin der Stadt Athen.

Griechenland, das ist heute ein unabhängiger Staat im Südosten Europas. Seine Hauptstadt: Athen.
Das alte Griechenland, etwa um 1000 v. Chr., sah ganz anders aus: Es bestand aus vielen kleinen und größeren Stadtstaaten oder Poleis, wie die Griechen sie nannten. Die bekanntesten: Sparta und Athen.
Vieles hatten diese Gemeinden gemeinsam. Aber es gab auch erbitterten Streit.
Es ist vor allem die Polis Athen, deren Leistungen uns bis in unsere Gegenwart beeindrucken und anregen – mit ihrer Politik, ihren großartigen Tempeln, ihren Philosophen, ihren Künstlern und ihrer olympischen Idee.
Mit der Geschichte der Griechen begann um etwa 2000 v. Chr. die Zeit des klassischen Altertums, die Antike. Diese dauerte bis etwa 500 n. Chr.

Die griechische Geschichte – Ein Überblick

Geht uns die griechische Geschichte noch etwas an?

Sicherlich kennt ihr griechische Lokale, griechisches Essen, griechische Musik. Vielleicht seid ihr mit euren Eltern in den Urlaub nach Griechenland geflogen. Ihr habt also Kontakt mit dem modernen Griechenland gehabt, ihr seid jedoch auch mit dem alten Griechenland in Berührung gekommen: Da ist die Akropolis mit dem beeindruckenden Tempel der Athene, da ist das antike Olympiastadion. In Museen findet ihr reich verzierte griechische Vasen und Statuen.

Aber nicht nur diese „steinernen" Überreste sind erhalten. Unser Staat nennt sich Demokratie – die Griechen haben sie erfunden. Der Grieche Homer, ein Schöpfer großartiger Sagen, ist der erste Dichter des Abendlandes. Die Regeln griechischer Mathematiker lernt ihr noch heute in der Schule. Viele Fremdwörter haben ihren Ursprung in der altgriechischen Sprache. Unser Wort „Theater" stammt vom griechischen Wort für „sehen/schauen". Unsere Politik und Kultur sind ohne die alten Griechen nicht denkbar. Ihre Geschichte weist ca. 4000 Jahre zurück, eine unvorstellbar lange Zeit.

Etappen der griechischen Geschichte

Die griechische Frühzeit

Über die Ursprünge Griechenlands wissen wir nur wenig. Sagen und Mythen erzählen von heldenhaften Kriegen. Das Land wurde wohl von vielen Völkern bewohnt. Einheimische und Zuwanderer vermischten sich. Etwa seit dem 8. Jahrhundert v. Chr. verstanden sich die verschiedenen Völker als Griechen. Den Namen „Griechen" oder Griechenland kannten sie damals allerdings noch nicht, erst die Römer nannten sie sehr viel später die „Graeci".

ca. 2000 – 850 v. Chr. **Griechische Frühgeschichte**	ca. 800 – 510 v. Chr. **Archaische Zeit**			
2000 – 1000 v. Chr. Kriegerische Völker wandern vom Norden auf die Halbinsel Peloponnes.	**seit ca. 800 v. Chr.** Die griechischen Stadtstaaten (Dorfgemeinschaften) entstehen.	**776 v. Chr.** Angeblich die ersten olympischen Spiele.	**750 – 550 v. Chr.** Griechen besiedeln die Küsten des Mittelmeeres.	**um 590 v. Chr.** Solon beteiligt das Volk an der Herrschaft.

Die archaische Zeit: Die Entwicklung der Poleis und der Weg zur Demokratie

Die griechische Welt war geprägt durch die besondere Landschaft: durch die Gebirgszüge, das fruchtbare Land an den Küsten, die verstreuten Inseln. In dieser zergliederten Landschaft konnten unabhängige Siedlungen entstehen, die Poleis. Diese waren stolz auf ihre Freiheit, dennoch hatten sie vieles gemeinsam: ihre Sprache, ihre Götter und ihre heiligen Orte und Spiele. Die bedeutendsten Poleis waren Athen und Sparta.

Ab dem 7. Jahrhundert v. Chr. wandelte sich in vielen Poleis die politische Ordnung. Zunächst wurden sie von Königen regiert. Zunehmend erkämpfte sich der Adel politische Rechte. Die weitere Entwicklung in Athen und Sparta verlief dann völlig unterschiedlich: Athen begab sich auf den Weg zur Demokratie; die Bürger versuchten zunehmend, ihre Angelegenheiten selbst in die Hand zu nehmen. In Sparta dagegen wurde das Leben der Bevölkerung durch den Staat geregelt, Sparta wurde ein „Militärstaat".

Die klassische Zeit: Die Vollendung der Demokratie und die kulturelle Blüte in Athen

Vollendet wurde die athenische Demokratie unter Perikles zwischen 443 und 430 v. Chr. Perikles war der mächtigste politische und militärische Führer der Zeit. Er setzte durch, dass alle männlichen Bürger Athens politisch mitbestimmen durften. Frauen, Sklaven und Fremde hatten dieses Recht nicht.

Das klassische Athen „erfand" nicht nur die Demokratie. In Athen wurde geforscht, hier wurde Theater gespielt, berühmte Architekten bauten prachtvolle Tempel. Hier wirkten die berühmtesten Philosophen der Menschheit: Sokrates, Aristoteles und Platon; sie waren „Freunde der Weisheit", so die wörtliche Übersetzung von „Philosophen".

Innerhalb weniger Jahrzehnte zerfiel jedoch die Macht Athens. Im Peloponnesischen Krieg unterlag es gegen

Perikles (um 490 – 429 v. Chr.) wurde von 443 – 429 jedes Jahr zum Strategen, d. h. zu einem der Oberbefehlshaber von Flotte und Heer gewählt.

Sparta. Beide Mächte waren jetzt so geschwächt, dass sie zu unbedeutenden Poleis wurden.

Die Epoche des Hellenismus: Die Welt wird griechisch

Die Welt der Poleis erlebte ihren langsamen Untergang. Sie wurden durch die Könige der Makedonier aus dem Norden Griechenlands unterworfen. Alexander der Große wurde innerhalb von zehn Jahren zum Herrscher über ein Weltreich und trug die griechische Kultur in die damals bekannte Welt, von Nordafrika bis nach Asien. So fand sie auch ihren Weg in das spätere Römische Reich. Als dieses 146 v. Chr. Athen einnahm, erinnerte kaum noch etwas an die Größe der Stadt. Die Ideen der Griechen wurden aber durch viele Jahrhunderte überliefert.

510 – 336 v. Chr. **Klassische Zeit**			336 – 30 v. Chr. **Zeit des Hellenismus**	
490 – 479 v. Chr. Unter der Führung Athens besiegen die griechischen Poleis das Perserreich.	**443 – 429 v. Chr.** Unter Perikles erlebt Athen seine Blütezeit.	**431 – 404 v. Chr.** Athen und Sparta kämpfen gegeneinander um die Vorherrschaft, Sparta siegt.	**336 – 323 v. Chr.** Alexander d. Gr. besiegt das persische Reich und erbaut ein Weltreich von Nordafrika bis nach Indien.	**146 v. Chr.** Die Römer erobern Athen und machen Griechenland zur römischen Provinz.

Viele Staaten – ein Griechenland: Was die Griechen gemeinsam haben

Die Landschaft prägt die Griechen und ihr Zusammenleben

Wenn wir einen Bürger aus dem alten Griechenland hätten fragen können, welche Nationalität er besitzt, dann hätte er wahrscheinlich geantwortet: „Ich bin Athener" oder „Ich bin Bürger Spartas". Er hätte wohl kaum gesagt: „Ich bin Grieche", denn seine Heimat war die Stadt, in der er wohnte und wo er Bürgerrechte besaß. Ganz anders als im Alten Ägypten gab es keinen gemeinsamen Staat aller Griechen, keinen Herrscher über ein großes Reich; es gab stattdessen viele kleine Poleis.

- **Inwiefern prägte die Landschaft die Entstehung von Poleis und das Leben der Polisbewohner?**
- **Was sind gemeinsame Merkmale einer griechischen Polis?**

Wir untersuchen eine Geschichtskarte.

1. Untersucht die Geschichtskarte (M1) und benennt die enthaltenen Informationen.

Eine Geschichtskarte „lesen"

a) Thema, dargestelltes Gebiet, Zeitpunkt bzw. Zeitabschnitt feststellen.
b) Kartenlegende nutzen.
c) Kartenaussagen zur Fragestellung zusammenfassen.
d) Informationen aus Darstellungstexten einbeziehen.

2. Erschließt den Darstellungstext, indem ihr die Kernaussagen auf Karteikarten notiert.
3. Erzählt mithilfe der Karteikarten und anhand der Rekonstruktionszeichnung (M2) in der Klasse über die wichtigen Merkmale der Polis und das Leben der Polisbewohner.

M1 Die Landschaften des antiken Griechenlands mit den Hauptpoleis

Eine besondere Landschaft

Die Landschaft Griechenlands weist eine Besonderheit auf: Das Festland ist gebirgig und zerklüftet, die Ebenen sind nur sehr klein und werden von hohen Gebirgszügen umgeben. Der Olymp z. B. ist kaum 30 km von der Küste entfernt und dennoch so hoch wie die Zugspitze. Die fruchtbaren Landstreifen ziehen sich an der Küste entlang. Dem Festland sind zahlreiche Inseln vorgelagert. Die Landschaft hatte Auswirkungen auf das tägliche Leben: Die Landwege waren beschwerlich; es gab nur wenig Anlass, entfernte Städte zu besuchen. Wenn Nahrungsmittel, z. B. Oliven oder Fleisch, zu transportieren waren, ging dies nur mit Eseln und Maultieren, was wiederum sehr lange dauerte. Häufig war es leichter, andere Städte mit dem Schiff zu erreichen. Die meisten von ihnen lagen nämlich in der Nähe der Küsten. Kein Ort war weiter als 80 km von der Küste entfernt. Die überwiegende Zahl der Poleis, und nicht nur auf den Inseln, war zum Meer hin orientiert.

M2 Das Modell einer Polis

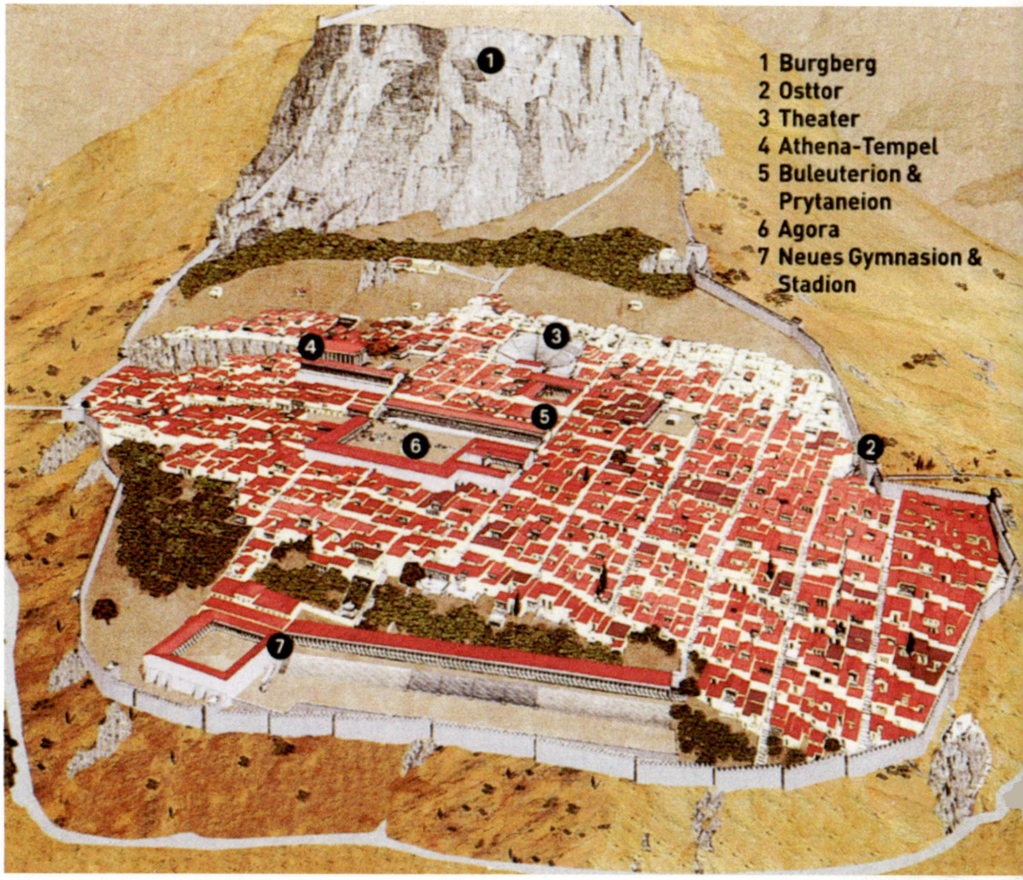

Die Musterstadt am Berghang: Die Wege kreuzten sich im rechten Winkel. Der Hauptplatz lag im Zentrum. Der Athena-Tempel thronte auf einem Felsrücken.

Die Poleis sind selbstständig und doch einander ähnlich

Die Karte zeigt längst nicht alle Poleis, die es gab; es waren mindestens 250, vielleicht aber auch viel mehr. Wenige davon waren sehr groß – Athen z. B., zu dem große Teile der Halbinsel Attika gehörten. Die meisten Poleis waren sehr klein und überschaubar. Im Durchschnitt war eine Polis nicht größer als 50 bis 100 qkm. Auf ihrem Gebiet wohnten vermutlich nur 2000 – 3000 Einwohner. Jede Polis war eine Welt für sich: Der Polisbürger verstand sich als Einwohner seiner Polis. Die Nachbarpolis war Ausland für ihn. Jede Polis wollte wirtschaftlich und politisch unabhängig sein.

Auch wenn jede Polis etwas Besonderes sein wollte, in ihrem Aufbau ähnelten sie sich sehr: In jeder Polis gab es so etwas wie ein Stadtzentrum, das von landwirtschaftlichen Flächen umgeben wurde. Große Poleis, wie Athen oder Sparta, besaßen noch weitere angrenzende dörfliche Siedlungen. Am Stadtrand lebten die Bauern und Viehzüchter, in der Innenstadt Händler und Handwerker sowie Ärzte und Lehrer. Fast jede Polis besaß auf einer Anhöhe oder einem Berg eine *Akropolis*, zu deutsch: die Oberstadt. Hier wohnte niemand. Die Bürger versammelten sich hier, um den Göttern zu opfern. Hier fanden Feierlichkeiten statt. Im Mittelpunkt dieser Akropolis, die berühmteste ist natürlich die von Athen, stand ein prächtiger Tempel. Unterhalb der Akropolis lag die *Agora*; das war ein großer Platz, wo sich der Alltag abspielte. Hier wurde gekauft und verkauft, hier besprachen die Bürger ihre Angelegenheiten. Daneben gab es in einer Polis Gebäude, die ihr auch heute noch kennt: das Theater oder Sportstätten (Gymnasien).

Auch die Zusammensetzung der Einwohnerschaft ähnelte sich in den Poleis: Immer wurde unterschieden zwischen den Bürgern und den Nichtbürgern. Ein Bürger war man nur, wenn man das Kind eines Bürgers der Polis war. Und man musste ein Stück Land besitzen. Wer aus einer anderen Polis kam, war ein Fremder, ein Ausländer ohne Bürgerrechte. In Athen gehörten etwa 10 % der Bevölkerung dazu. Die dritte große Gruppe waren die Sklaven. In Athen war ihr Anteil etwa ein Drittel. Da sie persönlich nicht frei waren, konnten sie keine Bürger sein. Schließlich galten auch Frauen und Kinder nicht als Bürger, sie besaßen keine politischen Rechte.

Die Griechen glauben an gemeinsame Götter

Was verband die Griechen in den so entfernten Poleis? Es war einmal die Sprache. Trotz unterschiedlicher Dialekte: Die Menschen aus Athen, aus Sparta und aus Korinth konnten sich verständigen. Es gab ein Zweites: Das war die Religion. Die Menschen opferten dem obersten Gott Zeus; der Berg Olymp war für alle der Ort, wo die Gemeinschaft der Götter lebte; Menschen baten das Orakel von Delphi um Rat. Daneben verehrten einzelne Poleis ihre besonderen Götter; die Menschen von Athen z. B. wandten sich an ihre Schutzgöttin Athene.

- **Welche Götter verehrten die Griechen und wie stellten sie sich diese vor?**

Wir erläutern ein Schaubild.

Der Meeresgott Poseidon

Die griechische Götterfamilie

Die Griechen glaubten an die Existenz von vielen Göttern. Ihren Sitz hatten sie auf dem Olymp, der im Norden Griechenlands liegt, etwa 3000 Meter hoch ist und dessen Spitze fast immer im Nebel liegt.

Bei Homer ist gut nachzulesen, wie sich die Griechen diese Götter vorstellten – nämlich als Menschen, die wie in einer menschlichen Familie zusammenlebten: mit Vater, Mutter, Geschwistern und vielen Nachkommen. Das Familienleben der Götter war allerdings überaus turbulent und alles andere als vorbildlich. Viele Geschichten erzählen von Streitigkeiten, von Neid, Eifersucht und sogar kriminellen Taten wie Raub oder Mord. Die Götter haben sich also keineswegs anders verhalten als normale Menschen. Für die Griechen war es auch selbstverständlich, dass Götter jederzeit in ihren Alltag eingriffen, sich zu Wort meldeten oder durch die eine oder andere Polis schlenderten. Jede Göttin und jeder Gott war ein ausgesprochener Experte auf dem eigenen Zuständigkeitsgebiet, deshalb besaßen Götter übermenschliche Fähigkeiten: Sie konnten durch die Luft fliegen oder die Gestalt von Tieren oder Menschen annehmen. Vor allem aber waren Götter unsterblich.

Den bekanntesten Göttern weihten die Griechen Tempel und Heiligtümer, die sie mit Gold und Kunstgegenständen prächtig ausschmückten. In den Tempeln brachten die Menschen den Göttern Opfer dar, um sie gnädig zu stimmen oder um Hinweise für die eigene Zukunftsgestaltung zu erlangen. Sie fragten dann ein Orakel um Rat. Im Apollon-Tempel in Delphi – ein Ort, den alle Griechen verehrten – erteilte die Priesterin Pythia im Auftrag des Gottes Apollon ihren Rat. Pythia saß auf einem hohen Stuhl. Sie war in Weihrauchdämpfe eingehüllt. Ihre Antworten waren nicht selten rätselhaft und ließen mehrere Deutungen zu. Die Menschen wussten also, dass sie von den Göttern abhängig waren, aber sie erkannten deren Vorherrschaft mit großer Gelassenheit an. Sie huldigten ihren Göttern aufrecht im Stehen, das Opfer einer Ziege oder eines Widders erschien ihnen im Regelfall als völlig ausreichend und wenn sich ein Gott als Gegner herausgestellt hatte, gab es in ihren Augen schließlich immer noch andere Götter, die man um Hilfe bitten konnte.

Die Götterfamilie umfasste hunderte von Mitgliedern.

Ein Grieche befragt die Pythia.

M Zehn Mitglieder der griechischen Götterfamilie

❶ Er regiert die Welt vom Olymp aus und ist der Vater der Götter. Er macht Stürme und Gewitter und trägt einen Blitz in der Hand.

❷ Er ist der Gott des Meeres und einer der beiden Brüder des Göttervaters. Ihr erkennt ihn an seinem Dreizack, mit dem er die Meere aufwühlt.

❸ Sie ist die Gattin des Zeus und die Schutzgöttin von Ehe und Familie. Dargestellt wird sie in strenger Schönheit mit einem Goldreif um das Haupt.

❹ Er wäre euer Gott gewesen, denn er ist der Gott der Jugend und der Musik und wird deshalb mit einem Musikinstrument dargestellt. Seine Mutter heißt Leto und war eine Geliebte des Zeus.

❺ Die Zwillingschwester des Gottes der Jugend ist für die Jagd und die wilden Tiere zuständig und wird daher auch so dargestellt.

❻ Dieser Bruder des Göttervaters lebt nicht auf dem Olymp, sondern als Herrscher über das Totenreich in der Unterwelt. Er führt den dreiköpfigen Höllenhund Zerberus bei sich.

❼ Dieser Sohn von Hera und Zeus ist zuständig für den Krieg und das Schlachtengetümmel und trägt Helm, Speer und Schild.

❽ Die Schutzgöttin Athens hat keine Mutter. Sie entstieg direkt dem Kopf des Zeus. Sie gilt auch als Göttin der Klugheit und ist bewaffnet mit Helm, Speer und Schild.

❾ Dieser Sohn von Hera und Zeus schmiedet Waffen in den Feuer speienden Bergen. Als Gott der Schmiedekunst sieht man ihn mit Hammer und Amboss.

❿ Sie betrachtet ihr schönes Gesicht in einem Spiegel und ist die Göttin der Liebe. Obwohl auch sie eine Tochter des Zeus ist, heiratet sie ihren Bruder Hephaistos.

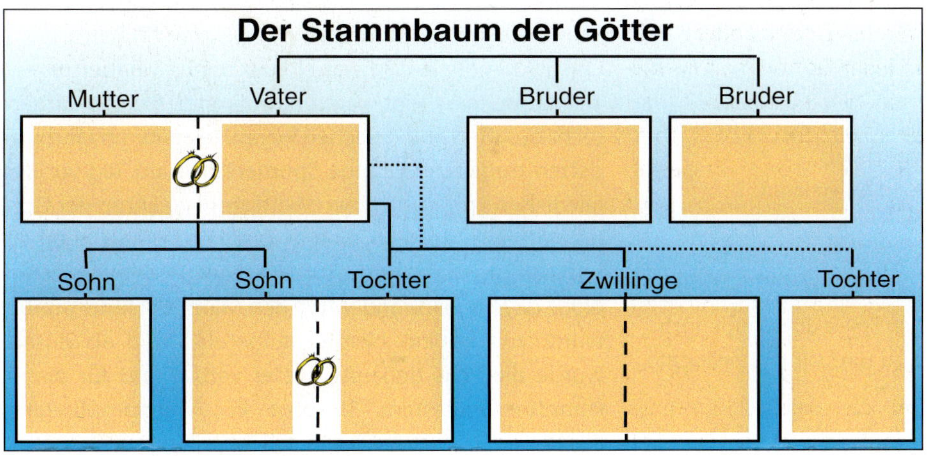

1 Zeichnet den Götterstammbaum in euer Heft. Lasst genügend Platz für Eintragungen.

2 Ergänzt den Götternamen, das jeweilige Erkennungszeichen und die Hauptaufgabe.

3 Haltet in einer kurzen Legende fest, welche Vorstellungen sich die Griechen von ihren Göttern insgesamt machten.

Die Olympischen Spiele verbinden die Menschen – damals wie heute?

Es ist das Jahr 2004. Die 28. Olympischen Spiele der Neuzeit finden in Athen statt. Auf dem Bild wird die Fahne ins Stadion getragen: Auf weißem Untergrund ist ein Ölbaumzweig zu sehen; die Sieger der Antike erhielten einen Kranz mit Zweigen des Ölbaums aus dem Heiligen Hain.
Alle sollen es sehen: Die modernen Olympischen Spiele haben ihren Ursprung im alten Griechenland. Die antiken Sportfeste waren die dritte große Gemeinsamkeit, die die Poleis verband. Aber: Können die heutigen Olympischen Spiele noch etwas gemeinsam haben mit solchen Sportfesten, die vor mehr als 2500 Jahren begannen?

Wir vergleichen „früher" und „heute":

- **Worin bestehen die Unterschiede zwischen den antiken und den modernen Spielen, wo gibt es immer noch Gemeinsamkeiten?**

1. Legt zunächst die Tabelle an und füllt sie schrittweise aus. Entnehmt dazu den Texten und den Bildern die notwendigen Informationen. Nutzt die methodischen Hinweise zur Untersuchung von Vasenbildern.

Olympia früher und heute

	Besonderheiten in der Antike	Unterschiede	Gemeinsamkeiten
Sinn/Zweck			
Ablauf			
Wettkämpfe			
Ehrungen			
Probleme/ Verstöße			

Griechische Vasenbilder untersuchen

a) Den Bildgegenstand oder das Bildthema benennen.
b) Die Einzelelemente des Bildes beschreiben (vom Bildmittelpunkt zum Vorder-, Hintergrund).
c) Die dargestellte historische Situation erklären.
d) Die Gestaltungsmittel erläutern.
e) Die Bildaussage deuten.

2. Diskussion: Haben die modernen Spiele überhaupt noch etwas mit den antiken Spielen zu tun? Gibt es vielleicht vergleichbare Probleme?

Entstehung und Entwicklung der Olympischen Spiele
Wenn ihr euch Bilder der Eröffnungsfeierlichkeiten der heutigen Olympischen Spiele anschaut, die weltweit im Fernsehen übertragen werden, ist sofort klar: Die Spiele sind die wahrscheinlich größte Show der Welt. Die Spiele waren auch in der Antike ein Spektakel und doch war vieles anders:
Die Olympischen Spiele begannen als ein religiöses Fest zu Ehren des Zeus. Auf dem olympischen Gelände gab es etwa 70 Altäre und zahlreiche Tempel, das größte Gebäude war der Zeus-Tempel. Das Stadion wirkte dagegen ganz bescheiden. Olympia war keine Stadt, sondern ein heiliger, dem Zeus geweihter Ort, der allein dem Zweck diente, Austragungsstätte der Olympischen Spiele zu sein. Seit dem Jahre 776 v. Chr. – so wissen wir aus den offiziellen Siegerlisten, die von Priestern geführt wurden – wurden diese Spiele alle vier Jahre abgehalten, bis sie im Jahre 393 n. Chr. von dem römischen Kaiser Theodosius als heidnische Unsitte verboten wurden. Neben den Sportwettkämpfen gab es viele religiöse Veranstaltungen und auch ein kulturelles Rahmenprogramm, in dem Dichter, Redner und Politiker auftraten, um ihren Bekanntheitsgrad zu steigern.
Olympia in der Antike war ein fast reines Männertreffen. Teilnahmeberechtigt waren nur Männer, die das Bürgerrecht besaßen und Griechen waren. In späteren Jahrhunderten trugen zwar junge Sportlerinnen am Tag vor der feierlichen Eröffnung einen Wettkampf zu Ehren der Göttin Hera aus, aber an diesem Laufwettbewerb nahmen nur wenige Frauen teil und die Öffentlichkeit nahm kaum Notiz davon. Ganz anders bei den Männern: Jeder Starter wurde mit seinem Namen aufgerufen und als Zusatz wurde die Polis genannt, die er vertrat und für die er kämpfte. Spätestens 30 Tage vor Wettkampfbeginn musste jeder Teilnehmer in Olympia eingetroffen sein,

um gemeinsam mit den Konkurrenten zu trainieren und um an den Kulthandlungen teilzunehmen.
Während dieser Zeit galt in ganz Griechenland die Pflicht zum Frieden (unter dessen Schutz die Teilnehmer auch auf der Hin- und Rückreise standen).
Ursprünglich dauerten die Spiele nur einen Tag und es gab nur einen Wettkampf, den Stadionlauf über 192 Meter. Nach und nach erhöhte sich die Zahl der Wettkampftage auf fünf und es gab weitere Sportarten. Die Veranstaltungen im Faustkampf und Wagenrennen waren nicht ungefährlich, oft gab es Todesfälle. Gekämpft wurde nackt.
Der Eintritt war übrigens frei, einige Quellen sprechen von 40 000 Zuschauern. Vermutlich durften auch Sklaven und junge Mädchen zuschauen.
Die Sieger wurden häufig fürstlich entlohnt. Um 600 begann Athen, seinen Olympiasiegern eine Prämie von 500 Drachmen zu zahlen; das war fast das Dreifache der jährlichen Lebenshaltungskosten

M2 Fünf Tage in Olympia

Typischer Verlauf für eine Olympiade im 5. Jahrhundert v. Chr.:

1. Tag: Einzug der Teilnehmer und Priester. Opfergaben vor dem Tempel des Zeus. Vereidigung der Teilnehmer.

2. Tag: Höhepunkt der Spiele: Fünfkampf (Laufen, Springen, Ringen, Diskuswerfen, Speerwurf).

3. Tag: Keine Wettkämpfe. Prozession der Priester.

4. Tag: Durchführung des Waffenlaufs.

5. Tag: Siegerehrungen – Die Sieger erhalten einen Kranz mit Zweigen vom Ölbaum aus dem Heiligen Hain.

M1 Der heilige Bezirk

1 Zeustempel mit der Statue des Gottes aus Gold und Elfenbein
2 Hera-Tempel, das älteste Heiligtum
3 Stadion
4 Schatzhäuser der größeren griechischen Poleis, in denen die Weihegeschenke aufbewahrt wurden
5 Übungsstätten der Athleten

Der Verlauf der olympischen Wettkämpfe – Die „Griechische Zeitung“ berichtet

M3 Kurzstreckenlauf

Der Kurzstreckenlauf ist das Hauptrennen. Es geht über fast 200 Meter. Der Sieger wird in ganz Griechenland berühmt. Die anderen Läufe können bis fünf Kilometer lang sein.
Häufige Fouls: Andere Läufer beim Überholen schneiden, zu Fall bringen oder zur Seite stoßen.

M4 Wagenrennen

Ob zwei oder vier Pferde, das Rennen ist aufregend und beängstigend. Bei so vielen Pferden und Wagen, die über die Bahn donnern, gibt es immer Unfälle, manchmal tödlich für den Fahrer. Statt dieser tapferen Männer bekommt der Pferdebesitzer den Preis.
Häufige Fouls: Gegnerische Wagen schneiden, besonders in der Kurve. Vor dem Rennen werden Wagen oft so beschädigt, dass sie auseinanderfallen.

(Nach: Anton Powell/Philip Steele, Die Griechische Zeitung, Aarau/Frankfurt a. M./Salzburg (Kinderbuchverlag Luzern) o. J., S. 17)

M5 Speerwurf

Der Athlet muss sehr geschickt den besten Wurfwinkel finden und genau wissen, wann er den Speer oder Diskus loslassen muss.
Häufige Fouls: Beim Werfen über die Markierung treten.

M6 Ringen

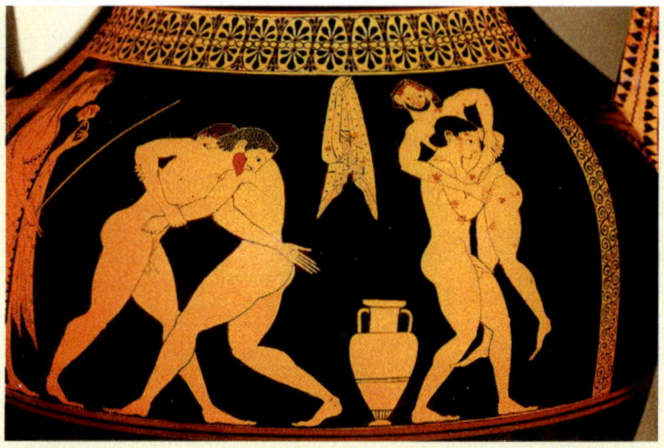

Faszinierender Wettbewerb: Zwei Männer ringen miteinander und schlagen sich, bis einer aufgibt oder schwer verwundet ist. Die erfolgreichsten Ringer waren quasi Profis.
Häufige Fouls: Eindrücken der Augen des Gegners mit dem Daumen, wenn sein Kopf vom Schiedsrichter weggedreht ist. Beißen ist auch sehr beliebt.

M7 Waffenlauf

Viel Kraft ist nötig, um zu laufen und gleichzeitig einen Schild und den Metallhelm eines schwer bewaffneten Kriegers zu tragen.
Häufige Fouls: Den Schild in den Gegner rammen, um ihn zu Fall zu bringen.

Sparta und Athen – Griechen gestalten ihr Zusammenleben unterschiedlich

Sparta – ein vorbildlicher Staat oder ein Ort der Unterdrückung?

Bestimmt habt ihr schon einmal den Satz gehört: Der lebt aber spartanisch. Der Begriff geht zurück auf die Polis Sparta. Das Leben in Sparta scheint also ganz anders gewesen zu sein als in Athen. Und in der Tat: Die beiden größten griechischen Poleis, Athen und Sparta, waren sehr unterschiedlich. Bisher haben wir uns angeschaut, was die Griechen gemeinsam hatten: Neben ihrer gemeinsamen Sprache waren das vor allem ihre Götter, ihre Spiele und Feste. Jetzt schauen wir auf Unterschiede, auch auf Uneinigkeit und Streit. Zunächst „besuchen" wir die Menschen in Sparta. Wir wollen in ihre Rolle schlüpfen.

- **Wie lebten die Bewohner in Sparta?**
- **Lebten sie in einem vorbildlichen Staat?**

Wir berichten und urteilen aus der Perspektive unterschiedlicher Menschen.

1. Entscheide dich für eine Rolle, die du gerne übernehmen möchtest. Fünf Möglichkeiten:

Ich bin ein spartanischer Krieger:	Ich bin ein spartanischer Junge:	Ich bin ein spartanisches Mädchen:
Ich bin ein Helot:	Ich bin ein Perioke:	

2. Wenn wir in die Rolle einer historischen Person schlüpfen wollen, müssen wir etwas darüber wissen, wie sie gelebt, gedacht und gehandelt hat.
Lest dazu den Darstellungstext sowie die Quellentexte (M 4, M 5) und schaut euch die Bilder (M 1, M 2) sowie das Schaubild (M 3) an.

3. Bereitet eure Rolle in kleinen Gruppen gemeinsam mit den Mitschülerinnen und Mitschülern vor, die sich für die gleiche Person entschieden haben.

Rollenkarten erstellen:

a) Entnehmt dem Lehrbuchtext gezielt auf eure Rolle bezogene Informationen.
b) Bearbeitet die Quellentexte und das Schaubild mithilfe der Arbeitsanweisungen zu den Materialien.
c) Notiert auf eurer Rollenkarte gewonnene Informationen
- zu den politischen Rechten,
- zu den Pflichten,
- zur sozialen Lage,
- zur Erziehung,
- zum Gesamtgefühl: z. B. stolz, zufrieden, unzufrieden …

4. Berichtet in kurzen Spielszenen anhand eurer Rollenkarten über das Leben der Menschen in Sparta.

5. Diskutiert gemeinsam die Leitfrage, ob die Menschen in Sparta eurer Meinung nach in einem vorbildlichen Staat lebten.

Leben und Regieren in Sparta

Die Polis Sparta liegt im Süden der Halbinsel Peloponnes. Im Laufe mehrerer Jahrhunderte eroberten die Spartaner nach und nach alles Land in ihrer Umgebung, bis sie um 500 v. Chr. die Herrschaft über weite Teile der Halbinsel besaßen. Um die eroberten Gebiete kontrollieren zu können, mussten die Spartaner in ständiger Kriegsbereitschaft leben. Gegenüber der unterworfenen Bevölkerung waren sie nämlich deutlich in der Minderzahl. Deshalb entwickelten sie sich zu einem reinen Militärstaat. Alle Männer waren von Beruf Soldat und im Prinzip gleich. Gegenüber den anderen Bewohnern bildeten sie die kleine Oberschicht, die unumschränkt über die große Mehrheit rechtloser Menschen herrschte.

Von den Kriegern verlangte der Staat absoluten Gehorsam. Sie mussten Tag und Nacht zum Krieg bereit sein und hatten sich voll und ganz den strengen Gesetzen unterzuordnen. Freiheit, Vergnügen oder Reichtum gab es in Sparta nicht.

Schon im Alter von 7 oder 8 Jahren lebten die Jungen kaum noch in ihren Familien, sondern in kleinen Gruppen Gleichaltriger. Ihr Alltag bestand darin, den Körper

M1 **Ein spartanischer Krieger**

zu trainieren und sich auf den Beruf des Soldaten vorzubereiten. Zwischen 20 und 30 lebten die Männer als Berufssoldaten in Militärlagern; sie nannten sich jetzt *Spartiaten* und bildeten mit den älteren Männern die Heeresversammlung. In dieser Versammlung wurden Gesetze beschlossen, die zuvor der „Rat der Alten" ausgearbeitet hatte. Jeder Spartiate hatte eine Stimme und konnte mit „Ja" oder „Nein" abstimmen. Diskutieren galt als unmännlich und Zeitverschwendung.

Die Frauen und Kinder (ca. 12 000) der männlichen Vollbürger hatten keinerlei politische Rechte.

An der Spitze des Heeres standen zwei Könige, deren Amt vererbt wurde. Fünf Aufseher, die sogenannten Ephoren, kontrollierten das Leben der Spartaner, den Rat der Alten und sogar die Könige. Widerspruchslos musste jeder den Befehlen der Ephoren gehorchen.

Die lebensnotwendige Landarbeit mussten die Menschen leisten, die von den Spartanern unterworfen worden waren. Sie wurden *Heloten* genannt. Ihre Zahl (um 450 v. Chr. etwa 180 000) überstieg die der Spartiaten (ca. 5 000) bei Weitem. Sie hatten keinerlei Rechte und wurden wie Vieh gehalten. Nach einigen Quellen machten Spartiaten hin und wieder sogar Jagd auf die Heloten und töteten sie.

Außerdem gehörten die *Periöken*, die Umwohner Spartas, mit zur Polis (ca. 50 000). Sie arbeiteten oft als Handwerker oder Händler, mussten Steuern zahlen und im Kriegsfall als Soldaten kämpfen. An der Heeresversammlung durften sie nicht teilnehmen. In welchen Maße auch Periöken gewaltsam unterdrückt wurden, weiß man nicht genau.

M2 **Eine spartanische Frau**

M3 **Der Staatsaufbau in Sparta**

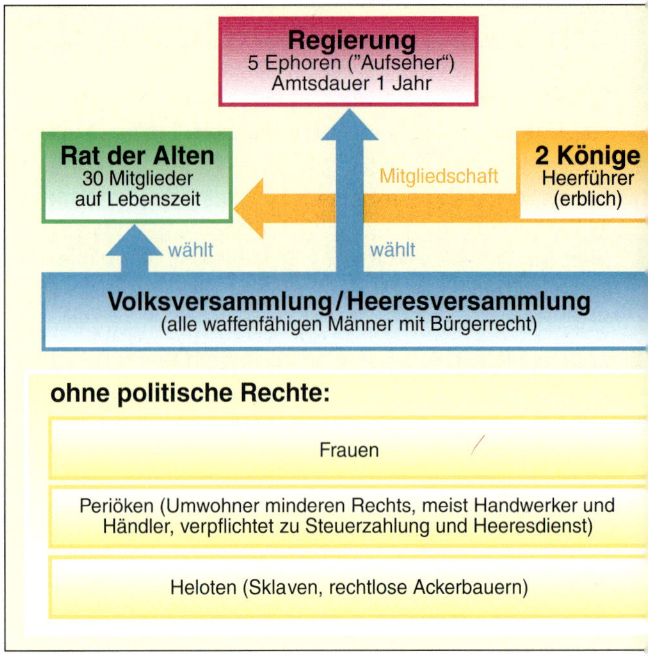

Befragt das Schaubild aus der Sicht der Person, die ihr vertretet:

1 Welche Ämter und Positionen kann sie bekleiden?

2 Kann sie mitbestimmen?

3 Hat sie die Möglichkeit, selbst Ämter zu vergeben?

4 Wie viel Macht hat sie also?

Die Erziehung der Jungen und Mädchen in Sparta

M4 Der römische Schriftsteller Plutarch berichtet

Das zur Welt Gekommene aufzuziehen unterlag nicht der Entscheidung des Erzeugers, sondern er hatte es an einen Ort zu bringen, Sprechhalle genannt, wo die Ältesten der Gemeindegenossen saßen und das Kind untersuchten und, wenn es wohlgebaut und kräftig war, seine Aufzucht anordneten. [...] War es aber schwächlich und missgestaltet, so ließen sie es zu den sogenannten Apothetai (Ablage) bringen, einem Felsabgrund am Taygetos. Denn sie meinten, für ein Wesen, das von Anfang an nicht fähig sei, gesund und kräftig heranzuwachsen, sei es besser, nicht zu leben [...].

1 Wer „begutachtete" das neugeborene Kind?

2 Was wurde entschieden?

3 Was geschah mit behinderten Kindern?

Der Philosoph Aristoteles hatte lange vor Plutarch berichtet, dass die Frauen in Sparta „zügellos" gewesen seien. Er kritisierte an Sparta, dass die Frauen dort ein hemmungsloses und ausschweifendes Leben geführt hätten, weil ihre Männer so oft auf Kriegszügen abwesend gewesen seien. Darauf antwortet Plutarch:

Es ist nicht so, wie Aristoteles sagt, dass König Lykurgos es aufgegeben hätte, die Frauen zu bessern, weil er der Zügellosigkeit und Weiberherrschaft nicht habe Herr werden können wegen der vielen Feldzüge der Männer, während derer diese genötigt waren, den Frauen das Regiment zu überlassen und sie daher über Gebühr ehrten und sie Herrinnen nannten. Vielmehr hat Lykurgos auch den Frauen jede mögliche Sorgfalt zugewendet. Er kräftigte die Körper der Jungfrauen durch Laufen, Ringen, Diskus- und Speerwerfen, damit die Zeugung der Kinder in kräftigen Körpern erfolge. [...] Weichlichkeit, Verzärtelung und alles weibische Wesen verbannte er und gewöhnte die Mädchen ebenso wie die Knaben, nackt ihre Aufzüge zu halten [...].

(Plutarch, Lykurg; zit. nach: Geschichte in Quellen, Altertum, München (BSV) 1978, S. 143, übers. v. K. Ziegler)

1 Was wird den Frauen vorgeworfen?

2 Warum sollen sie Sport betreiben?

M5 Erziehung der Jungen

Der Journalist Lars Abromeit schildert in dem Geschichtsmagazin „Geo Epoche" die Erziehung der Jungen. Seine Schilderung beruht auf antiken Geschichtsquellen:

Schon im Alter von sieben Jahren werden [die Jungen] – soweit sie nicht gleich nach der Geburt von einer Ältestenkommission als zu schwach befunden und in den Bergen ausgesetzt worden sind – von den Eltern getrennt und in Internaten erzogen. Hier lernen sie Lesen, Schreiben, Staatskunde und [spartanische] Redekunst und werden militärisch geschult. Sie müssen klaglos Kälte und Schmerz, Hunger und Durst ertragen; sie hausen in „Herden", überwacht von älteren Schülern, die Fehltritte mit Peitschenhieben bestrafen. Während ihrer Ausbildung schlafen die angehenden Soldaten auf dünnen Schilfmatten, laufen stets barfuß, dürfen nicht mehr als einen Mantel pro Jahr tragen und schärfen in Wettkämpfen [...] Ausdauer, Wagemut und Ehrgeiz.
Auch nach Abschluss dieser Erziehung bestimmt der Staat den Alltag der Spartiaten. Jeder Vollbürger ist verpflichtet, sich einem „Syssition" anzuschließen, einer täglich zusammenkommenden „Speisegemeinschaft", die zugleich eine Einheit im Heer bildet. Sie ist [die Grundlage] der Gesellschaft. Jeden Monat haben alle jeweils mindestens 15 Tischgenossen einen festgesetzten Beitrag an Gerstenmehl, Käse, Feigen und Geld für zusätzliche Kost zu entrichten. Wer sich um den Staat besonders verdient gemacht hat, erhält einen Ehrenplatz und bekommt Extraportionen etwa der in ganz Griechenland berühmten spartanischen Blutsuppe serviert. Wer seinen Beitrag nicht mehr erbringen kann, muss das Syssition verlassen und verliert seine Bürgerrechte.

(Lars Abromeit, in: Geo Epoche 13/2004, S. 50)

1 Wo lebten die Jungen?

2 Was lernten sie?

3 Mit welchen Methoden wurden sie erzogen?

4 Wie sah der Alltag der erwachsenen Spartiaten aus?

Information

Athen – Wie führte Solon die Demokratie ein?

Auch in Athen gab es Könige, wie in Sparta. In der Folgezeit aber ging Athen einen ganz anderen Weg als Sparta. Athen „erfand“ die Demokratie. Der Weg dahin war voller Kämpfe, Krisen und hitziger Diskussionen.
Eine dieser Krisen schauen wir uns genauer an: Es war am Ende des 7. Jahrhunderts v. Chr. Zwischen den Menschen herrschte tiefes Misstrauen. Die Athener beauftragten den Adligen Solon, eine Lösung zu finden. Mit seinen Reformen schuf Solon etwas Neues. Neuerungen verunsichern die Menschen. Dennoch: Solon überzeugte die Athener.

- **Wie schaffte Solon den Einstieg in die Demokratie?**

Zeitsprung:
Wir versetzen uns in eine historische Situation und argumentieren aus einer zeitgenössischen Perspektive.

1. Du bist Redenschreiber für den großen Reformer Solon. Verfasse eine Rede, die Solon von einer Rednertribüne auf dem Marktplatz in Athen hält. Er wirbt für seine Reformen und richtet sich dabei an Bauern und Adelige.
Wer seine Ziele und Interessen erfolgreich vertreten will, braucht ein inhaltlich überzeugendes und geordnetes Redekonzept.
a) Nutze den Darstellungstext als Informationsgrundlage, indem du ihn sinnorientiert unter den im folgenden Schema genannten Aspekten liest (s. Methode S. 24).
b) So könnte Solon argumentieren:

Das sind die früheren Staatsformen: …
↓
Unsere Ausgangslage:
Athen steckt in der Krise.
↓
Meine Grundidee:
Ein Kompromiss
↙ ↘
Soziale Reformen | Politische Reformen
↘ ↙
Und das sind die Folgen:
Bauern und Adelige gewinnen.

Tipp: Lege für jeden Aspekt, den Solon in seiner Rede ansprechen sollte, einen Stichwortzettel an, auf dem du die Einzelinformationen zu diesem Aspekt sammelst.

2. Stelle deine Rede in der Klasse vor. Die Mitschülerinnen und Mitschüler melden dir zurück, was du gut gemacht hast, und geben Hinweise und Anregungen zu notwendigen inhaltlichen Veränderungen, Ergänzungen bzw. Verbesserungen des Redekonzepts.

3. Eure Meinung ist gefragt: Wie beurteilt ihr Solons Lösungsansatz?

Solon (um 640–560 v. Chr.) entstammte einer angesehenen Adelsfamilie in Athen. 594 wurde er zum Gesetzgeber mit außerordentlichen Vollmachten ernannt. Er wird als sehr angesehen beschrieben, da er als unbestechlich und finanziell unabhängig galt.

Die Monarchie
Im 8. Jahrhundert v. Chr. wurde Athen von Königen regiert. Athen war eine Monarchie. Der Monarch von Athen wohnte in einer Burg oberhalb der Stadt, der Akropolis. Die Führer der reichen Adelsfamilien, die große Landgüter besaßen, berieten den König bei seinen politischen Entscheidungen.

Monarchie
(monarchos: allein/einzeln)
Die Herrschaft eines Einzelnen

X

XXXXXXXXXXXXXXXXXXXXX

Die Entstehung der Aristokratie
Um 700 v. Chr. gelang es den Adeligen, immer mehr Macht und Einfluss zu gewinnen; sie stürzten den König und übernahmen selbst die politische Macht. Die Aufgaben wurden, wie unter gleichberechtigten Kollegen, auf

Aristokratie
(aristoi: die Besten)
Herrschaft einer Elite, Adelsherrschaft

XXXXX

XXXXXXXXXXXXXXXXXXXX

Demokratie
(demos: Volk, kratein: herrschen)
Volksherrschaft

XXXXXXXXXXXXXXXXXXXXXXXXXXXX
XXXXXXXXXXXXXXXXXXXXXXXXXXXX

mehrere Adelige verteilt und so entstand eine neue Herrschaftsform: die Aristokratie. Die Namensgebung verrät, dass die Adeligen sich selbst als eine Elite sahen. Sie hatten keine Zweifel daran, den einfachen Bauern oder Bürgern überlegen zu sein.

Die Aristokratie in Athen in der Krise

Knapp 100 Jahre hielt dieser Zustand an, dann geriet die Herrschaft der Aristokraten in eine Krise: Die Bauern und auch einige Bürger in der Stadt lehnten sich auf, es kam zu Aufständen und ein Bürgerkrieg drohte! Die große Masse der freien, aber politisch rechtlosen Bauern war immer mehr verarmt und empfand die eigene Lage als ungerecht. Die Bauern, die häufig nur kleine Grundstücke besaßen, waren bei Missernten oder nach Kriegen oft gezwungen gewesen, sich Geld von den Adeligen zu leihen. Wenn sie diese Schulden nicht zurückzahlen konnten, gerieten sie in die sogenannte Schuldknechtschaft: Sie mussten ohne Bezahlung auf den Feldern der Adeligen arbeiten, im schlimmsten Falle sogar die eigenen Kinder oder die Frau in die Sklaverei verkaufen. Ein Protest blieb fast immer erfolglos; die Richter waren ja selbst Adelige und urteilten zugunsten ihrer Kollegen. Deshalb kam es zu Aufständen der Bauern. Ihre Forderungen: Die Schulden sollten erlassen, die Schuldknechtschaft sollte aufgehoben und das Land sollte zugunsten der kleinen Bauern verteilt werden. Die Großgrundbesitzer hatten natürlich ein Interesse daran, ihr Eigentum zu behalten. Andererseits befürchteten sie aber auch, bei einem Bürgerkrieg das gesamte Hab und Gut oder sogar das eigene Leben zu verlieren. Als sich die Nachrichten häuften, einige Großgrundbesitzer seien von verzweifelten Bauern erschlagen worden, suchten sie Hilfe: Sie beauftragten einen Mann aus ihrer Mitte, den angesehenen Solon, einen Plan zur Lösung des sozialen Konfliktes zu entwickeln.

Solons Reformen: Ein Kompromiss auf dem Weg in die Demokratie

Solon begann mit *sozialen Reformen*: Seine ersten Gesetze halfen den Not leidenden Bauern. Alle Schulden, die auf den Höfen der kleinen Bauern lasteten, wurden erlassen. Alle versklavten Bauern wurden frei, die in die Sklaverei verkauften Angehörigen wurden auf Kosten der Reichen freigekauft. Jede Form der Schuldknechtschaft wurde untersagt. Solon verwirklichte damit eine große Idee: Alle Bürger Athens sollten persönlich frei sein und diese Freiheit durfte man ihnen nicht nehmen. Eine Landreform lehnte Solon jedoch ab, die Großgrundbesitzer konnten also ihre Ländereien behalten.
Es folgten Solons *politische Reformen*: Die Bevölkerung Athens teilte er in vier Gruppen auf. Es galt jetzt nicht mehr die Herkunft der Familie, in die man hineingeboren war, sondern das Vermögen und damit die militärische Leistungsfähigkeit. Arme Bürger konnten sich nur leicht bewaffnen und bildeten den untersten Rang (= 4. Klasse); Schwerbewaffnete waren im Kriege wertvoller, sie wurden in Klasse 3 eingestuft; noch mehr leisteten diejenigen Bürger, die mindestens ein Pferd stellten – sie bildeten die 1. und 2. Klasse. Wer reich war, so dachte Solon, konnte viel für den Staat tun, vor allem für die Sicherheit. Daher sollte er auch mehr Rechte im Staat haben. Wer keinen Militärdienst leistete, etwa Sklaven oder Frauen, so dachte Solon, hatte auch kein Recht, im Staat mitzubestimmen.
Die höchsten Ämter im Staat konnten nur Angehörige der 1. Klasse bekleiden. Aber diese sog. Archonten waren nicht mehr frei in ihrer Entscheidung, sie mussten die Entscheidungen von drei neuen Einrichtungen anerkennen: In einer *Volksversammlung* konnten sich alle freien Männer von Athen, also auch die ärmsten Kleinbauern, treffen und über Gesetze entscheiden. Jeder Teilnehmer hatte eine Stimme, die Stimmenmehrheit entschied. Den überwiegenden Teil der Rechtsprechung übernahmen *Volksgerichte*. Jeder Bürger konnte Klage erheben, jeder erwachsene Mann konnte als urteilender Richter berufen werden. Der *Rat der 400* führte die Regierungsgeschäfte aus. Dieses Amt konnten jedoch nur die Bürger der drei oberen Klassen bekleiden.
Nach Solons Reformen war Athen keine Aristokratie mehr. Jetzt konnten viele Menschen auf die politischen Entscheidungen Einfluss ausüben: Der Einstieg in die Demokratie war geschafft.

Athen – Die Demokratie unter Perikles: Wie funktionierte sie?

Die Pnyx – ein in den Felsen gehauener Platz für 20 000 Personen, auf dem die Volksversammlung stattfand

Politik kommt von Polis. Politik gibt es schon in der Schule: Ihr wählt eure Schülervertreter. Im Staat wählen die Bürger ihre Vertreter, die über Rechte und Pflichten entscheiden.
In Athen kamen die freien Männer auf der Pnyx zusammen und entschieden: Wie können wir das Zusammenleben der Athener am besten organisieren? Wie verteilen wir Macht und Aufgaben? Die freien Bürger Athens nahmen ihre Angelegenheiten selbst in die Hand, sie machten Politik. Die Athener waren stolz auf ihre Polis, sie hielten sie für vorbildlich.

- **Wie funktionierte die Demokratie zur Zeit des Perikles?**

Wir versetzen uns in unterschiedliche historische Perspektiven.

1. Versetze dich in einen Athener Bürger. Du bist stolz auf deine Demokratie und deine Polis. Du erklärst einem Spartiaten, wie die Demokratie funktioniert und warum sie so vorbildlich ist.
So gelangst du zu den notwendigen Informationen, die du auf Karteikarten festhalten solltest:
a) Notiere die im Darstellungstext enthaltenen Informationen.
b) Untersuche das Schaubild. Nutze dazu die Methode.

2. Du bist Spartiate und ganz anderer Ansicht. Was würdest du dem Athener antworten?
Tipp: Schau dir dazu noch einmal das Staatssystem Spartas (S. 97 f.) an.

Neue demokratische Rechte in der Zeit nach Solon

Solons Reform hielt einige Jahre, aber dann verstärkte sich die Kritik. Sowohl Adlige als auch Kleinbauern wurden unzufrieden und suchten nach neuen Lösungen. Erneut drohte ein Bürgerkrieg.
Im Jahre 508 v. Chr. entwickelte der Athener *Kleisthenes* ein neues Modell der Demokratie. Er übernahm die Ideen des Solon, aber er organisierte die Demokratie viel genauer. Die wichtigste Entscheidung war folgende: Die Volksversammlung rückte ins Zentrum der Politik, der Einfluss des Adels sollte so weiter gebremst werden. Zudem wurde das Staatsoberhaupt durch Los ermittelt, jeder freie Bürger konnte das Amt übernehmen. Ferner erhielten die Volksgerichte neue Befugnisse, um mögliche Alleinherrscher zu verhindern.
Die neue juristische Technik wurde „Scherbengericht" genannt: Personen, die zu mächtig wurden oder die sich sonst unbeliebt gemacht hatten, konnten gezwungen werden, Athen für zehn Jahre zu verlassen. Jeder Bürger bekam eine Tonscherbe, auf die er den Namen des Beschuldigten kritzeln konnte, und wenn 6 000 Stimmen zusammenkamen, war die Verbannung rechtens.

Perikles: Die Demokratie wird vollendet

In den folgenden Jahrzehnten bildete sich die direkte Demokratie Athens heraus. Etwa 40-mal im Jahr tagte die Volksversammlung und etwa 40-mal im Jahr konnten alle erwachsenen männlichen Bürger in der Volksversammlung erscheinen, Anträge stellen, reden und abstimmen. Ferner wurden insgesamt 6 000 Athener Jahr für Jahr als Richter ausgelost und entschieden für einen festgelegten Zeitraum alle Streitfälle. Immer deutlicher wurde: Jeder männliche Athener wurde als geeignet betrachtet, wichtige Entscheidungen zu treffen. Mehr noch: In den Augen eines Atheners besaß der Bürger nicht nur das Recht, politische Entscheidungen zu fällen, sondern er war geradezu moralisch dazu verpflichtet. Wer sich nicht für Politik interessierte, wurde verachtet.
Perikles (495/90 – 429 v. Chr.) gilt als Vollender der Demokratie in Athen, weil auf sein Betreiben im Jahre 443 v. Chr. die Bezahlung der Politiker eingeführt wurde. Ihm

reichte es nicht, dass jeder mitmachen durfte und sollte; jeder sollte auch mitmachen können! Er wusste, dass das Recht, politisch mitzuwirken, wenig Wert hat, wenn man keine Zeit für die Politik hat. Wie aber sollte ein Bauer als Ratsherr oder als Richter für Athen tätig sein, wenn er eigentlich seinen Acker bestellen musste? Perikles setzte nun durch, dass jeder Athener, der als Ratsherr oder Richter tätig war, Gelder pro Sitzungstag erhielt, um den Verdienstausfall auszugleichen. Diese Gelder für einen Versammlungstag nennen wir heute „Diäten" (abgeleitet vom lateinischen Wort „dies" = der Tag). Der Betrag war so gesetzt, dass man damit einen Tagelöhner bezahlen konnte, der die eigene Arbeit auf dem Acker, in der Werkstatt usw. erledigte, während man selbst in der Politik aktiv war.

Die Maßnahmen des Perikles waren politisch wohlüberlegt. Athens Macht beruhte auf einer starken Flotte. Ihre Ruderer waren jene Handwerker, Händler und Tagelöhner, die zwar rechtlich frei waren, aber zu arm, um als Schwerbewaffnete zu kämpfen. Für die Flotte waren sie jedoch unentbehrlich. Deshalb forderten sie die Beteiligung an der Politik.

M Modell der Demokratie in Athen

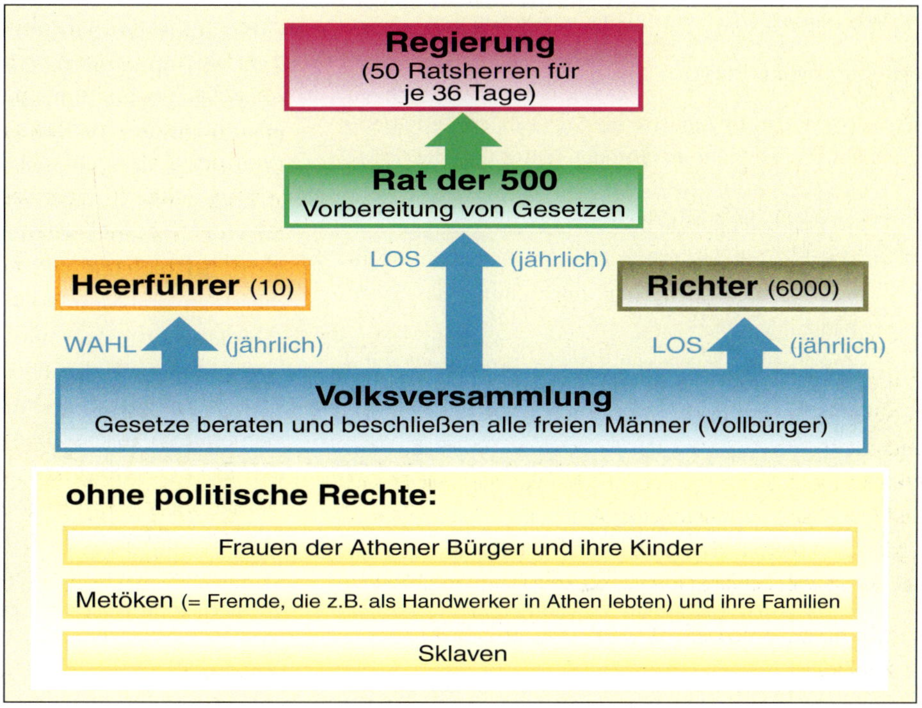

Methode Mithilfe eines Schaubildes den Aufbau eines Staates erklären

Im Text habt ihr schon einige Informationen erhalten, wie sich die Athener regierten. Mit solch einem Schaubild kann der Aufbau eines Staates noch anschaulicher gemacht werden. Auch wenn ein Schaubild ausgewertet wird, steht am Anfang die Frage. *Hier lautet sie: Wie funktionierte die Politik in der Demokratie des Perikles?*
Um dies beantworten zu können, werden drei Bereiche betrachtet:

Die Einrichtungen des Staates
- Welche gibt es?
- Welche Aufgaben haben diese?

Die Gruppen/Personen, die in diesem Staat leben
- Welche Gruppen gibt es?
- Welche Ämter können sie bekleiden?

Die Art der Mitbestimmung der einzelnen Gruppen/Personen
- Welche Gruppen oder Personen dürfen mitbestimmen, welche nicht?
- Wer bestimmt die Besetzung der Positionen?
- Wer hat wie viel Macht im Staat, wer hat keine?

Athen – Wie demokratisch war die Demokratie unter Perikles wirklich?

Diese Frage scheint auf den ersten Blick etwas merkwürdig, gerade habt ihr dem Spartiaten die Vorzüge Athens erklärt. Aber so einfach ist die Antwort nicht. Wie viele von den 300 000 Einwohnern von Gesamt-Athen hatten das Recht mitzubestimmen? Wie viele konnten dieses Recht wahrnehmen? Spielte Reichtum keine Rolle mehr?

- **Wie demokratisch war Athen wirklich?**

Wir formulieren Urteile.

1. Wer urteilt, muss zunächst die Sache klären. Argumente findet ihr, wenn ihr anhand des Textes und des Schaubildes (M 1) die folgenden Fragen bearbeitet:
   - Wer hatte Einfluss in den Volksversammlungen?
   - Welche Gruppen waren von der Mitwirkung rechtlich ausgeschlossen? (Vgl. noch einmal das Schaubild auf S. 103.)
   - Wie lässt sich Sklaverei mit der Demokratie vereinbaren? Wie wurde Sklaverei gerechtfertigt und welche Bedeutung hatten Sklaven in Athen?
   - Welche praktischen Schwierigkeiten gab es, von seinem Recht auf Mitbestimmung Gebrauch zu machen?

   Haltet die Ergebnisse im Heft fest.
2. Wer urteilt, benötigt Maßstäbe. Eine Demokratie ist eine Volksherrschaft. Wir fragen: Herrschte wirklich das ganze Volk?

   Ein Urteil berücksichtigt immer die Umstände der Zeit und die Entwicklung, z. B.: Wie stand Athen im Vergleich zu Sparta da? Was war ganz neu im Vergleich zur Zeit vor Perikles?

   Formuliert eure Antwort auf die Leitfrage in Stichworten und vergleicht mit eurem Nachbarn.

Praktische Demokratie im Alltag

Die Volksversammlung war eine Versammlung von freien Männern, die über 18 Jahre alt waren (diese Altersgrenze galt seit 462/61 v. Chr.) und das Bürgerrecht besaßen. Frauen, Kinder und Sklaven hatten keine politischen Rechte. Auch die Menschen, die aus anderen Poleis zugewandert und oft sehr wohlhabend waren, konnten weder eine Volksversammlung besuchen noch als Richter ausgelost werden. Von den freien Männern hat zudem nur etwa ein Viertel, so nimmt man heute an, die Rechte auch regelmäßig wahrgenommen. Wer an der Südspitze Attikas wohnte, war oft stundenlang unterwegs (vgl. die Karte S. 90), bis er Athen erreichte. Nur bei ganz wichtigen Fragen, etwa über Frieden oder Krieg, dürfte die Beteiligung höher gewesen sein.

In der praktischen Durchführung war nicht das Volk entscheidend, es waren die angesehenen Männer. Zwar hatte jeder Bürger das Recht, in der Volksversammlung Anträge zu stellen und zu reden, aber den Ton gaben einige wenige an. Das waren zum einen diejenigen, die aufgrund ihres persönlichen Reichtums wichtige Gemeinschaftsaufgaben finanzieren konnten, denn regelmäßige Steuern bezahlten die Athener nicht. Diese Großzügigkeiten sorgten für Popularität und eine große Zahl von Anhängern. Zum anderen war es unbedingt nötig, die eigene Auffassung auch überzeugend vermitteln zu können. Wer hervorragend reden konnte, hatte große Chancen, eine Mehrheit für seine Auffassungen zu finden; wer sich unklar ausdrückte, wer zu leise sprach oder sich dauernd wiederholte, wurde dagegen ausgelacht. So bildeten sich Führerpersönlichkeiten heraus, die dann um Mehrheiten kämpften. Man nannte sie „Demagogen", was wörtlich übersetzt „Volksführer" heißt, aber auch den Beiklang von „Volksverführer" besitzt. Es ist jedoch wichtig zu wissen, dass keiner der Demagogen eine stabile Macht besaß. Auch Perikles, der als der erfolgreichste und einflussreichste dieser Demagogen gilt, musste immer wieder neu um Mehrheiten kämpfen, denn in dieser direkten Demokratie gab es keine Parteien, keine „treuen" Anhänger und keine Wahlen. Jede Abstimmung der Volksversammlung war eine Einzelentscheidung. Niemand konnte ihren Ausgang vorhersagen.

Das Beispiel der Sklaven – von großer Bedeutung, dennoch ohne Rechte

Vollständig ausgeschlossen von politischen Entscheidungen waren Sklaven. Es ist nicht leicht, sich über die Sklaverei im antiken Griechenland zu äußern. Die Quellenlage ist recht dürftig. Von Sklaven selbst ist so gut wie keine Aussage überliefert. Bei vielen Abbildungen ist man nicht sicher, ob ein Sklave dargestellt ist oder ein freier Bürger Athens, der als Tagelöhner arbeitet. Obwohl zur Zeit des Perikles etwa ein Drittel der Gesamtbevölkerung Athens aus Sklaven bestand, machte kaum jemand die Sklaverei zum Thema.

Fest steht, dass die prächtigen Bauten und die gewaltigen Leistungen Athens zu einem großen Teil durch die Arbeit der Sklaven entstanden sind. Man weiß, dass fast alle Bergleute im Silberbergwerk von Laureion Sklaven

M1

waren. Es ist überliefert, dass der angesehene Athener Stratege Niklas über 1000 dieser Bergwerkssklaven besaß und sie als Kolonne in Laureion arbeiten ließ. Nach heutigen Maßstäben wurde Niklas zum Multimillionär – auf Kosten der Sklaven, deren Arbeit besonders hart war und die in Stollen von nur 90 cm Höhe arbeiteten und bei giftigen Dämpfen sogar ihr Leben aufs Spiel setzten. Ähnlich anstrengend war die Arbeit in den Tongruben, wo das schwere Material für die Vasen gefördert wurde. Andere Sklaven arbeiteten als Knechte oder Mägde auf den Feldern oder im Handwerk, z. B. als Tischler oder Schmied. Die zahlenmäßig größte Gruppe dürfte als „Hausdiener" in einem städtischen Haushalt beschäftigt gewesen sein: als Köchin, Wäscherin, Arzt oder auch als Lehrer. Diese Haussklaven hatten es fast immer besser als die anderen Sklaven, denn sie wurden geachtet und oft sogar bei Krankheit und im Alter versorgt. Wie alle anderen Sklaven waren aber auch sie unfrei, eine reine Ware, die keinen eigenen Willen entwickeln durfte und jederzeit verkauft werden konnte.

Viele Sklaven waren als Kriegsgefangene nach Athen gelangt oder von fremden Herrschern als Handelsware an Athener Sklavenhändler verkauft worden. Griechen befanden sich unter ihnen kaum, denn seit den Reformen Solons war es den Athenern verboten, Hellenen als Sklaven zu kaufen. Es waren also „Ausländer", die auf Märkten gehandelt und zum Verkauf angepriesen wurden. Billig waren die Sklaven jedoch nicht – auch wenn die Preise je nach Leistungsfähigkeit und Körperkraft schwankten: Ein Knabensklave kostete etwa 70 Drachmen (für diesen Betrag musste ein Tagelöhner etwa drei Monate arbeiten), ein Handwerkssklave etwa 300 Drachmen und ein Fachmann für den Bergbau nicht weniger als 6 000 Drachmen.

Selbst berühmte griechische Schriftsteller wie Aristoteles rechtfertigten die Sklaverei. Aristoteles bezeichnete Sklaven als „lebendiges Besitzstück". Von Geburt an seien Menschen entweder zum Herrschen oder, wie eben Sklaven, zum Dienen bestimmt. Der Sklave verstehe Vernünftiges, habe aber selbst keine Vernunft. Seine Leistung sei allein körperliche Arbeit.

M2 Sklaven bei Grubenarbeit

Athen und Sparta im Streit – Perikles rechtfertigt den Krieg

Die griechischen Poleis fühlten sich verbunden und dennoch waren Feindseligkeiten zwischen den Stadtstaaten an der Tagesordnung. Die Interessen waren zu unterschiedlich. Aus der Vielzahl der Konflikte ragen zwei Kriege im griechischen Bewusstsein heraus: der vereinte Kampf Athens und Spartas gegen das Perserreich und wenige Jahrzehnte später der Kampf der beiden Poleis gegeneinander im Peloponnesischen Krieg. Diesen für die Geschichte Griechenlands so verheerenden Krieg wollen wir aus der Perspektive Athens beurteilen.

- **Kann Perikles den Peloponnesischen Krieg rechtfertigen?**

Wir vergleichen Informationen aus einem Darstellungs- und Quellentext und nutzen sie, um selbst zu urteilen.

1. Lest den Darstellungstext aufmerksam durch. Die Tabelle hilft, die Hauptaussagen über den Krieg übersichtlich darzustellen.

Einen Krieg übersichtlich darstellen	
Wer waren die Kriegsparteien?	
Was waren Anlass und Ursache des Krieges?	
Welchen Verlauf nahm der Krieg (zeitliche Dauer, Raum, wichtige Ereignisse, Ende)?	
Was waren die Folgen?	

2. Untersucht die Perikles-Rede. Nutzt dabei die Hinweise zur Erschließung einer politischen Rede (s. S. 108).

3. Formuliert euer Urteil, indem ihr die Informationen aus dem Darstellungstext sowie die Arbeitsergebnisse der Quellenauswertung einbringt:
- Teilt ihr die Argumente des Perikles?
- Teilt ihr seine Beschreibung Athens?
- Gibt es Gegenargumente?

Die Perserkriege: Griechen kämpfen gemeinsam

Die Kriege gegen das Perserreich dauerten mehrere Jahrzehnte. Im Bewusstsein der Griechen stehen sie für den gemeinsamen Kampf des zivilisierten Abendlandes gegen das Reich der Unfreiheit in Asien. Die Perser waren in ihren Augen unzivilisierte Barbaren, denen alles fehlte, was den Griechen heilig war: Sie verstanden kein Griechisch, sie hatten eine andere Religion, sie hatten keine Vorstellung von Ehre und Freiheit. Der Sieg der Athener in der Ebene von Marathon (490 v. Chr.) – ein Läufer brachte die Nachricht nach Athen –, der Kampf der spartanischen Truppen und ihrer Verbündeten am Bergpass der Thermopylen und der Sieg der athenischen Flotte vor Salamis (480 v. Chr.) galten als heroische Ereignisse. Die Perser mussten Griechenland verlassen.

Die Perserkriege hatten gezeigt, dass die Griechen keine Macht zu fürchten hatten, wenn sie gemeinsam handelten. Aber kaum hatten die Perser das griechische Festland verlassen, brachen die alten Konflikte wieder auf. Stein des Anstoßes war der Aufstieg Athens zur führenden Macht in der Ägäis. Unter Hinweis auf die überlegene Flotte der Kampfschiffe boten die Athener allen anderen griechischen Poleis ein dauerhaftes Verteidigungsbündnis an: Der *Attisch-Delische Seebund* sollte verhindern, dass die Perser noch einmal die Griechen überfallen könnten (478 v. Chr.). Alle Mitglieder des Bundes verpflichteten sich, Schiffe und Ruderer zu stellen oder Geld an die Bundeskasse zu zahlen, die zunächst auf der Insel Delos eingerichtet wurde. Bald umfasste der Bund etwa 300 Poleis. Diese bildeten nun einen einheitlichen Wirtschaftsraum, in dem die Währung Athens (die Drachme) galt. Der Handel blühte auf und ein allgemeiner wirtschaftlicher Aufschwung setzte ein. Athen profitierte am meisten, denn sein Hafen Piräus wurde zum Hauptumschlagplatz aller Waren.

Streitigkeiten blieben jedoch nicht aus: Einzelne Bundesmitglieder wollten keine Gelder mehr zahlen, weil die Persergefahr ja nicht mehr bestand. Athen reagierte schroff: Es schickte Kriegsschiffe aus und trieb die Gelder mit Waffengewalt ein. Es wurde immer deutlicher, dass aus dem ursprünglichen Verteidigungsbündnis eine Zwangsgemeinschaft unter der Vorherrschaft Athens geworden war. Als 454 v. Chr. die Bundeskasse nach Athen verlegt wurde, war allen Griechen klar, dass Athen keinen Widerspruch duldete. Es würde alles daransetzen, den Seebund und die Zahlungen der Bündner zu erhalten. Alle wussten, dass Athen nur einen geringen Teil der Gelder in die Verteidigung steckte, aber mit dem Löwenanteil Prachtbauten auf der Akropolis finanzierte und die Ausgaben für die Demokratie bezahlte (Diäten). Kritiker sprachen von der „Tyrannis", der Gewaltherrschaft Athens über freie Griechenstädte.

Sparta reagierte: Es erneuerte 450 v. Chr. ein ähnliches Bündnis auf der Peloponnes, den *Peloponnesischen Bund*. Jetzt standen sich zwei Machtblöcke auf griechischem Boden gegenüber. Sie wurden angeführt von den beiden Großmächten Athen und Sparta.

Der Peloponnesische Krieg: Griechen kämpfen gegeneinander

Die Spannungen verschärften sich immer mehr. Viele Städte, die aus dem Seebund austreten wollten, baten Sparta um Unterstützung. Athen wiederum schürte den Konflikt, indem es Bundesgenossen Spartas den Handel verbot. Beide Seiten rüsteten auf: Die Spartaner stärkten ihr Landheer, die Athener ihre Flotte. Perikles überzeugte die Volksversammlung, dass man die Spartaner und deren Verbündete von See aus durch überfallartige Angriffe zermürben könne. Auf dem Lande jedoch sei man den Spartanern unterlegen und könne zwar die Stadt Athen, nicht aber die heimischen Felder in Attika verteidigen. Von der See her seien jedoch genügend Lebensmittel zu beschaffen. Deshalb ließ er den Weg vom Hafen bis zur Stadt Athen mit gigantischen Mauern sichern.

431 v. Chr. brach der Peloponnesische Krieg aus, er dauerte 27 Jahre. Wie Perikles vorausgesagt hatte, besetzten die Spartaner Attika und verwüsteten die Felder; die Bevölkerung lebte auf engem Raum, aber relativ geschützt, innerhalb der Stadtmauern – bis in der Stadt die Pest ausbrach und ein Drittel der Bevölkerung hinwegraffte. Auch Perikles fiel der Seuche zum Opfer. Die Spartaner fürchteten die Ansteckung und eroberten die Stadt nicht. In den nächsten Jahren wechselten Siege und Niederlagen einander ab; die Athener beherrschten die See, die Spartaner das Land. Am Ende siegte Sparta. Im Jahre 404 v. Chr. musste sich das belagerte Athen unterwerfen, die Schutzmauern niederreißen und die Vorherrschaft Spartas anerkennen. Aber auch Sparta war geschwächt. Nur eine vergleichsweise geringe Zahl waffenfähiger Männer hatte den Krieg überlebt und der entscheidende Sieg war nur mit Unterstützung der persischen Flotte errungen worden. Persien war so erstarkt, dass es die griechischen Städte an der kleinasiatischen Küste nahezu ohne Gegenwehr erobern konnte. Ganz Griechenland hatte verloren.

M1 Der Attisch-Delische Seebund

M2 Athen und Sparta mit ihren Bundesgenossen

M3 Perikles: Rede vor der Volksversammlung auf die ersten Gefallenen (Winter 431/430 v. Chr.)

Im Peloponnesischen Krieg hatte Athen eine empfindliche Niederlage erlitten. In dieser Situation trat Perikles vor die Volksversammlung, um eine Rede auf die Gefallenen zu halten, wie es die Strategen, also die Oberbefehlshaber der Streitkräfte, traditionell taten. Der Geschichtsschreiber Thukydides (ca. 460–400 v. Chr.) war Athener Bürger und Teilnehmer der Volksversammlung. Er hat den Inhalt der Rede folgendermaßen wiedergegeben:

Wir leben in einer Staatsform, die die Einrichtungen anderer nicht nachahmt; eher sind wir für etliche ein Vorbild [...]. Mit Namen wird sie, weil wir uns nicht auf eine Minderheit, sondern auf die Mehrheit im Volke stützen, Volksherrschaft genannt. Und es genießen auch alle für ihre eigenen Angelegenheiten vor den Gesetzen gleiches Recht; in der öffentlichen Bewertung [...] fragt man allein nach dem Ansehen, das sich jemand auf irgendeinem Felde erworben hat; [...] allein die persönliche Tüchtigkeit verleiht im öffentlichen Leben einen Vorzug; auch wird bei Armut keiner, der doch dem Volke Gutes zu leisten vermöchte, um der Geringheit seines Standes willen ausgeschlossen. [...] [Wir] meiden im öffentlichen Leben schon aus Pflichtgefühl Verstöße gegen Recht und Sitte. [...] Wir lieben das Schöne in Schlichtheit, lieben Wissen und Bildung, aber frei von Weichlichkeit. Reichtum ist bei uns zum Gebrauch in der rechten Weise, aber nicht zum Geprahle mit Worten da. Armut einzugestehen, bringt keinem Schande, sondern nicht tätig aus ihr fortzustreben, ist schlimme Schande. In derselben Männer Hand ruht die Sorge für ihre häuslichen wie auch für die öffentlichen Angelegenheiten. [...] Mit einem Wort sage ich: Unsere Stadt ist im Ganzen die hohe Schule Griechenlands; im Einzelnen aber will mir scheinen, dass jeder bei uns sich gleichzeitig auf den verschiedensten Gebieten anmutig und mit vollendeter Sicherheit als ganze, auf sich selbst gestellte Persönlichkeit erweist. [...] Das ist die Art der Stadt, für welche diese Männer – entschlossen, sie sich nicht rauben zu lassen – tapfer kämpften und starben und für die auch von den Überlebenden gewiss jedermann gewillt ist, sich zu opfern.

(Thukydides, Geschichte des Peloponnesischen Krieges, 2, 37 ff.; zit. nach: Geschichte in Quellen, Altertum, München (BSV) 1978, S. 221 ff., übers. v. W. Schadewaldt)

Methode Eine politische Rede untersuchen

Eine politische Rede ist eine besondere Form einer historischen Quelle. Der Redner wendet sich an Zuhörer, die er überzeugen möchte; er spricht über einen wichtigen Sachverhalt; er benutzt wirksame Argumente; er spricht besonders engagiert. Eine solche Rede sagt etwas über vergangenes Denken.		*Hier geht es um die Meinung des Perikles zum Peloponnesischen Krieg.*
Redner: Ort: Zeitpunkt: Absicht:	Wer? Wo? Wann? Warum?	*a) In welcher Funktion spricht Perikles?* *b) Wo spricht er?* *c) Aus welchem Anlass spricht er?* *d) Welche Absicht verfolgt er? Welche Interessen hat er?*
Rede = Botschaft:	Was?	*a) Was zeichnet laut Perikles die Demokratie in Athen aus? Wer hat seiner Meinung nach Einfluss? Welche Rolle spielen seines Erachtens Reichtum bzw. Armut?* *b) Warum sollen die Athener seiner Auffassung nach kämpfen?* *c) Welche Interessen Athens erwähnt Perikles nicht? (Vergleicht hierzu eure Tabelle zum Krieg und seinen Ursachen.)*
Zuhörer:	Für/an wen?	*a) Wer sind sie?* *b) Was haben sie erlebt?* *c) Was erwarten sie vom Redner?*

Forschungsstation

Wie lebten die Athener? – Wir erkunden den Alltag zur Zeit des Perikles und vergleichen mit heute

Geschichte handelt vom Leben der Menschen, von ihrer Freude, ihrem Leid. Geschichte blickt nicht nur auf das Handeln der großen Staatsmänner wie Perikles. Geschichte fragt auch nach dem Alltag der Menschen.

Das sind eure **Forschungsaufträge:**

- **Damals: Wie lebten und arbeiteten die Athener?**
- **Heute: Was unterscheidet den Alltag, was ist gleich?**

Forscht in Gruppen und stellt eure Forschungsergebnisse auf Plakaten in der Klasse vor.

Wir wollen auf **zwei Themenbereiche** blicken:
> das Leben der Mädchen und Frauen,
> den Alltag der körperlich arbeitenden Athener.

1. Bildet Gruppen und erforscht jeweils unter den Leitfragen einen Themenbereich.

2. Euch stehen dazu darstellende Texte und drei Materialarten zu Verfügung: schriftliche Quellen, antike Zeichnungen oder Bilder, also Bildquellen, und eine moderne Erzählung, die auf der Basis antiker Texte und Fundstücke einen Sachverhalt anschaulich beschreibt.
Ihr könnt euch zusätzliches Material aus Jugendbüchern beschaffen.

3. Den Vergleich zwischen damals und heute könnt ihr wiederum übersichtlich in einer Tabelle darstellen.

4. Euer Ergebnis muss so präsentiert werden, dass alle in der Klasse den gleichen Kenntnisstand erhalten. Dazu könnt ihr Plakate erstellen. Ergebnisse werden auf diese Weise veranschaulicht.

Ein Plakat erstellen

Auf einem Plakat werden Ergebnisse knapp zusammengefasst. Der Platz ist beschränkt. Der Leser nimmt Informationen aus einer gewissen Entfernung auf. Daraus folgt:

a) Den Inhalt knapp formulieren.
b) Den Inhalt nach Wichtigkeit gliedern.
c) Den Inhalt durch Abbildungen veranschaulichen.
d) Einfach und verständlich formulieren.
e) Eine große Schrift und kurze Sätze verwenden.
f) Leserlich schreiben.

Thema 1: Der Alltag der Mädchen und Frauen – nur Pflichten, keine Rechte?

Als der Grieche Herodot um 450 v. Chr. nach Ägypten kam, war er sehr erstaunt über die zahlreichen Rechte und Freiheiten der Ägypterinnen. Er konnte kaum fassen, dass die Frauen als Händlerinnen auf den Märkten arbeiteten und dass sie sich ohne Begleitung auf den Straßen bewegten. Aus Griechenland war er ein ganz anderes Verhalten gewohnt. Zwar gab es je nach Polis einige Unterschiede, aber fast überall war es so wie in Athen, wo die Frau im öffentlichen Leben so gut wie keine Rolle spielte. Eine Ausnahme bildeten nur die Göttinnen und unter diesen vor allem die Göttin Athene, die geradezu verehrt wurde.

Wie lebte eine reiche Athenerin?

Die wohlhabende Athenerin blieb zu Hause und beaufsichtigte die Sklaven. Harte körperliche Arbeit musste sie nicht leisten, denn die Hausarbeit und die Kindererziehung wurden zu großen Teilen auch von den Sklaven erledigt. Sie hätte Zeit gehabt zu lernen, aber sie hatte kaum eine Chance. Die meisten Männer wollten nicht, dass ihre Frauen den Geist trainierten; sie befürchteten Widerworte und dauernden Streit. Die erwachsenen Männer verbrachten den Tag in der Stadt, während die Mädchen und Frauen im Haus bleiben mussten. Dort lebten sie abgeschirmt von Männern – wie in einem goldenen Käfig. Selbst mit männlichen Verwandten sprachen sie nur selten. Wenn eine Frau aus reichem Hause trotzdem allein ausging, lief sie Gefahr, ihren guten Ruf zu verlieren. Für eine anständige Frau gehörte sich so etwas einfach nicht! Andere Männer sprachen den Ehemann an und rieten ihm, er solle mit Riegeln und wachsamen Sklaven auf sie achtgeben.

Wie lebte eine ärmere Athenerin?

Einfache, arme Frauen konnten es sich nicht leisten, im Haus zu bleiben. Sie gingen hinaus, um zu arbeiten: um Wasser zu holen, Waren auf dem Markt zu verkaufen oder Obst zu pflücken; manche betreuten auch als Ammen die Babys anderer Leute. Mädchen aus armen Familien kamen also eher in Kontakt mit jungen Männern und heirateten vielleicht aus Liebe. Die Töchter der Reichen konnten keine Männer kennenlernen und ihre Hochzeit wurde von den Eltern arrangiert. Sehr arme junge Frauen und Sklavinnen lernten oft, Instrumente zu spielen, zu tanzen und Männer bei Festen zu unterhalten. Man nannte sie Hetären. Auf diesen Festen ging es rau und unfein zu, vor allem wenn die Männer viel getrunken hatten. Alle wohlhabenden Frauen sahen auf eine Hetäre hinab; sie waren stolz, unter vornehmen, geachteten Frauen in ihrer eigenen Welt zu leben. Nur sehr wenige Hetären schafften es, geachtet zu werden.

■ Wie lebte die Athenerin? Haltet jeweils in Stichworten die Antworten fest.

M1 Hochzeit in Athen – eine moderne Erzählung auf der Basis alter Texte

Euphiletos und Demarete lernen sich kennen

Euphiletos' Übergang zum Mannesalter war durch eine Zeremonie gekennzeichnet, bei der sein Haar, das er während der Kindheit lang tragen durfte, abgeschnitten und einem Gott geopfert wurde. Mit 18 musste er dann einen zweijährigen Militärdienst antreten. In der ersten Hälfte der Dienstzeit wurde er zum Krieger ausgebildet [...]. Das zweite Jahr verbrachte er in einer Garnison an der Grenze Attikas. Danach konnte er in Notfällen noch bis zu seinem 60. Lebensjahr einberufen werden. Mit 20 Jahren schließlich durfte Euphiletos seinen Platz in den Rängen der Athener Bürger einnehmen. Welchen Beruf er wählte, wissen wir nicht. Vielleicht hatte er ja auch genügend Einkünfte von seinem Landgut.

Der nächste Meilenstein in seinem Leben war der schicksalhafte Entschluss zu heiraten. Leider hat uns die Geschichte den Namen seiner Frau nicht überliefert – was bereits viel aussagt – und deshalb werden wir sie Demarete nennen. Sehr wahrscheinlich war sie jünger als Euphiletos, denn Mädchen heirateten gewöhnlich bereits mit 14 Jahren, und zwar nicht selten Männer, die doppelt so alt waren wie sie. In jenem zarten Alter unterschied sich Demaretes Leben schon sehr stark von dem des Mannes, den ihre Eltern für sie ausgewählt hatten.

Als Kind hatte Demarete keine Schule besucht, wie Euphiletos es getan hatte. Mädchen wurden zu Hause erzogen. Dort lernten sie in erster Linie, wie man einen Haushalt führt, wobei manche Eltern auch dafür sorgten, dass ihre Töchter lesen und schreiben, vielleicht auch tanzen sowie Flöte und Lyra spielen konnten. [...]

Bei der Auswahl ihres Ehepartners hatte Demarete nur wenig mitzureden. Ihre Eltern hatten die Wahl getroffen, lange bevor sie eine eigene Meinung äußern konnte. Ein wichtiger Faktor für den künftigen Bräutigam war die Höhe der Mitgift, welche die Braut in die Ehe einbrachte. War sie erst einmal verheiratet, ging die Mitgift in den Besitz des Mannes über, der damit machen konnte, was er für richtig hielt. Bei einem Bruch der Verbindung allerdings war er verpflichtet, der Familie der Frau das Geld zurückzuerstatten. [...]

Der Tag der Hochzeit

Am Hochzeitstag suchte Euphiletos bei Einbruch der Nacht Demaretes Familie auf, um offiziell um ihre Hand anzuhalten – vermutlich der erste Anlass, zu dem das Mädchen den künftigen Gemahl zu Gesicht bekam [...].

Als Nächstes nun musste die Braut in einer Prozession zu ihrem neuen Heim geführt werden: Dies war der zentrale Akt der Hochzeit. Braut und Bräutigam bestiegen einen von Maultieren und Ochsen gezogenen Wagen. Verwandte und Freunde folgten den beiden zu Fuß. Unter lautem Rufen wie „Auf jetzt!", „Aus dem Weg!" und „Halte die Fackel!" rollte der Wagen mit seinem Gefolge schließlich los. [...]

Nachdem Demarete das Haus betreten hatte, führte Euphiletos die Braut zum Herd, der symbolischen Mitte des Hauses, wo die Gäste als Zeichen der Festlichkeit Früchte und Nüsse über die frisch Vermählten streuten. [...]

Von hier aus ging das Paar in das Hochzeitszimmer, in dem Demarete vielleicht zum ersten Mal ihren Schleier hob. Sobald die Tür hinter ihnen ins Schloss fiel, setzte sich der Freund des Bräutigams davor, um böse Geister abzuwehren, während der Rest der Gesellschaft mit lauter Stimme Hochzeitslieder sang, um böse Geister zu verjagen.

Alltag einer Ehe

Die ersten Jahre der Ehe waren wahrscheinlich voller Freude. Als Demarete schließlich einen Sohn gebar, schien ihr Glück vollkommen. [...]

Da eine Athener Braut zum Zeitpunkt der Hochzeit normalerweise noch sehr jung und der Altersunterschied zu ihrem Mann groß war, hatte ein Ehepaar gewöhnlich keine gemeinsamen Freunde. Außerdem war der Mann tagsüber meistens unterwegs. Die Sonne traf ihn nie zu Hause an, wie ein Athener Sprichwort lautete. Trotz der großen Bedeutung der Familie und des Haushalts war der typische Athener davon überzeugt, dass sein Platz in der Öffentlichkeit war und seine Rolle von ihm forderte, ständig auf den Beinen zu sein und seinen Geschäften nachzugehen. [...]

Mit der Zeit jedoch wurde Demarete immer unzufriedener mit ihrer Rolle. Außer der Erziehung ihres Sohnes und der Überwachung der Dienerinnen gab es nur wenig, womit sie ihre Zeit verbringen konnte. Nur um gelegentlich ihre Verwandten oder Nachbarinnen zu besuchen, durfte sie die vier Wände des kleinen, düsteren Hauses verlassen, und es gab Zeiten, in denen sie die Dienerinnen beneidete, die auf den Markt gehen konnten, um dort die täglichen Einkäufe zu erledigen – und dabei mit den Frauen der Nachbarschaft zu schwatzen. [...]

(Nach: Wie sie damals lebten – Im Griechenland der Antike, Amsterdam/Hamburg (Time-Life Verlag) 1996, S. 36ff.)

1 Stelle die Stationen im Leben von Euphiletos und Demarete gegenüber, indem du eine Tabelle anlegst.

2 Offensichtlich gab es im alten Athen ganz klare Vorstellungen darüber, wie Männer und Frauen sich zu verhalten hatten. Solche Vorstellungen nennt man Rollenerwartungen. Welche Rollenerwartungen gegenüber Männern und Frauen lassen sich aus diesem Hochzeitsbericht entnehmen?

M2 Was erzählen Bildquellen über das Zusammenleben von Mann und Frau?

Dieser Ausschnitt einer Szene auf einem griechischen Parfumbehälter zeigt eine Hochzeitsgesellschaft, die sich im Fackelschein zum Haus des Bräutigams begibt.

1 Welche Personen sind jeweils dargestellt und was tun sie?

2 Was steht im Mittelpunkt der Bilder?

3 Welchen Eindruck vermitteln die Bilder über das Zusammenleben von Mann und Frau?

Tipp: Die Methode „Griechische Vasenbilder untersuchen" (s. S. 94) hilft.

Ein Mann mit dem Haushaltsgeld in der Hand im Gespräch mit der Familie

Der Ehemann kehrt von einem Trinkgelage heim. Die Frau öffnet zögernd die Haustür.

Thema 2: Körperliche Arbeit – „Wer von körperlicher Arbeit frei ist, gilt als edel"

Athen kurz vor Ausbruch des Peloponnesischen Krieges: Athen war das, was man heute als eine Weltstadt bezeichnen würde – ein geschäftiges Treiben in allen Straßen und Gassen, beeindruckende Gebäude und ein Sprachengewirr aus aller Herren Länder. Wie international Athen war, konnte der Besucher bereits im Hafen von Piräus spüren. Täglich fuhren Handelsschiffe in die Hafenanlage und brachten Getreide, Vieh, Fisch, Eisen, Kupfer, Flachs und auch Holz, das in den Werften für den Schiffsbau verwendet wurde. Täglich verließen auch Schiffe den Hafen und exportierten die Produkte, die in der Stadt von den Handwerkern hergestellt worden waren. Exportschlager waren neben Geräten aus Bronze vor allem Gefäße (Keramik): Kleine und große Amphoren dienten als Behälter zum Transport oder zur Aufbewahrung von Öl, Wein und Getreide; Vasen und Teller wurden oft kunstvoll bemalt und waren besonders begehrt.
Händler und Handwerker – sie waren für Athen von großer wirtschaftlicher Bedeutung. Und dennoch: Arbeiten zu müssen wurde als notwendiges Übel angesehen – „Wer von körperlicher Arbeit frei ist, gilt als edel".
Die folgenden Vasenbilder zeigen verschiedene Formen körperlicher Arbeit. Die Auszüge aus Werken griechischer Schriftsteller behandeln das Ansehen körperlicher Arbeit.

M1 Formen körperlicher Arbeit im antiken Athen

Ein Schmied bei der Arbeit

Bauern bei der Arbeit: Olivenernte

Händler wiegen Waren.

Töpfer bei der Arbeit

Eine Waffenschmiede

Eine Schuhmacherwerkstatt

M2 Das Ansehen körperlicher Arbeit

a) Das Handwerk

[...] die Berufe, die man als einfaches Handwerk (*banausikai*) bezeichnet, sind verschrieen und werden freilich zu Recht in den Städten verachtet. Denn sie schwächen diejenigen, die arbeiten und sich darum kümmern, körperlich, indem sie sie zwingen, zu sitzen und sich drinnen im Schatten aufzuhalten, einige sogar, sich tagsüber am Feuer aufzuhalten. [...] Diese handwerklichen Berufe lassen [...] auch überhaupt keine Muße, sich um Freunde und die Stadt zu kümmern. Daher scheinen auch die, die sie ausüben, schlecht geeignet für freundschaftlichen Verkehr und dazu, Verteidiger ihrer Heimat zu sein. Und in einigen Städten, namentlich in denen, die für gute Kriegsführung bekannt sind, ist es den Bürgern gar nicht erlaubt, ein einfaches Handwerk auszuüben.

(Xenophon, Über die Hauswirtschaft, 1,1–4; nach einer Übersetzung von Austin/Vidal-Naquet, S. 155)

b) Arbeit in Bergwerken

Die Verhältnisse in den griechischen Silberbergwerken von Laureion waren ähnlich wie die vom griechischen Schriftsteller Diodor für Ägypten beschriebenen:

Die Arbeiten erfolgen unter Aufsicht eines Facharbeiters, der den goldhaltigen Stein aussucht und ihn den Arbeitern zeigt; [...] die körperlich Starken brechen den Stein mit eisernen Hämmern, wozu sie keinerlei Kenntnisse, sondern nur Kraft anwenden müssen, und schlagen Gänge durch den Felsen, [...] wo immer das Gold sie hinführen mag. Diese Leute nun, die in der Dunkelheit arbeiten müssen, [...] tragen Lampen auf der Stirn; [...] die Steinblöcke, die sie brechen, werfen sie auf den Boden und sie arbeiten ununterbrochen unter den strengen Augen und den Schlägen der Aufseher. Die [...] Knaben gehen durch die Schächte in die Stollen, die durch das Aushauen des Felsens geschlagen werden, [...] und tragen die Brocken heraus. Die Männer über 30 Jahre nehmen die Steine von ihnen und [...] zerstampfen sie mit Eisenstößeln [...]; dann zermalmen sie die Frauen und die älteren Männer und zerreiben sie in Mühlen, [...] bis sie so fein wie Mehl sind.

(Diodorus Siculus II 12,2–13,2; übers. v. A. Burford, S. 88)

c) Die Kriegskunst

Auch sie [ägyptische Soldaten] dürfen kein Handwerk treiben, sondern sind ausschließlich Krieger; der Sohn erlernt diesen Beruf jeweils vom Vater. [...] Wer von körperlicher Arbeit frei ist, gilt als edel, besonders wer sich der Kriegskunst widmet. Das haben sämtliche Griechenstämme übernommen, besonders die Spartaner.

(Herodot, Historien 166,2–167,2; zit. nach: Herodot, Historien (Griech./Dt.), Bd. 2, hg. v. J. Feix, München 1963)

M3 Der ideale Staatsbürger – Muße als Tugend

Der Philosoph Aristoteles (384–322 v. Chr.) sagt in seiner theoretischen Schrift über die Politik:

Hieraus ergibt sich denn, dass in dem aufs Schönste verwalteten Staat, dessen Bürger gerechte Männer schlechthin und nicht bloß bedingungsweise sind, dieselben weder das Leben eines Handwerkers (*banausos*) noch das eines Kaufmanns führen dürfen, denn ein solches ist unedel und der Tugend (*arete*) zuwider, und dass auch Ackerbauern diejenigen nicht sein dürfen, welche hier Staatsbürger sein wollen, denn es bedarf voller Muße (*schole*) zur Ausbildung der Tugend und zur Besorgung der Staatsgeschäfte.

(Aristoteles, Politik 7, 1328b37–1329a2; zit. nach: Aristoteles, Politik und Staat der Athener, eingel. u. neu übertr. v. O. Gigon, Zürich 1955)

1 Welche Formen körperlicher Arbeit gab es in Athen?

2 Welchen Eindruck von körperlicher Arbeit vermitteln die Vasenbilder? Wie sehen die Arbeitenden aus? Erscheint die Arbeit anstrengend?
(Vgl. die methodischen Hinweise auf S. 94.)

3 Welche Tätigkeiten wurden besonders geschätzt, welche nicht?

4 Wie wurde körperliche Arbeit bewertet?

5 Welche Einstellung hatten die Athener zur Muße?

STOPP – Ein Blick zurück

Was bleibt? – Griechisches Erbe

Vieles in unserer Gegenwart können wir nur verstehen, wenn wir die Vergangenheit kennen. Obwohl der politische und kulturelle Höhepunkt der Polis Athen seit mehr als 2000 Jahren vorüber ist, ist ihr Erbe auch heute noch sichtbar. Deshalb haben wir uns besonders ausführlich mit der athenischen Demokratie befasst. Aber auch in anderen Lebensbereichen nutzen wir die Erkenntnisse der alten Griechen.

- **Was haben wir von den Griechen gelernt?**

Wähle ein Beispiel aus. Informiere dich genauer über den jeweils dargestellten Sachverhalt bzw. die Personen und berichte in einem kurzen Vortrag.

Schauspieler mit Maske

Naturwissenschaft/Medizin

Die alten Griechen gelten als die Erfinder des wissenschaftlichen Denkens. Sie griffen Erkenntnisse der Gelehrten aus Ägypten oder Mesopotamien auf und schufen eine theoretische Grundlage für viele Disziplinen, die auch heute noch griechische Namen tragen, z.B. Astronomie, Physik, Mathematik oder Geographie (vgl. z.B. die Erdkarten von Hekataios und Eratosthenes auf S. 176). Nicht alle Griechen, aber eine kleine Elite ging dazu über, Naturereignisse nicht einfach hinzunehmen, sondern nach Erklärungen zu suchen. So machte der Arzt Hippokrates die genaue Beobachtung zur Grundlage der Diagnose und entschied sich erst dann für die entsprechende Heilmethode (Therapie). Im Prinzip ist dieses Vorgehen bis heute kennzeichnend für Formen der Wissenschaft.

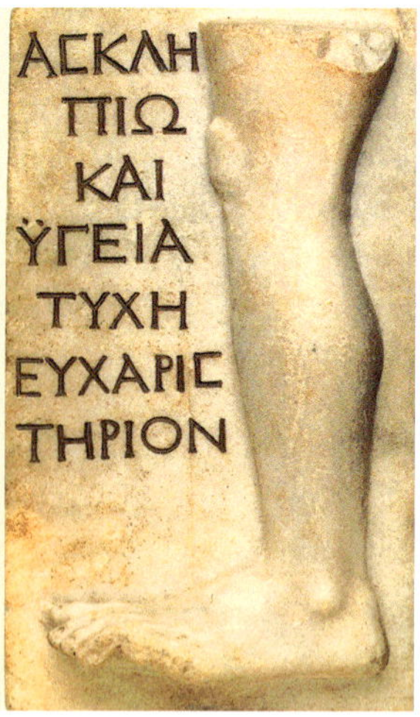

Abbildung eines Beines mit Dankinschrift des Patienten

Das Theater

Das Theater wurde in Athen erfunden. Jedes Jahr im Frühling fanden Theateraufführungen zu Ehren des Gottes Dionysos statt. Er war der Gott der Lebensfreude. Die Bühnenschriftsteller wetteiferten um die Ehre des Gottes, bewertet wurden sie von den Zuschauern. In der Tragödie sollten diese Furcht und Mitleid empfinden, in der Komödie sollten sie darüber lachen, wie Mächtige kritisiert und lächerlich gemacht wurden.

Geisteswissenschaft

Sokrates (470–399 v.Chr.), Platon (427–347 v.Chr.) und Aristoteles (384–322 v.Chr.) sind die großen Denker ihrer Zeit. Noch heute profitieren wir von den Überlegungen der Athener, die wir als Philosophen bezeichnen, was wörtlich übersetzt „Freunde der Weisheit" bedeutet. Sie versuchten, die Entstehung der Welt und von Naturerscheinungen mit dem Verstand zu erklären und nicht mit dem Wirken der Götter. Sie fragten nach dem Sinn des Lebens; sie versuchten zu ergründen, was „richtiges" und „falsches" Handeln ist; sie fragten, welcher Staat der beste sei; sie versuchten zu verstehen, nach welchen Gesetzen das Denken funktioniert.

Büste des Sokrates

Stationen auf dem Weg zur Demokratie in Athen

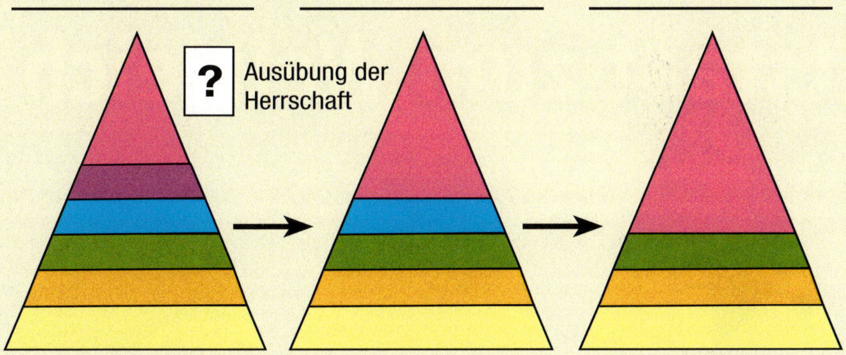

- Sklaven
- Metöken
- Frauen/Kinder
- Bürger
- Adelige
- König

Schaubilder vervollständigen und erklären: Die Pyramiden verdeutlichen Athens Weg zur Demokratie.

1 Benenne die Staatsformen.

2 Ordne jeweils die Bevölkerungsgruppen nach ihren politischen Rechten.

3 Markiere, welche Gruppe jeweils die Macht hat.

4 Vergleiche diese Entwicklung mit dem Staatsaufbau in Sparta.

Ein kleines Quiz zur großen Zeit der Griechen		
❶ Wo fanden im antiken Griechenland alle vier Jahre große Wettkämpfe statt? (A in Olympia, B in Delphi, C auf dem Olymp)	❷ Welchen Namen hat der Vater der Götter? (A Zeus, B Poseidon)	❸ Welche Bezeichnung verwendeten die Griechen für ihre Stadtstaaten? (A Akropolis, B Polis, C Kolonie)
❹ Wie heißt die Ehefrau des Göttervaters? (A Athene, B Aphrodite, C Hera)	❺ Wie heißt der Staatsmann, zu dessen Lebzeiten Athen den Höhepunkt der Demokratie erlebte? (A Sokrates, B Perikles, C Kleistenes)	❻ Wer durfte in Athen an der Volksversammlung teilnehmen? (A Männer, B Frauen, C Metöken)
❼ Welche Bezeichnung verwendet man für den Krieg zwischen Athen und Sparta zwischen 431 und 404 v. Chr.? (A Peloponnesischer Krieg, B Perserkrieg, C Der Krieg bei Marathon)	❽ Wie hießen die völlig rechtlosen Landarbeiter in Sparta? (A Perioken, B Pharaonen, C Heloten, D Metöken)	❾ Wie hieß der reiche Kaufmann, der 594 v. Chr. damit beauftragt wurde, den Streit zwischen Bauern und Adeligen zu schlichten? (A Aristoteles, B Solon, C Platon)

Diese Begriffe kann ich erklären:

- → Aristokratie
- → Monarchie
- → Demokratie
- → Bürger
- → Metöke
- → Solons Reform
- → Volksversammlung
- → Perioke
- → Helot
- → Spartiate
- → Polis
- → Olymp
- → Olympische Spiele
- → Griechische Götter
- → Peloponnesischer Krieg
- → Volksgericht

Mit diesen Methoden kann ich arbeiten:

- → Mithilfe eines Schaubildes den Aufbau eines Staates erklären
- → Eine politische Rede untersuchen

Außerdem:

- → Eine Geschichtskarte „lesen"
- → Griechische Vasenbilder untersuchen
- → Ein Plakat erstellen

Das antike Rom: Vom Stadtstaat zum Weltreich

Dies ist die Geschichte Roms in der Antike:
Wie einige wenige Dörfer, gelegen auf sieben Hügeln am Fluss Tiber, sich zu einer Stadt zusammenschlossen.
Und wie später aus dieser kleinen, von Königen regierten Stadt eine Republik wurde, die ihre Politiker selbst wählte.
Und wie dann aus dieser Republik durch zahlreiche Kriege und Eroberungen ein riesiges Weltreich wurde.
Diese Geschichte dauerte insgesamt 1500 Jahre. Sie ist die Geschichte von Ehrgeiz und Mut, aber auch von Verrat und Mord. Von Frieden, aber auch von Krieg. Von kluger Politik, aber auch von militärischer Gewalt.
Es ist auch die Geschichte einer Stadt, in der schließlich über eine Million Menschen lebten – eine in der Antike bis dahin unvorstellbare Größe.

Das Kolosseum in Rom.
Das Kolosseum wurde in nur zehn Jahren erbaut und im Jahr 80 n. Chr. eröffnet. Es bot Sitzplätze für 50 000 Menschen und war dem Kampf der Gladiatoren um Leben und Tod gewidmet.

Das antike Rom – Ein Überblick

Was interessiert uns heute an den „alten Römern"?

In ganz Europa sind viele Städte stolz auf die antiken Bauwerke, die die alten Römer hinterlassen haben. Heute bewundern tausende von Touristen jeden Tag diese imposanten Bauwerke, vor allem natürlich in Rom, aber auch in vielen anderen europäischen Städten.
Aber die „alten Römer" haben nicht nur Bauwerke hinterlassen, sondern zum Beispiel auch ihre Sprache. Latein war jahrhundertelang eine Art Weltsprache, in der sich Menschen aus den verschiedensten Ländern miteinander verständigten. Bis heute sind viele Begriffe, zum Beispiel in der Medizin, lateinische Begriffe. Schüler auf der ganzen Welt lernen auch heute noch Latein.
Schließlich hat das römische Weltreich den ganzen europäischen Kontinent geprägt. Viele unserer heutigen Städte sind damals gegründet worden. Viele unserer heutigen Sprachen, z.B. Französisch, Italienisch, Spanisch oder Portugiesisch, stammen direkt vom Lateinischen ab. Politiker interessieren sich heute dafür, wie die Römer ihr riesiges Weltreich erobern und verwalten konnten.
Zur Zeit des antiken römischen Weltreiches breitete sich das Christentum in Europa aus. Nachdem die Römer die ersten Christen noch verfolgt hatten, wurde das Christentum unter dem römischen Kaiser Konstantin zur Staatsreligion im römischen Weltreich.
Außerdem ist die lange Geschichte des römischen Weltreiches und seiner Menschen auch einfach spannend: Deshalb drehen Regisseure Filme, die im antiken Rom spielen und von Gladiatorenkämpfen, Sklavenrevolten oder der Liebe zwischen Antonius und Kleopatra handeln. Jedes Kind kennt die (erfundenen) Geschichten von Asterix und Obelix, die den römischen Legionen mutig Widerstand leisten.

Gaius Julius Caesar, 100 v. Chr. – 44 v. Chr. (römische Statue).
Caesar ist einer der berühmtesten römischen Feldherren. Mit seiner Armee eroberte er Gallien (etwa das Gebiet des heutigen Frankreich), Britannien (das Gebiet des heutigen England bis zur Themse) und einen Teil Germaniens (etwa bis zum Rhein).
Durch diese militärischen Erfolge wurde er zum mächtigsten Römer seiner Zeit. Mithilfe seiner ihm treu ergebenen Armee setzte er sich gegen innenpolitische Gegner durch.
Am 15. 3. 44 v. Chr. wurde er von Verschwörern ermordet.

700 v. Chr. — **Die Königszeit**
500 v. Chr. — **Die Römische Republik**

753 v. Chr. Gründung der Stadt Rom nach der Legende

500 v. Chr. Die Römer vertreiben die Könige und gründen eine Republik.

500 – 287 v. Chr. Ständekämpfe: Die Plebejer setzten sich langsam durch.

264 – 146 v. Chr. Die Punischen Kriege

88 – 79 v. Chr. Blutiger Streit in Rom: der Bürgerkrieg

Der erste römische Kaiser, Augustus, 63 v. Chr. – 14 n. Chr. (römische Statue).
Augustus hieß eigentlich Oktavian. Am 16. Januar 27 v. Chr. erhielt er vom römischen Senat den Titel „Augustus“, den er fortan wie einen Eigennamen führte. Außerdem führte er – wie seine Nachfolger – den Titel „Imperator Caesar“ (= Herrscher Caesar), in Erinnerung an den ermordeten Feldherren Gaius Julius Caesar. Von diesem Titel leiten sich die Bezeichnungen „Kaiser“ und „Zar“ ab.

Die römische Geschichte im Überblick

Von den ersten Siedlungen am Fluss Tiber bis zum Ende des römischen Weltreiches vergingen 1500 Jahre. Da ist es schwer, den Überblick zu behalten.
Die Zeitleiste kann euch bei dieser Aufgabe helfen. Die lange römische Geschichte kann man in drei Abschnitte unterteilen:

Erstens: Die Königszeit
In dieser Zeit regierten Könige die Stadt Rom. Die Römer bauten ihre ersten Tempel und eine Mauer um ihre Stadt. Außerdem legten sie einen mit Steinen gepflasterten Marktplatz, das *Forum,* an.

Zweitens: Die Republik
Die Zeit der Republik begann damit, dass die Römer die Könige aus ihrer Stadt vertrieben und anfingen, ihre Politiker selbst zu wählen. In dieser Zeit führten die Römer viele Kriege. Sie eroberten zunächst ganz Italien, später auch weitere Gebiete rund um das Mittelmeer.

Drittens: Das Kaiserreich
Augustus war der erste römische Kaiser. Er beendete eine Zeit des Streits unter den Römern um Geld, Einfluss und Macht. Unter seinen Nachfolgern erreichte das Römische Reich seine größte Ausdehnung.
Der in der Königszeit angelegte Marktplatz, das Forum, war zum Mittelpunkt eines riesigen Weltreiches geworden. Rom war jetzt eine Millionenstadt.

Etwa 1000 Jahre, nachdem die Römer ihre Republik gegründet hatten, und etwa 450 Jahre, nachdem Augustus Kaiser geworden war, brach das römische Weltreich zusammen. Ein kriegerisches Volk aus dem Norden, die Westgoten, eroberte zunächst Italien und schließlich auch die Stadt Rom.

27 v. Chr. — **Das Römische Kaiserreich** — 476 n. Chr.

44 v. Chr.
Caesar wird ermordet.

27 v. Chr.
Augustus wird Kaiser.

395 n. Chr.
Teilung des Römischen Reiches in ein west- und ein oströmisches Reich

476 n. Chr.
Ende des weströmischen Reiches

Vom Dorf zum Weltreich

Wie ist Rom entstanden?

Diese Bronzefigur aus dem 5. Jahrhundert v. Chr. zeigt das Wahrzeichen Roms: die Wölfin.
Sie steht im Mittelpunkt einer Sage über die Gründung der Stadt Rom. Die Römer erzählten sich diese Sage von Generation zu Generation weiter. Die römischen Schriftsteller Livius und Vergil schrieben die Sage im letzten Jahrhundert vor Christus auf, sodass wir sie heute noch nachlesen können.
Heute wissen die Geschichtsforscher aber ziemlich genau, wie die Stadt Rom tatsächlich entstand. Deshalb können wir nun vergleichen und überlegen:

- **Was verrät uns die Sage von Romulus und Remus über die Römer?**

1. Lest die Sage aufmerksam durch und erzählt sie anschließend mit eigenen Worten nach.

2. Vergleicht die Sage mit den Ergebnissen der modernen Geschichtsforschung. Überlegt, an welchen Stellen die Sage der historischen Wahrheit entspricht. Erstellt dazu eine Liste mit Stichworten.
An diesen Stellen entspricht die Sage der historischen Wahrheit:
– Rom wurde am Fluss Tiber gegründet.
– ...

3. Überlegt, was die Römer mit den erfundenen Teilen der Sage wohl über sich selbst aussagen wollten. Eine Tabelle mit Stichworten hilft euch, die Elemente der Sage und ihre Bedeutung übersichtlich darzustellen.

Diese Elemente der Sage könnten ...	... diese Bedeutung haben:
Aeneas rettete sich aus Troja.	Die Römer verstehen sich als Nachfolger der Griechen.
Aeneas war ein Held.	Die Römer stammen von Helden ab.
Romulus und Remus sind Söhne des Kriegsgottes Mars.	
Romulus und Remus bitten bei einer wichtigen Entscheidung die Götter um Rat.	
Remus wird mit dem Tode bestraft, weil er ohne Erlaubnis die Grenze der Stadt Rom überschreitet.	

Die Sage von den Brüdern Romulus und Remus

M1 Was berichtet uns die Sage von Romulus und Remus?

Die römischen Schriftsteller Livius und Vergil geben die Sage sehr ausführlich wieder. Hier eine Zusammenfassung:

Der trojanische Held Aeneas rettete sich mit wenigen Mitkämpfern aus der brennenden Stadt Troja. Nach langer Reise fand er eine neue Heimat in Latium, einer Landschaft in Mittelitalien.
Seine Söhne gründeten dort die Stadt „Alba Longa" und herrschten als Könige.
Die Königstochter Rhea Silvia wurde als Priesterin geweiht und sollte das ewige Feuer der Stadt bewachen. Obwohl sie zur Ehelosigkeit verpflichtet war, bekam sie Besuch vom Kriegsgott Mars und gebar zwei Söhne: Romulus und Remus. Zur Strafe setzte ihr Onkel, der inzwischen König geworden war, die beiden Kinder auf dem Fluss Tiber aus. Die Strömung trug die beiden Jungen bis zu einem Feigenbaum am Flussufer am Fuße des Palatinhügels. Dort wurden sie von einer Wölfin gerettet, die sie mit ihrer Milch ernährte. Ein Hirt, Faustulus, wurde Zeuge des Wunders, nahm die Jungen bei sich auf und zog sie groß.
Mit 18 Jahren erfuhren die beiden jungen Männer von dem Geheimnis ihrer Herkunft. Sie beschlossen, am Palatinhügel, also an der Stelle, an der sie von der Wölfin gerettet wurden, eine neue Stadt zu gründen. Wer sollte der neue König sein? Die Brüder überließen den Göttern die Entscheidung, indem sie den Vogelflug beobachteten. Romulus gewann und zog mit einem Pflug eine Furche, die die Grenzen der neuen Stadt bestimmte. Doch Remus war voller Groll und übersprang provozierend und ohne Erlaubnis seines Bruders die neue Stadtgrenze. Daraufhin tötete ihn Romulus, um ein warnendes Beispiel zu geben.
Damit war die neue Stadt Rom, benannt nach ihrem Gründer Romulus, geboren.

Was hat die Geschichtsforschung über die Gründung der Stadt Rom ermittelt?

Die ersten Siedlungen

Etwa um 1000 v. Chr. ließ sich das Volk der Latiner am Fluss Tiber in Mittelitalien nieder. Sie lebten als Ackerbauern und Hirten. Auf den Hügeln Palatin und Quirinal entstanden zu dieser Zeit kleine Dörfer aus einfachen Hütten.

Der Latiner-Bund

Um etwa 700 v. Chr. existierten schon größere Dörfer auf allen sieben Hügeln. Sie schlossen sich zu einem Bund, dem Latiner-Bund, zusammen. Die Dörfer des Latiner-Bundes kämpften gegen die Vorherrschaft der etwa 25 Kilometer entfernten Stadt Alba und konnten letztlich den Sieg erringen.

Die Etrusker

Um etwa 600 v. Chr. wanderten Etrusker in die Gegend ein. Sie siedelten zunächst auf der anderen Seite des Flusses Tiber. Die Herkunft dieses Volkes ist bis heute unbekannt; sicher ist aber, dass die Etrusker Kontakt zur griechischen Hochkultur gehabt hatten. Archäologische Funde von soliden Steinhäusern, Schmuckstücken und Waffen beweisen, dass es sich um ein kulturell weit entwickeltes Volk handelte.

Die Gründung der Stadt

Die Etrusker gewannen die Vorherrschaft über die Latiner. Wahrscheinlich waren es auch die Etrusker, die die Dörfer des Latiner-Bundes zu einer echten Stadt verschmolzen und Rom gründeten. Aus ihren Reihen stammten auch die meisten Könige. Der Name Rom leitet sich vermutlich von dem etruskischen Königsgeschlecht der Romulier ab.

Der Platz, an dem Rom gegründet wurde, war gut gewählt: Er lag inmitten einer sehr fruchtbaren Landschaft. Die sieben Hügel boten Schutz und Verteidigungsmöglichkeiten, die schon bald durch eine Mauer verstärkt wurden. Der Fluss Tiber bot gute Transport- und Handelsmöglichkeiten.

Die Gebäude und Anlagen

Die Römer legten die sumpfigen Niederungen zwischen den Hügeln trocken. Dazu bauten sie einen Entwässerungskanal, die *Cloaca Maxima*. In der Mitte zwischen allen sieben Hügeln und ihren Dörfern errichteten sie das *Forum* als gepflasterten Marktplatz und Zentrum der neuen Stadt. Um die Stadt herum bauten sie eine elf Kilometer lange Mauer aus Steinen. Um die Stadtmauer herum zog sich ein freier, als heilig angesehener Raum. Dort durfte niemand wohnen oder Ackerbau betreiben. Und es war verboten, ihn bewaffnet zu betreten.

Die Religion

Die Römer glaubten an viele Götter und brachten ihnen Opfer dar, um sie freundlich zu stimmen. Sie glaubten, dass man den Willen der Götter an bestimmten Naturereignissen erkennen könne. So beobachteten sie zum Beispiel die Windrichtung oder die Flugrichtung der Vögel. Im Zentrum der Stadt, neben dem Forum, bauten die Römer einen Tempel, der ihrem wichtigsten Gott, Jupiter, geweiht war. Außerdem gab es eine Prozessionsstraße, die *Via Sacra* (= Heilige Straße). An dieser Straße lag auch der Tempel der *Vestalinnen*. Das waren Priesterinnen, die das heilige Feuer der Stadt bewachen sollten. Die Vestalinnen waren hoch angesehen. Sie durften nicht heiraten oder eine Familie gründen.

Das Ende der Königsherrschaft

Die Herrschaft der etruskischen Könige endete um 510 v. Chr. – sie wurden von den Römern aus der Stadt vertrieben.

M2 Plan der Stadt Rom gegen Ende der Königszeit

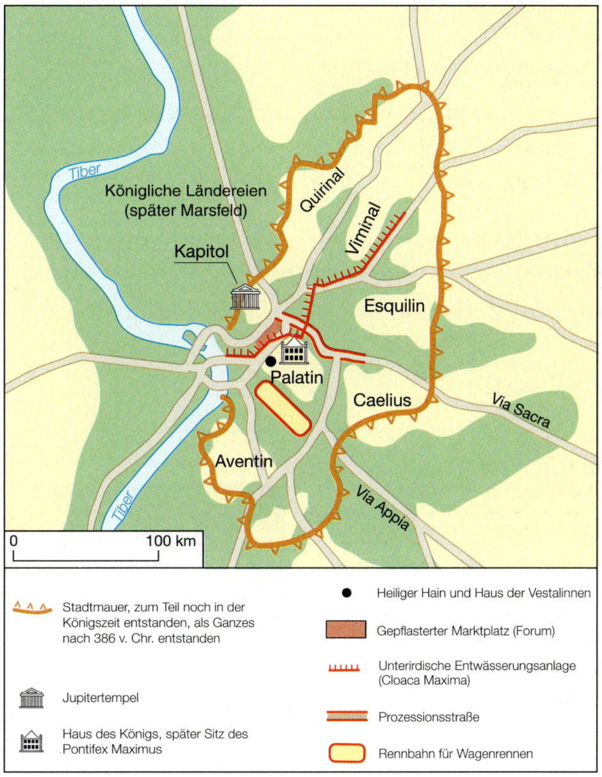

Streit um die Macht:
Finden die Römer eine gerechte Lösung?

Im Jahr 509 v. Chr. vertrieben die Römer die etruskischen Könige aus der Stadt. Sie wollten über ihr Schicksal nun selbst bestimmen.
Aber sofort gab es wieder Streit: Wer sollte die Macht im neuen Staat haben? Der Streit dauerte über 200 Jahre, aber dann fanden die Römer eine Lösung.

Wir diskutieren im Klassengespräch:

- **Welche Lösung haben die Römer gefunden?**
- **Wie beurteilst du diese Lösung?**

1. Beschreibt dieses Schlüsselereignis der römischen Geschichte. Nutzt dazu die methodischen Hinweise zur Untersuchung eines Streits.
Informationen dazu könnt ihr dem Text und dem Schaubild entnehmen.

Einen Streit untersuchen

a) Streitsache: Worum ging der Streit?
b) Streitgegner: Wer stand sich bei diesem Streit gegenüber?
c) Streitverlauf: Wie verlief der Streit?
d) Streitlösung: Wie wurde der Streit gelöst?

2. Dein Urteil ist gefragt!

Ein Urteil entwickeln

a) Formuliere deine Gedanken in einer Stichwortliste.
b) Begründete Urteile lassen sich leichter zusammen mit der Sitznachbarin bzw. dem Sitznachbarn entwickeln.
c) Überzeugend urteilen heißt, Sachverhalte aus verschiedenen Perspektiven zu betrachten. Zum Beispiel: Wie sehen es wohl die Beteiligten? Wie ist meine persönliche Sichtweise der Dinge?

Die Gegner im Streit: „Patrizier" und „Plebejer"

Schon zur Zeit der etruskischen Könige unterschieden sich die Römer in zwei große Gruppen: die *Patrizier* und die *Plebejer*.
Die Patrizier waren reiche, adelige Familien mit großem Landbesitz. Sie lebten vor allem von der Viehzucht. Die Plebejer waren einfache, arme Bauern, die vor allem vom Ackerbau lebten. Sie besaßen meist nur ein kleines Stück Land.
Es waren vor allem patrizische Familien, die den letzten, besonders grausamen etruskischen König im Jahr 509 v. Chr. aus der Stadt vertrieben.
Die Römer nannten ihren neuen Staat *Res Publica* (= öffentliche Sache). Damit wollten sie sagen, dass nun nicht mehr ein König alleine, sondern alle zusammen die Geschicke des Staates bestimmen sollten. Von diesem Namen *Res Publica* leitet sich unser modernes Wort *Republik* ab.
Die Patrizier aber bezogen dieses Wort nur auf sich selbst: Sie teilten die alten Aufgaben des Königs nur unter sich auf. Die Plebejer sollten nichts zu sagen haben.
Um ihre Macht und ihren Einfluss langfristig zu sichern, wollten die Patrizier unter sich bleiben: Ihre Kinder wurden getrennt von den Kindern der Plebejer erzogen und unterrichtet. Die Heirat mit Plebejern wurde verboten.
Man kann sagen: Patrizier und Plebejer wurden zu *Ständen*. So bezeichnet man Gruppen von Menschen, die rechtlich und wirtschaftlich streng voneinander getrennt sind. Die Unterscheidung von Patriziern und Plebejern kennzeichnet die gesamte römische Geschichte.

Die Streitsache: Auch die Plebejer fordern einen Teil der Macht

Die Patrizier fanden diese Aufteilung der Macht gut, viele Plebejer aber wollten sich damit nicht abfinden. Sie wussten: Immer wenn sich die Römer gegen Angreifer verteidigen und Kriege führen mussten, trugen sie die Haupt-

Im Senat (moderne Rekonstruktionszeichnung).
Der Senat bildete das Machtzentrum der römischen Republik. Hier hielten die berühmten römischen Politiker, wie Cicero oder Caesar, ihre Reden und versuchten, die Senatoren von ihren Ansichten zu überzeugen.

last. Denn die Plebejer bildeten als schwer bewaffnete Fußsoldaten den Hauptteil der römischen Armee.
Warum sollten sie ihr Leben für einen Staat riskieren, in dem sie nicht zu sagen hatten?
Die Plebejer wussten, dass die römische Armee ohne sie kampfunfähig war. Diesen Umstand nutzten sie, um sich im Streit um die Macht im Staat durchzusetzen.

Der Streitverlauf: Die Ständekämpfe
In über viele Jahre verteilten Schritten gelang es den Plebejern, sich immer mehr Rechte in der Republik zu erkämpfen. Welche Rechte dies waren, zeigt die Zeittafel im Überblick.

Die „Ständekämpfe"
490 v. Chr.: Die Plebejer dürfen eigene Versammlungen abhalten. Auf diesen Versammlungen dürfen sie die *Volkstribunen* wählen. Die Volkstribunen dürfen gegen die Maßnahmen der Regierung Einspruch erheben. Sie gelten als unantastbar, dürfen von den Patriziern also nicht verhaftet oder bestraft werden.
450 v. Chr.: Auf zwölf Bronzetafeln werden Gesetze öffentlich festgeschrieben. Sie schützen die Plebejer vor Willkür (*Zwölf-Tafel-Gesetz*).
367 v. Chr.: Plebejer dürfen oberste Staatsbeamte werden.
350 v. Chr.: Plebejer dürfen Priester werden.
287 v. Chr.: In den Versammlungen der Plebejer dürfen Gesetze beschlossen werden.

Die Streitlösung: Die Verfassung der Republik
Im Verlauf des 200 Jahre dauernden Streits entwickelten die Römer eine recht komplizierte staatliche Ordnung, die alle Patrizier und Plebejer zufriedenstellen sollte. Die Römer nannten das Ziel dieser neuen Ordnung *Concordia*, also „Eintracht".
Eine solche Ordnung aus Ämtern und Regeln, die die Verteilung der Macht in einem Staat festlegt, nennt man *Verfassung*. Solche Verfassungen kennt ihr schon aus der griechischen Geschichte.

Wie funktionierte die römische Verfassung?
Im Mittelpunkt standen die *Magistrate* – heute würden wir sagen: die Regierung. An der Spitze der Magistrate standen immer zwei Konsuln, die sich gegenseitig kontrollieren sollten. Denn die Römer hatten vor nichts mehr Angst, als davor, dass eine einzelne Person zu große Macht haben könnte.
Das eigentliche Machtzentrum aber war der *Senat*. Hier wurden die großen Entscheidungen – zum Beispiel über Krieg und Frieden – getroffen. Im Senat saßen etwa 300 Männer, die alle früher Magistrate gewesen waren. In der Frühzeit der Republik waren dies nur Patrizier, erst gegen Ende der Republik kamen auch Plebejer hinzu.
Neben den Magistraten und dem Senat gab es noch die *Volkstribunen*, die mit der Zeit immer mehr Einfluss gewannen und schließlich eine sehr mächtige Position einnahmen. Die Volkstribunen wurden von der Plebejerversammlung, die etwa zweimal im Jahr stattfand, gewählt.
Sowohl die Plebejerversammlungen wie auch die Heeresversammlungen fanden vor den Mauern der Stadt Rom statt, denn dort durften nach heiligem Brauch keine Waffen getragen werden. Auf diese Weise konnte man erreichen, dass alle Diskussionen friedlich ausgetragen wurden.

M **Die Verfassung der römischen Republik (um 200 v. Chr.)**

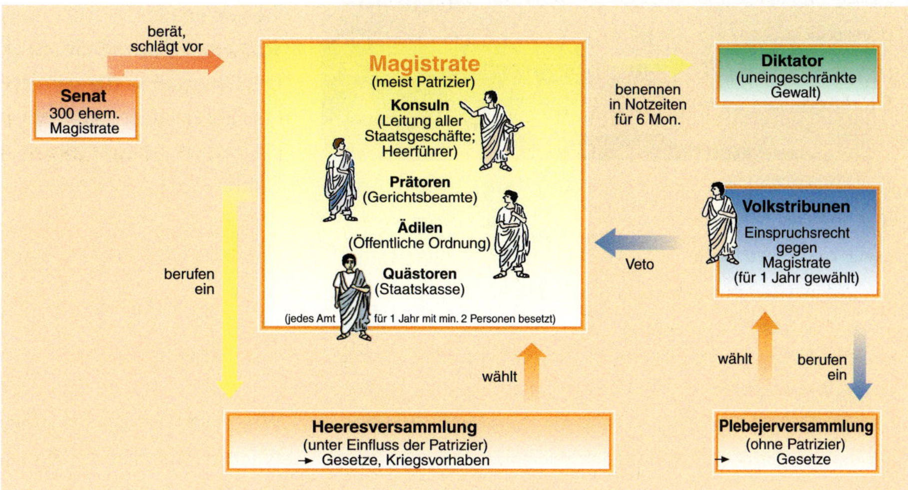

■ Untersucht und beschreibt die Verfassung der römischen Republik mithilfe der Methode „Mithilfe eines Schaubilds den Aufbau eines Staates erklären" (S. 103). Achtet besonders auf das Verhältnis zwischen dem Senat und den Volkstribunen!

Der Staat der Krieger – Wie Rom Italien eroberte

Jahrhundertelang befand sich die römische Republik fast ununterbrochen im Krieg. Dabei stand sie oft am Rande einer vernichtenden Niederlage. Letztlich aber konnte die römische Armee die entscheidenden Schlachten für sich gewinnen. In dieser Zeit entwickelten die Römer ihre bis heute berühmte Kriegskunst.
Schlachten zu gewinnen und fremde Gebiete zu erobern ist eine Sache. Diese Gebiete und die dort lebende Bevölkerung aber anschließend unter Kontrolle zu behalten und zu verteidigen – das ist eine zweite Sache. Hier kommt es nicht nur auf das Militär an, sondern noch mehr auf eine kluge Politik und Diplomatie. Auch auf diesem Gebiet entwickelten die Römer erstaunliche Fähigkeiten.

- **Wie funktionierte die römische Armee?**
- **Wie eroberte Rom Italien?**
- **Wie sicherten die Römer ihre Herrschaft in Italien?**

Zu diesen drei Fragen halten wir Expertenvorträge.

Expertenvorträge vorbereiten

a) Informationen sammeln und in kleinen Gruppen austauschen – so habt ihr eine sichere Informationsgrundlage für euren Vortrag.
b) Einen Stichwortzettel erstellen – der hilft euch später beim Vortrag.
c) Ein Plakat oder einen Tafelanschrieb erstellen – das hilft euren Zuhörern, eurem Vortrag zu folgen.

Mars – der römische Kriegsgott

Belagerungsanlage der römischen Armee (Rekonstruktion, Archeodrome bei Beaune in Frankreich).
Gegenüber der belagerten Stadt wurde ein Erdwall aufgeschüttet, auf dem wiederum hohe Türme angelegt wurden, die höher als die Mauern der belagerten Stadt waren. Von dort wurden mit Katapulten oder Schleudern Geschosse auf die belagerte Stadt abgeschossen. Zum direkten Angriff auf die Stadtmauern benutzten die römischen Soldaten einen Rammbock (*aries* = Widder) aus Holz mit eisernem Kopf, der von durch ein Dach geschützten Soldaten vorangetrieben wurde.

Wie funktionierte die römische Armee?

Zur Zeit der Republik waren die männlichen römischen Bürger zugleich auch Soldaten. Immer wenn die Republik von Feinden angegriffen wurde oder der Senat einen Krieg erklärte, wurden die Bürger zu den Waffen gerufen.
Dann brachten alle – je nach ihrem Vermögen – ihre eigenen Waffen mit. Die Patrizier dienten meist als Reiter mit aufwendiger Rüstung, die Plebejer als Fußsoldaten. Sie waren oft nur mit einem *pilum* (Wurfspieß) und einem *scutum* (Schutzschild aus Holz) bewaffnet.
Die Disziplin in der römischen Armee war sehr streng. Ein Lob zu erhalten, galt bei den Römern, die sich vor allem als mutige Krieger sehen wollten, als besondere Ehre. Die Strafen bei Fehlverhalten waren eine besondere Schmach und sehr streng.
Wie bei den Magistraten waren die Offiziersposten in der römischen Armee immer mindestens doppelt besetzt: Die beiden Konsuln waren die Oberbefehlshaber der Armee. Jeweils sechs Militärtribunen befehligten eine Legion.

Wie eroberte Rom Italien?

Nach dem Ende der Königszeit schloss sich die römische Republik zum Schutz vor Feinden mit anderen Städten zum *Latinischen Bund* zusammen. Gemeinsam mit diesen Städten führte man Verteidigungskriege gegen umliegende Städte und Völker. Durch die siegreiche Belagerung der Etruskerstadt Veji (406–395 v. Chr.) konnte die römische Armee diese Kriege zunächst für sich entscheiden.

Dann aber kam eine gefährliche Niederlage: Ein feindliches Volk aus dem Norden, die Gallier, besiegte die römische Armee und drang im Jahr 390 v. Chr. bis in die Stadt vor. Nur eine kleine Gruppe römischer Soldaten überlebte – der Sage nach hatte das Geschnatter der heiligen Gänse auf dem Kapitol sie vor dem Feind gewarnt. 340 v. Chr. konnte Rom einen Krieg gegen aufständische Städte des Latinischen Bundes gewinnen. Von 340 bis 304 v. Chr. folgten drei aufreibende Kriege gegen das mittelitalienische Volk der Samniten. Obwohl die römische Armee einmal im Bergland gefährlich eingekesselt worden war (311 v. Chr.), konnte sie auch diese Kriege für sich entscheiden.

Die römische Republik beherrschte zu diesem Zeitpunkt ganz Mittel- und Norditalien. Nach einem etwa zehnjährigen Krieg gegen die Hafenstadt Tarent kontrollierten die Römer auch das südliche Italien.

Wie sicherten die Römer ihre Herrschaft in Italien?

Anfangs hatten die Römer keine feste Vorstellung davon, wie sie mit eroberten Gebieten umgehen sollten. Sie verfuhren von Fall zu Fall unterschiedlich. Mit der Zeit lernten sie immer besser, wie ihre Vorherrschaft organisiert werden könnte.

Manche eroberten Gebiete, wie zum Beispiel die Stadt Veji, wurden kurzerhand zum Staatsgebiet der Republik erklärt und an römische Siedler vergeben. Auch die latinischen Städte galten als römisches Gebiet.

Während der Kriege gegen die Samniten begannen die Römer damit, in den eroberten Gebieten Siedlungen mit bewaffneten römischen Bürgern einzurichten. Sie nannten diese Siedlungen *Kolonien*. Die Kolonien waren selbstständig, aber trotzdem fest mit der Stadt Rom verbunden. Sie galten als Außenposten in fremdem Gebiet.

Im weiteren Verlauf gingen die Römer zu einer neuen Strategie über: Nach einem militärischen Sieg schlossen sie Frieden mit dem besiegten Volk und verpflichteten es im Gegenzug zur Freundschaft mit der römischen Republik. Diese Völker nannten sie *Bundesgenossen*.

Im Kriegsfall mussten die Bundesgenossen Soldaten zur Verfügung stellen. Sie bekamen aber auch Unterstützung von der römischen Armee, wenn sie selbst angegriffen wurden. Als besondere Anerkennung erhielten einige der Bundesgenossen sogar die römische Staatsbürgerschaft. Alleine hätte die römische Republik niemals ihr späteres Weltreich erobern können – gemeinsam mit den Bundesgenossen in Italien hatte sie die dazu nötige Kraft und Unterstützung.

Das Geheimnis des Erfolges dieser Politik beschrieb der römische Schriftsteller Tacitus so: Die Neuartigkeit der römischen Politik lag darin, dass man „an ein und demselben Tag die Mehrzahl der Völker als Feinde und ebenso als Mitbürger betrachten" konnte.

Die Ausbreitung Roms in Italien bis etwa 240 v. Chr.

Wie entwickelte sich das Römische Reich?

Was uns Geschichtskarten zeigen können – und was nicht

Im 3. Jahrhundert v. Chr. hatten die Römer in vielen kriegerischen Auseinandersetzungen ganz Italien unter ihre Kontrolle gebracht. Wie entwickelte sich das Reich der Römer weiter?

Wenn wir diese Frage beantworten wollen, so kann uns eine Geschichtskarte helfen. Geschichtskarten können uns auf anschauliche Weise wichtige Informationen geben, aber sie werfen auch neue Fragen auf.

Wir untersuchen eine Geschichtskarte:

- **Welche Informationen können wir dieser Geschichtskarte entnehmen?**
- **Wirft die Geschichtskarte auch neue Fragen auf?**

1. Untersucht die Geschichtskarte unten in Kleingruppen. Nutzt dazu die Methode „Eine Geschichtskarte untersuchen".

2. Vervollständigt den Text auf der rechten Seite.

M **Die Ausdehnung des Römischen Reiches**

Methode Eine Geschichtskarte untersuchen

Karten kennt ihr aus dem Unterricht, aber auch aus dem Alltag. Sie sollen immer bei einer ganz bestimmten Aufgabe helfen. Straßenkarten helfen zum Beispiel, den Weg zum Urlaubsort zu finden.
Damit Karten ihre Aufgabe erfüllen können, enthalten sie Symbole, die eine bestimmte Bedeutung haben (eine dicke Linie kann zum Beispiel „Autobahn" bedeuten). Damit ein Betrachter die Symbole verstehen kann, sind sie in einer „Legende" erklärt. Jede Karte besteht also aus drei Elementen: der Überschrift, der Karte selbst und der Legende.

Geschichtskarten sind spezielle Karten. Sie sollen uns helfen, uns in der Vergangenheit zu orientieren. Sie zeigen die Welt (oder einen Teil davon), so wie sie früher war. Geschichtskarten stellen also einen bestimmten *Raum* (z. B. Europa) *und* eine bestimmte Zeit oder einen Zeitraum (z. B. 200 v. Chr.) dar.
Mithilfe von Geschichtskarten können wir deshalb Fragen nach dem „wo?" und nach dem „wann?" beantworten.

Eine Geschichtskarte untersuchen – die 7-Schritt-Methode

	So könnten eure Ergebnisse zur Karte auf S. 126 beginnen:
1. Schritt: Leitfrage Wir legen fest, welche Fragen wir beantworten wollen.	*Wie entwickelte sich das Römische Reich?*
2. Schritt: Thema Welches Thema hat die Geschichtskarte? Oft gibt die Überschrift der Karte schon einen wichtigen Hinweis.	*Die Ausdehnung des …*
3. Schritt: Raum und Zeit Welchen Raum und welche Zeit zeigt die Geschichtskarte? Hier helfen Überschrift und Legende weiter.	*Die Karte zeigt Europa, Vorderasien und … .* *Sie umfasst den Zeitraum von etwa … bis … .*
4. Schritt: Symbole Welche Symbole (z. B. Farben, Linien oder Pfeile) enthält die Karte und was bedeuten sie? Die Legende erklärt die Bedeutung der Symbole.	*Verschiedene Farben zeigen …*
5. Schritt: Beschriftungen Welche Beschriftungen enthält die Karte und was bedeuten sie?	*Die (lateinischen) Namen der römischen … .* *Das Datum …*
6. Schritt: Zusammenfassende Antworten Welche Antworten auf unsere Leitfragen können wir nun formulieren?	*Das Römische Reich wuchs im Laufe von … Jahren.* *Zuerst (bis etwa … v. Chr.) gehörten Italien, die Inseln Korsika und Sardinien sowie die Westküste Spaniens zum Römischen Reich. Dann kamen bis 133 v. Chr. die Provinzen Hispania im heutigen Spanien und Illyricum, …, …, im heutigen … hinzu.* *Im 2. Jahrhundert n. Chr. umfasste das Römische Reich ein … Gebiet. Wie groß das Römische Reich wurde, kann man so verdeutlichen: Heute würde es diese Staaten umfassen: …*
7. Schritt: Neue Fragen Welche Fragen bleiben offen oder ergeben sich neu?	*Manche Fragen lassen sich mit der Karte allein nicht beantworten. Manche Fragen haben wir auch neu entdeckt. Zum Beispiel: Warum dehnte sich das Römische Reich immer weiter aus? …….?*

Warum die Römer in den Krieg zogen – Das Beispiel Karthago

Mithilfe der Geschichtskarte lässt sich erkennen, wie sich das Römische Reich immer weiter ausdehnte. Aber die Karte beantwortet noch nicht die Frage nach dem „warum“: Warum zogen die Römer in den Krieg und eroberten immer weitere Gebiete?
Am Beispiel der drei „Punischen Kriege“ gegen die Stadt Karthago lernen wir drei wesentliche Motive der römischen Armee kennen.

Wir erstellen und erläutern eine Stichwortliste:

- **Warum zogen die Römer in den Krieg?**

1. Untersucht für jeden der drei Punischen Kriege Anlass, Verlauf und Ergebnis des Krieges.
Bildet dazu Kleingruppen und nutzt den Text sowie die Karte M 2.

	1. Punischer Krieg	**2. Punischer Krieg**	**3. Punischer Krieg**
Wer waren die Kriegsparteien?			
Was waren Anlass und Ursache des Krieges?			
Welchen Verlauf nahm der Krieg (zeitliche Dauer, Raum, wichtige Ereignisse, Ende)?			
Was waren die Folgen?			

2. Übertragt euer Stichwortschema auf die Tafel, ein Plakat oder eine Folie.

3. Beantwortet die Leitfrage zusammenfassend.
Tipp: Ihr könnt drei unterschiedliche Motive finden.

Rom gegen Karthago

Die Karthager, von den Römern „Punier“ genannt, beherrschten seit dem 5. Jahrhundert v. Chr. den Handel im westlichen Mittelmeer. Die Stadt Karthago besaß einen großen, geschützten Hafen für viele Handels- und Kriegsschiffe. Sie befuhren vor allem das westliche Mittelmeer, trieben aber auch Handel mit Britannien und der westafrikanischen Elfenbeinküste.
Mit der Eroberung Süditaliens hatten die Römer den früheren Seehandel Griechenlands übernommen. Römer und Karthager kamen sich seitdem ins Gehege: Sie wurden zu Konkurrenten im Handel auf dem Mittelmeer.

Der 1. Punische Krieg (264 – 241 v. Chr.)

Im Jahr 264 v. Chr. wurden beide Mächte in einen Streit zwischen zwei sizilianischen Städten hineingezogen. Rom kam seinen Bundesgenossen in der Stadt Messina zu Hilfe, die von einem karthagischen Heer belagert wurden. Diese ursprünglich nicht sehr bedeutende Auseinandersetzung entwickelte sich zu einem mehr als 20 Jahre andauernden Krieg zwischen beiden Großmächten.
Um dem Gegner auch zu Wasser gewachsen zu sein, bauten die Römer – die bis dahin nur Landkriege geführt hatten – in aller Eile eigene Kriegsschiffe.
Weil zunächst keiner der Gegner dem anderen eindeutig überlegen war, zog sich der Krieg in die Länge. Als schließlich aber ein Versuch Karthagos, seine letzten Stellungen auf Sizilien zu retten, mit einer Niederlage und dem Verlust seiner Flotte endete, war es bereit, mit Rom Frieden zu schließen.
Rom verlangte als Entschädigung die erdrückende Summe von ca. 80 Tonnen Silber und beherrschte nun auch Sizilien und Sardinien.
Die Karthager verschafften sich bald Ersatz für die verlorenen Gebiete und eroberten Südspanien. Diese Entwicklung sah Rom mit Sorge, denn es befürchtete eine weitere Ausdehnung des punischen Einflussgebietes. Noch konnte aber eine militärische Auseinandersetzung abgewendet werden: In einem Vertrag von 226 v. Chr. wurde der Fluss Ebro zur Grenze zwischen dem römischen und dem punischen Einflussgebiet erklärt.

Der 2. Punische Krieg (218 – 201 v. Chr.)

Im Jahre 221 v. Chr. war der 26-jährige Hannibal Feldherr des karthagischen Heeres geworden. Er eroberte 218 v. Chr. die Hafenstadt Sagunt in Spanien. Sagunt war mit den Römern verbündet – und Hannibal war klar, dass er damit die Römer zum Krieg herausforderte. Er wusste, dass die Römer Truppen auf dem Seeweg nach Spanien schicken würden.
Hannibal entschloss sich zu einer unglaublichen Strategie: Mit 50 000 Soldaten, 9 000 Reitern und 37 Kriegselefanten zog er über die Pyrenäen, durchquerte Südfrankreich und wagte schließlich die äußerst gefährliche Überquerung der Alpen.
Damit überrumpelte Hannibal die Römer, noch bevor diese ein Heer nach Spanien schicken konnten. Er zog durch Norditalien und verwüstete das Land. Die mächtigen Kriegselefanten versetzten die Römer in Angst und Schre-

cken. Die römischen Truppen wurden mehrfach vernichtend geschlagen. In der Schlacht bei Cannae geschah schließlich im Jahr 216 v. Chr. die Katastrophe: 70 000 römische Soldaten starben – der Großteil des römischen Heeres.

„Hannibal vor den Toren" – das war die panische Angst, die nun in der Stadt Rom umging. Selbst Tiberbrücken wurden abgerissen. Doch zur Verwunderung der Römer griff Hannibal die Stadt nicht an, sondern zog weiter nach Süditalien, um dort weitere Verstärkung abzuwarten.

Nach der verheerenden Niederlage in der Schlacht von Cannae änderten die Römer ihre Taktik: Sie gingen jetzt direkten Auseinandersetzungen mit Hannibal aus dem Weg und suchten ihn durch Kämpfe außerhalb Italiens zu zermürben. Schließlich gelang dem römischen Feldherren Scipio die Wende: Er besiegte punische Truppen in Spanien, zwang Hannibal damit zur Rückkehr nach Karthago und besiegte ihn endgültig in der Stadt Zama, nahe bei Karthago.

Nach dem Sieg zwangen die Römer Karthago zur Aufgabe seiner spanischen Besitzungen, seiner gesamten Flotte und seiner Kriegselefanten. Darüber hinaus wurde Karthago zur Bündnistreue mit Rom verpflichtet: Es durfte nur noch in Afrika und mit Erlaubnis Roms Kriege führen.

Der 3. Punische Krieg (148 – 146 v. Chr.)

Mit diesen harten Friedensbedingungen glaubten die Römer die gefährliche Konkurrenz Karthagos ausgeschaltet zu haben. Dennoch gab es Stimmen, die vor einer erneuten Bedrohung warnten. Einer ihrer bekanntesten Vertreter war der Senator Cato, der jede seiner Reden im Senat mit den Worten beendete: „Im Übrigen meine ich, dass Karthago zerstört werden muss."

Diese Stimmen schienen Recht zu bekommen als in den folgenden Jahrzehnten Karthago seinen wirtschaftlichen Einfluss im westlichen Mittelmeer wieder auszubauen begann und schließlich sogar ohne Erlaubnis Roms einen Krieg gegen ein benachbartes Volk in Afrika zu führen begannen.

Ein römisches Heer landete in Afrika und forderte die Karthager auf, ihre Stadt zu verlassen. Die Karthager waren bereit, sich zu unterwerfen, gaben ihre Waffen ab und stellten sogar Geiseln. Doch ihre Stadt wollten sie nicht aufgeben.

Die römische Armee belagerte die Stadt. Nach drei Jahren mussten die Bewohner aufgeben. Sie wurden in die Sklaverei verkauft, die Stadt Karthago wurde vollständig zerstört. Das von der Stadt früher beherrschte Land wurde zur römischen Provinz „Africa".

M1 Hannibal zeigt seinen Kriegern Italien (Darstellung aus dem 19. Jh.)

M2 Rom und Karthago zur Zeit des 2. Punischen Krieges

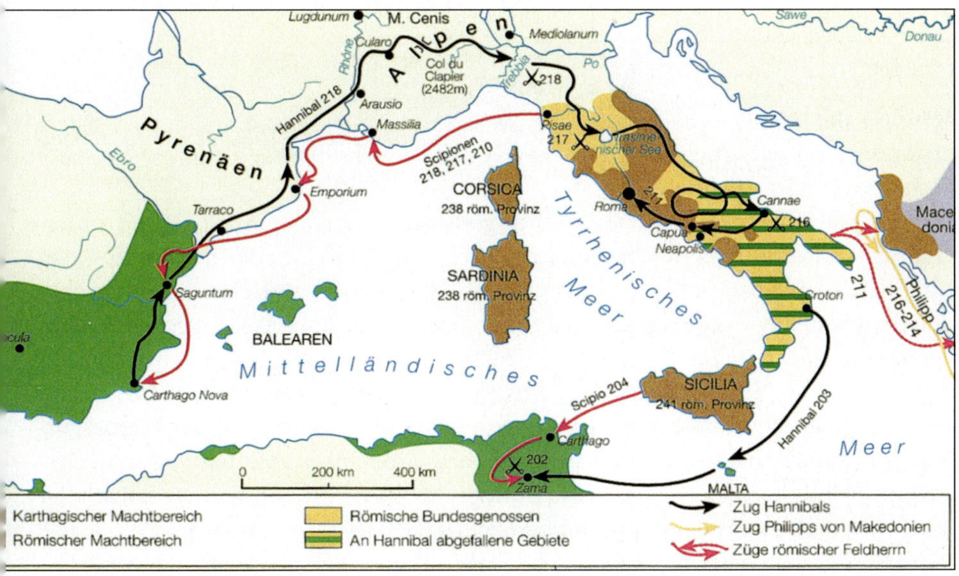

■ Erarbeitet die Aussagen der Karte mithilfe der Methode „Eine Geschichtskarte untersuchen" (S. 127).

Wie rechtfertigten die Römer ihre Kriege?

In der Antike wurde die Notwendigkeit von Kriegen selten infrage gestellt. Es gab Gründe, die einen Krieg offenbar rechtfertigten: Landmangel, Hunger, Angriffe fremder Völker. Dennoch: Auch in der Antike war allen Menschen klar, dass Krieg immer auch grausam und voller Leiden war.

Wir vergleichen verschiedene zeitgenössische Meinungen:

- **Wie dachten die Römer: Sind Kriege gerechtfertigt?**

1. Untersucht in Gruppen jeweils eine der Quellen M 1 bis M 4: Wie urteilt der Autor jeweils über den Krieg?

2. Stellt die vier Urteile in einer Tabelle einander gegenüber.

3. Vergleicht die Urteile miteinander.

4. Diskutiert im Klassenverband:

Können Kriege gerechtfertigt sein?			
So sieht es Polybios:	So sieht es Diodor:	So sieht es Sallust:	So sieht es Cicero:

Welchem der antiken Urteile könnt ihr am ehesten zustimmen, welchem gar nicht?

M 1 Polybios

Der Grieche Polybios lebte in der Mitte des 2. Jahrhunderts v. Chr. in Rom. Er schrieb eine Geschichte der Punischen Kriege. Darin berichtet er, welche Meinungen in Griechenland über den 3. Punischen Krieg diskutiert wurden.

Einige billigten die Handlungsweise der Römer und behaupteten, diese hätten verständig und wirkungsvoll die Interessen ihrer Herrschaft verfolgt; dass sie die ihnen drohende Gefahr und die Stadt, die oft mit ihnen um die Vorherrschaft gerungen habe und auch jetzt noch bei passender Gelegenheit dazu imstande sei, beseitigt hätten und dadurch ihrem Lande die Herrschaft gesichert hätten, zeuge nur von ihrer Einsicht und ihrem Weitblick.
Andere widersprachen dem: Die Römer blieben nicht bei ihren Grundsätzen, mit denen sie ihre Vorherrschaft gewonnen hätten. [...] Denn früher hätten sie ihre Kriege alle nur so lange geführt, bis sie gesiegt und ihre Gegner zu der Erkenntnis geführt hätten, man müsse ihnen gehorchen und ihre Befehle ausführen. [...]

(Polybios, Römische Geschichte, eing. u. übers. v. Hans Drexler, Zürich/Stuttgart 1961, S.1295 – GuGesch 146)

M 2 Diodor

Der sizilianische Schriftsteller Diodor schrieb im 1. Jh. v. Chr.:

Die Römer errichteten ihr Weltreich durch die Tapferkeit ihrer Heere und brachten sie zur größten Ausdehnung durch die überaus anständige Behandlung der Unterworfenen. Und sie blieben so sehr frei von Rachsucht den Unterworfenen gegenüber, dass man hätte glauben können, sie kämen zu ihnen nicht als Feinde, sondern gleichsam zu Männern, die sich um sie verdient gemacht hätten, und zu Freunden.

(Zit. nach: Geschichte in Quellen, Altertum, München (bsv) 1989, S. 456, übers. v. W. Arendt)

M 3 Sallust

Der römische Historiker Sallust lässt den von den Römern besiegten König Mithridates VI. über die Römer urteilen.

Die Römer haben ein einziges und uraltes Motiv dafür, mit allen Nationen und Völkern und Königen Krieg anzufangen: unermessliche Begierde nach Herrschaft und Reichtum. [...] Die Römer führten ihre Waffen gegen alle Völker, die schärfsten gegen die, deren Niederlage die meiste Waffenbeute einbringt; durch [...] Täuschen und dadurch, dass sie Krieg an Krieg reihen, sind sie groß geworden. Und so werden sie alles vernichten und selbst zugrunde gehen. [...]

(Zit. nach: Geschichte in Quellen, a.a.O., S. 505 f., übers. v. W. Arendt)

M 4 Cicero

Der römische Philosoph Cicero (106–43 v. Chr.) schrieb über den „gerechten Krieg“:

Das sind ungerechte Kriege, die ohne Grund unternommen worden sind. Denn nur dann kann ein Krieg [...] als gerecht gelten, wenn es sich darum handelt, Rache an den Feinden zu üben oder diese abzuwehren. Sonst nicht. Kein Krieg gilt für gerecht, wenn er nicht vorher angekündigt, wenn er nicht formell erklärt ist, wenn er nicht aus Gründen der Wiedergutmachung geführt wird. Unser Volk hat dadurch, dass es seine Bundesgenossen verteidigte, sich selbst aller Länder bemächtigt.

(Zit. nach: Geschichte in Quellen, a.a.O., S. 523, übers. v. W. Arendt)

Methode Schwierige Texte verstehen und wiedergeben

Immer wieder begegnen uns Texte, die nicht einfach zu verstehen sind. Das können Darstellungen von Historikerinnen oder Historikern sein. Oder auch schriftliche Quellen, die in früheren Zeiten geschrieben wurden. Solche Texte kann man nicht auf Anhieb verstehen. Aber mit etwas Geduld geht es doch. Die 5-Schritt-Methode hilft dabei.

Schwierige Texte verstehen und wiedergeben – die 5-Schritt-Methode

1. Schritt: Leitfrage klären Mache dir klar, in welchem Zusammenhang dir der Text begegnet. Zu welcher Frage soll er dir eine Antwort geben, zu welchem Thema Informationen liefern?	*Hier geht es um die Meinung römischer Zeitgenossen zum Krieg. Wahrscheinlich werden die Texte also eine Meinung beeinhalten und diese Meinung vielleicht auch mit Argumenten begründen.*
2. Schritt: In Ruhe lesen Lies den Text in Ruhe durch. Das solltest du alleine und ungestört tun. Halte fest, was du beim ersten Lesen schon verstanden hast.	*Zum Beispiel kannst du vielleicht schon erkennen, ob der Autor die Leitfrage mit „ja" oder mit „nein" beantworten würde.*
3. Schritt: Informationen zum Text sammeln Oft gibt es Informationen über den Text, die schon sehr weiterhelfen. Zum Beispiel zum Autor, zum Leserkreis oder zum Anlass.	*In der Einleitung zu M 1 heißt es, dass Polybios darüber berichtet, welche Meinungen in Griechenland diskutiert wurden. Wahrscheinlich werden im Text also nicht nur eine, sondern mehrere Meinungen dargestellt.*
4. Schritt: Erneut lesen und genau verstehen Lies den Text ein zweites Mal Satz für Satz durch. Übersetze jeden Satz aus der oft altertümlichen Sprache in modernere, leichter verständliche Formulierungen. Kläre dabei unbekannte Wörter. Gliedere den Text in Sinnabschnitte und fasse den Inhalt jedes Sinnabschnittes in wenigen Worten zusammen.	*Der erste Satz aus M 1 könnte heißen: „Einige meinten, dass die Römer richtig handelten: Sie waren so oft von den Karthagern bedroht worden, dass es klug war, sie in einem weiteren Krieg endgültig zu besiegen."* *M 1 besteht aus zwei Sinnabschnitten: 1. Die Meinung, dass die Römer richtig handelten. 2. Die Meinung, dass die Römer dieses Mal falsch handelten.*
5. Schritt: Ergebnisse zusammenfassen Stelle zum Schluss dar, welche Antworten der Text auf die Leitfrage gibt oder welche Informationen er zu deinem Thema liefert.	*Zum Beispiel M 2: Diodor rechtfertigt die römischen Kriege mit der … Behandlung der Gegner.*

Triumphzug römischer Soldaten mit Beutestücken (Relief am Titusbogen auf dem Forum in Rom)

Krise in Rom – Was ist zu tun?

Die vielen Eroberungen der römischen Armee und die immer weitere Ausdehnung des Römischen Reiches hatten unerwartete und dramatische Folgen für die Römer selbst: Manche Römer wurden plötzlich sehr reich, die allermeisten aber verarmten und konnten ihre Familien nicht mehr ernähren. Zwischen den Römern entstand Streit, der sich schließlich zu einem regelrechten Bürgerkrieg entwickelte.

Wir beschreiben und beurteilen eine historische Situation in verschiedenen Rollen.

- **Welche Ursachen hatte die Krise in Rom?**
- **Welche Lösungsansätze gab es?**
- **Wie beurteilen wir diese Lösungsansätze?**

1. Beschreibt in fünf verschiedenen Spielrollen, wie sich das Leben der Römer veränderte:
- Ich bin Bauer und Soldat …
- Ich bin Sklave …
- Ich bin Proletarier …
- Ich bin Gutsbesitzer …
- Ich bin Ritter …

Alle notwendigen Informationen findet ihr im ersten Teil des Darstellungstextes („Die Kriege verändern das Leben der Römer").

2. Stellt die Krise und die wichtigsten Lösungsansätze während des Bürgerkrieges in vier kurzen Vorträgen dar:
- Ich bin Experte für die Krise in Rom und erläutere, warum die Schlagkraft der Armee gefährdet war …
- Ich berichte über Tiberius und Gaius Gracchus …
- Ich stelle den Lösungsansatz des Marius vor …
- Ich berichte über Sulla …

Alle notwendigen Informationen findet ihr im zweiten Teil des Darstellungstextes („Die Krise" und „Die Lösungsansätze").

3. Ein Bauer, ein Sklave, ein Proletarier, ein Gutsbesitzer und ein Ritter treffen auf einer Straße in Rom aufeinander. In Wirklichkeit werden die fünf nicht miteinander geredet haben, weil ein adeliger Gutsbesitzer sich dazu nicht herabgelassen und ein Sklave sich nicht getraut hätte. Ihr aber könnt in einem kleinen Rollenspiel die Vor- und Nachteile der drei Lösungsansätze diskutieren.

4. Nach dem Rollenspiel: Wie denkt ihr heute über die drei Lösungsansätze? Tauscht eure Meinungen aus.

Die Kriege verändern das Leben der Römer

Bauern und Soldaten

Seit vielen Generationen gehörte der Krieg zum Leben der römischen Bauern. Soweit sie zurückdenken konnten, waren ihre Väter, Großväter und Urgroßväter immer wieder in den Krieg gezogen. Rüstung und Waffen bewahrten sie zu Hause auf. Weil Kriege in der Antike fast immer nur im Sommer geführt wurden, beschränkte sich ihr Dienst als Soldaten auf wenige Wochen im Sommer. Danach kehrten sie auf ihre Felder zurück und brachten die Ernte ein.

Seit den Punischen Kriegen änderte sich diese Situation jedoch in einem entscheidenden Punkt: Weil Rom jetzt häufig Kriege auch außerhalb Italiens führte, dauerten die Feldzüge länger und die Soldaten kehrten erst nach langer Abwesenheit auf ihre Felder zurück.

Wenig ist über die Situation ihrer Frauen und Kinder überliefert. Aber sicher ist, dass sie oftmals über Wochen und Monate, manchmal Jahre gezwungen waren, alle Arbeiten alleine zu erledigen – wenn ihre Männer und Väter denn überhaupt lebend von einem Feldzug zurückkehrten.

Viele Bauernfamilien gerieten so in Not, litten Hunger und mussten ihr Land verkaufen. Fortan waren sie gezwungen als Tagelöhner auf einem Landgut zu arbeiten oder in die Stadt zu wandern – in der Hoffnung, dort ein Auskommen zu finden.

Sklaven und Proletarier

Besonders deprimierend muss auf diese römischen Bauern-Soldaten dann eine andere Entwicklung gewirkt haben: Als Folge der Feldzüge (an denen sie selber teilgenommen hatten) waren hunderttausende von Sklaven nach Rom und Italien gebracht worden. Dort wurden sie von den Gutsbesitzern auf dem Land als Landarbeiter und in Rom als Dienstboten und Handwerker beschäftigt. Für die Kleinbauern, die ihr Land verloren hatten, gab es jetzt keine Arbeitsplätze mehr. Die römischen Kleinbauern hatten sozusagen ihre eigene Arbeitslosigkeit herbeigesiegt. Immer mehr von ihnen wurden arbeitslos und lebten von öffentlichen Spenden. Von dem griechischen Geschichtsschreiber Plutarch ist uns überliefert, wie der römische Volkstribun Tiberius Gracchus ihre Situation beschrieb: „Die Männer aber, die für Italien kämpfen und sterben, haben nichts als Luft und Licht. […] Herren der Welt werden sie genannt: In Wirklichkeit aber besitzen sie nicht das kleinste Stück Land."

Da diese Menschen außer ihren Kindern oft nichts besaßen, wurden sie „Proletarier" (lat.: proles = Kinder) genannt.

Gutsbesitzer

Im Unterschied zu den Proletariern konnten die Gutsbesitzer die neue Situation für sich nutzen. Sie beschäftigten Sklaven als billige Arbeitskräfte auf ihren Gütern. So konnten sie im großen Stil Wein, Oliven und Getreide anbauen. Besonders gute Gewinne erzielten sie mit der Viehzucht.
Staatliche Ländereien, die im Krieg erobert worden waren, konnte jeder römische Bürger und Bauer pachten. Aber nur die reichen Grundbesitzer konnten sich große Flächen leisten. Häufig setzten sie zudem die Kleinbauern, die ein kleines Stück Land zugeteilt bekommen hatten, unter Druck, ihr Land an sie zu verkaufen.
So wandelte sich mit der Zeit das Gesicht der römischen Landwirtschaft: An die Stelle vieler kleiner selbstständiger Bauernhöfe traten große Landgüter, auf denen Sklaven unter der Leitung eines Gutsverwalters für die meist adeligen Großgrundbesitzer arbeiteten. Die früher selbstständigen Bauern konnten – wenn sie Glück hatten – als Landarbeiter auf den Landgütern arbeiten. Viele wanderten in die Städte ab.

Ritter

Neben den adeligen Landbesitzern profitierte eine weitere, neu entstehende Bevölkerungsgruppe von der Ausdehnung des Römischen Reiches: die Ritter. Als Ritter bezeichneten die Römer nichtadelige Bürger, die durch Handel oder Handwerk reich geworden waren. Das neue große Weltreich machte den Fernhandel lukrativ; der römische Staat und insbesondere die Armee vergaben große Bauaufträge für öffentliche Gebäude, Straßen oder Wasserleitungen.
Die Ritter bildeten bald eine neue Schicht innerhalb der römischen Gesellschaft.

Die Krise

Die Spaltung der Gesellschaft

In der Mitte des 2. Jahrhunderts v. Chr. war es nicht mehr zu übersehen: Die römische Gesellschaft war tief gespalten – auf der einen Seite die große Masse der verarmten Proletarier, auf der anderen die Adeligen und Ritter, die immer größere Reichtümer anhäuften.
Kein Wunder, dass es im Alltag immer häufiger zu Missgunst, Streit und Auseinandersetzungen kam. Die alte Einheit der Römer war verloren gegangen.

Die Gefährdung der Armee

Noch schlimmer aber war ein weiteres Problem: Weil so viele Kleinbauern verarmt waren, konnte die römische Armee immer weniger Soldaten rekrutieren, die ja nach altem Brauch ihre militärische Ausrüstung aus eigenen Mitteln stellen mussten. Das war ein ernstes Problem – nicht nur für die römische Armee, sondern für den römischen Staat insgesamt.

M1 Die römische Gesellschaft im 1. Jahrhundert v. Chr.

Senatoren und Adel
Die adeligen Familien bildeten die reiche und mächtige Oberschicht in Rom. Aus ihren Reihen stammten die Senatoren.

Ritter
Die Ritter waren reiche Handelskaufleute und Unternehmer.

Bauern, Händler, Handwerker
Bauern, Kleinhändler und Handwerker bildeten die Mittelschicht in Rom und auf dem Land.

Proletarier
Die Proletarier bildeten die größte Schicht in der Stadt Rom. Meistens handelte es sich um Bauern oder Handwerker, die ihr Land oder ihre Arbeit verloren hatten. Die Proletarier waren besitzlos und hatten keine regelmäßige Arbeitsstelle. Viele überlebten als Klienten eine adeligen Patrons (s. S. 140f.).

Sklaven
Die Sklaven – meist ehemalige Kriegsgefangene – waren Eigentum ihres Besitzers und arbeiteten ohne Lohn in Bergwerken, auf Landgütern oder als Hausangestellte.

1 Vergleicht mit der römischen Gesellschaft zur Zeit der Ständekämpfe (S. 122/123).

2 Beschreibt die Veränderungen und erklärt, inwiefern sie mit den römischen Eroberungen zusammenhängen.

Popularen und Optimaten

Vor diesem Hintergrund bildeten sich im römischen Senat zwei Parteien: die *Popularen* (von lat.: populus = Volk) suchten – oft in Zusammenarbeit mit den Volkstribunen – das Los der Proletarier zu verbessern. Die *Optimaten* (von lat.: optimus = der Beste) hingegen wandten sich gegen jedes Zugeständnis an die Proletarier. Der Senat sollte als Versammlung der Adeligen seine Macht uneingeschränkt behalten.

Der Bürgerkrieg

In dieser angespannten Situation kam es in Rom zum Bürgerkrieg, der fast 100 Jahre andauerte. In vielen Diskussionen und Reden, im Senat und in den Volksversammlungen oder auf den Straßen, aber zum Teil auch mit brutaler Gewalt stritten sich die Römer um die richtige Lösung für die Krise.

Die Lösungsversuche

Tiberius und Gaius Gracchus

Der Volkstribun Tiberius Gracchus wollte sich mit dem Unglück der Proletarier nicht abfinden und prangerte in seinen Reden die große soziale Ungleichheit unter den Römern an. Er schlug ein Gesetz vor, nach dem jeder römische Bürger nicht mehr als 1000 Morgen Land besitzen durfte. Alles übrige Land sollte kostenlos an die besitzlosen Bürger Roms verteilt werden. Tiberius begründete seinen Vorschlag damit, dass es diese Bürger gewesen seien, die als Soldaten das Römische Reich erst geschaffen und verteidigt hätten.

Erwartungsgemäß protestierten die adeligen Großgrundbesitzer heftig gegen diesen Vorschlag. Deshalb brachte Tiberius ihn erst gar nicht – wie sonst üblich – vor dem Senat zur Sprache, sondern legte ihn gleich der Volksversammlung vor. Die Volksversammlung stimmte den Reformvorschlägen zu – ein revolutionärer Vorgang, denn eigentlich standen der Volksversammlung diese Rechte gar nicht zu. Es wurde ein Ausschuss gebildet, der sich um die Verteilung des Landes kümmern sollte. Ganz Rom war nun gespalten in Anhänger und Gegner des Tiberius Gracchus.

Doch bevor die Reformen richtig anlaufen konnten, ging die Amtszeit von Tiberius zu Ende. Obwohl dies verboten war, stellte sich Tiberius für eine zweite Amtszeit zur Wahl. Für die Mehrheit der Senatoren war damit die politische Ordnung Roms endgültig in Gefahr. Als die Volksversammlung zur Wahl schreiten wollte, wurden Tiberius Gracchus und viele seiner Anhänger im Jahr 133 v. Chr. erschlagen. Sogar Senatoren beteiligten sich an den Morden.

Zehn Jahre später griff der Bruder von Tiberius, Gaius, die Reformpläne seines Bruders wieder auf. Gaius Gracchus wollte römischen Bauern Land in den eroberten Provinzen zuteilen, den Bundesgenossen die römische Staatsbürgerschaft geben und feste Getreidepreise einführen, damit die Armen in schlechten Erntejahren nicht Hunger leiden mussten.

M 2 Statue der Gracchen

Diese Statue zeigt die beiden Brüder Tiberius und Gaius Gracchus und ihre Mutter Cornelia. Die beiden Brüder wurden die berühmtesten Volkstribunen in der römischen Geschichte. Beide starben einen gewaltsamen Tod: Tiberius wurde ermordet. Von Gaius heißt es, er habe sich von einem Sklaven ermorden lassen, um der Gefangenschaft zu entgehen.

Die Popularen unterstützten seine Reformpläne, die Optimaten bekämpften sie. Am Ende wurde Gaius Gracchus – wie sein Bruder – ermordet, gegen etwa 3000 seiner Anhänger wurden Todesurteile verhängt. Wieder hatten sich die Optimaten durchgesetzt.

Gaius Marius

Einen ganz anderen Lösungsversuch unternahm der Konsul und Feldherr Gaius Marius. Weil die Zahl der freien Bauern und damit auch die Zahl der Wehrpflichtigen schrumpfte, wandelte er die römische Armee von einer Bürgerarmee in eine Berufsarmee um. Seit 104 v. Chr. wurden die römischen Soldaten bezahlt und erhielten ihre Ausrüstung vom Staat gestellt. Als Sicherung für das Alter wurde ihnen von Marius Land in den eroberten Provinzen versprochen.

Diese Reform veränderte eine grundlegende Idee Roms – die Einheit von Bauer und Soldat – radikal. Und sie hatte eine für die weitere römische Geschichte wichtige Folge: Sie führte dazu, dass die römischen Soldaten sich jetzt viel mehr an ihre Feldherren gebunden fühlten – von ihnen erhielten sie ihren Sold, von ihnen sollten sie im Alter das versprochene Land in den Provinzen erhalten.

Lucius Cornelius Sulla

Obwohl Gaius Marius einen anderen Lösungsweg als die Gracchen gewählt hatte, gehörte er doch der Partei der Popularen an. Seine Politik missfiel den Optimaten im Senat und sie gaben dem Konsul Lucius Cornelius Sulla im Jahre 88 v. Chr. den Oberfehl für einen Krieg im Osten.

Die Volksversammlung stimmte dem nicht zu und ernannte anstelle des Optimaten Sulla den Popularen Gaius Marius zum Oberbefehlshaber. Damit war der Bürgerkrieg wieder in vollem Gange.

Sulla führte seine Truppen gegen Rom, vertrieb Marius und tötete vieler seiner Anhänger. Sobald aber Sulla mit seinen Truppen zum Feldzug nach Osten aufgebrochen war, kehrte Marius mit seinen Truppen nach Rom zurück und verfolgte nun die Anhänger Sullas.

Nachdem Sulla seinen Feldzug beendete hatte, kehrte er wieder nach Rom zurück, eroberte die Stadt erneut und ließ alle Anhänger des Gaius Marius verfolgen. Marius selbst war schon während der Abwesenheit Sullas gestorben.

Sulla wurde vom Senat zum Diktator auf Lebenszeit ernannt. Er schränkte die Rechte der Volksversammlung und der Volkstribunen erheblich ein. Damit festigte er die Position des Senates.

M3 Büste des Marius

M4 Büste des Sulla

In der Geschichte der römischen Republik wurden Diktatoren auf Zeit eingesetzt, um Krisensituationen zu bewältigen. Sulla war der erste Diktator, dessen Amtszeit nicht begrenzt war. Er war auch der erste Diktator, der mit seiner Armee in Rom einmarschierte. Als er im Jahr 79 n. Chr. sein Amt niederlegte, hatte er die Position der Optimaten gefestigt. Der Preis war allerdings hoch: Hunderte von Bürgern waren hingerichtet worden.

Information

Ein politischer Mord

Am 15. März 44 v. Chr. wurde der Feldherr und Diktator Gaius Julius Caesar im Senat ermordet. Diese Tat ist einer der berühmtesten politischen Morde in der Weltgeschichte.

Wir spielen eine Gerichtsverhandlung:

- **Warum wurde Caesar ermordet?**
- **Wie ist die Schuld der Täter zu beurteilen?**

1. Bereitet euch in Kleingruppen auf die Gerichtsverhandlung vor.

Gruppe 1: Wir sind Kriminalexperten und klären mithilfe des Infotextes den Hergang und die Hintergründe des Mordes:
- Das Opfer: Wer war Gaius Julius Caesar?
- Die Täter: Wer waren die Täter?
- Die Tat: Wie ist die Mordtat begangen worden?
- Das Motiv: Warum wurde Caesar ermordet?

Gruppe 2: Wir sind Staatsanwälte und klagen die Täter an: Welche Argumente sprechen für eine Verurteilung der Täter?

Gruppe 3: Wir sind Verteidiger der Täter und treten für sie ein: Welche Argumente könnten die Tat erklären und ein mildes Urteil rechtfertigen?

Gruppe 4: Wir sind Richter und leiten die Gerichtsverhandlung.

2. Spielt die Gerichtsverhandlung vor der Klasse. Zuerst sprechen die Kriminalexperten, dann Staatsanwalt und Verteidiger.

3. Erörtert in der Klasse, wie ihr die Schuld der Täter einschätzt.

Die Tat

(frei erzählt nach den Schilderungen des griechischen Schriftstellers Plutarch, 46–125 n. Chr.)

15. März 44 v. Chr., Mittagszeit:

Caesar betritt das Gebäude, in dem der römische Senat tagt. Ein Wahrsager hatte ihn vor einer möglichen Gefahr an den „Iden des März", dem 15. Tag des Monats, gewarnt. Seine Frau Calpurnia hatte ihn am Morgen angefleht, das Haus nicht zu verlassen. Vergeblich – sogar eine Leibwache hat Caesar abgelehnt. Nun schreitet er zu seinem Amtssessel und nimmt Platz. Die Sitzung beginnt. Da erheben sich einige Senatoren und gehen auf Caesar zu, darunter Gaius Cassius und Marcus Iunius Brutus. Einer von ihnen bringt ein Bittgesuch vor. Das ist das verabredete Zeichen. Im Senat starren die Leute entsetzt auf das, was jetzt geschieht. Als Caesar einen Dolch blitzen sieht, will er sich erheben. Zu spät: Die Männer werfen sich mit ihren gezückten Dolchen auf ihn. Der erste Stoß verletzt den Diktator an der Schulter. Vergeblich versucht er, sich zur Wehr zu setzen und zu fliehen. Doch es ist aussichtslos. Schwer verletzt zieht das Opfer die Toga über den Kopf und wehrt sich nicht mehr. Nur einmal soll er aufgeschrien haben, als er seinen vermeintlichen Freund Brutus, den er vorher mit Ämtern und Ehren überhäuft hatte, unter den Mördern entdeckte. Mit 23 Dolchstichen, einem von jedem Verschwörer, sinkt er blutüberströmt zu Boden und stirbt. Die Täter stürzen aus dem Gebäude und versuchen, sich in Sicherheit zu bringen.

Wer war Caesar?

Gaius Julius Caesar wurde 100 v. Chr. als Sohn einer Adelsfamilie aus dem Geschlecht der Julier geboren.
In den 70er-Jahren wurde Caesar von Piraten entführt. Als sie ein Lösegeld von 20 Talenten forderten, erklärte er selbstbewusst, er sei 50 wert, und schwor, nach seiner Freilassung zurückzukommen und sie zu kreuzigen. Die Piraten hielten das für einen Scherz. Caesar jedoch hielt Wort, kehrte zurück und ließ sie töten.
68 v. Chr. wurde er zum Quästor gewählt, 62 zum Prätor und ein Jahr später wurde er in die Provinz Spanien geschickt, um sie zu verwalten.

Die Ermordung Caesars (Gemälde aus dem 19. Jh.)

Nach seiner Rückkehr nach Rom verbündete er sich 60 v. Chr. mit den mächtigen Männern Pompeius und Crassus in einem *Triumvirat* gegen den Senat. Ohne ihre Zustimmung konnte nun nichts mehr geschehen im Staat. Ein Jahr später war Caesars Einfluss bereits so groß, dass man ihn in das höchste Amt der Republik, das Amt des Konsuls, wählte.

Als Befehlshaber einer riesigen Armee unterwarf Caesar dann in den Jahren zwischen 58 und 51 v. Chr. das gesamte Gallien bis zum Rhein. Als dort unter der Führung des gallischen Häuptlings Vercingetorix im Jahr 52 v. Chr. eine allgemeine Revolte gegen die römische Herrschaft ausbrach, verlängerte der römische Senat sein Konsulatsamt. Caesar gelang es, den gallischen Aufstand niederzuschlagen.

In der Zwischenzeit hatte Crassus den Tod gefunden. Der Senat fürchtete zunehmend Caesars Machtansprüche. Pompeius stellte sich nun gegen Caesar und auf die Seite des Senats. Der Senat forderte Caesar auf, ohne sein Heer nach Rom zurückzukommen, um sich vor Gericht für verschiedene Verfassungsbrüche zu verantworten. Er widersetzte sich diesem Befehl und setzte mit den berühmten Worten „Der Würfel soll geworfen werden" (heute sagt man: „Die Würfel sind gefallen") mit seinem Heer über den Fluss Rubikon bei Rimini. Es folgte ein fast fünfjähriger Bürgerkrieg gegen Pompeius und den Senat, der sehr viel Blut forderte. 45 v. Chr. zog Caesar als Alleinherrscher im Triumph in Rom ein. Pompeius floh und wurde wenig später in Ägypten ermordet.

Caesar hatte keine ernst zu nehmenden Gegner mehr und wurde als Konsul, Oberbefehlshaber des Heeres und Diktator auf Lebenszeit der alleinige Herr in Rom.

Caesars Macht gründete sich vor allem auf das einfache Volk. Seine Soldaten erhielten Land und Arbeit. Das Volk von Rom unterhielt er mit großzügigen Spenden und Gladiatorenspielen. Bei vielen Plebejern und Proletariern war er deshalb beliebt. Außerdem hatte er viele Unterstützer unter den Bewohnern der Kolonien: Er nahm sie gegen überhöhte Steuerforderungen in Schutz. Einigen besonders Angesehenen unter den Provinzbewohnern verschaffte er sogar einen Platz im Senat von Rom.

Caesar erweiterte den Senat von 600 auf 900 Mitglieder, unter ihnen nun auch Nichtrömer. Der Senat – lange Jahrhunderte das Machtzentrum einer Stadt – wandelte sich langsam zum Machtzentrum eines Weltreiches.

Wer waren die Täter?

Der Widerstand gegen Caesar entstand in den Kreisen der wohlhabenden Patrizier. Mit Sorge beobachteten sie, wie Caesar daranging, den römischen Staat neu zu organisieren. Sie fürchteten um ihre Vorrechte.

Der Kopf der Verschwörung gegen Caesar war Marcus Brutus. Caesar hatte ihn mit Ämtern und Ehren überhäuft und so geglaubt, dass Brutus sein Freund sei. Aber die Patrizier drängten Brutus zum Widerstand gegen Caesar. Die Vorfahren des Brutus hatten einst die etruskischen Könige vertrieben und von daher schien Brutus der richtige Mann zu sein, um Rom vor der Tyrannei zu bewahren. Als Caesar mit dem Gedanken spielte, König zu werden, und öffentlich verkündete: „Die Republik ist ein Nichts!", sahen sich die Verschwörer zum Handeln gezwungen. Sie wählten die nächste Senatssitzung am 15. März als Zeitpunkt für den Mord.

Nach dem Mord verloren die Täter rasch die Kontrolle über die Lage. Sie hatten gehofft, mit dem Mord an dem Diktator die Republik wiederherzustellen. Doch als bekannt wurde, dass Caesar in seinem Testament dem Volk ein großes Geldgeschenk hinterlassen hatte, wandte sich die Stimmung gegen sie. Sie mussten aus Rom fliehen. Brutus beging drei Jahre später Selbstmord.

Frieden in Rom – aber um welchen Preis?

Das Jahr 27 v. Chr. bedeutete eine entscheidende Wende in der Geschichte Roms: In diesem Jahr – etwa zwei Jahrzehnte nach Caesar Tod – gelang es einem Mann, die Macht in Rom zu erobern. Sein Name war Oktavian, aber die Römer nannten ihn schon bald „Augustus" (= „der Erhabene").
Augustus gelang, was viele vorher vergeblich versucht hatten: Er beendete den Bürgerkrieg und schuf Frieden in Rom. Dafür aber mussten die Römer einen Preis bezahlen.

Wir erstellen ein historisches Porträt:

- **Augustus – der erste römische Kaiser**

In einem **historischen Porträt** beschreibt man den Lebenslauf und die Lebensleistung einer historischen Person. Das Portrait sollte aus diesen Elementen bestehen:

a) Die Person vorstellen: Nennt den Namen, das Geburts- und Todesdatum sowie wichtige Stationen des Lebens. Beschreibt das Aussehen des Menschen oder stellt sie bzw. ihn mit einem Bild vor.
b) Die Taten beschreiben: Beschreibt, was dieser Mensch in seinem Leben getan und was er oder sie bewirkt hat.
c) Die Taten bewerten: Bewertet die Lebensleistung – was war gut, was war schlecht?

Erstellt ein historisches Porträt des Augustus. Die dafür notwendigen Informationen findet ihr auf dieser Doppelseite. Natürlich könnt ihr weitere Informationen in der Bibliothek oder im Internet finden.

Augustus beendete die Bürgerkriege

Nach der Ermordung Caesars begannen die Bürgerkriege in Rom von Neuem. Seine Mörder mussten aus Rom fliehen. Eine Volksversammlung beschloss, drei Männern als *Triumvirat* die Neuordnung des Staates zu übertragen. Das waren Antonius und Lepidus – zwei Feldherren Caesars – sowie der Adoptivsohn Caesars, Oktavian. Unter dem Vorwand, die Mörder Caesars zu bestrafen, wurden Tausende ermordet.
Das Triumvirat teilte die Herrschaft in Rom unter sich auf. Nachdem sie die Gegner Caesars gemeinsam besiegt hatten, zerstritten sich die drei Triumvirn aber im Kampf um die Macht wieder.
Antonius verbündete sich mit der ägyptischen Herrscherin Kleopatra. Er erklärte sie und ihren Sohn im Jahre 34 v. Chr. zu „Königen der Könige". Diese Machtdemonstration war ein Fehler: Oktavian setzte durch, dass gegen Kleopatra – und damit auch gegen Antonius – Krieg geführt wurde. In der Seeschlacht bei Actium im Jahre 31 v. Chr. siegte Oktavian über Antonius.
Oktavian stand jetzt unangefochten allein an der Spitze des römischen Staates. Er war damit in einer ganz ähnlichen Situation wie 14 Jahre zuvor sein Adoptivvater Caesar. Drohte Rom ein neuer Caesar? Drohte Oktavian das Schicksal Caesars?
Es zeigte sich, dass Oktavian aus Caesars Schicksal gelernt hatte: Er gab im Jahre 27 v. Chr. dem Senat alle ihm zwischenzeitlich verliehenen Vollmachten feierlich zurück. Der Senat verlieh im daraufhin den Beinamen „Augustus" und bat ihn gleichzeitig, die Verantwortung für den Frieden und die öffentliche Ordnung auch weiterhin zu tragen.
Augustus hatte diese Reaktion wohl vorausgesehen. Nach den langen Jahren des Bürgerkrieges sehnten sich der Adel und das Volk nach Frieden. Augustus war der Einzige, der ihn durchsetzen konnte.

M1 **Oktavian Augustus, der erste römische Kaiser (römische Marmorbüste)**

Der „Prinzipat" – eine neue Herrschaftsordnung

Augustus ließ alle Verfassungseinrichtungen der Republik bestehen. Tatsächlich hatten Senat und Magistrat aber erheblich an Bedeutung verloren. Senat und Volksversammlung übergaben Augustus alle wichtigen politischen Rechte. Als *Imperator* hatte er künftig den Oberbefehl über die römischen Truppen. Zugleich war er *Pontifex Maximus* (= oberster Priester). Viele Provinzen unterstanden Augustus direkt. Deshalb konnte er über regelmäßige Steuereinnahmen verfügen. Der Senat bezog Einnahmen aus den senatorischen Provinzen. Da Augustus für seine vielen Aufgaben Hilfe benötigte, entstand mit der Zeit neben dem Magistrat eine kaiserliche Verwaltung, in der vor allem Angehörige des Ritterstandes und auch freigelassene Sklaven tätig waren. Augustus besaß also Befugnisse, die mit denen Caesars durchaus vergleichbar waren. Dennoch konnte er sich an der Macht halten. Warum?

Augustus hatte es von Beginn an vermieden, sich als König anreden zu lassen. Stattdessen ließ er sich schon im Jahre 29 v. Chr. zum *Princeps Senatus* („Erster des Senats") ernennen. Die von ihm geschaffene Regierungsform wird deshalb heute als „Prinzipat" bezeichnet.

Viele Römer sahen in der Wiederherstellung des Friedens die besondere Leistung des Augustus. So gab es nur wenig Widerstand gegen den neuen Herrscher. Der von Augustus geschaffene Frieden wurde von vielen Menschen als Beginn eines neuen Zeitalters empfunden.

Tatsächlich hatte Augustus eine neue Herrschaftsordnung für das römische Weltreich geschaffen. Er trug in Erinnerung an seinen Adoptivvater auch den Beinamen „Caesar", spätere Generationen machten daraus den Titel „Kaiser". Oktavian Caesar Augustus war der erste Kaiser Roms, der Begründer des römischen Kaiserreiches.

M 2 Aus dem „Tatenbericht" des Augustus

Im Rückblick beschrieb Augustus sein eigenes Leben so:

Im Alter von 19 Jahren [44 v. Chr.] brachte ich aus eigenem Entschluss und mit eigenen Mitteln ein Heer auf, mit dessen Hilfe ich den Staat, der durch die Gewaltherrschaft einer Partei unterdrückt war, in die Freiheit zurückgeführt habe. Aus diesem Grunde nahm mich der Senat […] in seine Reihen auf [43 v. Chr.] […] und gab mir die militärische Befehlsgewalt. […] Kriege habe ich zu Wasser und zu Lande gegen Bürger und auswärtige Gegner auf dem ganzen Erdkreis geführt, und als Sieger habe ich alle Bürger, die um Gnade baten, verschont. […] Die Diktatur, die mir […] sowohl vom Volk als auch vom Senat […] angetragen wurde, habe ich nicht angenommen [22 v. Chr.]. […] In meinem sechsten und siebten Konsulat habe ich, nachdem ich die Bürgerkriege ausgelöscht hatte […], den Staat aus meiner Amtsgewalt dem Ermessen des Senats und des römischen Volkes überantwortet.

Und für dieses mein Verdienst bin ich durch Senatsbeschluss „Augustus" genannt worden [28/27 v. Chr.]. […] Nach dieser Zeit habe ich an persönlichem Einfluss alle übertroffen, an Amtsgewalt aber habe ich nicht mehr gehabt als die Übrigen, die in dem jeweiligen Amt mit mir Kollegen gewesen sind. […] Als ich das dreizehnte Konsulat innehatte, haben der Senat und der Ritterstand und das römische Volk insgesamt mich Vater des Vaterlandes genannt [2 v. Chr.]. […] Als ich dies geschrieben habe, stand ich im 76. Lebensjahr.

(Zit. nach: Geschichte in Quellen, Altertum, München (bsv) 1989, S. 581 ff., übers. v. Werner Weber)

1 Welche seiner Taten hebt Augustus besonders hervor?

2 Was will er mit seiner Darstellung erreichen?

M 3 Die Verfassung des Prinzipats

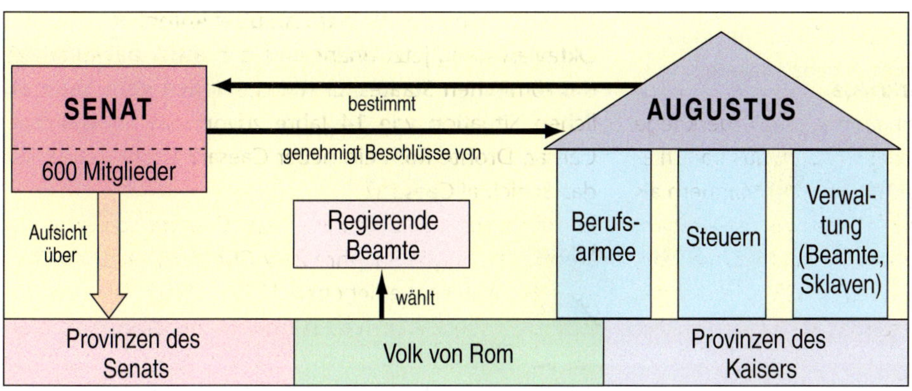

1 Beschreibt den Aufbau des römischen Staates unter Augustus. Die Methode „Mithilfe eines Schaubilds den Aufbau eines Staates erklären" (S. 103) hilft dabei.

2 Vergleicht mit dem Aufbau des römischen Staates zur Zeit der Republik: Was ist gleich geblieben, was hat sich verändert?

Die römische Familie

Familie – darunter verstehen wir heute die Gemeinschaft von Eltern und Kindern. Wir ihr wisst, kann eine Familie auch heute ganz unterschiedlich aussehen: Es gibt Familien mit vielen Kindern und welche mit einem Kind. Es gibt Familien, in denen die Eltern getrennt leben oder in denen die Mutter oder der Vater einen neuen Lebenspartner gefunden haben. Es gibt also viele verschiedene Arten von „Familie".
Unser Wort „Familie" stammt zwar von dem lateinischen Wort „familia" ab – aber was bedeutete das im antiken Rom genau? Das könnt ihr auf den beiden folgenden Doppelseiten erforschen.

Das ist euer **Forschungsauftrag:**

- **Römische „familia" und heutige „Familie" – gleich oder verschieden?**

1. Forscht in vier Gruppen und notiert eure Ergebnisse auf einer Wandzeitung:

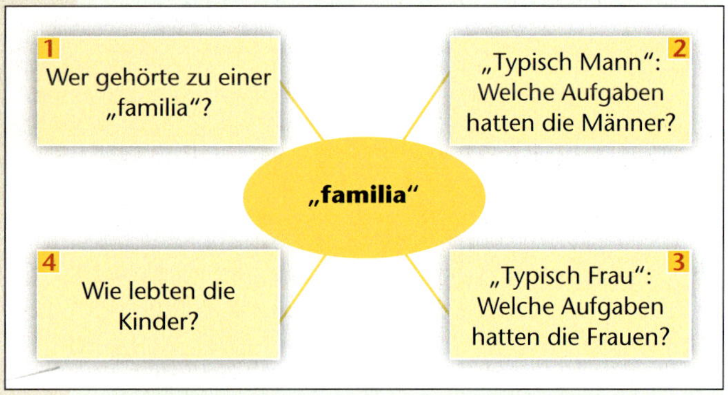

2. Überlegt anschließend gemeinsam: Was war im antiken Rom so wie heute, was war damals ganz anders?

„familia" – die römische Familie

Zur römischen Familie gehörten Vater, Mutter, Söhne und Töchter, aber auch deren Kinder. Die römische Familie umfasste also immer mehrere Generationen. Großeltern und Enkel oder sogar Urenkel lebten in einer Familie zusammen. Darüber hinaus gehörten aber auch ganz selbstverständlich die Sklaven, die im Haushalt oder auf dem Feld arbeiteten, dazu. Besonders in den wohlhabenden Familien kamen außerdem oft adoptierte Personen dazu. So war zum Beispiel Oktavian – der spätere Kaiser Augustus – ein Adoptivsohn Caesars.

„pater familias" – der Vater

Über alle Menschen, die zur Familie gehörten, und über alle Dinge, die der Familie gehörten, konnte der „pater familias", der Vater, alleine bestimmen. Er war das Familienoberhaupt. Nur er durfte Besitz erwerben und Geld ausgeben. Nur er durfte die Familienmitglieder vor Gericht vertreten oder für ihre Vergehen vor Gericht angeklagt werden. Erst wenn der Vater starb, durften seine Söhne selbstständig und selbst „pater familias" werden. Nicht nur Sklaven, sondern auch Frauen und Kinder waren persönliches Eigentum des Familienoberhauptes. Er konnte sie bestrafen und sie in bestimmten Fällen sogar töten. Die Aufgabe des „pater familias" bestand vor allem darin, das Vermögen der Familie zu erhalten und zu vermehren – also für den Unterhalt der gesamten Familie zu sorgen.

Patron und Klient

Reiche Familien waren noch größer. Zu einer reichen „familia" gehörten auch Menschen, die nicht im Haus des „pater familias" wohnten und gar nicht mit ihm verwandt waren. Diese „Klienten" wurden vom Vater als

M1 Aufbau der römischen „familia"

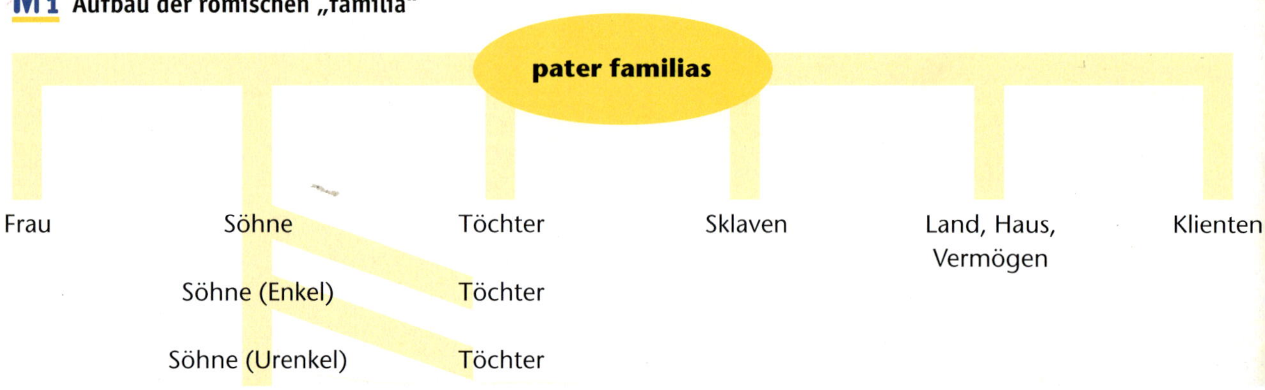

„Patron" unterstützt und beschützt. Als Gegenleistung unterstützten die Klienten ihren Patron zum Beispiel bei Wahlen oder politischen Vorhaben. Die reichen adeligen Familien der Senatoren hatten oft sehr viele Klienten als Ausdruck ihrer Macht und ihres Reichtums. Für viele arme Bewohner der Stadt Rom war dies die einzige Möglichkeit, in der Stadt zu überleben – als Klient eines reichen Römers sicherten sie ihr Grundeinkommen.

Die Rolle der Mutter

In der römischen Familie war die Frau rechtlich von ihrem Mann abhängig. Ihre Aufgabe bestand vor allem darin, Kinder zu bekommen und den Haushalt zu führen. Auch die Erziehung der Kinder war in den ersten sechs Lebensjahren die Aufgabe der Mütter. Danach begann die Schulzeit. Vom siebten Lebensjahr an wurden Mädchen und Jungen unterschiedlich erzogen. Das römische Mädchen blieb bis zu seiner Hochzeit bei der Mutter. Der Vater übernahm die Erziehung der Jungen.

Im Alter von etwa 12 bis 14 Jahren endete die Kindheit der Mädchen und sie mussten damit rechnen, verheiratet zu werden. Mit der Hochzeit wurden die Mädchen erwachsen. Zwar gab der Vater sie nun frei, doch die junge Frau ging dann unmittelbar in die Vormundschaft ihres Mannes über. Sie wechselte also von einer Abhängigkeit in die andere.

Etwa mit Beginn der Kaiserzeit gelang es den Frauen aus den wohlhabenden Familien, sich etwas aus der Abhängigkeit von den Männern zu lösen. Sie konnten nun zum Beispiel weiterhin ihrer ursprünglichen „familia" angehören und erhielten im Falle einer Scheidung ihre Mitgift zurück. Eine wirkliche Gleichberechtigung erreichten sie jedoch nie.

M3 Grabinschrift für eine Frau

Diese Inschrift wurde auf einem römischen Grab gefunden:

Fremder, es ist nur wenig, was ich sage; bleib stehen und lies: Hier ist das einfache Grab einer schönen Frau. Die Eltern gaben ihr den Namen Claudia. Ihren Mann liebte sie von ganzem Herzen. Sie brachte zwei Söhne zur Welt. Den einen ließ sie auf der Erde zurück, der andere liegt unter der Erde. Ihre Sprache war geistreich, ihr Gang war voller Anmut. Sie hütete das Haus und spann Wolle. Ich habe gesprochen. Nun geh!

(CB 52, übersetzt von Christoph Andreas Marx)

M4 Grabinschrift für einen Mann

Diese Inschrift wurde auf einem römischen Grab gefunden:

Die Mannestugenden meines Geschlechtes habe ich durch meine Lebensführung gemehrt, Nachkommenschaft gezeugt, den Taten des Vaters nachgeeifert, den Ruhm der Vorfahren erhalten, damit sie sich freuen sollten, dass ich ihnen geboren wurde.

(CIL VI 1293; zit. nach: Geschichte in Quellen, Altertum, München (bsv) 1989, S. 407, übers. v. Walter Arend)

M5 Grabinschrift für ein Kind

Diese Inschrift wurde auf einem römischen Grab gefunden:

Dieses Grab hat mir meine Mutter errichtet, die mich sehr vermisst, mich, der ich hier viel zu früh begraben worden bin.

(CIL VI 16606, übersetzt von Christoph Andreas Marx)

M2 Ein römischer Junge wächst heran (Sarkophag aus dem 2. Jh. n. Chr.)

1 Was erfahrt ihr über den typischen Werdegang eines Jungen in Rom?

2 Was erfahrt ihr über die Rolle des Mannes und der Frau?

M 6 Grabinschrift für ein Kind

Diese Inschrift wurde auf einem römischen Grab gefunden:

Für Anthis Chrysostoma, das süße geschwätzige Vögelchen, das Plappermäulchen, die drei Jahre, fünf Monate und drei Tage gelebt hat. – Die Eltern Faenomenus und Helpis.

(CIL VI 34421, übersetzt von Christoph Andreas Marx)

- Welche Taten werden auf den Grabinschriften bei einem verstorbenen Mann, bei einer Frau, welche bei den Kindern hervorgehoben?

Erziehung und Schule

Die Erziehung in der Familie war für die Römer wichtiger als der Schulunterricht. Die Kinder einfacher Bauern, Handwerker oder Sklaven wurden wohl schon früh zur Arbeit herangezogen.

Mit dem siebten Lebensjahr begann für die römischen Kinder die Schulzeit. Jungen und Mädchen gingen zunächst einige Jahre zur Elementarschule, um lesen, schreiben und rechnen zu lernen. Eine Schulpflicht gab es nicht. Aber viele römische Kinder werden zumindest diese Schule besucht haben, denn der Unterricht in der Elementarschule war nicht teuer. Unterrichtet wurde in einfachen Mieträumen oder auf offener Straße. Die Schüler verbrachten hier die Vormittagsstunden. Die Kinder erlernten die vier Grundrechenarten und auch Bruchrechnen.

Für die Mädchen endete danach meist die Schulausbildung. Jungen aus besser gestellten Familien gingen in den folgenden Jahren in die Schule des Grammatiklehrers. Hier lernten sie vor allem römische und griechische Dichtkunst, Geschichte, Geographie und Physik. Die Schüler mussten dabei viel auswendig lernen.

Einige wenige Jugendliche besuchten dann die Rhetorenschule. Für eine Laufbahn als Politiker oder Anwalt war es wichtig, dass man gute Reden halten konnte.

M 7 Eine römische Schule

Der römische Dichter Juvenal (ca. 60–140 n. Chr.) schildert in einem Buch den Alltag in einer römischen Schule so:

In einem Säulengang war die Schule des Lehrers für die Kleinen: ein paar Schemel, ein Pult für den Lehrer, ein freigelassener Sklave, der sich für geringes Entgeld die Mühe aufgeladen hatte, den Lausbuben das Lesen und Schreiben beizubringen.
Die Leute, die in der Nähe des Säulenganges vorbeikamen, sahen und hörten die Buben, wie sie mit einer Tafel auf den Knien ein Diktat schrieben oder der Reihe nach das aufsagten, was der Lehrer vorsprach. Immer wieder musste einer eine tüchtige Tracht Prügel einstecken, denn auch das gehört zu der Erziehungsmethode des Lehrers. […] Nicht viel anders waren die Verhältnisse an der höheren Schule, beim Rhetoriklehrer: ein enger Raum oder ein Säulengang, die gleiche Litanei sechs Stunden lang und die gleichen Prügel, solange einer nicht halbwegs erwachsen war.

(Juvenal, 7. Satire; zit. nach: Italo Salvan/Renato Coporali (Hg.), Rom und seine große Zeit – Leben und Kultur im antiken Rom, Würzburg (Arena) 1963, S. 68)

M 8 Unterrichtsszene (Grabdenkmal aus Neumagen, etwa 200 n. Chr.)

- Vergleicht diese Szene mit der Schilderung von Juvenal (M 7): Wie könnten sich die Unterschiede erklären lassen?

Forschungsstation

Sklaven: Mensch oder Werkzeug?

Sklaverei – das ist heute für uns schwer vorstellbar. Zwar kommt sie immer noch vor. Aber es gibt keinen Staat mehr, in dem Sklaverei offiziell geduldet wird.
In der Antike war das anders. Damals war Sklaverei fast eine Selbstverständlichkeit. Sklaven galten als Eigentum ihres Herren. Ohne Lohn mussten sie für ihn arbeiten. Die Unterscheidung zwischen Sklaven und Freien war auch in Rom grundlegend und allgegenwärtig. Die Sklaven bildeten die unterste Schicht der römischen Gesellschaft.

Das sind eure **Forschungsaufträge**:

- **Wie lebten die Sklaven im Römischen Reich?**
- **Galten sie eher als Menschen oder als Werkzeuge?**

1. Bearbeitet den Darstellungstext und die Materialien in kleinen Gruppen. Haltet in Stichworten fest, was ihr über das Leben der Sklaven erfahrt.
2. Überlegt, was die Materialien über die Einstellung der Römer zur Sklaverei und den Sklaven aussagen.
3. Versucht die zweite Leitfrage zu beantworten. Dazu solltet ihr eine kleine Tabelle anlegen, in die ihr eure Argumente eintragen könnt.

Sklaven in Rom waren …	
Menschen	**Werkzeuge**
	Im römischen Recht wurden sie wie Sachen behandelt.
……	……

Wie wurde ein Mensch Sklave?

In ihren Kriegen gegen fremde Völker nahmen die Römer oft Kriegsgefangene fest. Viele von ihnen wurden zu Sklaven gemacht und von den Feldherren verkauft. Die Kinder dieser Sklaven wurden dann als Sklaven geboren.
Daneben gab es Räuber oder Piraten, die Menschen in fernen Dörfern entführten und dann als Sklaven verkauften. Außerdem war die Versetzung in den Sklavenstand ein Mittel der Bestrafung in den römischen Provinzen. Schließlich wurden manche Menschen zu Sklaven, weil sie so viele Schulden hatten, dass sie sich – als letzten Ausweg – selber verkaufen mussten.

Wie lebten die Sklaven?

Das Leben der Sklaven war sehr unterschiedlich. Am schlechtesten erging es den Sklaven in den Bergwerken und in der Landwirtschaft. Sie wurden von ihren Besitzern rücksichtslos ausgebeutet und mussten bis zur Erschöpfung arbeiten. Oft wurden sie von grausamen Aufsehern misshandelt. Andererseits achteten die Besitzer aber auch darauf, dass sie genug zu essen hatten und arbeitsfähig blieben – sonst wären sie ihnen nicht mehr nützlich gewesen.
Die Haussklaven hatten ein besseres Leben. Sie arbeiteten als Köche, Putzhilfen, Diener oder Kinderbetreuer. Sie lebten im Haus ihres Besitzers und gehörten zu seiner Familie.
Manche gebildeten Sklaven arbeiteten als Lehrer, Ärzte oder Ingenieure. Diese Sklaven wurden manchmal sogar berühmt und reich.
In einer ganz besonderen Situation befanden sich die Sklaven, die als Gladiatoren kämpfen mussten. Über

M1 Sklaven arbeiten in der Küche

diese Sklaven könnt ihr später Genaueres erfahren (S. 148 ff.).

Konnte ein Sklave in die Freiheit gelangen?

Die meisten Sklaven blieben ihr Leben lang Sklaven. Für manche gab es aber einen Ausweg. Grundsätzlich konnte ein Sklave freigelassen werden und sogar das römische Bürgerrecht erlangen. Manche Sklaven hatten die Möglichkeit, eigenes Geld zu verdienen und sich freizukaufen. Andere wurden von ihren Besitzern aus Dankbarkeit für ihre Arbeit oder aus Freundschaft freigelassen. Im Verlauf der römischen Geschichte kam dies immer häufiger vor. In der Kaiserzeit bildeten die „Freigelassenen" eine eigene Gesellschaftsschicht.

M2 Eine Geschichte über Kaiser Augustus

Der römische Philosoph Seneca (4 v. – 65 n. Chr.) berichtet über folgende Begebenheit, in der ein Sklave und Kaiser Augustus eine Rolle spielten:

Als Augustus bei Vedius Pollio speiste, zerbrach einer von seinen Sklaven ein Glas. Vedius befahl, ihn zu ergreifen, um ihn auf nicht alltägliche Weise sterben zu lassen: Er sollte seinen Muränen vorgeworfen werden, von denen er Riesenexemplare in einem Fischteich hielt. […] Eine Grausamkeit war das. Der Sklave entkam und flüchtete sich zu den Füßen des Kaisers und bat nur darum, nicht so sterben zu müssen, er wolle nicht zum Futter werden. Der Kaiser war von der Ungewöhnlichkeit und Grausamkeit erschüttert und befahl, ihn ja freizulassen.

(Seneca, de ira 3, 40, übersetzt von Christoph Andreas Marx)

M3 Aus einem Brief des Philosophen Seneca

In einem Brief an seinen Freund Lucilius schrieb der römische Philosoph Seneca:

Gern habe ich von denen, die von dir kommen, erfahren, dass du freundschaftlich mit deinen Sklaven lebst. Das spricht für deine Klugheit und Bildung. „Sie sind Sklaven." Nein, Menschen. „Sie sind Sklaven." Nein, Gefährten. „Sie sind Sklaven." Nein, geringer gestellte Freunde. „Sie sind Sklaven." Nein, Mitsklaven, wenn du bedenkst, dass das Schicksal über Freie und Unfreie die gleiche Macht hat. […] Dies also ist der Kern meiner Lehre: Lebe so mit den Untergebenen, wie du selbst wünschen würdest, dass ein Mensch von höherem Rang mit dir leben sollte.

(Seneca, ep. 47, 1 f., übersetzt von Christoph Andreas Marx)

M4 Römische Plakette

Diese Plakette musste ein Sklave an einem verschlossenen Halsband tragen. Die Inschrift lautet: „Halte mich fest, damit ich nicht fliehe, und gib mich meinem Herrn zurück".

M5 Kritzelei an einer Hauswand in Pompeji

Die römische Stadt Pompeji wurde während eines Vulkanausbruchs unter Lava begraben. Deshalb sind Gebäude, Haushaltsgegenstände usw. bis heute besonders gut erhalten.
Die Zeichnung zeigt einen Gladiator. Die Inschrift lautet: „Oceanus, der Freigelassene, hat dreizehnmal gesiegt".

M6 Wie man ein Landgut bewirtschaften soll

Der römische Schriftsteller und Politiker Cato schrieb um etwa 150 v. Chr. ein Buch darüber, wie ein Gutsherr sein Landgut bewirtschaften soll. Darin heißt es:

Wenn der Hausherr aufs Gut gekommen ist [...], soll er an demselben Tage, wenn er kann, den Umgang um sein Land machen. Wenn er sich überzeugt hat, auf welche Weise das Land bebaut ist, soll er am nächsten Tage den Gutsverwalter rufen und ihn fragen, was von der Arbeit getan sei, was noch zu tun sei. [...] Wenn die Arbeit nicht stimmt, der Gutsverwalter sagt, er habe getan, was er konnte, es seien Sklaven krank geworden, es sei schlechtes Wetter gewesen, es seien Sklaven durchgegangen, er habe öffentliche Arbeiten leisten müssen – wenn er diese und andere Entschuldigungen viele vorgebracht hat, so rufe ihn zur Rechenschaft. [...] Wenn Sklaven krank waren, hätten nicht so viele Lebensmittel ausgegeben zu werden brauchen. [...] Wenn etwas für das [kommende] Jahr fehlt, soll es angeschafft werden; was überflüssig ist, soll verkauft werden. [...] Alte Ochsen, alte Fahrzeuge, altes Eisenzeug, alt gewordene Sklaven, kränkliche Sklaven und was es sonst Überflüssiges gibt, soll er verkaufen.

(Zit. nach: Herbert Krieger (Hg.), Materialien für den Geschichtsunterricht, Bd. II, S. 259 f.)

M7 Sklaven keltern Trauben

M8 Ein römisches Grabmonument

Dieses römische Grabmonument aus Marmor zeigt Lucius Antistius Sarculo und seine Frau Antistia. Die Inschrift besagt, dass Antistia eine Sklavin war, bevor Antistius sie freiließ und heiratete. Aus der Inschrift geht auch hervor, dass das Grabmonument von Rufus und Anthus, zwei Freigelassenen des Antistius gestiftet wurde. Ein solches Grabmonument aus Marmor war sehr teuer.

- Was sagt das Monument aus über das Verhältnis zwischen Herren und Sklaven? Was sagt es über den möglichen Werdegang von Freigelassenen?

Das Kaiserreich und seine Menschen

Information

Leben im Kaiserreich

Augustus war der erste römische Kaiser. Er hatte das römische Kaiserreich begründet. Etwa 100 Jahre später erreichte das römische Kaiserreich unter Kaiser Trajan seine größte Ausdehnung. Etwa 60 Millionen Menschen lebten in diesem Reich.

- **Wie gelang es Rom, dieses große Reich zu verwalten und zu sichern?**
- **Welche Folgen hatte das Römische Reich für die unterworfenen Völker?**
- **War das Römische Reich ein Weltreich?**

Wir erklären wichtige Begriffe.

1. Lest den Darstellungstext aufmerksam und versucht, die drei Leitfragen zu beantworten.

2. Die folgenden Begriffe gehören jeweils zur Antwort auf eine der drei Leitfragen. Ordnet sie richtig zu und erklärt die Begriffe in einem kleinen Lexikon in eurem Geschichtsheft.
Romanisierung / Provinz / cursus publicus / Imperium Romanum / Statthalter / Bürgerrecht

Fahrzeuge auf einer römischen Straße (Rekonstruktionszeichnung). Gepflasterte Straßen durchzogen das gesamte Römische Reich. Auf ihnen herrschte reger Verkehr, denn sie erleichterten den Transport von Waren und Personen erheblich. Dennoch reiste man damals im Vergleich zu heute sehr langsam. Fußgänger konnten etwa 30 km am Tag zurücklegen, Kuriere und Reichspost waren erheblich schneller: Sie schafften 70 Kilometer am Tag. Sehr wohlhabende Römer reisten in einer Sänfte (*lectica*), die von vier Männern getragen wurde. Die Römerstraßen waren von Herbergen und Wirtshäusern gesäumt, in denen man Rast machen und übernachten konnte.

Wie verwalteten die Römer ihr Reich?

In der Frühzeit der römischen Republik hatte man die besiegten Völker weitgehend in Ruhe gelassen: Rom machte sie zu „Bundesgenossen" und überließ ihnen dann die Regelung ihrer eigenen Angelegenheiten.
Nach den Punischen Kriegen nahmen die Römer die Verwaltung stärker in eigene Hände. In den eroberten Gebieten richtete man *Provinzen* ein, die jeweils von einem römischen Statthalter regiert wurden. Der römische Statthalter war in seiner Provinz oberster Heerführer, oberster Verwaltungsbeamter und oberster Richter – allerdings nur auf Zeit. Schon nach einem Jahr konnte er wieder abgelöst werden. In seinen Entscheidungen war ein Statthalter nicht frei, sondern von der Verwaltungszentrale in Rom abhängig. Es kam häufig vor, dass die Statthalter der Provinzen in Briefen nach Rom um Rat in wichtigen Fragen baten und Anweisungen aus Rom erhielten.
Seit Augustus gab es kaiserliche und senatorische Provinzen. Die Aufsicht über die kaiserlichen Provinzen hatte der Kaiser, über die senatorischen der Senat – entsprechend gehörten auch entweder dem Kaiser oder dem Senat die Steuereinnahmen.
Um die Verständigung zwischen den Provinzen und der Hauptstadt Rom zu bewerkstelligen, gab es Kuriere, die Nachrichten und Briefe transportierten. Seit der Kaiserzeit gab es sogar eine offizielle Post, den *Cursus Publicus*, die Briefe und Beamte transportierte. Dafür wurden an vielen Stationen entlang der Straßen Postkutschen und frische Pferde bereitgehalten.
Der Statthalter übte eine direkte Herrschaft über die Untertanen in seiner Provinz aus. Weitere römische Beamte halfen ihm bei dieser Arbeit. Römische Soldaten sorgten für Ruhe und Ordnung in der Provinz.
Die Provinzbewohner mussten regelmäßig Abgaben an die römische Provinzverwaltung leisten. Damit bezahlte die Verwaltung die Gehälter der Beamten und den Unter-

halt der Armee. Viel Geld und Reichtum wanderte in die Hauptstadt Rom. Aber auch die Statthalter wurden sehr reich. Römer aus reichen und mächtigen Familien stritten sich immer wieder um die Posten eines Statthalters: Sie versprachen noch mehr Einfluss, Macht und Reichtum.

Wie sicherten die Römer die Grenzen ihres Reiches?

Die Römer sicherten die Außengrenzen ihres Imperiums an besonders gefährdeten Stellen durch befestigte Grenzanlagen, wie den „Hadrianswall" in Britannien und den „Limes" an der Grenze nach Germanien.

Wie schon zuvor in Italien bauten die Römer im ganzen Weltreich befestigte Straßen, die nicht nur dem Warentransport dienten. Sie ermöglichten der römischen Armee im Kriegsfall schnell zu ihren Einsatzorten zu marschieren.

Wie sicherten die Römer ihr Reich nach innen?

Ebenso wichtig wie die Sicherung der Außengrenzen war die Aufrechterhaltung von Ruhe und Ordnung im Inneren. Dazu trugen in allen Provinzen die römischen Legionäre bei, die dafür sorgten, dass die Anordnungen des Statthalters befolgt wurden. Mehrfach schlug die römische Armee Aufstände in den Provinzen nieder.

Andererseits hätten die Römer niemals über eine derartige Vielzahl von fremden Völkern herrschen können, wenn diese sich nicht auch jedenfalls teilweise freiwillig der römischen Herrschaft untergeordnet hätten.

Dafür gab es viele verschiedene Gründe: Manche Provinzbewohner traten in den Dienst der römischen Verwaltung oder der römischen Armee und verdienten so ihren Lebensunterhalt. Andere freuten sich über Fortschritte durch die römische Zivilisation, wie die gepflasterten Straßen, die Wasserleitungen oder die Theater. Wieder andere trieben einen ertragreichen Handel mit den Römern und auf den römischen Handelswegen.

Die „Romanisierung"

So beeinflussten die Römer das Leben der Menschen auch in den Provinzen des Reiches. Viele passten sich dem römischen Lebensstil an. Sie lernten die lateinische Sprache, kleideten sich wie die Römer und bauten ihre Häuser im römischen Stil. Diesen Vorgang nennen Historiker heute *Romanisierung*.

Die Romanisierung hat bis heute in den Gebieten, die damals zum römischen Imperium gehörten, tiefe Spuren hinterlassen: Überall finden sich Reste römischer Bauwerke, viele Städte (wie im heutigen Deutschland z. B. Köln, Bonn, Trier oder Aachen) stammen aus der Römerzeit. Im ehemaligen Westen des Römischen Reiches werden heute Sprachen gesprochen, die – wie das Italienische – vom Lateinischen abstammen: Französisch, Spanisch, Portugiesisch.

Waren alle Bewohner des Reiches Römer?

Nein, das römische Recht machte klare Unterschiede. Zunächst wurde zwischen Freien und Sklaven unterschieden. Nur Freie konnten das römische Bürgerrecht erhalten.

Bei den Freien wurde zwischen „Peregrinen" (Fremden) und römischen „Bürgern" unterschieden. In der Zeit der Republik waren nur die Bewohner der Stadt Rom und einiger kleiner Nachbarstaaten römische Bürger. Im Jahre 89 v. Chr. erhielten alle Bewohner Mittel- und Süditaliens die römische Staatsbürgerschaft. In der Kaiserzeit erhielten immer mehr Menschen aus den Provinzen („Provinziale") die römische Staatsbürgerschaft, wenn sie den römischen Lebensstil angenommen und besondere Leistungen in Verwaltung und Militär erbracht hatten.

Auch der Weg in das Zentrum der Macht war möglich. Ende des 2. Jahrhunderts n. Chr. kamen zwei Drittel aller Senatoren aus den Provinzen. Solche Aufstiegsmöglichkeiten waren für viele ein Ansporn, sich den Römern gegenüber freundlich zu verhalten. So sorgten die römischen Kaiser in den Provinzen für Ruhe und Stabilität. Durch ein Gesetz des Kaisers Caracalla wurden im Jahr 212 n. Chr. alle Bewohner des Reiches zu römischen Bürgern.

Das Imperium Romanum

Die Römer selbst nannten ihr Reich *Imperium Romanum* (= römisches Herrschaftsgebiet). Bis heute spricht man von einem „Imperium", wenn man sagen will, dass jemand über viele Menschen oder ein großes Gebiet herrscht.

Das römische Imperium umfasste fast die gesamte damals bekannte Welt. Von der Existenz des amerikanischen Kontinents wussten die Römer nichts. Von Asien und dem südlichen Afrika hatten sie nur eine vage Vorstellung. Einzelne Fernhandelsreisende hatten davon erzählt.

Leben in Rom – Was Gebäude erzählen

Tausende von Touristen besuchen jedes Jahr die Stadt Rom. Hier wollen sie möglichst hautnah und anschaulich erfahren, wie die Menschen früher in der Hauptstadt des Römischen Reiches lebten. Geblieben sind von damals vor allem Gebäude – oder besser: Ruinen und Reste dieser Gebäude.

Wir erforschen diese Ruinen und präsentieren unsere Kenntnisse als Fremdenführer in Rom. Wir führen Touristen durch die Hauptstadt des Römischen Reiches:

- **Was erzählen die Gebäuderuinen über das Leben in Rom?**

  Station 1: Das Kolosseum
  Station 2: Der Circus Maximus
  Station 3: Eine Villa
  Station 4: Ein Mietshaus
  Station 5: Die Thermen des Caracalla
  Station 6: Die Via Appia
  Station 7: Das Forum Romanum

1. Zur ersten Station – dem Kolosseum – gehen wir zunächst gemeinsam. Ein Fremdenführer – nennen wir ihn Mario – erklärt uns das Gebäude und erzählt von fernen Zeiten. Er erklärt auch, was eine „Rekonstruktion" ist und warum Fremdenführer den Touristen gerne solche „Rekonstruktionen" zeigen.

2. Die anderen Stationen erforschen wir in Kleingruppen.

3. Dann spielen wir selbst Fremdenführer und berichten den Mitschülerinnen und Mitschülern von Gebäuden und dem Leben im antiken Rom.

4. Wenn ihr genügend Zeit habt, könnt ihr eine sehr interessante Ausstellung gestalten. Eure Lehrerin oder euer Lehrer kann euch erklären, wie man dabei vorgehen sollte.

Station 1: Das Kolosseum

Mario – der Fremdenführer

Mario, unser Fremdenführer, steht vor dem Kolosseum. Wir stehen im Halbkreis um ihn herum und hören aufmerksam zu. Das Gebäude kommt uns bekannt vor. Wer hat es im Buch schon einmal gesehen? Jedenfalls: Hier sehen wir es noch einmal.

Das Kolosseum

Mario stellt uns zunächst das Gebäude vor: Das Kolosseum wurde im Jahr 80 n. Chr. von Kaiser Titus eröffnet und bot 50 000 Zuschauern Platz. Die aus Stein und Eisen gebaute Konstruktion war außen 50 Meter hoch.
Innen gab es fünf Ränge: Der unterste Rang mit breiten Stufen und Sitzen war dem Kaiser und den Senatoren vorbehalten, der zweite Rang mit acht marmornen Stufen den vornehmen, adeligen Familien. Auf den oberen Rängen saß das einfache Volk auf Holzbänken. Im Sommer konnte ein riesiges Segel als Schutz vor der Sonnenhitze über das Kolosseum gespannt werden.
Die Arena in der Mitte bildete ein Oval mit 86 Metern Länge und 54 Metern Breite. Der Fußboden war früher mit Holzbrettern abgedeckt, darunter befanden sich Gänge und Kammern.

Das Kolosseum am Abend

Mario erzählt, dass das Kolosseum eine der Hauptattraktionen in Rom ist. Sehr viele Touristen kommen jeden Tag hierher, um es zu bestaunen. Es sieht auch imposant aus. In seiner Größe erinnert es ein wenig an ein Fußballstadion. Weil es schon Abend ist, sind die Arkaden von innen beleuchtet – so wirkt das Gebäude noch imposanter. Mario sagt, dass dies auch in der römischen Antike – also vor etwa 2000 Jahren – genauso war. Allerdings war das Gebäude damals von Fackeln beleuchtet. Und in den Arkaden standen große Steinfiguren. Zu Tausenden strömten die Römer durch die 80 Eingänge in das Gebäude. Über den Eingängen und an den Treppen standen Nummern, sodass jeder seinen Platz schnell finden konnte.
Vor dem Kolosseum spielten Musikgruppen, Händler verkauften Speisen und Getränke. Die Menschen tauschten Neuigkeiten aus und schlossen Wetten ab.
Schlossen Wetten ab? Warum? Worüber? Jetzt stellen die Zuhörer Fragen und Mario erzählt, was damals im Inneren des Gebäudes geschah. Er spricht plötzlich mit viel ernsterer Stimme.

Die Gladiatoren

In das Kolosseum kamen die Römer, um Gladiatoren- und Tierkämpfe zu sehen – Kämpfe, die um Leben und Tod gingen.
Im frühen Rom – in der Königszeit – hatten die Gladiatorenkämpfe einen religiösen Ursprung. Sie wurden als Totenopfer ausgetragen, um die Götter milde zu stimmen. Zur Kaiserzeit war daraus ein blutiger Sport geworden, dem fast alle Römer begeistert zusahen. Die meisten Gladiatoren waren Kriegsgefangene, Sklaven oder verurteilte Verbrecher; vereinzelt gab es auch Freiwillige. Die

M1 Das Kolosseum

Gladiatoren wurden in speziellen Gladiatorenschulen ausgebildet.
Im Kolosseum mussten die Gladiatoren gegeneinander oder gegen wilde Tiere antreten. Dabei waren die Gladiatoren nach bestimmten Regeln bewaffnet. Die beliebtesten Gladiatorentypen waren die schwer bewaffneten „Thraker" (Helm, Rundschild, zwei Beinschienen, Krummsäbel) und die leicht bewaffneten „Netzkämpfer" (Armschutz, Dreizack, Netz). Wenn sie gegeneinander kämpften, waren die Thraker zwar besser bewaffnet, die Netzkämpfer aber wendiger und beweglicher. Die sogenannten „Bestiarii" mussten nur leicht bewaffnet und kaum geschützt gegen wilde Tiere kämpfen.
Die Veranstaltungen im Kolosseum – gegen Ende der Kaiserzeit mehrmals in der Woche – begannen morgens mit dem Auftritt von Gauklern, Zauberern und anderen Belustigungen. Die eigentlichen Kämpfe fanden gegen Ende des Tages statt. Sie wurden vom Veranstalter der Spiele eröffnet. Dann folgte der Aufmarsch der Gladiatoren, die den Kaiser mit den Worten „Ave Caesar, Morituri te salutant" („Sei gegrüßt Caesar, die Todgeweihten grüßen dich") begrüßten. Dann wurden die Kämpfergruppen ausgelost und die Kämpfe durchgeführt. War ein Gladiator geschlagen, streckte der Verwundete die linke Hand aus, um Gnade zu erbitten. Wenn der „Editor", also der Veranstalter, den Daumen hob, wurde der

M2 Der Helm eines Gladiators

Ein solcher Helm wurde von einem schwer bewaffneten Gladiator getragen. Er schützte zwar seinen Kopf, behinderte aber auch die Sicht. Der obere Bronzeaufsatz war zwar dekorativ, bot aber keinen Schutz.

M3 Gladiatoren im Kampf (römische Wandmalerei)

Gladiator aus der Arena getragen und behandelt; wenn er den Daumen senkte, war es aus mit ihm.

Die meisten Gladiatoren hatten ein kurzes Leben und fanden ein brutales, blutiges Ende. Manche allerdings wurden auch regelrechte Volkshelden und erkämpften sich Freiheit und Ruhm.

Deshalb – so erzählt Mario – schlossen die Zuschauer Wetten ab. Manche wetteten vielleicht auf einen Gladia-

M4 Plan der Stadt Rom zur Kaiserzeit (ausgewählte Gebäude)

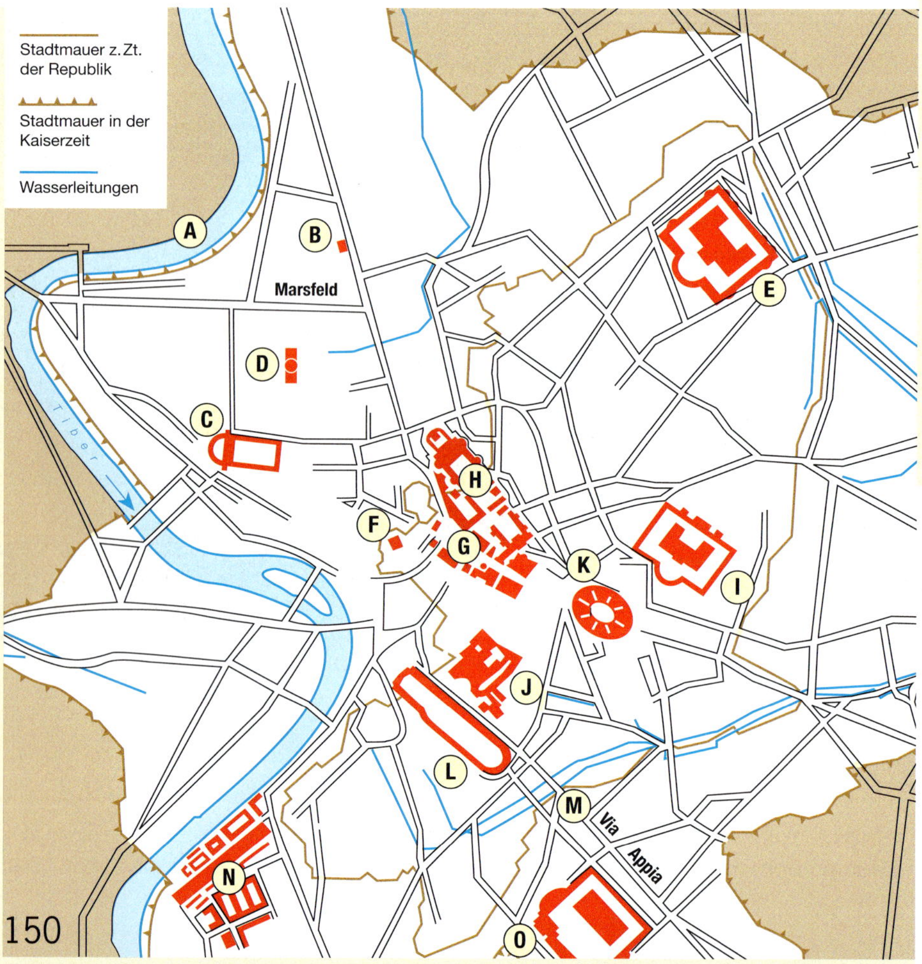

A Tiber
B Friedensaltar des Augustus
C Pompeius-Theater
D Pantheon
E Diocletiansthermen
F Jupitertempel
G Forum Romanum
H Kaiserforen
I Trajansthermen
J Kaiserpaläste
K Kolosseum
L Circus Maximus
M Via Appia
N Hafenspeicher
O Caracalla-Thermen

1 Wo befand sich das Kolosseum? Auch viele (nicht alle!) andere Stationen unseres Stadtrundganges könnt ihr auf der Karte finden.

2 Vergleicht diesen Plan mit der Karte auf Seite 121. Beschreibt, was gleich geblieben ist und was sich verändert hat.

tor, der schon mehrere Kämpfe gewonnen hatte. Andere setzten auf einen unbekannten Neuling, von dem es hieß, er habe ungeahnte Kräfte.

Brot und Spiele

Mario sieht unsere erstaunten Gesichter. Aus Erfahrung weiß er schon, was uns beschäftigt. Er fährt fort:

Heute ist es uns kaum verständlich, warum die Römer massenhaft solche brutalen Spiele besuchten, Wetten auf den Sieger abschlossen und sich damit ihre Freizeit vertrieben. Und noch etwas anderes ist auf den ersten Blick merkwürdig: Im Kolosseum gab es zwar Platzkarten, aber der Besuch war umsonst. Eintritt musste niemand bezahlen.

Um das zu verstehen, muss man wissen, dass die große Mehrzahl der Bewohner Roms „Proletarier" waren. Viele waren vom Land in die Stadt gezogen, hatten aber keinen Beruf und keine Arbeitsstelle. Die meisten Tätigkeiten wurden ja von Sklaven verrichtet. Andererseits hatten die Proletarier aber das römische Bürgerrecht und waren wahlberechtigt.

Der Kaiser, die Senatoren und die adeligen Familien wollten sich deshalb die Zustimmung der Proletarier sichern. Außerdem fürchteten sie Aufstände und Revolten. Deshalb wurde es in der Kaiserzeit üblich, den Proletariern kostenlos Brot und kostenlose Spiele im Kolosseum zu schenken. So mussten die Proletarier keinen Hunger leiden und keine Langeweile haben.

Kaiser, Senatoren und adelige Familien finanzierten die Spiele und die kostenlosen Getreideverteilungen mit ihrem Reichtum, den sie in den Provinzen gewonnen hatten. Letztlich lebte also die große Mehrheit der Römer von dem durch die Eroberungen gewonnenen Reichtum. Durch „Brot und Spiele" ließen sie sich sozusagen bestechen. Je häufiger ein Adeliger oder ein Kaiser als „Editor" Gladiatorenkämpfe im Kolosseum ausrichtete, umso beliebter war er beim Volk.

Die besiegten Völker waren doppelt Leidtragende: Aus ihren Reihen stammten die Gladiatoren, die bei den Spielen starben. Und sie bezahlten in den Provinzen mit ihren Abgaben und Steuern das Brot und die Spiele für die Bewohner der Hauptstadt.

M5 Modell der Stadt Rom zur Kaiserzeit

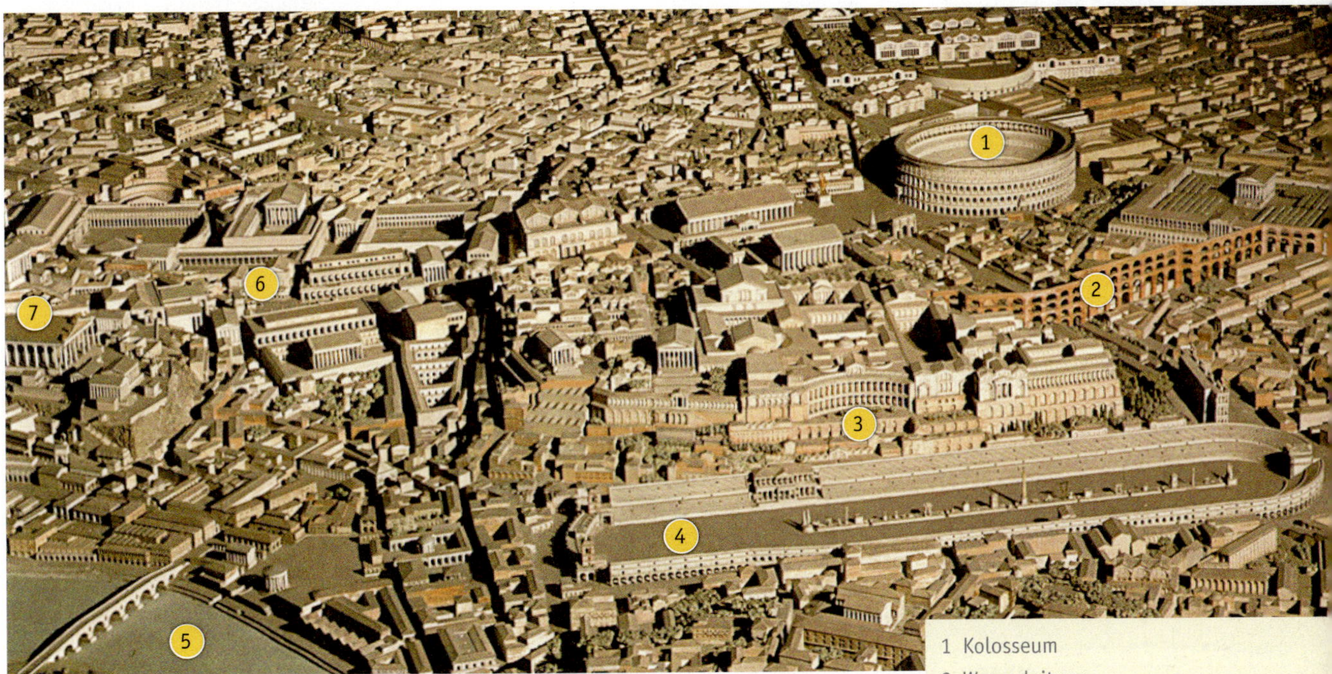

1 Kolosseum
2 Wasserleitung
3 Kaiserpaläste auf dem Hügel Palatin
4 Circus Maximus
5 Tiber
6 Forum Romanum
7 Jupitertempel

1 Vergleicht das Modell (M 5) mit dem Stadtplan (M 4). Zeigt auf dem Stadtplan, aus welchem Winkel das Modell fotografiert wurde. Erläutert, welche zusätzlichen Informationen oder Eindrücke euch das Modell gibt.

2 Mario, unser Fremdenführer, behauptet, dass kein einziger Römer in der Antike seine Stadt so gesehen hat, wie wir sie hier im Modell sehen. Hat er recht? Begründet eure Meinung.

Das Kolosseum – Überreste und Rekonstruktionen

Bald wird Mario sich von uns verabschieden. Bevor ihr selbst Fremdenführer werdet – sagt er noch – solltet ihr wissen, was „Rekonstruktionen" sind. Das erklärt er am Beispiel des Kolosseums.

1 Erläutert am Beispiel von M 7 – M 9, welchen Vorteil Rekonstruktionen haben. Welche gefällt euch am besten?

2 Erklärt, warum Rekonstruktionen nicht nur historische Realität, sondern immer auch etwas Fantasie beinhalten.

M6 Das Innere des Kolosseums

M7 Das Kolosseum (Rekonstruktionszeichnung)

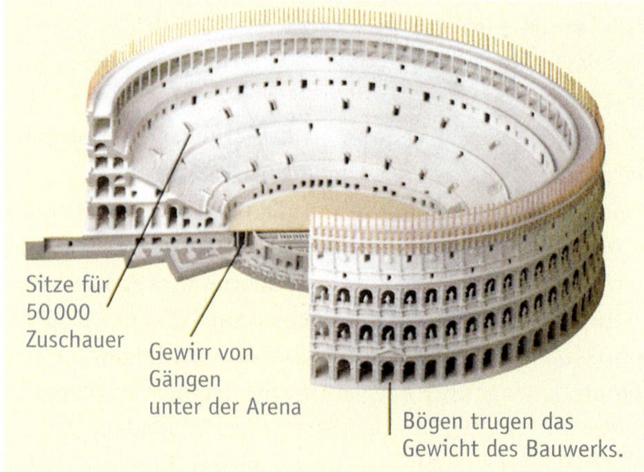

M8 Unter der Arena (Rekonstruktionszeichnung)

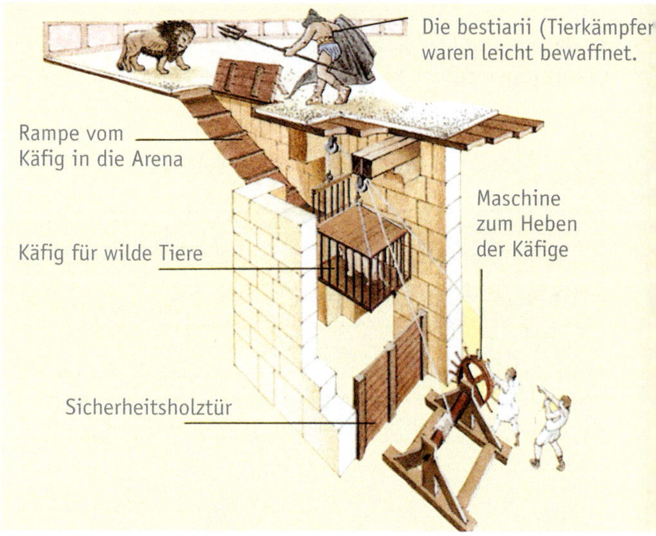

M9 Das Kolosseum (Querschnitt, Rekonstruktion)

1 Fassade
2 Arkaden
3 Sitzränge
4 Arena
5 Räume, Käfige und Aufzüge unterhalb der Arena
6 Stäbe zur Befestigung von Sonnensegeln

Methode Mit Rekonstruktionen umgehen

Überall in dieser Forschungsstation begegnet ihr sogenannten „Rekonstruktionen“ – das können Zeichnungen, Gemälde oder Modelle (Nachbauten im Miniaturformat) von Gebäuden sein. Viele denken: „Aha, so sah das damals aus!“ Das stimmt aber nicht ganz.

Was sind Rekonstruktionen?

Kein Gebäude aus der Antike ist heute noch vollständig erhalten. Von manchen gibt es noch Reste und Ruinen, die allermeisten sind sogar vollständig verschwunden. Damit wir uns heute möglichst anschaulich vorstellen können, wie diese Gebäude früher aussahen, fertigen Wissenschaftler Rekonstruktionen an. Solche Zeichnungen, Bilder oder Modellbauten sollen einen möglichst exakten und zugleich anschaulichen Eindruck vom Leben in früheren Zeiten vermitteln.

Wie werden Rekonstruktionen erstellt?

Wenn Wissenschaftler eine Rekonstruktion erstellen wollen, sammeln sie zunächst möglichst viele Informationen über ein Gebäude. So versuchen sie, möglichst genau herauszufinden, wie das Gebäude früher ausgesehen haben könnte. Woher kommen diese Informationen?

- **Gebäudereste und Ruinen:**
  Das Kolosseum hat 2000 Jahre relativ gut überstanden. Natürlich sind alle Holzkonstruktionen im Laufe der Zeit durch Witterungseinflüsse verschwunden. Nach dem Ende des Römischen Reiches hat man auch Steine aus dem Kolosseum entfernt, um andere Gebäude damit zu bauen. Heute gefährden vor allem die Autoabgase der Millionenstadt Rom die Mauern. Trotzdem sind viele Gebäudeteile erhalten, die wichtige Informationen geben können. Ausgrabungen fördern manchmal weitere Gebäudereste zutage.

- **Ähnliche Gebäude an anderen Orten:**
  Am 24.8.79 v. Chr. wurde die römische Stadt Pompeji von einem Vulkanausbruch überrascht. Die heiße Lava bedeckte die gesamte Stadt und konservierte Gebäude und Gebrauchsgegenstände für Jahrhunderte. Deshalb sind dort viele Gebäude gut erhalten. Wahrscheinlich werden sie in Rom ähnlich ausgesehen haben. In Nordafrika und Südfrankreich gibt es viele Theater und Stadien, die denen in Rom ähnlich gewesen sein werden.
- **Bildquellen:**
  Erhaltene antike Abbildungen zeigen manchmal Gebäude oder Gebäudeteile so, wie sie damals ausgesehen haben.
- **Schriftliche Quellen:**
  Es gibt aus der Antike überlieferte Briefe, Bücher, Grabinschriften oder Reiseberichte, die das Aussehen von Gebäuden und das Leben in ihnen schildern.

■ Welches Gebäude bzw. welcher Gebäudeteil ist hier oben in einem antiken Relief und unten in einer modernen Rekonstruktion dargestellt?

Die Wissenschaftler sammeln alle diese Informationen und fügen sie in Gedanken zu einem Gesamtbild zusammen. Dann zeichnen oder bauen sie ihre Rekonstruktion. Eine Rekonstruktion enthält also immer einerseits sichere Informationen und andererseits auch einen Teil „gut überlegte Fantasie“: So könnte das Gebäude ausgesehen haben.

Wie geht man mit Rekonstruktionen um?

Rekonstruktionen zeigen nicht, wie ein Gebäude früher ausgesehen hat. Sondern: Sie zeigen, wie ein Gebäude früher ausgesehen haben *könnte*. Je sorgfältiger eine Rekonstruktion erstellt wurde und je mehr Informationen über ein Gebäude überliefert sind, desto mehr zeigt sie, wie ein Gebäude früher wirklich ausgesehen hat.

Station 2:
Der Circus Maximus – eine Sportstätte?

Der Circus Maximus wurde in erster Linie für Wagenrennen mit Vierergespannen gebaut.

Der Circus Maximus

Wagenrennen waren in der Antike eine der beliebtesten Sportarten. Rennbahnen wurden überall gebaut, der römische Circus Maximus war die größte: Sie konnte bis zu 250 000 Zuschauer aufnehmen. Die Rennbahn war 550 Meter lang und 80 Meter breit.

Die Wagenrennen

An jedem Wagenrennen nahmen vier Mannschaften teil, die nach ihren Farben benannt wurden: die Blauen, die Roten, die Grünen und die Weißen. Jede Mannschaft hatte drei Wagenlenker.

Die Mannschaften fuhren in der Rennbahn gegen den Uhrzeigersinn. Ein Rennen dauerte sieben Runden. Die Ziellinie lag auf einer der Geraden gegenüber der Kaiserloge.

Während des Rennens fuhren die Wagen sehr schnell und die Wagenlenker brauchten viel Geschicklichkeit, um die Pferde zu lenken. Besonders gefährlich und unfallträchtig waren die scharfen Kurven an beiden Enden der Bahn. Bei den Rennen starben regelmäßig Pferde und Wagenlenker, nur die Überlebenden erreichten nach sieben Runden die Ziellinie.

Fans und Stars

Ähnlich wie es heute Fans von verschiedenen Fussballvereinen gibt, so hatten die Blauen, Roten, Grünen und Weißen ihre feste Anhängerschaft in der Stadt Rom. Die geschicktesten (oder glücklichsten) Wagenlenker wurden wie Helden verehrt und konnten sehr reich werden.

Die Zuschauer

Die Wagenrennen waren für Pferde und Wagenlenker zwar sehr gefährlich, aber bei Weitem nicht so brutal wie die Gladiatorenkämpfe im Kolosseum. Trotzdem bildeten auch sie eine willkommene Abwechslung für reiche und arme Römer, die in ihrer Mehrzahl ohne Arbeit oder notwendige Betätigung in der Stadt lebten. Die anderen typischen Sportarten der Antike, wie wir sie von der griechischen Olympiade kennen (z. B. Speer- oder Diskuswerfen, Laufen etc.), wurden zwar in manchen Teilen des Römischen Reiches weiter betrieben – in Rom selbst fanden sie allerdings kaum Interesse.

M10 **Wagenlenker an der Wendemarke (römisches Relief)**

M11 **Der Circus Maximus (Rekonstruktion)**

Station 3:
Eine Villa – Wie die reichen Römer lebten

M12 Gartenhof einer römischen Villa

Von der Straße aus gesehen wirkten die Stadthäuser der wohlhabenden römischen Familien langweilig und nichtssagend. Kaum hatte man aber die Eingangstür durchschritten, öffnete sich eine luxuriöse Welt.

Die wohlhabenden römischen Familien

Schon gegen Ende der Republik, aber noch deutlicher in der Kaiserzeit: Es gab eine relativ kleine Schicht von Menschen, die immer größeren Reichtum anhäufen konnten. Das waren zunächst der Kaiser und sein Hofstaat. Dann die adeligen Familien, aus deren Reihen die meisten Senatoren stammten. Diese hatten meist eine Villa auf dem Lande, inmitten ihres ausgedehnten Grundbesitzes, der auch die Grundlage ihres Reichtums bildete. Dann gab es die Schicht der Ritter, die durch Handel oder in der kaiserlichen Verwaltung zu Reichtum gekommen waren.
Oft hatten diese Familien sogar mehrere Häuser: eine Villa auf dem Land, inmitten ihres Grundbesitzes, eine Art Urlaubshaus an der Küste und eine Villa in der Stadt.

Die Stadtvilla

Die vornehmen Stadtvillen waren alle unterschiedlich und hatten dennoch viele typische Gemeinsamkeiten. Sie waren von einer Mauer umgeben, die sie vor dem Gedränge und dem Lärm auf der Straße schützte. Nach außen geöffnet waren nur Ladenräume, in denen Waren zum Verkauf angeboten wurden. Durch eine schmale Eingangstür in der Mauer gelangte man durch einen schmalen Flur zum Mittelpunkt des Hauses: dem Atrium. Das war ein rechteckiger, nach oben hin geöffneter Raum, um den sich die Wohn- und Geschäftsräume gruppierten. Von den zur offenen Mitte hin geneigten Dächern floss das Regenwasser in ein Wasserbecken in der Mitte des Atriums. Dieses Wasserbecken war schön anzusehen, oft auch mit einer Figur in der Mitte geschmückt. Gleichzeitig konnte man so das im heißen Süden kostbare Wasser gewinnen. Ging man auf der anderen Seite des Atriums weiter, so gelangte man – wieder durch einen Flur – in einen Garten, der wiederum von Mauern, zum Teil auch mit Wohnräumen oder einem Säulengang umgeben war.

Das Leben in der Villa

Die Villa war zugleich ein Wohn- und ein Geschäftshaus. Es gab Schlaf- und Essräume, Arbeitszimmer und Badezimmer. Viele dieser Häuser waren an Wasserleitungen und Abwasserleitungen angeschlossen. In der Villa lebte die ganze römische „familia", also der „pater familias" mit seiner Frau und seinen Kindern, die Sklaven und zum Teil auch Klienten.

M13 Eine vornehme Villa (Rekonstruktion)

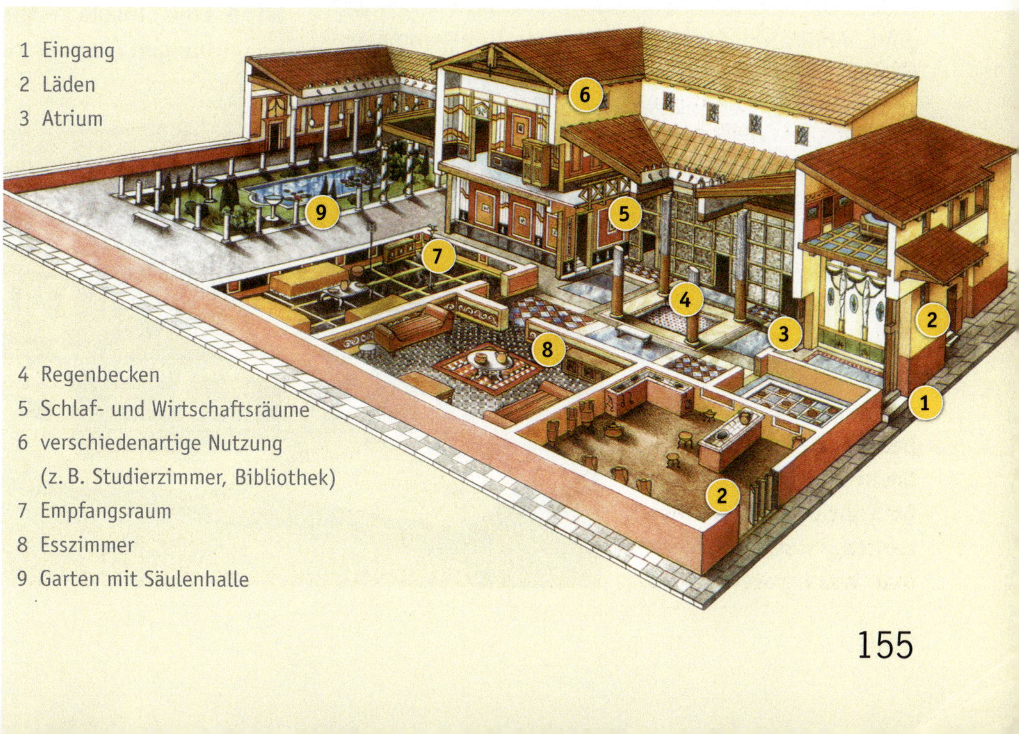

Station 4: Ein Mietshaus – Wie die armen Römer lebten

Zur Kaiserzeit lebten in der Stadt Rom über eine Million Menschen auf engem Raum. Auf den Straßen, Wegen und Plätzen herrschte tagsüber ein so dichtes Gedränge, dass Wagen und Karren nur nachts fahren durften. Wohnraum war knapp und teuer. So kamen römische Architekten auf die Idee, in die Höhe zu bauen. Es entstanden die sogenannten „Insulae" – Mietshäuser mit bis zu fünf oder sechs Geschossen.

Die Insulae

Die Insulae waren große, mehrgeschossige Mietshäuser, die um einen Lichtschacht in der Mitte herum gebaut wurden. Als Baumaterial wurden Steine und eine Art Mörtelbeton benutzt. In den unteren Etagen waren oft Läden oder relativ großzügige Wohnungen untergebracht. Je höher eine Etage war, desto kleiner wurden die Wohnungen und Räume. Die unteren Etagen waren durch Steintreppen, die oberen nur durch Holzleitern erreichbar.

Das Leben in der Insula

Je mehr die Bevölkerung in der Stadt anwuchs, desto dichter gedrängt lebten die Menschen in den Insulae. Oft lebte in eine ganze Familie in einem kleinen Raum mit nur einem kleinen Fenster. Wasser und Toiletten gab es nicht: Frischwasser musste in Eimern aus öffentlichen Brunnen herangeschafft werden. Über die Stadt verteilt gab es öffentliche Steintoiletten, die an das Kanalisationsnetz angeschlossen waren. Die Insulae hatten keine organisierte Müllentsorgung. Abfälle wurden irgendwo entsorgt, manchmal einfach aus dem Fenster geworfen. In vielen Straßen muss ein unvorstellbarer Gestank geherrscht haben.

Die Gefahren

Die Insulae hatten keine Heizung und keine Öfen. Geheizt wurde mit offenen Kohlefeuern – deshalb waren Häuserbrände besonders im Winter eine ständige Gefahr. Weil skrupellose Geschäftemacher die Insulae oftmals schnell und aus billigem Material bauten, stürzten immer mal wieder welche ein.

M14 Öffentliche Gemeinschaftstoilette (Rekonstruktion)

Unter den Sitzen aus Stein floss Wasser entlang, das die Fäkalien wegspülte. Anstelle von Klopapier, das es damals noch nicht gab, benutzte man an Stöckchen befestigte Schwämmchen.

M15 Eine „Insula" – Mietshaus mit Läden und Wohnungen (Rekonstruktion)

Vor allem deshalb schränkten die Kaiser schließlich die Geschosshöhe der Insulae ein. Außerdem wurde eine öffentliche Feuerwehr eingerichtet.
Trotz all dieser Gefahren waren die Menschen wohl froh, eine Wohnung in einem Mietshaus zu bekommen. Denn wir wissen, dass es viele Proletarier gab, die keine Wohnung hatten und auf der Straße oder unter Brücken übernachteten. Dort war es noch viel gefährlicher.

Wie die Zeitgenossen über das Leben in den Insulae urteilten:

M 16 Juvenal

Juvenal (ca. 60–140 n. Chr.) war ein römischer Dichter von Komödien und Satiren. Über das Leben in Rom schrieb er:

[…] selbst im traurigsten Nest lebt sich's besser als hier im wilden Getriebe der Hauptstadt mit ihren tausend Gefahren, den Häusereinstürzen und Bränden […].
Wir hausen zumeist in Gebäuden mit Stützbalken leichter Art; solche zieht der Verwalter nur ein, wenn die Wand schwankt. Hat er die alten Risse verstopft, dann sagt er, wir sollten ruhig schlafen, obgleich die Gefahr des Einsturzes andauert. Wahrlich, leben sollte man dort, wo Brände nicht schrecken, dort, wo Alarme nicht wecken! […]
Weil es an Schlaf fehlt, gehen in Rom viele Kranke zugrunde […]. Doch wen lässt die Mietswohnung schlafen? […] Allnächtlich rollen die Reisewagen durch das Gewinkel enger Gassen, wo sich Herden stauen und Flüche der Treiber hallen […].
Hat ein Reicher ein dringendes Geschäft, lässt in der Nacht noch er sich in riesiger Sänfte über die Köpfe der sich drängenden Menge tragen, die ausweicht […].
Mir Eiligem hemmt die vor mir flutende Menge den Schritt, und hinter mir drückt das Volk in Scharen nach. Der stößt mir den Arm in die Seite, jener ein hartes Brett; bald trifft mich ein Balken am Schädel, bald ein Ölfass. Kot bespritzt meine Waden, von allen Seiten bekomme ich Tritte […].
Himmelhoch über der Straße sind Dächer, von denen – wie oft! – ein Ziegel herabkracht, uns auf den Schädel. Da sind die Fenster: Wie oft wirft man altes, zerbrochenes Geschirr herunter, mit einer Wucht, dass Spuren und Loch im Pflaster zurückbleiben […]. Richte zum Himmel ein seufzendes Gelübde und ein stilles Gebetlein, dass diesen Fenstern nicht mehr entström' als der Guss einer Wanne.

(Juvenal, Satire 3,6 ff.; zit. nach: Geschichte in Quellen, Altertum, München (bsv) 1989, S. 666 ff., übers. v. Otto Weinreich)

M 17 Vitruvius

Der Architekt Vitruvius – ein Zeitgenosse des Augustus – beurteilte die Bauplanung Roms so:

Bei der gewaltigen Ausdehnung der Hauptstadt und der unermesslichen Zahl ihrer Bevölkerung besteht die Notwendigkeit, unzählige Wohnungen zu beschaffen. Da nun das vorhandene Baugelände bei einer ebenerdigen Bebauung nicht mehr dem Bedarf einer solchen Menschenmenge genügen kann, zwang die Not dazu, durch Errichtung höherer Gebäude Abhilfe zu schaffen […]. Da auf diese Weise der Umfang der Stadt durch die vielen Stockwerke sozusagen nach der Höhe hin vervielfacht wurde, verfügt die Bevölkerung Roms ohne irgendwelche Einschränkungen über vortreffliche Wohnungen.

(Vitruvius, Über die Baukunst 2, 8, 17; zit. nach: Geschichte in Quellen, a.a.O., S. 595, übers. v. Jakob Prestel)

M 18 Ulpian

Der Jurist Ulpian (gestorben 228 n. Chr.) schrieb über die Rechtmäßigkeit von Schadensersatzforderungen:

Wenn die Wohnung unter mehrere Benutzer aufgeteilt ist, wird nur derjenige zur Rechenschaft gezogen, aus dessen Wohnungsteil die Flüssigkeit herabgeschüttet wurde. Wenn der Mieter gewerbsmäßig untervermietet, selbst aber den größten Teil der Wohnung benutzt, wird er allein zur Verantwortung gezogen. Wenn dagegen der Mieter zwar gewerbsmäßig untervermietet, aber einen geringeren Teil der Wohnung für sich beansprucht, so sind er und seine Untermieter gleichermaßen zur Verantwortung zu ziehen. Ebenso ist zu verfahren, wenn Wurf oder Guss von einem Balkon erfolgt sind.

(Zit. nach: Jerome Carcopino, So lebten die Römer während der Kaiserzeit, Stuttgart (Deutsche Verlagsanstalt) 1959, S. 59)

1 Erzählt mit eigenen Worten nach: Was beschreiben Juvenal, Vitruvius und Ulpian in ihren Berichten?

2 Stellt die Meinungen von Juvenal (M 16) und Vitruvius (M 17) einander gegenüber: Wie beurteilen sie jeweils das Leben in Rom? Wie begründen sie ihre Meinung?

3 Überlegt, ob der Text von Ulpian (M 18) entweder Juvenal oder Vitruvius eher recht gibt.

Station 5: Die Thermen des Caracalla – ein Schwimmbad?

Thermen – so werden die großen öffentlichen Badehäuser in Rom genannt. Sie waren beim römischen Volk sehr beliebt. Und sie waren – für antike Verhältnisse – ein Wunder an Technik.

M19 **Das System der römischen Wasserversorgung (Schemazeichnung)**

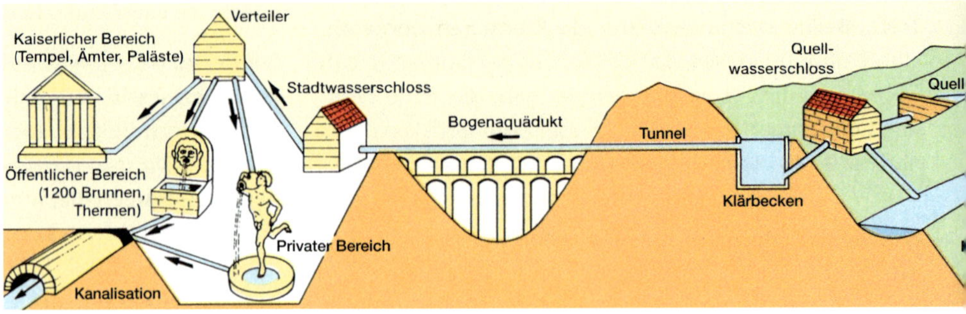

Die Thermen in Rom

Die ersten großen, öffentlichen Thermen in Rom wurden 19. v. Chr. eingeweiht. In der Kaiserzeit gab es dann immer mehr Thermen – benannt nach den Kaisern, die ihren Bau befahlen oder sogar finanzierten, um ihren Ruhm und ihr Ansehen beim römischen Volk zu mehren. So auch die Thermen, die nach Kaiser Caracalla benannt sind.

Das Volk und die Thermen

Viele Römer trafen sich jeden Tag vor dem Abendessen in den Thermen. Dort gab es viel Luxus: Schwitzbäder, Warmbäder, Massageräume. Außerdem konnte man spazieren gehen, Gymnastik treiben, sich die Haare schneiden lassen oder Bibliotheken besuchen.

Die Thermen konnte man meist kostenlos benutzen. Sie waren ein Geschenk der Kaiser an das Volk von Rom.

Die Technik in den Thermen

Die Thermen sind zunächst gewaltige und prunkvolle Bauwerke. Der Bau der Caracalla-Thermen dauerte etwas mehr als zehn Jahre (von 212 bis 223 n. Chr.). Die Bauten bildeten ein Quadrat auf einer Fläche von 12 Hektar mit 350 Metern Seitenlänge.

Die eigentliche technische Meisterleistung bestand aber in der Wasserversorgung der Thermen. Das Wasser wurde von weither durch Leitungen und Aquädukte in die Stadt geleitet.

■ Die Thermen – ein Schwimmbad? Beantwortet die Frage.

M20 **So wurden die Thermen geheizt**

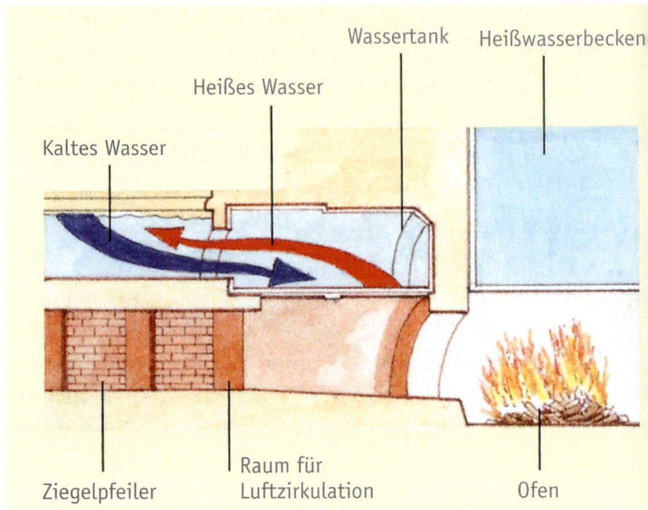

M21 **Die Thermen des Caracalla (Rekonstruktionszeichnung)**

1 Umfassungsmau
2 Vortragssäle
3 Unterirdische Zisterne (80 0
4 Bibliothek
5 Park
6 Eingang
7 Umkleidehalle
8 Sportplatz
9 Nische
10 Schwitzbad
11 Warmbad
12 Kaltbad
13 Schwimmbad
14 Gymnastikhalle
15 Vortragssaal

Station 6: Die Via Appia

Die Via Appia gilt als die erste Fernstraße der Weltgeschichte. Sie ist eine der berühmtesten Bauleistungen der Römer.

Die Via Appia

Die Via Appia wurde etwa um 300 v. Chr. angelegt und verband Rom mit Mittel- und Süditalien. Insgesamt erreichte sie eine Länge von 580 Kilometern.
Wie alle später gebauten römischen Straßen erfüllte sie vor allem einen militärischen Zweck. Sie ermöglichte schnelle Bewegungen der römischen Armee und damit die Kontrolle der neu eroberten Gebiete und der Bundesgenossen in Italien.
Zugleich erleichterte die Via Appia den Transport von Waren und Personen. Damit trug sie – wiederum auch wie alle anderen, später gebauten Straßen – zum wirtschaftlichen und kulturellen Austausch im Römischen Reich bei.

Der Bau der Via Appia

Die römischen Straßen wurden von Legionären der Armee in mühsamer Handarbeit gebaut. Zuerst zog man einen breiten Graben und füllte ihn mit Sand und Kies auf. Dann wurden seitliche Randsteine gesetzt. Dazwischen legten die Legionäre als Straßenoberfläche schwere Steinplatten. Sie waren zur Mitte der Straße hin leicht gewölbt, sodass das Regenwasser abfließen konnte. Links und rechts neben der Straße wurden Wassergräben angelegt.
Die Via Appia war vier Meter breit, sodass zwei Ochsen- oder Pferdekarren bequem aneinander vorbeifahren konnten. Rechts und links neben der Straße gab es Fußpfade aus gestampftem Lehm.
Die Via Appia verlief – wie ein Großteil der römischen Fernstraßen – meist schnurgerade.

Mehr als eine gewöhnliche Straße

Die Via Appia war für Jahrhunderte eine der wichtigsten Ausfallstraßen aus der Hauptstadt hinaus. Zusätzlich bekam sie ein besonderes Gesicht durch viele Grabdenkmäler, die links und rechts neben ihr aufgestellt waren. Der Hintergrund: Weil Tote nicht innerhalb der Stadtmauern beerdigt werden durften, bauten die reichen römischen Familien Grabdenkmäler außerhalb der Stadt – und zwar besonders gerne entlang der Via Appia, weil sie hier von vielen Reisenden gesehen werden konnten.
Ein schreckliches Aussehen bekam die Via Appia im Jahre 75 v. Chr. Auf einer Strecke von 160 Kilometern waren entlang der Straße Sklaven an Kreuze genagelt worden. Der Hintergrund: Im Jahr 73 v. Chr. war einer Gruppe von Sklaven unter Führung des Spartakus die Flucht aus einer Gladiatorenschule in Capua – einer Stadt südlich von Rom – gelungen. Diese Sklaven wollten ihrem fürchterlichen Schicksal entfliehen. Sie streiften durch das Land und immer mehr Sklaven, die unter unmenschlichen Bedingungen lebten, schlossen sich ihnen an. Der „Spartakus-Aufstand" stellte eine echte Gefahr für die römische Republik dar, sodass der Konsul Crassus 75 v. Chr. eine Armee mit 40 000 Soldaten aufstellte und Spartakus in einer großen Schlacht in Apulia in Süditalien besiegte. Die überlebenden Sklaven wurden zur Abschreckung an der Via Appia gekreuzigt.

M22 **Die Via Appia bei Rom**

Via Appia – „Königin aller Straßen". Erklärt diese Bezeichnung.

Station 7: Das Forum Romanum

M23 Das Forum Romanum heute

In der Bildmitte sieht man die Überreste des Saturn-Tempels, nach rechts hin das Gelände des Forums mit der Via Sacra in der Mitte.

Das Forum Romanum war der religiöse, politische und wirtschaftliche Mittelpunkt der Stadt Rom und des gesamten römischen Weltreiches. Hier wurden für einige Jahrhunderte die Geschicke Europas entschieden. Hier standen die wichtigsten Tempel, hier tagte der Senat, hier regierten die Kaiser, hier fanden die Triumphzüge der siegreichen Feldherren statt.

Die Geschichte des Forums

Das Forum (wörtlich: „offener Platz") stand schon zur Zeit der Gründung der Stadt Rom im Mittelpunkt. Es bildete ursprünglich einen offenen Marktplatz in der Mitte zwischen den auf den fünf umliegenden Hügeln gelegenen Dörfern. Schon in der Königszeit wurde es für Versammlungen und als Ausgangspunkt für religiöse Prozessionen entlang der „Via Sacra" („Heilige Straße") genutzt. Eines der ältesten Gebäude ist der 498 v. Chr. erbaute Tempel des Saturn, des wichtigsten römischen Gottes.

Im Laufe der Jahrhunderte entstanden auf dem Forum und entlang der Via Sacra immer weitere prachtvolle Tempel, Triumphbögen, Paläste und weitere Bauten, die die Geschichte des Römischen Reiches spiegeln. Viele Generationen von Feldherren, Konsuln und Kaisern wetteiferten darin, dass Zentrum des Reiches immer prachtvoller auszubauen.

M24 Das Forum Romanum (Rekonstruktionszeichnung)

Heute sind von dem dicht bebauten Platz nur noch Ruinen übrig geblieben. Weil hier so viele verschiedene Gebäude standen, haben die Archäologen viel Mühe, alle Einzelteile richtig zuzuordnen. Karten und Rekonstruktionen helfen, den Überblick zu behalten.

Der Tempel des Saturn (1)

Der dem römischen Gott Saturn geweihte Tempel ist der älteste Tempel auf dem Forum; er wurde 498 v. Chr. eingeweiht und war für Jahrhunderte eines der wichtigsten Heiligtümer der Römer. Zur Zeit der Republik wurde hier der Staatsschatz aufbewahrt.
Neben dem Saturn-Tempel wurde 20 v. Chr. – also unter Kaiser Augustus – der „Goldene Meilenstein" aufgestellt. Hier war der Mittelpunkt des riesigen Straßennetzes des Römischen Reiches, die Entfernungen zu allen Provinzhauptstädten waren hier eingetragen. Angeblich ist dieser Meilenstein der Ursprung des Sprichwortes „Alle Wege führen nach Rom".

Der Tempel der Vesta (2)

Die Vestalinnen waren der Göttin Vesta geweihte Priesterinnen, deren vornehme Aufgabe darin bestand, das „heilige Feuer" Roms zu bewachen. Der Sage nach durfte das heilige Feuer nie verlöschen – dies hätte Rom ins Unglück gestürzt.
Der ursprüngliche Vesta-Tempel, ein runder Säulenbau an der Via Sacra, war schon zur Königszeit errichtet worden. Augustus ergänzte ihn um einen großen Atriumbau, in dem die Wohnungen und Wirtschaftsräume der Vestalinnen untergebracht waren.

Der Tempel der Concordia (3)

Dieser Tempel wurde 367 v. Chr. eingeweiht, um an das Ende der Ständekämpfe zwischen Patriziern und Plebejern zu erinnern. „Concordia" heißt: „Eintracht".

Die Kurie (4)

In diesem Gebäude tagte der römische Senat. Die Kurie war eine 26 x 18 Meter große Halle, die an ihren Längswänden den etwa 300 Senatoren Platz bot.

Der Triumphbogen des Septimus Severus (5)

Nach siegreichen Kriegen wurde der Feldherr mit einem Triumphzug durch Rom geehrt. In einer Prozession marschierte der Feldherr mit seinen Truppen durch Rom. Dabei wurden Beutestücke, Gefangene und besondere Trophäen, manchmal auch exotische Tiere mitgeführt.
Bei besonders bedeutsamen Siegen stifteten der Senat und das Volk von Rom dem siegreichen Feldherren zudem einen Triumphbogen. Dieser hier wurde dem Kaiser Septimus Severus nach seinem Sieg über die Parther im Jahre 203 n. Chr. gestiftet.

M25 Plan des Forum Romanum

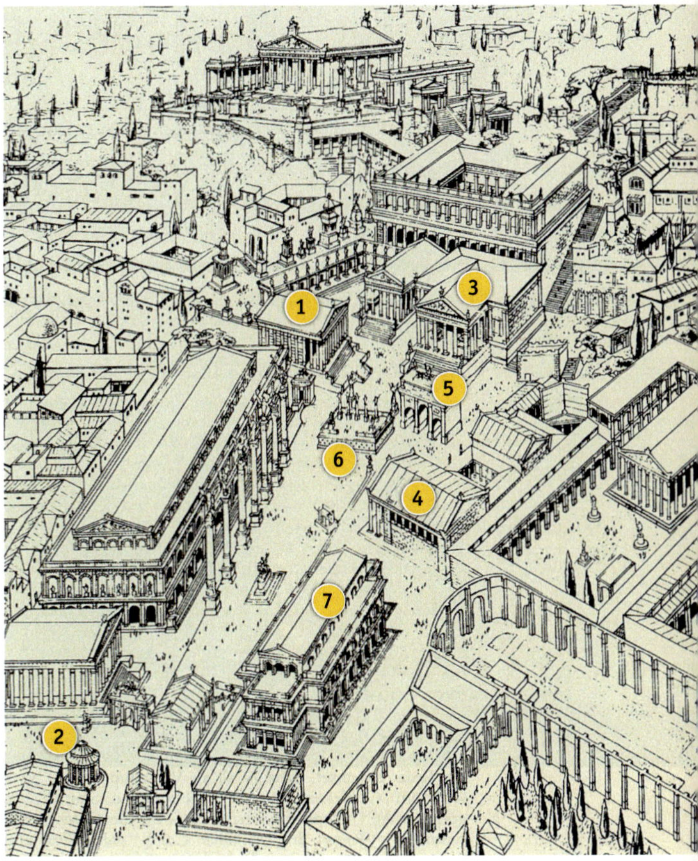

Die Rostra (6)

Die Rostra war eine Rednertribüne, von der aus Reden zum auf dem Forum versammelten Volk gehalten wurden. Die Rostra war mit Schiffsschnäbeln der bei der Schlacht von Actium (31 v. Chr.) besiegten Schiffe geschmückt („Rostra" = Schiffsschnabel)

Die Basilika Aemilia (7)

Die Basilika Aemilia wurde schon zu Zeiten der Republik gebaut und diente wahrscheinlich als Gerichtshalle. Den Gebäudetyp – eine große dreischiffige Halle mit zwei Säulenreihen – hatten die Römer von den Griechen übernommen („Basilika" = Königshalle). Die römische Basilika wurde dann später zum Vorbild für christliche Kirchenbauten.

■ Berichtet über die Gebäude auf dem Forum. Erklärt jeweils, warum sie für die Römer wichtig waren.

Christen im Römischen Reich

Von einer verfolgten Minderheit zur Staatsreligion

Die Römer beeinflussten mit ihrer Lebensweise alle Provinzen ihres Weltreiches. Aber es gab auch umgekehrte Einflüsse: Manchmal veränderten auch die Provinzen die Hauptstadt. Die wohl wichtigste Veränderung dieser Art nahm ihren Ursprung in Kleinasien. Dort war eine neue Religion entstanden, die mit den römischen Göttern nichts zu tun haben wollte.
Die Römer waren eigentlich ziemlich tolerant. Sie akzeptierten meist verschiedene Götter und Gottesvorstellungen. Aber diese neue Religion, das Christentum, war ihnen unheimlich.

Wir listen Gründe auf:

- **Warum wurden die Christen im Römischen Reich zunächst verfolgt?**
- **Warum wurde der christliche Glaube später zu einer „Staatsreligion"?**

Übertragt beide Leitfragen in eine Tabelle in eurem Heft. Listet dann mögliche Antworten in Stichworten auf. Alle notwendigen Informationen findet ihr im Darstellungstext.

Von einer verfolgten Minderheit zur Staatsreligion	
Warum wurden die Christen zunächst verfolgt?	Warum wurde der christliche Glaube später zu einer „Staatsreligion"?
...	...
...	...

Die heimliche Eroberung Roms

Schon seit Mitte des 2. Jahrhunderts v. Chr. waren infolge der Ausweitung römischer Herrschaft nicht nur Beutegut und Sklaven nach Rom gelangt. Waren aus dem gesamten Mittelmeerraum erreichten die Hauptstadt. Die Reiserouten römischer Händler führten bis nach Indien. Zur Zeit des Kaisers Mark Aurel gab es sogar Handelsbeziehungen mit China.
Aus allen Teilen des Weltreiches – und darüber hinaus – kamen Ideen und Gedanken nach Rom. Sie veränderten das Leben in der Hauptstadt und das Denken vieler Römer – ohne dass ein Krieg erklärt worden wäre. Deshalb kann man von einer „heimlichen Eroberung" Roms sprechen.
Zunächst fand vor allem die geistige Welt der Griechen Einzug in Rom. Zwar wurde Griechenland von Rom erobert, als Folge eroberten aber griechische Philosophie und Wissenschaft Rom. In vornehmen römischen Kreisen war es bald üblich, in griechischer Rhetorik, Literatur und Philosophie ausgebildet zu sein.
Zu Beginn des 2. Jahrhunderts v. Chr. fanden fremde Religionen Anhänger in Rom. Aus Kleinasien kam die Göttin Kybele, die „Große Mutter". Ebenfalls aus dieser Gegend gelangte der Bacchuskult in die Tiberstadt. Wegen allzu rauschhafter Feste wurde dieser Kult zunächst durch den Senat verboten. Auch der ägyptischen Göttin Isis weihte man im kaiserlichen Rom einen Tempel, nachdem der Glaube an diese Göttin zunächst mehrfach untersagt worden war. Der persische Gott Mithras war vor allem den Soldaten bekannt; sie verehrten ihn als Erlöser und Helfer im Kampf.
Wie lässt sich diese Entwicklung erklären? Der Wunsch nach persönlichen religiösen Erlebnissen und nach Erlösung machte viele Menschen empfänglich für die neuen religiösen Ideen und Zeremonien.
Im Jahre 25 v. Chr. wurde in Rom ein Tempel errichtet, der ausdrücklich allen Göttern geweiht war, das „Pantheon". Auch auf diesem Gebiet zeigte Rom Toleranz und erwies sich als Sammelpunkt vieler Kulturen.

Die Christen – eine verfolgte Minderheit

Die Christen lebten im Römischen Reich zunächst innerhalb kleiner Gemeinden. Sie waren eine unbedeutende Minderheit inmitten von Menschen, die einen anderen Glauben besaßen.
Die Christen blieben den öffentlichen Feierlichkeiten für die römischen Götter fern. Sie mieden die damals beliebten Zirkusspiele und auch sonst lebten sie eher zurückgezogen. Das konnte Vorurteile oder Gerüchte entstehen lassen. In den beiden ersten Jahrhunderten n. Chr. kam es aus solchen Gründen in einzelnen Städten oder Gegenden zu Übergriffen auf Christen.
Im 2. und 3. Jahrhundert n. Chr. geriet das Römische Reich durch Angriffe von außen mehrfach in Krisensituationen. Einen Grund der Krise sah man darin, dass nicht alle Reichsbewohner den römischen Göttern opferten. In dieser Zeit wurden die Christen von einigen Kaisern im gesamten Reich verfolgt.

Die Christen weigerten sich auch jetzt, dem Kaiser Opfer darzubringen. Das war nach römischer Auffassung Verrat. Das Misstrauen wurde noch dadurch verstärkt, dass die Christen ihre Gottesdienste nicht in der Öffentlichkeit, sondern zurückgezogen in Privathäusern abhielten. Was hatten sie zu verbergen? Aus den Worten der christlichen Abendmahlzeremonie schlossen manche Römer fälschlicherweise, dass die Christen Menschenfleisch aßen und Menschenblut tranken.

Das Christentum wird zur Staatsreligion

Im Jahre 312 n. Chr. stand der römische Kaiser Konstantin im Kampf um die Führung des Reiches seinem Gegner Maxentius gegenüber. Der Legende nach hat Konstantin am Nachmittag über der Sonne ein strahlendes Kreuz – Symbol des Christentums – gesehen, mit der Inschrift: „In diesem Zeichen siege!" In der nun folgenden Schlacht vor den Toren Roms siegte Konstantin und wurde zum Herrscher des Römischen Reiches im Westen.

Ob diese Legende einen wahren Kern hat, wissen wir nicht. Aber der neue Kaiser erließ im Jahre 313 ein Edikt, in dem die Freiheit des Glaubens garantiert wurde und das Christentum gegenüber den anderen Religionen eine gleichberechtigte Stellung erhielt. Damit versuchte Konstantin, die wachsende Zahl der Christen in sein Reich zu integrieren, anstatt sie – wie seine Vorgänger – durch Verfolgungen auszuschließen. Dies bedeutete zugleich das Ende der Christenverfolgungen.

In den folgenden Jahren ließ der Kaiser christliche Kirchen erbauen. Der Sonntag, Tag des Gedenkens an die Auferstehung Jesu, wurde im gesamten Reich zum Feiertag. Zu Beginn des 4. Jahrhunderts wuchs somit die Bedeutung des Christentums im Römischen Reich.

Auch die Zahl der Christen stieg. War es früher manchmal gefährlich gewesen, Christ zu sein, wurde dies nun nicht selten zu einer guten Voraussetzung für die berufliche Karriere. Schon Kaiser Konstantin näherte sich dem christlichen Glauben an, behielt aber die Würde des obersten römischen Priesters, des „Pontifex Maximus", bei. Unter der Regierung des Kaisers Theodosius (379–395) wurden Kirche und Staat eng verbunden. Theodosius nahm den Titel des „Pontifex Maximus" nicht mehr an und erklärte das Christentum zur „Staatsreligion". Nun wurden andere Religionen verboten und teilweise auch blutig verfolgt. Tempel wurden teilweise zerstört oder dem Verfall überlassen.

Kaiser wie Konstantin und Theodosius erhofften sich von der Verbindung des Staates mit der Kirche auch eine innere Stärkung des Reiches. Die kommenden Auseinandersetzungen konnten dadurch nicht gelöst werden, aber das Christentum hatte sich durchgesetzt.

M Gemälde von Albrecht Dürer (Ausschnitt)

Dieses Gemälde von Albrecht Dürer (1471–1528) zeigt, wie der Maler sich die Verfolgung der Christen durch die Römer vorstellte.
Es zeigt, wie römische Soldaten Christen dazu zwingen, sich von einem Felsen in den Tod zu stürzen. Der Grund: Sie weigerten sich, den römischen Göttern zu opfern.

Das Gemälde von Albrecht Dürer ist eine „Rekonstruktion" eines geschichtlichen Ereignisses. Überlegt vor dem Hintergrund des Darstellungstextes, ob sich ein solches Ereignis tatsächlich zugetragen haben könnte.

Wie soll man mit einer fremden Religion umgehen? – Das Beispiel Christentum

Als kaiserlicher Beauftragter sollte der Römer Plinius Christen bestrafen, die sich weigerten, den Kaiser anzubeten. Da die Sache nicht ganz einfach war, fragte Plinius bei Kaiser Trajan um Rat.
Die Briefe von Plinius und Trajan sind bis heute überliefert. Beispielhaft können sie uns zeigen, wie man in fernen Zeiten mit einem auch heute noch sehr aktuellen Problem umging.

Wir nehmen Stellung:

- **Wie soll man mit einer fremden Religion umgehen?**

1. Lest die beiden Briefe von Plinius (M2) und Trajan (M3). Die Aufgaben unter den Briefen helfen euch, sie richtig zu verstehen.

2. Ordnet den Briefwechsel richtig in den geschichtlichen Zeitablauf ein, sodass ihr zwei Fragen beantworten könnt:
– Wie war das Verhältnis zwischen Römern und Christen, als Plinius und Trajan ihre Briefe schrieben?
– Wie weit hatte sich das Christentum zu diesem Zeitpunkt im Römischen Reich ausgebreitet?
Nutzt dazu die Zeittafel und die Karte M1.

3. Nehmt Stellung zu den Gedanken und Taten von Plinius und von Trajan. Dazu könnt ihr eine Tabelle erstellen, in der ihr – eurer Ansicht nach – „richtiges" und „falsches" Verhalten sortiert.

Plinius	
„richtig"	**„falsch"**
Er fragt um Rat, als er unsicher ist.	Er lässt Christen foltern – was diese dann sagen …
…	…

Zeittafel: Christen im Römischen Reich

ca. 4 v. Chr. – 30 n. Chr.: Vermutlich einige Jahre vor der Zeitenwende wird Jesus in Palästina geboren. Er legt den jüdischen Glauben neu aus. Das Ziel der Nächstenliebe, das Vertrauen auf Gott und die Erlösung des Menschen bestimmen seine Lehre. Auf Betreiben seiner Gegner wird er zum Tode verurteilt.

ab ca. 30 n. Chr.: Apostel (Boten) wie Paulus und Petrus bereisen die jüdischen Gemeinden, die sich in der östlichen Hälfte des Römischen Reiches gebildet haben.

seit 64 n. Chr.: In der Öffentlichkeit entstehen Gerüchte über die Christen. Unter den Kaisern Nero, Domitian, Trajan und Mark Aurel kommt es zu Christenverfolgungen in einzelnen Städten und Regionen.

seit 249 n. Chr.: Unter den Kaisern Decius, Valerian und Diokletian werden Christen im gesamten Reich verfolgt.

313 n. Chr.: Kaiser Konstantin verkündet allgemeine Religionsfreiheit. Das Christentum wird als Religion anerkannt.

391 n. Chr.: Unter der Regierung des Kaisers Theodosius (379–395) werden Kirche und Staat eng verbunden. Theodosius erklärt das Christentum zur „Staatsreligion".

M1 Die Ausbreitung des Christentums im römischen Weltreich

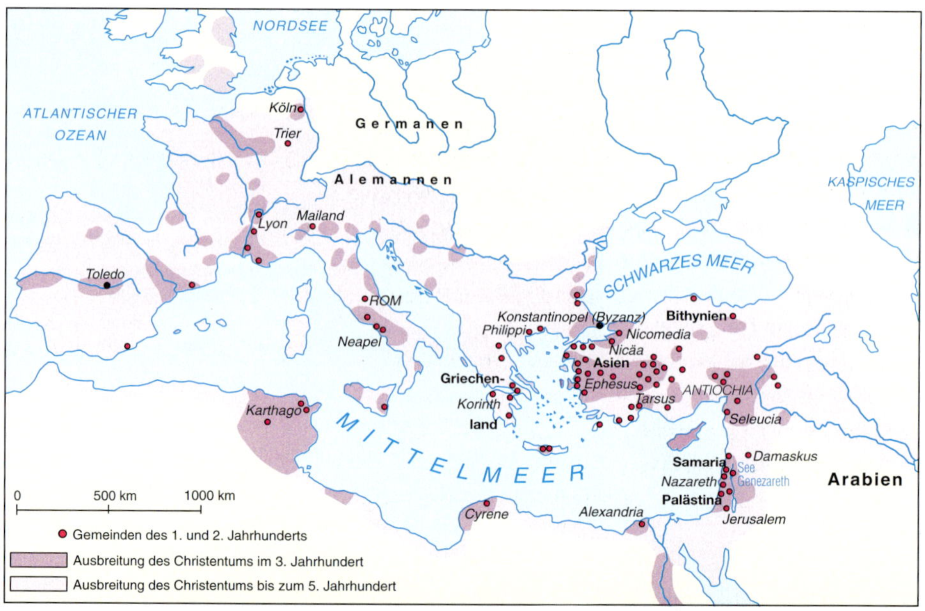

M2 Plinius an Kaiser Trajan

Der Römer Plinius (62–114 n. Chr.) war von Kaiser Trajan in die Provinz Bithynien geschickt worden, um dort die Prozesse gegen Christen durchzuführen. Nach seinen ersten Erfahrungen schrieb er diesen Brief an den Kaiser:

Ich habe es mir zur Regel gemacht, Herr, alles, worüber ich im Zweifel bin, Dir vorzutragen. [...] Gerichtsverhandlungen gegen Christen habe ich noch nie beigewohnt; deshalb weiß ich nicht, was und wie weit man zu strafen oder zu untersuchen pflegt. [...]
Vorerst habe ich bei denen, die bei mir als Christen angezeigt wurden, folgendes Verfahren angewandt. Ich habe sie gefragt, ob sie Christen seien. Wer gestand, den habe ich unter Androhung der Todesstrafe ein zweites und drittes Mal gefragt; blieb er dabei, ließ ich ihn abführen.[...] Andere, in dem gleichen Wahn befangen, habe ich, weil sie römische Bürger waren, zur Überführung nach Rom vorgemerkt. [...]
Mir wurde eine anonyme Klageschrift mit zahlreichen Namen eingereicht: Diejenigen, die leugneten, Christen zu sein oder gewesen zu sein, glaubte ich freilassen zu müssen, da sie nach einer von mir vorgesprochenen Formel unsere Götter anriefen und vor Deinem Bilde [...] mit Weihrauch und Wein opferten, außerdem Christus fluchten, lauter Dinge, zu denen wirkliche Christen sich angeblich nicht zwingen lassen.
Andere [...] gaben zunächst zu, Christen zu sein, widerriefen es dann aber; sie seien es zwar gewesen, hätten es dann aber aufgegeben [...]. Auch diese alle bezeugten Deinem Bilde und den Götterstatuen ihre Verehrung und fluchten Christus. Sie versicherten jedoch, ihre ganze Schuld oder ihr ganzer Irrtum habe darin bestanden, dass sie sich an einem bestimmten Tage vor Sonnenaufgang zu versammeln pflegten, Christus als ihrem Gott einen Wechselgesang zu singen und sich durch Eid nicht etwa zu irgendwelchen Verbrechen zu verpflichten, sondern keinen Diebstahl, Raubüberfall oder Ehebruch zu begehen, ein gegebenes Wort nicht zu brechen, eine angemahnte Schuld nicht abzuleugnen. [...] Für umso notwendiger hielt ich es, von zwei Mägden, sogenannten Diakonissen, unter der Folter ein Geständnis der Wahrheit zu erzwingen. Ich fand nichts anderes als einen wüsten, maßlosen Aberglauben.
Somit habe ich die weitere Untersuchung vertagt, um mir bei Dir Rat zu holen. Die Sache scheint mir nämlich der Beratung zu bedürfen, vor allem wegen der großen Zahl der Angeklagten. [...]

(Plinius, ep. 10, 96, München (Artemis) ³1976, S. 641 ff., übers. v. Helmut Kasten)

1 Warum schrieb Plinius diesen Brief an den Kaiser?

2 Vor welchem Hintergrund handelte Plinius: Weiß er viel über den christlichen Glauben und die Christen oder handelte er eher aufgrund von Vermutungen?

3 Hatte Plinius eine vorgefasste Meinung über die Christen?

4 Wie reagierte er, als manche Christen versuchten, ihm ihre Religion zu erklären?

5 Zwischen welchen Personengruppen unterschied Plinius? Wie bestrafte er sie jeweils?

M3 Kaiser Trajan an Plinius

Marcus Ulpius Trajan (53–117 n. Chr.) war von 98 bis 117 n. Chr. römischer Kaiser. Unter seiner Herrschaft erreichte das Römische Reich seine größte Ausdehnung. Er baute das Straßennetz im Römischen Reich aus und stiftete der Hauptstadt viele prächtige Gebäude. Bei den Römern war er als gerechter Herrscher beliebt.

Mein Secundus!
Bei der Untersuchung der Fälle [...] hast du den rechten Weg eingeschlagen. Denn insgesamt lässt sich überhaupt nichts festlegen, was gleichsam als feste Norm dienen könnte. Nachspionieren soll man ihnen nicht; werden sie angezeigt und überführt, sind sie zu bestrafen, so jedoch, dass, wer leugnet, Christ zu sein und das durch die Tat, das heißt: durch Anrufung unserer Götter beweist [...], aufgrund seiner Reue Verzeihung erhält.
Anonym eingereichte Klageschriften dürfen bei keiner Straftat Berücksichtigung finden, denn das wäre ein schlimmes Beispiel und passt nicht in unsere Zeit.

(Plinius, ep. 10, 97, ebenda, S. 645)

1 Wie beurteilt Trajan das Verhalten des Plinius gegenüber den Christen? Wie begründet er seine Haltung?

2 Welche eindeutigen Anweisungen gibt er Plinius?

Das Ende des römischen Weltreiches

Warum zerbrach das römische Weltreich?

Das Römische Reich existierte fast 1000 Jahre. Trotz einiger Kriege an den Grenzen erlebte das Kaiserreich in den ersten Jahrhunderten n. Chr. eine ruhige Zeit. Das änderte sich ab der Mitte des 3. Jahrhunderts n. Chr. Das römische Weltreich geriet in eine Krise, von der es sich nicht mehr erholen sollte.

Wir fertigen eine Mindmap an:

- **Das Ende des römischen Weltreiches: Ursachen und Folgen**

In einer **Mindmap** kann man Stichworte zu einem Thema logisch geordnet aufschreiben. Die Mindmap sieht in etwa aus wie ein Baum mit einem Stamm, verschiedenen dicken Ästen und vielen Zweigen.

a) Schreibe das Thema in der Mitte auf.

b) Darum herum schreibst du wichtige Oberbegriffe zu deinem Thema auf.

c) Diesen Oberbegriffen kannst du nun einzelne Stichworte zuordnen.

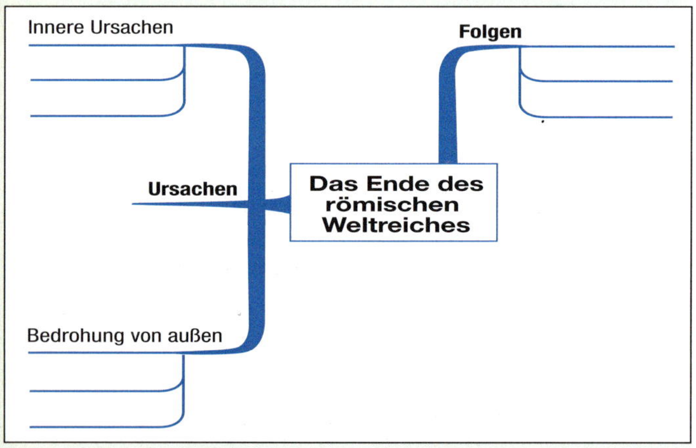

Vervollständigt die Mindmap mithilfe des Darstellungstextes und der Karten M2 bis M4.

Innere Ursachen der Krise

Im 3. Jahrhundert n. Chr. war das Weltreich zwar riesengroß geworden, aber die Schlagkraft der römischen Armee hatte deutlich nachgelassen. Immer weniger Römer waren bereit, ins Heer einzutreten. So war es nötig, Söldner aus den Provinzen oder sogar von außerhalb des Reiches anzuwerben.

Zugleich wurde es für die Kaiser immer schwieriger, das riesige Römische Reich zu verwalten und zu verteidigen. Es war einfach zu groß geworden. Hinzu kam, dass an der Spitze des Reiches Unordnung herrschte. Immer wieder stritten sich rivalisierende Feldherren um den Kaiserthron. Aus diesem Grund teilte Kaiser Diokletian 284 n. Chr. das Reich vorübergehend in eine westliche und eine östliche Hälfte, um es besser regieren zu können. Etwa 100 Jahre später, 395 n. Chr., teilte Kaiser Theodosius das Reich endgültig auf. So entstanden ein weströmisches Reich mit der Hauptstadt Rom und ein oströmisches Reich mit der Hauptstadt Konstantinopel, dem heutigen Istanbul.

Diokletian zog die Inhaber politischer Ämter stärker als zuvor für Pannen bei der Steuereintreibung zur Verantwortung. Deshalb wollte kaum noch jemand politische Verantwortung übernehmen. Ebenso forderte er von den wohlhabenden Bürgern höhere Abgaben, wodurch Handwerk und Handel immer mehr erlahmten.

Bedrohungen von außen

Gegen Ende des 4. Jahrhunderts n. Chr. begann das Volk der Hunnen aus dem Osten, sich nach Westen zu bewegen. Die Gründe dafür sind bis heute nicht ganz geklärt. Die Hunnen bedrohten wiederum die germanischen und asiatischen Nachbarvölker des Römischen Reiches. Ihnen blieb nichts anderes übrig, als auf das Gebiet des Römischen Reiches zu fliehen.

M1 Germanen vor einem römischen Lager (Relief aus dem 2. Jahrhundert n. Chr.)

Anfangs versuchten die römischen Kaiser, die eindringenden Germanenstämme als Verbündete auf römischem Territorium anzusiedeln. Doch der Druck wurde größer. Es kam zum Kampf, wenn Germanen ohne Billigung der Römer das Reichsgebiet betraten. 410 n. Chr. eroberten die Westgoten die Stadt Rom und zogen weiter.

Aber auch andere germanische Völker bedrohten das Reich und durchzogen Gallien, Spanien und Nordafrika. Den römischen Kaisern gelang es nicht mehr, Herr der Lage zu bleiben. Im Jahr 476 n. Chr. setzten germanische Truppen den letzten weströmischen Kaiser ab. Ein mächtiges und glanzvolles Weltreich, das Jahrhunderte Bestand hatte, war zerfallen.

Die Folgen

Die Zeit der Völkerwanderung und das Jahr 476 n. Chr. gelten den Historikern heute als Ende der Antike und Beginn des Mittelalters. Das Gesicht Europas hatte sich grundlegend gewandelt. Während das oströmische Restreich noch einige Jahrhunderte existierte, löste sich das weströmische Reich auf. An seine Stelle traten germanische Stammesgebiete. Viele römische Gebäude, Straßen oder Städte verfielen zu Ruinen und gerieten in Vergessenheit.

Trotzdem lebte das Römische Reich im Mittelalter weiter. Warum und wieso – das erfahrt ihr im letzten Kapitel.

M2 Das Römische Reich unter Theodosius (379 – 395 n. Chr. Kaiser)

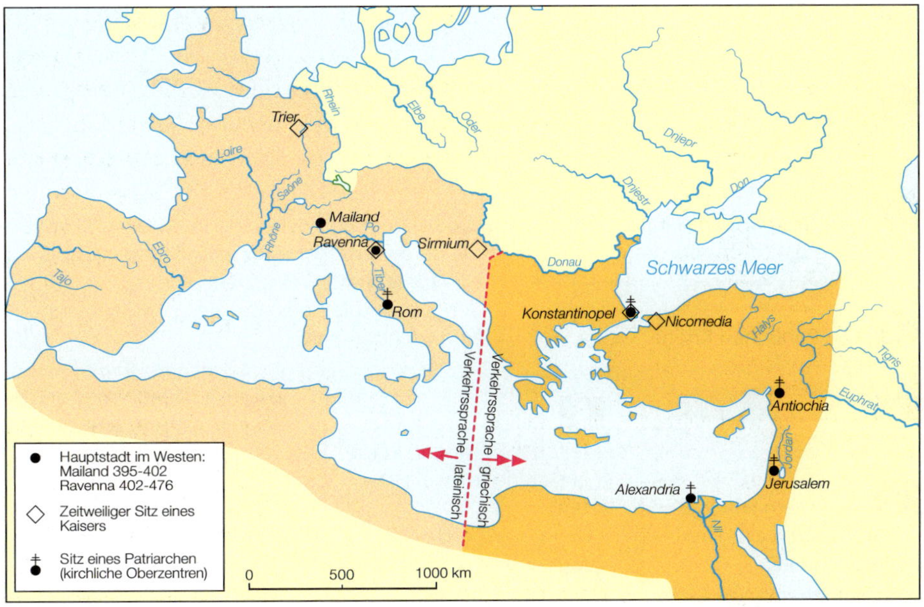

Bei der Untersuchung der Geschichtskarten hilft euch die Methode „Eine Geschichtskarte untersuchen“ auf S. 127.

M3 Die Völkerwanderung seit 376 n. Chr.

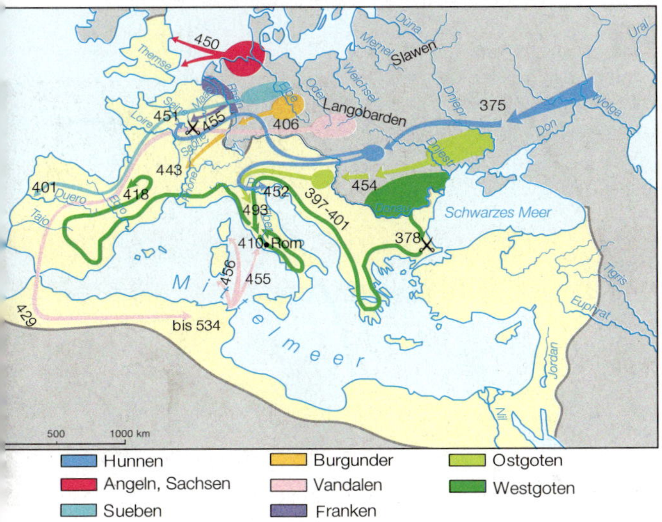

M4 Römisches Reich und germanische Reiche um 500

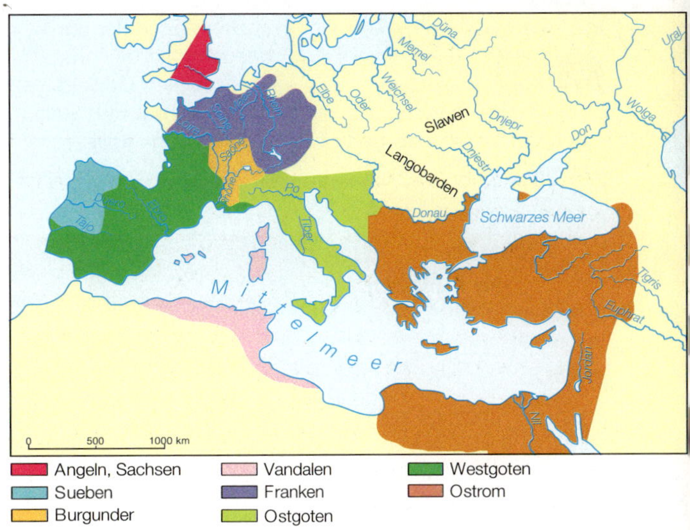

STOPP – Ein Blick zurück

Wichtige Ereignisse in der römischen Geschichte – Wir ordnen und erklären

Auf den Kärtchen 1–18 stehen wichtige Ereignisse der römischen Geschichte. Könnt ihr euch erinnern?

1 Ordnet jedes Ereignis einer Jahreszahl in der Zeitleiste zu.

2 Erklärt in einem kleinen Vortrag, was geschah und warum dieses Ereignis wichtig für die römische Geschichte war.

Diese Begriffe kann ich erklären:

→ Römische Republik
→ Ständekämpfe
→ Punische Kriege
→ Römisches Kaiserreich
→ Prinzipat
→ Provinz
→ Bürgerrecht
→ Proletariat
→ Sklave
→ Familia
→ Romanisierung
→ Christentum

Mit diesen Methoden kann ich arbeiten:

→ Eine Geschichtskarte untersuchen
→ Schwierige Texte verstehen und wiedergeben
→ Mit Rekonstruktionen umgehen

Außerdem:

→ Einen Streit untersuchen
→ Ein Urteil entwickeln
→ Expertenvorträge vorbereiten
→ Ein historisches Porträt erstellen
→ Eine Mindmap anfertigen

1 Nach der Legende gründet Romulus in diesem Jahr die Stadt Rom.

2 Alle Bewohner des Kaiserreiches erhalten das Bürgerrecht.

3 Die Punischen Kriege

4 Augustus wird Kaiser.

5 In diesem Jahr werden die Caracalla-Thermen eröffnet.

6 Kaiser Konstantin garantiert den Christen Glaubensfreiheit.

7 Kaiser Diokletian teilt das Reich vorübergehend in ein west- und ein oströmisches Reich.

8 In diesem Jahr enden die Ständekämpfe. Die Römer hatten eine neue Verfassung gefunden. Darin spielt das Amt des „Volkstribuns“ eine wichtige Rolle.

9 Kaiser Theodosius teilt das Römische Reich endgültig in zwei Hälften.

10 Das Kolosseum wird eröffnet.

11 Dieser Zeitraum wird auch als „Zeit der Bürgerkriege“ bezeichnet. Darin spielen die Feldherren Marius und Sulla eine wichtige Rolle.

12 In diesem Jahr ist der Bau des Concordia-Tempels auf dem Forum Romanum fertig.

13 Der letzte römische Kaiser wird von germanischen Truppen abgesetzt.

14 In diesem Jahr wird mit dem Bau der Via Appia begonnen.

15 Caesar wird ermordet.

16 Rom wird von gallischen Truppen erobert und entgeht nur knapp einer Niederlage. Der Legende nach hatten die heiligen Gänse, die in der Stadt gehalten wurden, eine kleine Gruppe von Soldaten vor dem Überfall gewarnt.

17 Herrschaftszeit des Kaisers Trajan

18 Tiberius Gracchus wird ermordet.

700 v. Chr. Die Königszeit	500 v. Chr. Die Römische Republik							
753 v. Chr.	500 v. Chr.	390 v. Chr.	367 v. Chr.	ca. 300 v. Chr.	287 v. Chr.	264–146 v. Chr.	133 v. Chr.	88–79 v. Chr.

Wer zehnmal lügt ...

Von den folgenden Behauptungen sind zehn falsch oder enthalten Fehler. Wer findet sie heraus und kann sie korrigieren?

a) Romulus und Remus wurden der Sage nach von einer Ziege genährt.

b) Remus wurde von Romulus ermordet, weil er ohne Erlaubnis die Grenze Roms überquerte.

c) Schon zur Zeit der etruskischen Könige wurde eine Verteidigungsmauer um die Stadt Rom gebaut.

d) Nach der Vertreibung der etruskischen Könige hatten alle Römer die gleichen politischen Rechte. Deshalb nannten sie ihren Staat „Res Publica" (= Republik).

e) Der „Concordia"-Tempel wurde auf dem Forum Romanum errichtet, um an die Eintracht aller Römer nach dem Ende der Ständekämpfe zu erinnern.

f) Der Senator Cato wurde durch den Satz „Im Übrigen meine ich, dass Karthago zerstört werden muss" bekannt.

g) Im 2. Punischen Krieg griffen die Römer die Stadt Karthago überraschend und ohne jeden Grund an.

h) In der Zeit der Republik wurden alle römischen Bürger regelmäßig zu den Waffen gerufen.

i) Eine römische Ehefrau durfte ihre Kinder erziehen und über ihr Vermögen bestimmen.

j) Das Los der römischen Sklaven war immer und überall gleich schlecht.

k) Tiberius und Gaius Gracchus wollten kostenlos Land an besitzlose römische Bürger verteilen.

l) Der Konsul Gaius Marius wandelte die römische Armee von einer Bürgerarmee in eine Armee von bezahlten Berufssoldaten um.

m) Die Macht des Feldherren Gaius Julius Caesar beruhte vor allem auf seinen Legionen. Seine Soldaten erhielten als Dank für ihre Dienste Land. Auf seinen Namen geht das Wort „Kaiser" zurück.

n) Augustus war der letzte römische Kaiser.

o) Die Bewohner der Stadt Rom mussten viel Geld bezahlen, wenn sie einen Gladiatorenkampf im Kolosseum besuchen wollten.

p) Zur Ausrüstung der Thraker im Gladiatorenkampf gehörten ein Netz und ein Dreizack.

q) Die Wohnungen in einem Mietshaus („Insula") in Rom hatten meistens einen Wasseranschluss und eine Toilette.

r) Während der Kaiserzeit mussten die Proletarier in Rom nicht arbeiten und konnten dennoch überleben.

s) Eine Rekonstruktion zeigt, wie ein Gebäude früher tatsächlich ausgesehen hat.

t) Siegreiche Feldherren durften einen aufwendigen Triumphzug durch Rom veranstalten. Manchmal wurde sogar extra ein Triumphbogen für sie gebaut.

27 v. Chr. — **Das Römische Kaiserreich** — 476 n. Chr.

44 v. Chr. | **27 v. Chr.** | **80 n. Chr.** | **98–117 n. Chr.** | **212 n. Chr.** | **223 n. Chr.** | **284 n. Chr.** | **313 n. Chr.** | **395 n. Chr.** | **476 n. Chr.**

Was Menschen im Altertum voneinander wussten

So hat in den Augen eines griechischen Gelehrten aus dem ägyptischen Alexandria unser Planet Erde im Altertum ausgesehen – zu einer Zeit, in der die Menschen nur ungefähre Ahnungen und Vorstellungen von der Gestalt unserer Welt besaßen.

Es war eine Zeit, in der Kontinente wie Amerika und Australien völlig unbekannt, Kontinente wie Asien, Afrika und selbst Europa mit wenigen Ausnahmen noch völlig unerforscht waren.

Es war eine Zeit, in der die Menschen in engen räumlichen Grenzen lebten. Viele von ihnen kamen ihr ganzes Leben lang nicht über die Grenzen ihres Dorfes, in dem sie lebten, oder ihrer Geburtsstadt hinaus. Andere Länder, andere Menschen, andere Kulturen blieben einem Großteil von ihnen häufig unbekannt und fremd.

Nur wenigen der damals lebenden Menschen war es möglich, über ihren „Tellerrand" hinauszuschauen und ihren eigenen geographischen Horizont zu erweitern.

Rekonstruktion der Erdkarte des Ptolemaios aus Alexandria
(2. Jahrhundert n. Chr.)

Information

Reisen in der Antike

Schon im Altertum waren einige wenige Menschen häufig und gerne unterwegs. Auf ihren Reisen legten sie lange Strecken zurück, sahen fremde Länder und Menschen und hörten unbekannte Sprachen.

Wir erstellen und erläutern eine Stichwortliste.

- **Welche Möglichkeiten boten sich den Menschen im Altertum, um über ihre eigene bekannte Lebenswelt hinaus etwas von unbekannten fremden Welten zu erfahren?**

1. Entnimm dem Text gezielt Informationen, indem du ihn mit Blick auf die Leitfrage sinnorientiert liest.
2. Ordne die Informationen stichwortartig in einer Tabelle unter zwei Rubriken ein: „Art des Reisens" und „Gründe für das Reisen".
3. Übertrage die Tabelle auf ein Plakat oder eine Folie.
4. Vergleicht mit heute und überlegt, welche Weltsicht früher im Altertum erworben wurde.

Wer heute in ferne Länder reisen und fremde Kulturen kennenlernen möchte, geht in das nächste Reisebüro und bucht dort das gewünschte Reiseziel. Meist gelangt man dann nach einem kurzen und bequemen Flug an seinen Urlaubsort, wo die Fahrt in einem angenehm klimatisierten Hotel endet. Was uns heute selbstverständlich vorkommen mag – innerhalb von 24 Stunden ist mit dem Flugzeug fast jedes Reiseziel auf der Welt erreichbar –, war im Altertum unvorstellbar. Trotzdem gingen die Menschen schon damals aus unterschiedlichen Gründen auf Reisen, z. B. um so manche berühmte touristische Sehenswürdigkeit auf einer Rundreise zu besuchen.
Wenn einer eine Reise tut … nun, dann konnte er in antiken Zeiten sicherlich von spannenderen Abenteuern erzählen als heute. Wer nämlich in der Antike in ferne Länder reisen wollte, musste sich auf lange, unbequeme und gefährliche Fahrten einstellen – entweder an Bord eines schwankenden Schiffes auf hoher See oder in einem schaukelnden Reisewagen auf holprigen Straßen. Nicht selten kam ein Reisender erst nach Wochen oder Monaten (oder auch gar nicht) an das gewünschte Ziel. Wissenschaftliche Erkenntnisse und Berechnungen über die Dauer von Reisen in der Antike haben gezeigt, dass für die Bewältigung von längeren Entfernungen mehrere Tage, manchmal auch Wochen und Monate nötig waren – vor allem auf dem Landweg, wo gut ausgebaute Straßen in früheren Zeiten noch häufig eine Seltenheit waren. Die schnellste Art der Beförderung war im Römischen Reich der *cursus publicus*, der öffentliche Postdienst. Militärische Kuriere, die wichtige Nachrichten aus den fernen Regionen des Reiches in die Hauptstadt Rom transportierten, schafften so bei einer Reise im Wagen mit regelmäßigem Pferdewechsel, der in einem Abstand von 30 bis 40 km durchgeführt wurde, eine Tagesleistung von etwa 70 – 100 km. Für ganz eilige Meldungen gab es, wie schon bei den Persern, eine berittene Stafettenpost, bei der wie bei einem Staffellauf die Nachricht an einen anderen Reiter auf einem frischen und ausgeruhten Pferd weitergegeben wurde. Bei dieser Art der Beförderung bewältigte man bis zu 240 km in 24 Stunden (vgl. S. 146 f.).
Dennoch gab es auch schon in der Antike Touristen und so etwas wie Tourismus in unserem Sinne, und so schreibt auch der römische Schriftsteller Plinius im 1. Jahrhundert n. Chr., dass „die Menschen nach Neuerungen und Ortsveränderungen streben." Freilich unternahmen nur diejenigen eine Reise, die sich dies auch leisten konnten. Im Gegensatz zu heutigen Zeiten ging nämlich in der Antike nur eine Minderheit der Menschen auf Reisen.
Warum aber nahmen die Menschen im Altertum überhaupt erst die Unbequemlichkeit einer langen und gefährlichen Reise auf sich? Ein wichtiger Grund für das Reisen in der Antike lag sicherlich darin, dass auch zu damaligen Zeiten das Interesse an touristischen Sehenswürdigkeiten, aber auch fremden Ländern, Kulturen und ihren Menschen sehr groß war. Kaufleute hofften auf lukrative Handels- und Geschäftsbeziehungen in fernen Gebieten. Zahlreiche Berichte aus dieser Zeit schildern die Erfahrungen von Reisenden, ihre Erlebnisse und Entdeckungen in unbekannten Regionen – auch für die große Zahl der Daheimgebliebenen, die von derartigen Abenteuern lediglich zu hören oder zu lesen bekamen. So beschreibt beispielsweise der griechische Geograph und Reisende Pytheas aus Massilia, dem heutigen Marseille in Südfrankreich, seinen Aufbruch in den hohen Norden, auf der Suche nach dem geheimnisvollen Thule. Der griechische Autor Philon von Byzanz verfasste eine Art Reiseführer zu den damals berühmten *Sieben Weltwundern.*
All diesen Reisenden war ein wesentlicher Charakterzug gemeinsam: ihr Entdecker- und Forscherdrang, der sie in ferne Regionen der damals bekannten und unbekannten Welt trieb. Dabei waren die Gestalt der Erde und die Umrisse der Kontinente nur ansatzweise bekannt. Genaue Land- oder Straßenkarten existierten im Altertum nicht, geographische Kenntnisse waren kaum vorhanden.

Zeitreise: Römische Senatorensöhne gehen auf Reisen

Wir begleiten sieben römische Senatorensöhne auf ihrer Rundreise durch das Römische Reich – zu einer Zeit, als Frieden und Wohlstand sowie ein gut ausgebautes Staßennetz das Reisen rund ums Mittelmeer ermöglichten.

- **Was bekommen sie auf ihrer Reise durch das Römische Reich Neues zu sehen?**

Wir nehmen eine Rolle ein.

1. Du bist Reiseführer an einem der sieben Orte, an denen die Senatorensöhne jeweils staunend vor einem „Weltwunder" stehen werden.
   Um den Reisenden dein Weltwunder vorstellen zu können, musst du dich gut darüber informieren. Dazu darfst du neben Lexika und Sachbüchern ausnahmsweise auch eine moderne Informationsquelle, das Internet, nutzen. Auch ein Reiseführer kann nicht alles im Kopf haben. Lege dir für deine Ausführungen einen Stichwortzettel an.
2. Halte einen Probevortrag vor deinen Klassenkameraden.
3. Zeitsprung: Die römischen Reisenden sind da. Was mag ihnen alles durch den Kopf gehen, wenn sie die „Sieben Weltwunder" besichtigen?

M1 – 7 Die „Sieben Weltwunder" der Antike (Rekonstruktionszeichnungen)

Der Artemis-Tempel in Ephesos

Der Leuchtturm von Alexandria in Ägypten

Das Mausoleum in Halikarnassos

Die Hängenden Gärten der Semiramis in Babylon

Die Pyramiden von Giza

Die Zeus-Statue des Bildhauers Phidias in Olympia

Der Koloss von Rhodos

Menschen im Altertum ordnen ihre Welt

Geschichtskarten helfen uns, uns in der Vergangenheit zu orientieren.
Historische Karten sind in der Vergangenheit entstanden und zeigen, welchen Wissensstand die Menschen früher vom Aussehen der Erde hatten. Als Quellen können sie auch Einblick in das Denken und die Vorstellungen der Menschen in früheren Zeiten geben.

- **Was erzählen uns historische Karten über die Menschen und ihre Welt im Altertum?**

Wir bringen historische Karten zum Sprechen.

1. Untersucht die historischen Karten. Die Methode „Historische Karten erzählen" und die Aufgaben zu den Karten M 1, M 2, M 3 helfen euch, diese zu erschließen.
2. Formuliert eine zusammenfassende Antwort auf die Leitfrage.

Antike Karten aus Ton

Die wohl älteste Landkarte in der Geschichte der Menschheit wurde vor über 4 000 Jahren wahrscheinlich im vorderasiatischen Mesopotamien angefertigt. Im Gegensatz zu heutigen modernen Karten sind Linien und Umrisse von Straßen, Flüssen, Ländern oder Kontinenten aber nicht auf Papier geschrieben und gedruckt, sondern in kleine Tontafeln eingeritzt worden.
Die abgebildete berühmte babylonische „Weltkarte" aus dem 7./6. Jahrhundert v. Chr. (M 1) stellt die Erde als eine kreisförmige Scheibe dar. Sie ist wahrscheinlich einer der ersten Versuche, die Erde als Ganzes darzustellen. Das Rechteck oberhalb der Mitte nahe am Zentrum soll für Babylon stehen. An dem äußeren Rand der Karte lassen sich verschiedene dreieckige Bereiche erkennen. Im oberen Teil ist in die Tontafel die Bemerkung „wo die Sonne nicht gesehen wird" eingeritzt worden. Andere Städte und Länder sind durch Kreise markiert. Ein Fluss – es handelt sich hier um den Euphrat – verläuft mitten über die Erdscheibe, fließt in südliche Richtung und mündet schließlich in den ringförmigen „Bitteren Fluss", welcher die Erdscheibe umgibt.

Griechische Geographen beschreiben die Welt

Wer sich in der Antike auf Reisen begab – ob zu Lande oder zu Wasser – konnte kaum auf genaue Landkarten oder ein verlässliches Straßenverzeichnis vertrauen. Viele Regionen der Erde blieben eine lange Zeit bis in ihre letzten Winkel vollkommen unbekannt und unerforscht. Ein griechischer Seefahrer oder ein Handelsmann aus dem Orient musste sich da meistens an den eigenen Ortskenntnissen, ortskundigen Begleitern oder den Sternen am Himmel orientieren. So wurde schon im Altertum verständlicherweise die Frage nach Gestalt der Erde, Umrissen von Kontinenten und Lage von unbekannten Ländern und Regionen aus ganz praktischen Gründen von zahlreichen Wissenschaftlern, hauptsächlich griechischen Geographen, diskutiert.
Eine der frühesten europäischen Darstellungen vom Aussehen der damals bekannten Welt stammt von einem griechischen Gelehrten namens Hekataios, der um 500 v. Chr. in Milet, einer Stadt in Kleinasien, im Westen der heutigen Türkei, gelebt hat. Die hier dargestellte Karte (M 2) ist eine moderne Rekonstruktion und beruht im Wesentlichen auf den Schilderungen in Hekataios' Werk über die Erdbeschreibung (griech. *Perihégesis gês*), das auf der Grundlage seiner eigenen Reisen und Erkundungen entstanden ist.
Für den praktischen Gebrauch auf Reisen zu Lande oder zu Wasser waren die vagen und teilweise sehr ungenauen Angaben des Geographen Hekataios freilich nicht gut geeignet. Wer als Händler mit seinen Waren auf einem Handelsschiff oder einem Transportwagen in ferne Länder vorstoßen wollte, um lukrative Geschäfte zu machen, benötigte in der Regel genaueres Kartenmaterial, das ihn auf sicheren Wegen schnell zum gewünschten Ziel leitete. So erwuchs in der nachfolgenden Zeit ein immer stärkeres Bedürfnis nach dem Wissen um gut ausgebaute Straßen, günstige Reisewege und die Entfernungen zwischen den bereisten Regionen.
Dabei spielten die Sterne am Himmel für die Erkenntnisse der griechischen Geographen eine wichtige Rolle. In zahlreichen Abhandlungen berechneten griechische Forscher allein auf der Grundlage von astronomischen Kenntnissen beispielsweise die Länge des Erdumfanges. So hat der griechische Leiter der königlichen Bibliothek von Alexandria, der Universalgelehrte Eratosthenes aus dem ägyptischen Kyrene (um 285–205 v. Chr.), eine recht genaue Erdkarte in Längen- und Breitengraden mit Zonen des Klimas und der Bewohnbarkeit von bestimmten Regionen entworfen (M 3) – eine für damalige Verhältnisse unbestrittene Meisterleistung! Eratosthenes gilt daher bis heute als der eigentliche Begründer der Kartographie – der zeichnerischen Umsetzung geographischer Kenntnisse in Form von Karten.

Methode Historische Karten erzählen

Eine historische Karte: Was ist das?

Historische Karten sind geographische Karten, die in früheren Zeiten entstanden sind. Auch wenn wir ihnen angesichts moderner Straßenkarten und satellitengesteuerter Navigationssysteme keinen praktischen Nutzen mehr abgewinnen können, so stellen sie auch heute noch für uns eine wichtige Informationsquelle dar. Denn historische Karten spiegeln das „Weltbild" der Menschen in der alten Zeit wider, indem sie zeigen, welchen Wissensstand und welche Vorstellungen die Menschen früher vom Aussehen der Erde besessen und wie die Menschen in vergangenen Zeiten ihre Welt gesehen haben. Historische Karten dürfen nicht mit Geschichtskarten verwechselt werden. Eine Geschichtskarte wird immer aus heutiger Perspektive und nach heutigem Wissen entworfen, um Ereignisse und Prozesse in der Vergangenheit anschaulich darzustellen.

Eine historische Karte untersuchen – die 3-Schritt-Methode

1. Schritt: Genaues Betrachten und Beschreiben
Wir müssen historische Karten eine Zeit lang betrachten, um herausfinden und beschreiben zu können, was auf ihnen abgebildet ist.

2. Schritt: Symbole und Beschriftungen deuten
Wir müssen erklären, was die auf der Karte dargestellten Zeichen zu bedeuten haben. Hier können auch zusätzliche Informationen helfen.

3. Schritt: Rückschlüsse ziehen auf die Vorstellungen und Kenntnisse der Menschen damals
Historische Karten erzählen uns über die Menschen in früheren Zeiten. Sie spiegeln wider, welches Bld sich die Menschen von ihrer Welt gemacht haben.

M1 Babylonische Weltkarte aus Sippar (7./6. Jahrhundert v. Chr.)

Diese Karte aus Ton gehört zu den ältesten geographischen Zeugnissen der Geschichte.

1 Schau dir die Karte genau an und beschreibe einem Mitschüler, was auf ihr zu sehen ist.

2 Erkläre ihm, was die auf der Karte dargestellten Zeichen zu bedeuten haben. Der Text „Antike Karten aus Ton" (S. 174) liefert dir dafür notwendiges Hintergrundwissen.

3 Überlege, was für Vorstellungen von der Welt wohl die Menschen besaßen, welche die Karte angefertigt und in eine Tontafel eingeritzt haben.

M2 Rekonstruktion der Erdkarte von Hekataios aus Milet (5. Jahrhundert v. Chr.)

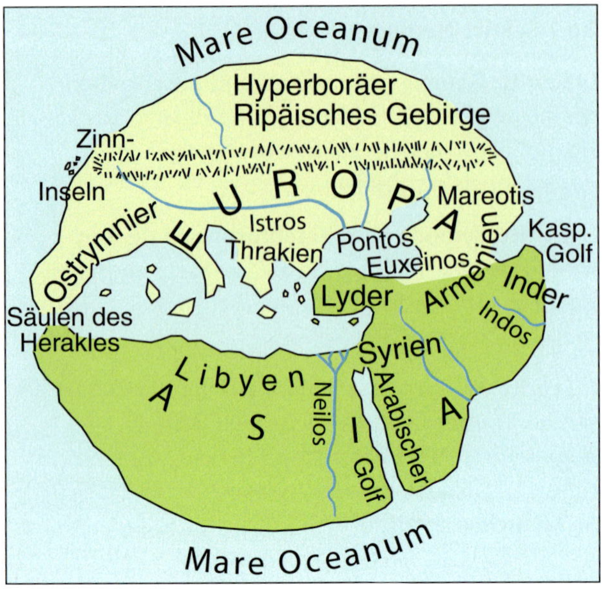

1 Schau dir die Karten genau an und beschreibe einem Mitschüler, was auf ihnen zu sehen ist.

2 Vergleiche die Karten mit einer Weltkarte aus deinem Atlas. Welche Ähnlichkeiten und Unterschiede kannst du feststellen? Achte dabei auch auf die in den Karten angegebenen Bezeichnungen.

3 Vergleiche die Karten M 2/M 3 mit der Karte M 1. Welche Vorstellungen von der Welt besaßen Hekataios und Eratosthenes, als sie ihr Bild von der Erde beschrieben haben?

M3 Rekonstruktion der Erdkarte von Eratosthenes aus Kyrene (3. Jahrhundert v. Chr.)

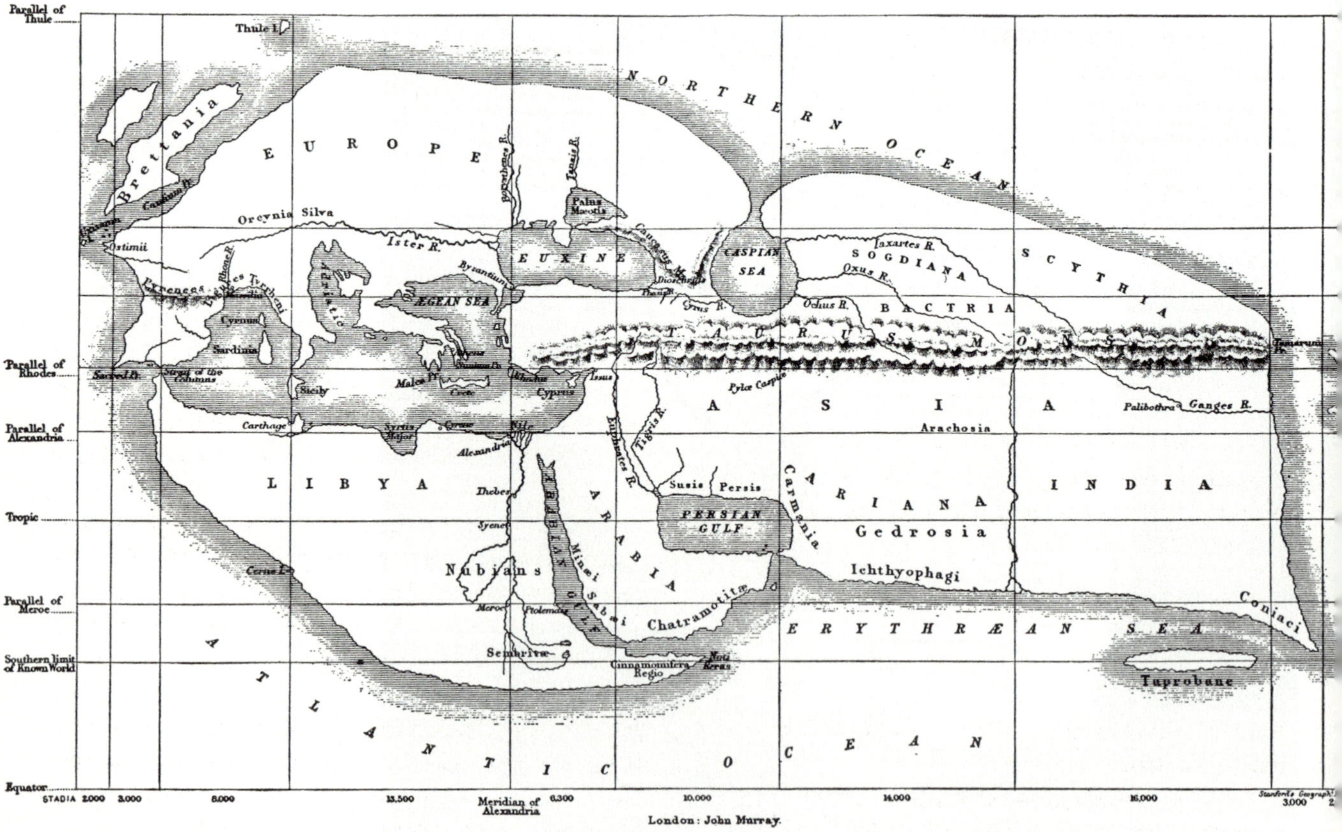

No. 30067565 Date: 15.12.2005 Credit: ullstein bild - Granger Collection -
WORLD MAP: ERATOSTHENES. World map based on the conceptions of the ancient Greek geographer Eratosthenes of Cyrene (c276-c194 B.C.), published at London in 1874

Andere Völker, andere Sitten – Menschen im Altertum begegnen ihren fremden Zeitgenossen

Welche Vorstellungen besaßen die Menschen im Altertum von fremden Kulturen und Völkern? Nicht jeder antike Zeitgenosse besaß schließlich die Möglichkeit, in ferne Länder zu reisen und die Bewohner fremder und weit entfernter Regionen mit eigenen Augen zu sehen. Die meisten Menschen waren folglich auf die Berichte Reisender angewiesen.
Der griechische Reisende Herodot ist zu seinen Lebzeiten weit herumgekommen. So beschreibt er nicht nur das Land Ägypten und die Lebensweise seiner Bewohner, sondern berichtet auch von zahlreichen anderen Regionen und Kulturen, die seinen griechischen Lesern bis dahin fremd oder nur durch Hörensagen bekannt waren.

- **Wie sah ein Grieche fremde, nichtgriechische Kulturen?**
- **Welches Bild von fremden und unbekannten Welten bekamen die Menschen vermittelt?**

Wir erarbeiten eine zeitgenössische Sichtweise.

1. Informiert euch mithilfe des Darstellungstextes über den Griechen Herodot und dessen Methode, die auf seinen Reisen gemachten Beobachtungen und Erlebnisse darzustellen.
2. Bei den Berichten Herodots handelt es sich um schriftliche Quellen, die nicht einfach zu verstehen sind. Was aber erfahren wir durch sie? Lest die Berichte aufmerksam durch und versucht, sie genau zu verstehen. Die Methode „Schwierige Texte verstehen und wiedergeben" (S. 131) und die Erschließungsfragen zu den Quellentexten helfen euch dabei.
3. Untersucht in Gruppen, welchen Eindruck von fremden Völkern und Kulturen der Grieche Herodot den Lesern seiner Berichte vermittelt. Zieht dabei auch die Materialien M1 und M2 mit heran.
4. Diskutiert abschließend die beiden Leitfragen im Klassenverband.

Büste des Herodot

Herodot – ein Reisender sieht die Welt mit seinen eigenen Augen

Herodot wurde um 484 v. Chr. in Halikarnassos (heute: Bodrum/Türkei) geboren. Er wird häufig als „erster Globetrotter der Weltgeschichte" bezeichnet. Herodot hat weite Teile der damals bekannten Welt bereist: Länder wie Ägypten, Mesopotamien, Italien, Griechenland, Makedonien, Phönizien oder die Küstengebiete am Schwarzen Meer kannte er vermutlich aus eigenen Anschauungen. Seine Reiseerlebnisse und Beobachtungen hat er in Berichten aufgezeichnet und in seinem großen Geschichtswerk veröffentlicht.
Der Grieche Herodot war wohl der erste Reisende in der Antike, der seine Beobachtungen und Erkenntnisse über fremde Regionen und Völker zu Papier brachte. Er hat auf seinen Reisen viele Länder besucht, mit den Menschen vor Ort gesprochen und alles aufgeschrieben, was er gehört hatte – einschließlich seltsamer (und kaum glaubwürdiger) Gerüchte.
450 v. Chr. bereiste er das berühmte Ägypten. In seinem Geschichtswerk erzählt er darüber: „Ich will mich mit dem ägyptischen Land näher beschäftigen, weil es mehr wunderbare Dinge und erstaunliche Werke enthält als jedes andere Land, und ich deshalb mehr davon zu berichten habe." Und an anderer Stelle fügt er hinzu: „Wie der Himmel bei ihnen [den Ägyptern] von sonderlicher Art ist und ihr Strom [gemeint ist der Nil] eine andere Natur hat als die übrigen Flüsse, so sind auch fast alle Sitten und Gebräuche der Ägypter der Lebensweise der anderen Menschen entgegengesetzt." Herodot begrün-

M1 Nil-Landschaft mit Krokodil, Nilpferd und Boot (Mosaik aus Praeneste, 1. Jh. v. Chr.)

So mag das geheimnisvolle Nilland Ägypten für den antiken Zeitgenossen ausgesehen haben. Die kunstvolle Darstellung stammt aus dem römischen Italien und geht möglicherweise auf die Ausführungen Herodots und die Berichte anderer Autoren über Ägypten zurück.

det das Interesse an seinem Reiseziel also mit der Andersartigkeit und Verschiedenheit der ägyptischen Lebensweise und vergleicht diese mit anderen Kulturen, vor allem mit einer ihm wohlbekannten: der griechischen.
Unter anderem berichtet Herodot Folgendes: „In Ägypten gehen die Frauen auf den Markt und treiben Handel, die Männer aber bleiben zu Hause und weben.“ Wie kommt unser griechischer Reisender zu diesen erstaunlichen Behauptungen? Wir wissen heute aus vielen Textquellen, dass überwiegend Männer Handel trieben, aber auch vereinzelt Frauen. Das Spinnen und Weben lag in den durchschnittlichen Familien Ägyptens zweifellos im Aufgabenbereich der Frauen. In den großen Haushalten reicher Ägypter hat es möglicherweise auch Männer gegeben, die an Webstühlen arbeiteten. Aber das war doch eher die Ausnahme! Die Stellung der Frauen in anderen antiken Kulturen, vor allem auch in Griechenland, war eindeutig niedriger als in Ägypten. So verglich Herodot seine vereinzelt gemachten Beobachtungen in Ägypten mit dem, was ihm aus seiner eigenen griechischen Heimat bekannt war, und staunte dann über das, was ihm fremd und unbekannt erschien; genau beobachtet hat er aber wahrscheinlich nicht.
Der Grieche Herodot stellte in seinen Beobachtungen also stets Fremdes und Unbekanntes dem Gewohnten und Bekannten gegenüber. Dabei erhob er nicht selten das eher Ungewöhnliche zur allgemeinen Wirklichkeit. Wir haben heute die Möglichkeit, Herodots Aussagen über Ägypten mithilfe von anderen Quellen auf ihre Richtigkeit hin zu überprüfen. Diese Möglichkeit besaßen die meisten Menschen im Altertum nicht.

M2a Herodot in seinen Reiseberichten über seltsame Tiere in Ägypten

Die dort lebenden Flusspferde sehen folgendermaßen aus: Sie sind Vierfüßler, haben gespaltene Hufe wie ein Rind und eine eingedrückte Nase. Dazu besitzen sie eine Pferdemähne und hervorstehende Stoßzähne. Ihr Schwanz und ihre Stimme gleichen denen eines Pferdes, dabei sind sie so groß wie starke Stiere. Die Haut ist so dick, dass man sie trocknet und Schäfte für Lanzen daraus anfertigt.

(Herodot 2, 71)

M2b Das ägyptische Flusspferd nach Herodot (moderne Zeichnung)

M3 Herodot berichtet über die Sitten und Gebräuche der Perser

Von den Sitten und Gebräuchen der Perser ist mir Folgendes bekannt: Bilder, Tempel und Altäre zu errichten, ist bei ihnen nicht üblich, sondern diejenigen, die das tun, halten sie für dumm; wahrscheinlich deshalb, weil sie sich ihre Götter nicht wie die Hellenen in Menschengestalt vorstellen. Wenn sie dem Zeus opfern, pflegen sie auf die höchsten Berge zu steigen und nennen den ganzen Himmel mit dem Namen dieses Gottes. Auch opfern sie der Sonne, dem Mond, der Erde, dem Feuer, dem Wasser und den Winden.
[...] Dem Wein sind sie sehr zugetan, aber in Gegenwart eines anderen zu speien oder Wasser zu lassen, sei unüblich. Dagegen pflegen sie im Rausch über die wichtigsten Dinge zu beschließen.
[...] Soviel kann ich aus sicherer Kenntnis von ihnen berichten. Das Folgende aber über die Toten erzählt man wie ein Geheimnis und nicht klar und offen, dass nämlich der Leichnam eines Persers nicht eher bestattet werden dürfe, als bis er von einem Vogel oder Hund zerfleischt worden sei.

(Herodot 1, 131–140)

M4 Herodot berichtet über die Sitten und Gebräuche der Babylonier

Einmal in jedem Jahr wurden in jedem Dorf alle erwachsenen Mädchen zusammengeholt und auf einem Platz versammelt. Um sie im Kreis herum scharten sich die Männer. Dann rief sie ein Herold [ein amtlicher Vertreter des Königs] auf und verkaufte sie, eine nach der anderen, zuerst die Schönste von allen. War diese für viel Gold verkauft, bot er eine andere an, die nach jener die Schönste war. Es galt aber bei jedem Verkauf die Bedingung, dass der Käufer das Mädchen heiraten musste. Da überboten sich die heiratslustigen Babylonier, die sehr vermögend waren, gegenseitig und kauften sich die schönsten Frauen vorweg. Der gemeine Mann aber, der sich eine Frau suchte, sah nicht so sehr auf die Schönheit ihrer Gestalt, sondern nahm sich eines von den weniger schönen Mädchen. Wenn nämlich der Herold mit dem Verkauf der schönsten Mädchen zu Ende war, rief er die Hässlichste auf und schlug sie dem zu, der sie für den geringsten Preis ehelichen wollte.

(Herodot 1, 196)

M5 Herodot berichtet über die Sitten und Gebräuche der Massageten

Die Massageten sind in Kleidung und Lebensweise den Skythen [einem Volk, das nördlich von Persien im heutigen Russland ansässig war] ähnlich. Sie kämpfen zu Pferd und zu Fuß, denn sie verstehen sich auf beide Kampfarten, sind zugleich Bogenschützen und Speerkämpfer und führen die Streitaxt. Bei ihnen sind Gold und Erz im Gebrauch. Aus Erz fertigen sie die Speere, Pfeile und Streitäxte; mit Gold schmücken sie Hauben, Gürtel und Achselbänder. Desgleichen panzern sie ihre Rosse mit ehernen Brustharnischen; hingegen Zügel, Gebiss und Kopfgeschirr sind aus Gold. Eisen und Silber ist ihnen fremd, auch findet es sich nicht in ihrem Land. Aber Gold und Erz in großen Mengen.
Was ihre Sitten betrifft, so nehmen sie zwar alle je ein Weib, aber sie leben mit ihnen in Weibergemeinschaft. Wenn einer von ihnen Lust nach einer Frau verspürt, hängt er seinen Bogen draußen an ihren Wagen und kommt zu ihr ohne Scheu. Sie wissen zwar nichts von einer bestimmten Grenze des Lebensalters, aber sobald einer von ihnen gar zu alt wird, kommen alle seine Verwandten zusammen, schlachten ihn mit sonstigem Vieh, kochen das Fleisch und verspeisen es. Dies gilt ihnen als das glückseligste Ende. Stirbt aber einer an Krankheit, so verspeisen sie ihn nicht, sondern begraben ihn und klagen um ihn, dass es ihm nicht beschieden war, geschlachtet und verspeist zu werden. Acker bearbeiten sie nicht, sondern leben von ihren Herden und von Fischen, die sie in großen Mengen im Fluss Araxes fangen, und ihr Getränk ist Milch.

(Herodot 1, 215–216)

(M 2a, M 3–M 5 zit. nach: Herodot, Historien, übers. u. bearb. v. Heinrich Stein, ergänzt von Wolfgang Stammler, Mundus Verlag 1999)

1 Was berichtet Herodot über die religiösen Gebräuche und Begräbnisrituale der Perser? Welche verhaltensauffälligen Gewohnheiten der Perser werden von Herodot außerdem angesprochen? (M 3)

2 Erkläre, warum man bei den Babyloniern nach den von Herodot gemachten Beobachtungen von einem „Heiratsmarkt" sprechen kann. Welche Folgen ergaben sich daraus einerseits für die Männer, andererseits für die Frauen in Babylonien? (M 4)

3 Was erfährt der Leser der Berichte Herodots über die Lebensweise der Massageten (Nahrung, Kleidung, Ehe, Begräbnisrituale)? Welche charakterlichen Eigenschaften der Massageten hebt Herodot dabei besonders hervor? (M 5)

Ein Herrscher überschreitet die Grenzen der bekannten Welt – warum?

Alexander der Große (356–323 v. Chr.) ist einer der berühmtesten Menschen der Weltgeschichte. Sein Feldzug in damals ganz unbekannte und sagenumwobene Länder war so spannend, dass schon zu seinen Lebzeiten viel über ihn und seine Abenteuer geschrieben wurde. Bis heute wird viel über Alexander gerätselt und gestritten: War er ein verrückter Abenteurer? Ein rachsüchtiger und machthungriger Kriegsherr? Ein mutiger und wissbegieriger Erforscher fremder Länder?
Im Jahr 2004 stellte der amerikanische Regisseur Oliver Stone das Leben Alexanders des Großen in dem Kinofilm „Alexander" dar. Der Film ist spannend – aber erzählt er das Leben Alexanders auch so, wie es wirklich war?

Wir untersuchen zeitgenössische Quellen, einen Historikertext und einen Kinofilm über Alexander den Großen:

- **Warum überschritt Alexander der Große die Grenzen der damals bekannten Welt?**

1. Welche Antworten geben zeitgenössische Quellen und heutige Historiker? Untersucht in drei Gruppen:
   - Wie verlief Alexanders Leben (Überblick, M 6)?
   - Was berichten zeitgenössische Quellen über Alexander (M 1–4)?
   - Wie denkt ein heutiger Historiker über Alexander (M 5)?

   Präsentiert eure Ergebnisse in der Klasse und versucht, eine vorläufige Antwort auf die Leitfrage zu geben.

2. Welche Antworten gibt der Spielfilm „Alexander"? Hier hilft euch die Methode „Einen historischen Spielfilm untersuchen". Folgt den dort beschriebenen Arbeitsschritten.

Alexanders Leben im Überblick

356: Alexander wird als Sohn Philipps II. und seiner Frau Olympias geboren. Zunächst übernimmt Olympias seine Erziehung, später der berühmte Philosoph Aristoteles, dessen Ideen den jungen Alexander sehr beeindrucken. Alexanders Vater Philipp II. war König des nordgriechischen Reiches Makedonien und hatte in langen Kämpfen viele griechische Städte unterworfen.

336: Philipp II. wird auf dem Weg zu einer Theatervorstellung ermordet. Alexander wird König von Makedonien. Er setzt die Eroberungspolitik seines Vaters fort und wendet sich gegen das asiatische Großreich der Perser.

334: Der Feldzug gegen die Perser beginnt. Alexanders etwa 35 000 Soldaten starkes Heer besteht aus Reitern und aus Fußsoldaten, die mit vier Meter langen Lanzen bewaffnet sind. Auf dem Weg besucht Alexander das Grab des Achilles in Troia.

333: Alexander siegt in einer Schlacht bei Issos gegen den Perserkönig Dareios.

332: Alexander zieht nach Ägypten und gründet die Stadt Alexandria.

331: Alexander siegt in Gaugamela erneut gegen Dareios. Wie schon in der Schlacht von Issos entscheidet ein von Alexander selbst angeführter Reiterangriff die Schlacht. Alexander wird zum König von Kleinasien ausgerufen.

330: Dareios wird ermordet. Alexander lässt ihn feierlich bestatten und sich selbst als Nachfolger feiern. Er übernimmt viele persische Bräuche.

328: Alexander zieht nach Osten über den Hindukusch in das Gebiet des heutigen Afghanistan. In einem Streit ersticht er seinen Gefährten Kleitos, der ihm Verrat an der makedonischen Tradition vorgeworfen hatte.

327: Alexander heiratet Roxane, Tochter des unterlegenen sogdischen Fürsten Oxyartes. Neben seiner Liebe für Roxane spielt auch Politik eine Rolle: Alexander versucht, sich mit den besiegten Sogden zu versöhnen.

326: Alexander bricht mit einem riesigen Heer aus etwa 50 000 Griechen und Persern zu einem Feldzug gegen Indien auf. Der mächtige König des indischen Pandschab, Poros, lehnt eine Unterwerfung ab. Alexander besiegt sein mit Kampfelefanten ausgerüstetes großes Heer in der Schlacht bei Hydaspes.

324: Nach der Überschreitung des Flusses Indus verweigert ihm sein Heer wegen der Strapazen des Feldzuges die Gefolgschaft und zwingt ihn zur Umkehr. Alexander kehrt teils auf dem Landweg, teils mit neu erbauten Schiffen nach Westen zurück.
In Susa heiratet Alexander neben Roxane auch Stateira, Tochter des Dareios. In einer Massenhochzeit verheiratet er makedonische Offiziere mit vornehmen persischen Frauen. So will er die griechischen und persischen Völker miteinander vereinen und versöhnen. Diese Politik stößt bei vielen seiner griechischen Soldaten auf Empörung.
Durch eine Krankheit stirbt Alexanders langjähriger Weggefährte und Freund Hephaistion.

323: In Babylon überfällt Alexander ein Fieber, an dem er schon nach wenigen Tagen stirbt.

Methode Einen historischen Spielfilm untersuchen

Historische Spielfilme erzählen – oft auf sehr spannende Weise – über Menschen, Ereignisse und Abenteuer in der Vergangenheit. Das ist nicht erstaunlich, denn in der Vergangenheit sind ja viele spannende Dinge geschehen. Viele Zuschauer denken: „Aha, so war es damals also." Das ist aber nicht ganz richtig, denn die Filmemacher deuten die Vergangenheit. Sie stellen die Vergangenheit so dar, wie sie sie sehen. Außerdem verfälschen sie die Vergangenheit manchmal sogar bewusst, um die Geschichte spannender zu machen. Deshalb untersuchen wir, ob ein Film die historischen Fakten richtig darstellt. Außerdem wollen wir herausfinden, wie ein Film Personen und Ereignisse aus der Vergangenheit deutet. Schließlich urteilen wir selbst und nehmen Stellung zu der Deutung der Vergangenheit im Film.

Einen historischen Spielfilm untersuchen: die 4-Schritt-Methode

1. Schritt: Leitfrage klären Mache dir klar, in welchem Zusammenhang dir der Film begegnet. Wovon handelt der Film? Auf welche Frage soll er dir eine Antwort geben, zu welchem Thema Informationen liefern?	*Hier geht es um die Frage, warum Alexander der Große die Grenzen der damals bekannten Welt überschritt und sich in fremde Länder begab.*
2. Schritt: Den Film anschauen Schau dir den Film zunächst möglichst ohne Unterbrechung in Ruhe an. In Kleingruppen kann man besonders auf bestimmte Fragestellungen achten. Zum Beispiel: • Welche Gestaltungselemente des Films oder welche einzelnen Szenen fallen dir auf oder beeindrucken dich besonders? • In welche Abschnitte („Kapitel") kann man die Handlung des Films unterteilen? Wie könnte jeweils eine Überschrift lauten? • Welche Hauptpersonen kommen in dem Film vor? Wie werden sie charakterisiert? • Welche wichtigen Ereignisse werden in dem Film dargestellt?	*• Gestaltungselemente/Szenen: Der Film „Alexander" hat eine Rahmenhandlung, in der der griechische Gelehrte Ptolemaios (dargestellt von Anthony Hopkins) die Taten Alexanders beurteilt. Die Schlachtszenen sind besonders ausführlich dargestellt.* *• Abschnitte: Erster Abschnitt – Die Kindheit Alexanders und seine Verhältnis zu Olympias …* *• Hauptpersonen: Alexander, Philipp II., Olympias, Hephaistion, Roxane, Dareios* *• Ereignisse: Schlachten von Issos, Gaugamela, Hydaspes; Tod des …, Hochzeit mit …*
3. Schritt: Den Film analysieren Stelle fest, wie der Film die Vergangenheit deutet. Dazu musst du die Darstellung im Film mit deinen Geschichtskenntnissen vergleichen. Dabei können diese Hilfsfragen sinnvoll sein: • Sind Ereignisse, Personen, Jahreszahlen etc. richtig oder fehlerhaft dargestellt? • Welche Tatsachen oder Ereignisse werden ausgewählt, welche werden weggelassen? Welche werden besonders betont, welche nur am Rande erwähnt? • Wie beurteilt der Film seine Hauptpersonen und ihre Taten? Woran kann man diese Beurteilung erkennen? Achtet z. B. auf Gestik und Mimik der Schauspieler, auf die Kameraführung, auf Dialoge oder Kommentare.	*Der Film enthält keine Fehler oder falschen Tatsachen.* *Richtig dargestellt sind auch die geographischen Kenntnisse zur Zeit Alexanders, die historische Karte von der Erdscheibe (vgl. M2 auf S. 176) ist auch im Film zu sehen. Besonders ausführlich werden die Kindheit Alexanders und seine Schlachten dargestellt. Besonders beeindruckend ist Alexanders Kampf gegen die Kriegselefanten (Zeitlupe!) dargestellt …* *Alexander wird im Film widersprüchlich und nicht ganz einseitig, aber doch eher als … dargestellt. Das kann man zum Beispiel an diesen Sätzen des Ptolemaios erkennen: …*
4. Schritt: Den Film beurteilen Beurteile den Film aus deiner Sicht. Stelle dazu deine Deutung der Vergangenheit der Deutung des Filmes gegenüber. Dabei kann ein Gedankenexperiment helfen: Was hättest du anders gemacht, wenn du der Filmregisseur gewesen wärst?	*Zum Beispiel:* *• Vielleicht hätte ich weniger Schlachtszenen und dafür mehr … dargestellt.* *• Ich hätte deutlicher dargestellt, dass Alexander Griechen und fremde Völker … wollte.*

Alexander in der Perser-Schlacht
(Ausschnitt aus einem Mosaik in Pompeji)

Drei zeitgenössische Begebenheiten: Was sagen sie über Alexander aus?

M1 Aus einem Brief Alexanders an Dareios

Nach der Schlacht von Issos soll Alexander an Dareios geschrieben haben:

Eure Vorfahren sind in Makedonien und das übrige Griechenland eingebrochen und haben uns Böses getan, ohne von uns vorher gekränkt worden zu sein. Ich aber bin als anerkannter Führer der Griechen nach Asien hinübergegangen, um Rache an euch zu nehmen, da ihr mit Unrecht angefangen habt [...]. Und künftig hast du, wenn du an mich schreibst, an mich als den König von Asien zu schreiben, nicht auf gleichem Fuße mit mir zu verkehren. Du hast mit mir als dem Herrn deines ganzen Daseins zu sprechen [...].

M2 Aus einem Bericht des Arrianus

Der Grieche Arrianus berichtet, dass seine Truppen empört waren, weil Alexander die verletzten griechischen Krieger nach Hause schicken wollte, während er gleichzeitig persische Kleidung trug und persische Soldaten in sein Heer aufnahm.

Die Soldaten brachen ihr Schweigen und schrien, er solle lieber gleich alle aus dem Heeresverband entlassen; er möge mit seinem Vater zusammen ins Feld ziehen. Sie meinten mit diesem Schimpfwort den Gott Ammon![1] Als Alexander dies hörte – denn er war damals sehr erregbar – sprang er mitsamt seinen Generälen von der Rednerbühne herab und befahl die offenkundigsten Rädelsführer der Masse festzunehmen. [...] Es wurden daher 13 verhaftet. Diese befahl er zum Tode abzuführen.

Später soll Alexander sich wieder beruhigt und die Todesurteile zurückgenommen haben.

[1] Ammon war ein ägyptischer Gott, den später die Griechen mit Zeus und noch später die Römer mit Jupiter gleichsetzten. Der Gott Ammon wird hier nicht zufällig erwähnt: Der Schreiber der Quelle meint, dass die Soldaten mit Alexander und seinem Vater zugleich den Gott Ammon beschimpfen. Offensichtlich ist er – wie viele seiner Zeitgenossen – der Ansicht, dass Alexander selbst ein Gott ist oder göttliche Herkunft hat.

M3 Über die Hochzeitsfeier von Susa

Alexander veranstaltete große Hochzeitsfeiern für sich und seine Freunde. Er selbst heiratete Barsine, die älteste Tochter des Dareios, und dazu noch eine weitere Königstochter. [...] Und ebenso gab er auch seinen anderen Getreuen [...] die Töchter der angesehensten Perser und Meder. Die Hochzeiten wurden nach persischem Brauch gefeiert. [...] All diesen Frauen hatte Alexander eine Mitgift gegeben.

(M1–M3 zit. nach: Walter Arend (Hg.), Geschichte in Quellen, Bd. 1, München (BSV) ^{4}1989, S. 331–348)

1 Wie rechtfertigte Alexander seinen Krieg gegen die Perser (M1)?

2 Wie sah er sein Verhältnis zu dem Perserkönig Dareios (M1)?

3 Warum reagierte Alexander so wütend auf den Aufstand unter seinen griechischen Soldaten (M2)?

4 Welches Ziel verfolgte Alexander vermutlich mit der Massenhochzeit von Susa (M3)?

5 Die Karte M2 auf S. 176 zeigt eine von Ozeanen umflossene Erdscheibe. Diese Erdkarte verdeutlicht in etwa das geographische Wissen, über das Alexander verfügen konnte. Was lässt die Karte über Alexanders Ziele vermuten?

Wie ein Schriftsteller der Antike über Alexander dachte

M4 Unglückseliger Alexander?

Der römische Schriftsteller und Philosoph Seneca (4 v. Chr. – 65 n. Chr.) schrieb über Alexander:

Seine Wut, Fremdes zu zerstören, trieb den unglückseligen Alexander in unbekannte Gegenden. […] Nicht zufrieden mit dem Zusammenbruch so vieler Städte, die (sein Vater) Philipp besiegt oder gekauft hatte, vernichtet er hier diese Stadt, dort jene. Und er trägt seine Waffen in der ganzen Welt herum. Seine Grausamkeit kommt nirgendwo zur Ruhe – ähnlich wie bei wilden Tieren, die mehr zerfleischen, als sie fressen können.

(Seneca, Briefe 94, 62 f., übers. v. Christoph Andreas Marx)

Wie Historiker heute über Alexander denken

M5 Alexander – Kriegsherr und Forscher

Der Historiker Holger Sonnabend schrieb im Jahr 2007 über die Leistungen Alexanders des Großen:

Der Feldzug Alexanders des Großen war ein Unternehmen der Superlative. Niemals zuvor hatte ein einzelner Herrscher in solch jungen Jahren und in solch kurzer Zeit ein größeres Herrschaftsgebiet erobert als der König der Makedonen. Und keine einzelne Persönlichkeit hat bis dahin den geographischen Horizont der Zeitgenossen in vergleichbaren Dimensionen erweitert. In kaum mehr als zehn Jahren eroberte Alexander mit seinen makedonischen und griechischen Truppen das gesamte Territorium der persischen Großkönige […].
327 v. Chr. war der Sieg über die Perser perfekt. Nun stand auf der Liste des neuen Herrschers von Asien, der weit aus dem Westen gekommen war, das Traum- und Wunderland Indien. Alexander verstand sich eben nicht nur als Eroberer, sondern auch als Forscher. Alexander hatte immer auch eine Schwärmerei für Mythos und Abenteuer. Er kannte aber auch die in Griechenland verbreiteten Berichte, die in teilweise phantastischer Weise ein überaus exotisches Bild von Indien gezeichnet hatten. Im Westen waren wahre Wundergeschichten über Indien verbreitet, die so recht nach dem Geschmack Alexanders waren. […]
Seinen Eroberungszug durch ganz Asien schloss Alexander mit einem spektakulären Meilenstein der Entdeckungsgeschichte ab. Niemals zuvor hatte sich ein Europäer so weit nach Osten vorgewagt. Der Ferne Orient war […] für den Westen seitdem keine *terra incognita* [= unbekanntes Land] mehr. Speziell Indien rückte verstärkt in den politischen und geographischen Horizont der Griechen und wandelte sich in der Vorstellung der Europäer von einem mythischen Wunderland zu einem höchst realen politischen und kulturellen Faktor.

(Holger Sonnabend, Die Grenzen der Welt – Geographische Vorstellungen der Antike, Darmstadt (WBG) 2007, S. 115–123)

■ Welche Leistung von Alexander hebt der Historiker Holger Sonnabend besonders hervor?

M6 Der Feldzug Alexanders von 334 – 323 v. Chr.

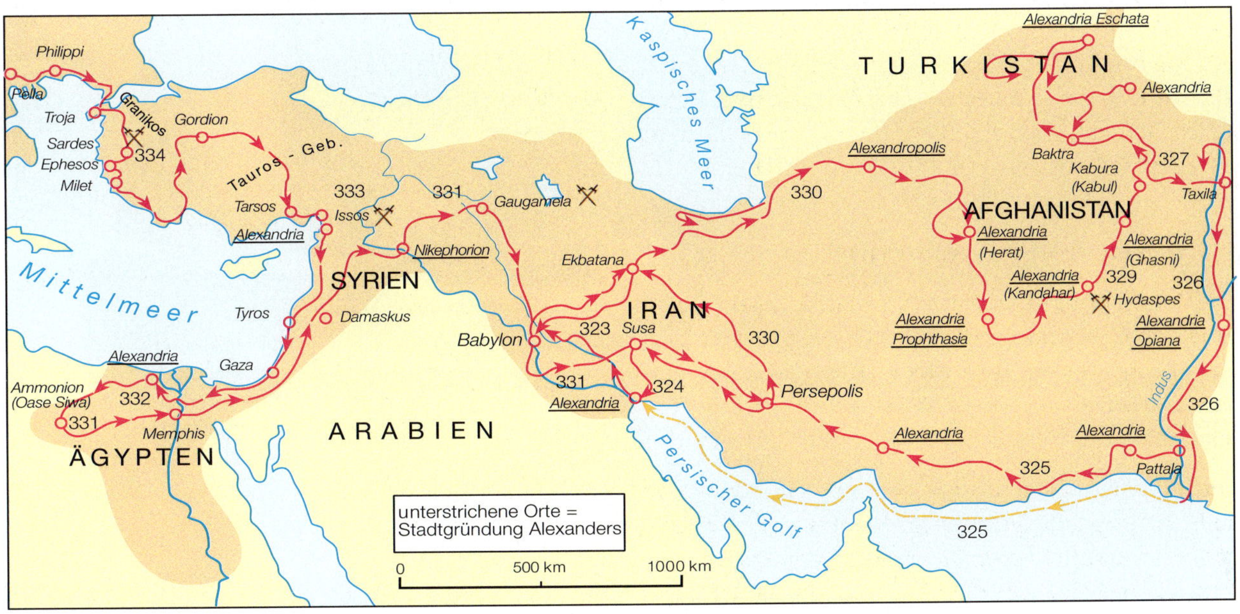

Europäisches Mittelalter

Als Epoche ist das Mittelalter längst vergangen. Dennoch ist es in unserer Alltagswelt immer noch allgegenwärtig. Bestimmt habt ihr schon einmal ein mittelalterliches Fest besucht oder einen Spielfilm über die Zeit des Mittelalters gesehen.
Doch Mittelalter ist mehr: Was damals vor tausend Jahren gedacht, geschaffen und gebaut wurde, prägt Europa bis heute. Nirgendwo ist das Mittelalter lebendiger als in seinen Bauten. Burgen, Klöster und Kathedralen zeugen von einer Zeit, die für uns als Betrachter nichts von ihrer Faszination verloren hat.
Kommt mit auf eine Spurensuche und taucht ein in eine vergangene Zeit, die uns vertraut erscheint und gleichzeitig in vieler Hinsicht doch recht fremd und unbekannt ist.

Das Mittelalter – Ein Überblick

Was interessiert uns heute am Mittelalter?
Zum einen geht vom Mittelalter immer noch eine Faszination aus, der auch ihr euch vermutlich nicht entziehen könnt: Das abenteuerliche Leben der Ritter auf ihren Burgen, die prunkvolle Herrschaft von Königen und Kaisern und das lärmende Treiben in den Gassen der mittelalterlichen Städte wecken unsere Phantasie: Man möchte dabei gewesen sein!

Der Thron Kaiser Karls des Großen steht im Aachener Münster. Hier wurden dreißig deutsche Könige gekrönt.
Das Aachener Münster ist der älteste erhaltene Monumentalbau des Mittelalters in Deutschland. Es wurde vor 1200 Jahren errichtet. Karl der Große, der zu den bedeutendsten Kaisern des Mittelalters zählt, liegt hier begraben.

Aber das Mittelalter wirkt auch noch auf andere Weise bis in unsere Gegenwart hinein: Kaiser Karl der Große gilt auch heute noch als Vater Europas und Vorbild für den modernen europäischen Einigungsprozess. Die mittelalterlichen Klöster stehen für die Bewahrung und Verbreitung von Wissen in ganz Europa, ihre Schulen waren die Vorläufer der modernen Universitäten. Kaufleute begannen, europaweit zu handeln und schufen die Grundlagen für ein internationales Handelsnetz. Das Mittelalter ist also immer noch aktuell!

In Ostheim vor der Rhön hat sich die größte deutsche Kirchenburg erhalten. Sie diente den Bauern des Dorfes zur Verteidigung im Kriegsfall. An die Wehrmauer, die den Bereich um die Dorfkirche umschließt, lehnen sich Scheunen und Ställe an, in die die Bauern mit Vieh und Vorräten flüchten konnten.

Antike	500 Frühmittelalter	850 Hochmittelalter

um 500
Chlodwig nimmt den christlichen Glauben an. Das Frankenreich wird christianisiert.

800
Karl der Große wird in Rom zum Kaiser gekrönt und damit Nachfolger der römischen Kaiser.

um 950
Kaiser Otto der Große bindet die Bischöfe in seine Herrschaft ein. Das Reichskirchensystem entsteht.

1077
Im Investiturstreit zieht Kaiser Heinrich IV. zum Papst nach Canossa, um seine Befreiung vom Kirchenbann zu erbitten.

Wann war eigentlich das Mittelalter?

Der Begriff „Mittelalter" ist im 16. und 17. Jahrhundert geprägt worden. Er wurde von Gelehrten benutzt, die meinten, die Höhepunkte der Geschichte seien das Altertum und die damalige Gegenwart, in der das Altertum wiederentdeckt worden war. Die Zeit dazwischen war nach ihrer Meinung nichts Besonderes, eben nur eine Zwischenzeit mit vielen Schattenseiten.

Der Kreuzgangbrunnen vom Kloster Maulbronn ist ein einzigartiges Beispiel mittelalterlicher Klosterbaukunst. Heute zählt Maulbronn zum Weltkulturerbe.
Im Mittelalter verbreiteten die hier lebenden Mönche der Zisterzienser den christlichen Glauben und trugen zum wirtschaftlichen Fortschritt der gesamten Region bei.

Und welchen Zeitraum deckt das Mittelalter ab? Der Zeitstrahl macht deutlich, dass wir es mit rund 1 000 Jahren zu tun haben. Da es im Laufe dieser 1 000 Jahre viele Veränderungen gegeben hat, gliedert man die Zeitspanne in drei Perioden: das Frühmittelalter (bis etwa 850), das Hochmittelalter (etwa zwischen 850 und 1250) und das Spätmittelalter (nach 1250). Die Fachleute sind sich nicht einig, wann bzw. mit welchem einschneidenden Ereignis das Mittelalter endet. Einige meinen 1453 (denn in diesem Jahr wurde Konstantinopel durch die Türken erobert); andere schlagen 1492 vor (Kolumbus entdeckte in diesem Jahr Amerika); wieder andere halten es für sinnvoll, das Mittelalter mit dem Beginn der Reformation durch Martin Luther enden zu lassen (1517).

Der Mainzer Dom führt dem Betrachter anschaulich die überragende Stellung seiner Bauherren vor Augen: Der Mainzer Erzbischof war Oberhaupt der Reichskirche, Kurfürst und hatte 15 Bistümer von der Schweiz bis an die Nordsee unter sich.
Die Erzbischöfe, die hier lebten, waren unter den mittelalterlichen Kaisern unentbehrliche Helfer der Macht.

1250 **Spätmittelalter** | 1500 **Neuzeit**

ab 1100
Technische Verbesserungen in der Landwirtschaft führen zu einem starken Anstieg der Bevölkerung.

12./13. Jh.
Neue Mönchsorden gründen hunderte von Klöstern in ganz Europa.

1232
Kaiser Friedrich II. räumt den Fürsten weitgehende Rechte ein.

1356
Kaiser Karl IV. erlässt die „Goldene Bulle", die zur Verfassung des Reiches wird.

Die Grundlagen des Mittelalters: Römisches Reich, Germanen, Christentum

M Hochzeitsfeier am fränkischen Königshof (um 600 n. Chr.)

Längst vergangene Zeiten, wie z. B. das Mittelalter, sind für uns „ganz weit weg" und zum Teil nur schwer zu verstehen. In solchen Fällen erklären Bilder manchmal mehr als Worte, wenn es darum geht, eine anschauliche Vorstellung über frühere Zeiten zu vermitteln. Das Bild auf dieser Seite ist ein Beispiel dafür und soll euch zeigen, dass viele komplizierte Zusammenhänge auch recht einfach dargestellt werden können.

Klar ist: Natürlich hat die Hochzeitsfeier nicht genauso stattgefunden. Das Bild stammt aus einem Buch, das sich hauptsächlich an Kinder und Jugendliche wendet. Deshalb hat der Zeichner auch einige lustige Einfälle verwendet. Aber nach allem, was wir heute über die Zeit um 600 wissen, hat sich der Zeichner der Wirklichkeit recht gut angenähert. Das Bild verrät eine ganze Menge über das Leben im frühen Mittelalter und die Unterschiede gegenüber der antiken Welt. Es enthält viele Hinweise, die es dir ermöglichen, eine Antwort auf die Frage zu geben:

- **Was ist die Grundlage für das europäische Mittelalter?**

Um das Bild zu dieser Frage „zum Sprechen" zu bringen, musst du genau hinschauen und an den vielen dargestellten Details erläutern, welche Elemente die Grundlage für das europäische Mittelalter bilden.

Das Mittelalter hat drei Wurzeln

Römisches Reich, Germanen und Christentum sind – bildlich gesprochen – die Wurzeln, also die Grundlage für das Mittelalter, das sich nach und nach ausgebildet und dabei viel von dem übernommen hat, was es vorher schon gab. Man könnte deshalb – ebenfalls bildlich gesprochen – auch sagen, dass diese Traditionslinien die „Säulen" sind, auf denen das Mittelalter ruht.

- **Was sind die drei Wurzeln des Mittelalters?**

Wir entwerfen ein Lernplakat zu dieser Frage.

1. Bildet kleine Arbeitsgruppen und übertragt den abgebildeten „Mittelalter-Baum" auf ein Plakat.
2. Jedes Gruppenmitglied liest den Lehrbuchtext aufmerksam durch und notiert die Hauptaussagen in Stichworten.
3. Vergleicht eure Stichwortlisten und einigt euch, was eure Gruppe stichwortartig auf dem Plakat in die jeweilige Wurzel schreiben möchte.
4. Stellt eure Plakatfassungen vor. Vergleicht sie, ergänzt und korrigiert, falls nötig.

Der „Mittelalter-Baum"

Rom	Germanen	Christentum
① …	① …	① …
② …	② …	② …
③ …	③ …	③ …

Die erste Wurzel des Mittelalters: das Römische Reich

In vielen Büchern kann man lesen, dass im Jahre 476 das Römische Reich im Westen untergegangen sei. Aber wenn etwas untergegangen ist, dann ist es verschwunden. Verschwunden ist aber nicht das Römische Reich als Ganzes, sondern zunächst nur der römische Kaiser. Sehr vieles von dem, was die Römer entwickelt hatten, blieb bestehen und wurde zum Bestandteil des Mittelalters. Die Römer hatten in ihrem Reich ein riesiges Straßennetz gebaut. Einige dieser Straßen sind bis in die Neuzeit erhalten geblieben. Sie dienten auch im Mittelalter als Handelswege und als Heerstraßen. Die römischen Städte behielten ihre Funktion als Verwaltungszentren. Die großen Landgüter blieben die wichtigsten landwirtschaftlichen Produktionsstätten. Das Verfahren der Steuererhebung wurde nicht geändert. In den Familien blieben römische Sitten und Gebräuche erhalten. Es gibt sogar eine Reihe von Beispielen, die zeigen, dass sich die germanischen Herrscher an ihre römischen oder römisch geprägten Untertanen anpassten. Sie nahmen sich römische Herrscher zum Vorbild. Sie ließen sich wie die römischen Kaiser auf Münzen abbilden und begannen, auch für ihre Völker Gesetzesbücher zu verfassen – in lateinischer Sprache. Das Lateinische, die Schrift und Sprache der Römer, blieb jahrhundertelang die Sprache des Mittelalters, vor allem in Kirche und Wissenschaft.

Die zweite Wurzel des Mittelalters: die Germanen

Als die Römer im 1. Jahrhundert v. Chr. Gallien eroberten, nahmen sie auch erste nähere Kontakte zu den Menschen auf, die jenseits des Rheines und nördlich der Alpen lebten. Den Römern war sofort klar, dass sich diese Menschen in ihrem Alltagsverhalten, in ihrer Sprache, Religion und Kultur deutlich von den Galliern unterschieden. Die Römer nannten sie mit einem Sammelbegriff Germanen. Da die Germanen keine Schriftsprache entwickelten, ist die Quellenlage nicht sehr gut. Wir sind weitgehend auf archäologische Funde und auf Darstellungen römischer Schriftsteller angewiesen. Der römische Historiker Tacitus hat zwar ein ganzes Buch über die Germanen verfasst – aber seine Darstellung ist deutlich parteiisch; für ihn sind die Germanen aggressive Naturburschen, die zu keinen

Rekonstruktionszeichnung: Germanisches Haus

kulturellen Leistungen in der Lage waren. Sie lebten nicht in Städten, besaßen keine Steinhäuser und trugen aus Sicht der Römer zum Beispiel unansehnliche Kleidung. Als gesichert gilt heute, dass nahezu alle Germanen Bauern waren. Jede Familie besaß ein eigenes Gehöft mit eigener Ackerfläche. Mit aller Vorsicht kann man daraus die Schlussfolgerung ziehen, dass die Germanen großen Wert auf persönliche Unabhängigkeit und Freiheit gelegt haben müssen. Weidefläche, Wald und Flussläufe wurden von mehreren Höfen gemeinsam genutzt; vermutlich haben sich die Männer der umliegenden Bauernhöfe getroffen und die entsprechende Nutzung in einer Art Dorfversammlung vereinbart. Mehrere verwandte Familien bildeten eine Sippe, die dem Einzelnen Schutz und Recht bot. Mehrere Sippen konnten sich zu Stämmen zusammenschließen; aber dies geschah wohl nur selten, z. B. im Kriegsfall. Dann wurde auch ein König gewählt, der als militärischer Führer das Heer der freien Krieger leitete. Nachdem über viele Jahrhunderte der Kontakt zwischen Germanen und Römern zumeist friedlich verlaufen war, veränderte die Völkerwanderung der germanischen Stämme die Landkarte Europas (s. S. 167). Germanische Völker errichteten auf dem Boden des untergegangenen Römischen Reiches neue Reiche. In West- und Mitteleuropa sind besonders die Franken, Sachsen und Alemannen von Bedeutung gewesen. Sie brachten ihre eigenen Lebensweisen und Vorstellungen von Herrschaft in die neuen Reiche mit ein und sorgten so für die zweite Wurzel des europäischen Mittelalters.

Die dritte Wurzel des Mittelalters: das Christentum

Das Christentum war, wie ihr aus dem Kapitel über die Römer schon wisst, seit 391 n. Chr. im Römischen Reich Staatsreligion – zu diesem Zeitpunkt hatten die meisten Menschen in West- oder Nordeuropa von der neuen Religion noch nie etwas gehört. Als das Römische Reich zerfiel, wuchs die Bedeutung jedoch immer mehr an. Auch in den abgelegenen Gebieten wie in Britannien oder Irland verbreitete sich das Christentum, später auch in den Gebieten, die nie oder nur kurz römisch gewesen waren, zum Beispiel Germanien. Die herausragende Bedeutung des Christentums zeigte sich besonders auffällig in der Architektur: Ob Land, ob Stadt – die prächtigsten Bauten der Zeit waren ausnahmslos Kirchengebäude. Überall in Europa fand ein Reisender eine Kirche, in der ein Priester den Gläubigen das Evangelium predigte und aus der Bibel vorlas. Sieht man von den Gebieten des oströmischen Reiches ab, für die Konstantinopel, das heutige Istanbul, das Zentrum bildete, wurde der Bischof von Rom, der Papst, zunehmend als bedeutendste Autorität für alle Christen anerkannt. Vor allem aber spielte die christliche Religion im Alltag vieler Europäer eine so große Rolle, wie sie für uns kaum vorstellbar ist. Heute geht die Mehrzahl der Christen nur noch zu besonderen Anlässen in die Kirche: etwa am Heiligen Abend, zur Hochzeit oder zur Beerdigung. Schulgottesdienste sind ein seltener Ausnahmefall. Für die Männer, Frauen und Kinder im europäischen Mittelalter war das ganz anders. Jeden Sonntag haben sie stundenlang beim Gottesdienst gestanden. Mit Gebeten wurde der Tag begonnen und beendet, kaum eine Mahlzeit wurde ohne Dankgebet verzehrt. Der Einfluss der Religion war sicherlich viel stärker als für unsere heutige Zeit. Die Menschen empfanden sich als Sünder und ihnen stand immer vor Augen, dass ihnen Höllenqualen drohten, wenn sie sich zu Lebzeiten nicht christlich verhielten. Vor einem Kurzschluss ist jedoch zu warnen: Trotz der Allgegenwart der christlichen Religion und der zweifellos vorhandenen Frömmigkeit haben sich die Menschen nicht immer christlich verhalten, zum Beispiel nicht immer Nächstenliebe geübt.

Der Fall Chlodwig – Das Abendland wird getauft

Für die Christianisierung großer Teile Europas wurde eine Person zur Schlüsselfigur: Sein Name ist Chlodwig. Er lebte von 466 bis 511 n. Chr. Die letzten Jahre seines Lebens verbrachte er in Paris. Er war weder Franzose noch Deutscher, ganz einfach deshalb, weil es die heutigen Staaten Europas in alter Zeit überhaupt noch nicht gab. Chlodwig war ein Franke. Die Geschichtsforscherinnen und -forscher sind davon überzeugt, dass dieser Chlodwig für die heutige Entwicklung in Europa eine ganz besondere Bedeutung hatte. Warum ist das so? Das sollt ihr herausfinden.

Das ist euer **Forschungsauftrag**:

- **Welche besondere Bedeutung hatte Chlodwig für das christliche Mittelalter?**

Wir formulieren in einem zusammenfassenden Text eine Antwort auf unsere Forschungsfrage.

Am besten arbeiten immer zwei bis drei „Forscherinnen“ und „Forscher“ zusammen:

1. Erschließt den Darstellungstext, indem ihr die Kernaussagen zu den Folgen, die die Taufe Chlodwigs a) für die Germanen, b) für das Christentum, c) für die weitere Entwicklung Europas hatte, in eigenen Worten kurz zusammenfasst.
2. Untersucht die Geschichtskarte M1, indem ihr sie mit der erlernten 7-Schritt-Methode (s. S. 127) erschließt und stichwortartig zusammenfassende Antworten auf die beiden Arbeitsanweisungen zur Karte notiert.
3. Beschreibt die Bildquelle M2 und versucht, Bildeinzelheiten und die Bildaussage mithilfe der Fragen zu klären.
4. Vergleicht die Informationen aus dem Darstellungstext, der Geschichtskarte und der Bildquelle und notiert auf einem Stichwortzettel die Informationen, die eurer Meinung nach für die gestellte Untersuchungsfrage relevant, d. h. besonders bedeutsam sind.
5. Formuliert auf dieser Grundlage eure Antworten auf die Forschungsfrage.

M1 Das Reich zur Zeit Chlodwigs und seiner Söhne

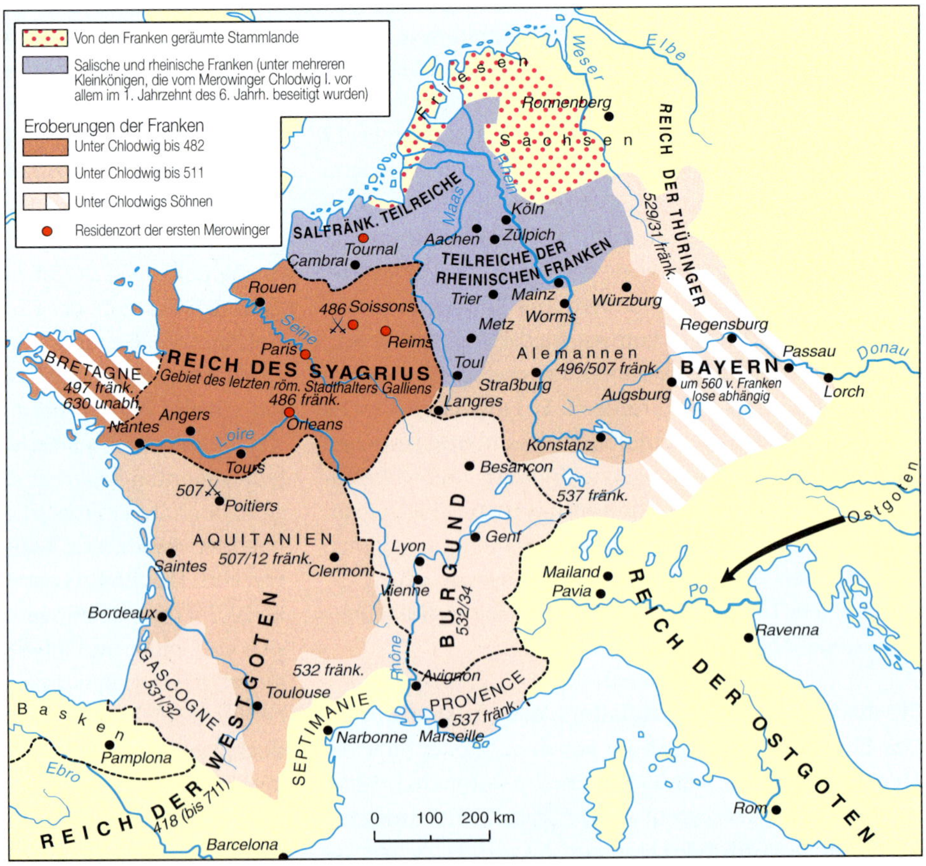

1 Mithilfe der Karte könnt ihr einzelne Eroberungsschritte Chlodwigs notieren und erklären.

2 Welche heutigen Länder können davon ausgehen, dass ihre Christianisierung in die Zeit Chlodwigs zurückgeht?

Chlodwig – König der Merowinger

Als der Merowingerkönig Chlodwig gegen Ende des 5. Jahrhunderts seine Macht über Gallien immer weiter ausgedehnt hatte, tat er einen Schritt mit unglaublich großen Nachwirkungen: Er trat zum Christentum über, und zwar zum katholischen Bekenntnis der Mehrheit seiner Untertanen. Aber er hatte vorher nicht etwa ohne Religion gelebt; mit großer Selbstverständlichkeit ging er davon aus, dass die Götter auf sein Leben Einfluss hätten, besonders in der Schlacht. Deshalb lag ihm sehr daran, den stärksten Gott auf seiner Seite zu haben. Nun war seine Frau Christin und hatte ihm erzählt, der stärkste Gott sei der Christengott. Doch Chlodwig wollte das nicht einfach glauben, sondern erproben. Als er in einer Schlacht an den Rand der Niederlage geriet, rief er diesen Gott an, siegte und tauschte die alten germanischen Gottheiten gegen den neuen Gott der Christen aus. Jetzt sollte dieser ihm helfen.

Damit beginnt das europäische Mittelalter. Das neue Element ist dabei nicht die Religion überhaupt – religiös waren die meisten Menschen auch in der Antike. Wenn in der Antike jemand Christ wurde, so war das jedoch seine persönliche Entscheidung. Die Germanen dagegen waren so stark in ihre Gruppe eingebunden, dass zum Zusammenleben auch eine gemeinsame Religion gehörte. Folglich konnte nicht jedermann nach seiner Wahl die Religion wechseln, nicht einmal der König; es bedurfte der Zustimmung vieler. Aber der König, der oberste Heerführer, hatte einen großen Einfluss und wenn seine Entscheidung den Beifall der Versammlung fand, galt sie für alle. Daraus folgt, dass die Hinwendung des fränkischen Königs zum Christentum notwendigerweise politische Folgen hatte: Das Gemeinwesen wurde auf eine neue geistig-religiöse Grundlage gestellt. Das war ein langer und mühsamer Weg, mit Widerständen und offenem Aufruhr. Bei der Christianisierung der Franken spielten Mönche eine zentrale Rolle. Teils wurden sie von fränkischen Königen ins Land geholt, teils von Bischöfen beauftragt.

Das Christentum brachte das römische Erbe ins Frankenreich. Durch das Christentum lernten die Franken geschriebene Gesetze, Bücher und Kunst kennen; sie wurden auch mit dem universalen, d.h. die Stammesgrenzen sprengenden Ansatz des Christentums bekannt (derselbe Gott für alle Menschen, daher auch Mission in aller Welt).

Die wichtigsten Träger der gegenseitigen Beeinflussung von germanischem, römischem und christlichem Erbe wurden die Klöster. Wenn man sich vorstellt, dass in Gallien im Zeitraum von 360 bis 590 n.Chr. 215 Klöster gegründet worden sind, kann man leicht ein Urteil über die tragende Rolle dieser Einrichtungen fällen. Und die reiche Ausstattung vieler Klöster mit Land – das war etwas Neues für Frauen und Männer, die die Einsamkeit gesucht hatten und asketisch leben wollten – machte ein Kloster auch für solche attraktiv, die nicht des geistlichen Berufes wegen, sondern um der Versorgung willen dorthin kamen.

Obwohl es in der Zeit von Chlodwig bis zu Karl dem Großen (500–800) kaum einen bedeutenden Herrscher im fränkischen Reich gab, blieb dieses stabil. Die kirchlichen Institutionen hatten sich zu einer starken Stütze des Königtums entwickelt; hinzu kam, dass auch andere Germanenstämme inzwischen das katholische Bekenntnis angenommen hatten: die Sueben und Westgoten in Spanien, die Angeln und Sachsen in Britannien und die Langobarden in Italien. Das Christentum entwickelte sich langsam zum geistigen Band des Abendlandes.

M2 Was erzählt uns dieses geheimnisvolle Bild?

Ein Miniaturbild aus den „Großen Chroniken Frankreichs" zeigt die Taufe Chlodwigs, wie man sie später, im hohen Mittelalter, verstanden hat. Das Bild gibt zahlreiche Rätsel auf.

1 Warum ist Chlodwig nackt?

2 Warum sitzt er in diesem merkwürdigen Gefäß?

3 Was macht der Bischof mit der Schale in der Hand?

4 Warum ist hier ein Vogel anwesend?

5 Warum hat ein Künstler vor 1 000 Jahren dieses Bild gemalt?

Notiert und vergleicht eure Antworten.

Das Volk wird christlich – Das Beispiel des Bonifatius

Unsere Vorfahren in Mitteleuropa waren keineswegs Christen von Anfang an. Sie verehrten Götter wie den mächtigen Wodan, den hammerschwingenden Donar (= Thor) oder die Göttin Frija. Sie glaubten auch an die magischen Kräfte von auffällig geformten Bäumen oder Felsen. Es dauerte mehrere Jahrhunderte, bis das Christentum angenommen wurde und christliche Symbole die alten Heiligtümer verdrängten oder überlagerten. Einen wesentlichen Anteil am Siegeszug des christlichen Glaubens hatten die sogenannten Missionare. Sie verkündeten die christliche Lehre nicht nur in Gallien, Germanien und Britannien, sondern bis nach Irland und im nichtrömischen Germanien. Zu den bekanntesten Missionaren gehört Bonifatius, der auch in Hessen, Thüringen und Friesland missionierte. Durch sein missionarisches Wirken hat er Besonderes geleistet und entscheidend zur Ausbreitung des Christentums beigetragen.

- **Bonifatius – der „Apostel der Deutschen".**

Wir erstellen ein historisches Kurzporträt:

1. Auf Seite 138 findet ihr Hinweise, wie man ein gutes Kurzporträt anfertigt.
2. Erarbeitet inhaltlich Wichtiges zu Person und Wirken des Bonifatius, indem ihr gezielt die im Darstellungstext, in den Quellen, der Geschichtskarte und den Bildern enthaltenen Informationen zu eurem Thema entnehmt.
3. Präsentiert eure Kurzporträts und beschreibt am Beipiel des Bonifatius, wie das Volk missioniert und christlich wurde.

M1 Bonifatius spendet die Taufe

M2 Bonifatius erleidet den Märtyrertod

Beide Bilder stammen aus dem Fuldaer Sakramentarium (um 875).

Das Volk wird missioniert

Chlodwig war getauft und seine Heerführer waren ihm gefolgt, aber das Christentum hatte noch nicht das Volk erfasst. Die neue christliche Religion zeigte sich zunächst nur in der Führungselite. In der Antike war es genau andersherum gewesen. Das Urchristentum hatte sich als Kirche der einfachen Leute verstanden und nicht als Kirche „von oben". Chlodwig und seine Nachfolger gingen wie selbstverständlich davon aus, dass alle Untertanen ihrem Beispiel folgten und auch das Christentum annahmen. Zu diesem Zwecke musste das Volk mit dem christlichen Glauben bekannt gemacht werden. Die zentrale Rolle bei dieser Missionstätigkeit spielten Mönche. Teils wurden sie von fränkischen Königen ins Land geholt, teils von Bischöfen beauftragt. Sie gründeten Klöster und predigten den „Heiden" das christliche Wort. Das war ein langer und mühevoller Weg, mit Widerständen und offenem Aufruhr. Besonders erfolgreich war der englische Mönch Bonifatius, der später „Apostel der Deutschen" genannt wurde. Sein Erfolg gründete nicht zuletzt darauf, dass er die germanischen Götter durch spektakuläre Aktionen entzauberte. So soll er eine uralte Eiche, die dem Gott Donar geweiht war, eigenhändig gefällt haben. Die herbeigeströmten Germanen glaubten, Donar würde sich augenblicklich rächen – aber nichts geschah. Damit hatte sich – in ihren Augen – der Christengott gegenüber Donar durchgesetzt. Kurz darauf ließen sie sich taufen. In hohem Alter unternahm Bonifatius noch einmal eine Missionsreise zu den Friesen, die ihn jedoch töteten. Dieser Märtyrertod erhöhte noch seinen Ruhm.

M3 Der Mönch Willibald, ein Zeitgenosse, berichtet aus dem Leben des Bonifatius

a) Bonifatius in Hessen

Viele Hessen empfingen die Taufe. Andere aber, deren Geist noch nicht erstarkt war, wiesen den reinen Glauben unversehrter Wahrheit zurück. Einige opferten heimlich, andere offen an Bäumen und Quellen; andere betrieben geheime Seherei, Weissagungen, Zauberei und Beschwörungen. Bonifatius unternahm es, eine Eiche von seltener Größe, die mit altem Namen die Donarseiche hieß, im Beisein der Gottesknechte zu fällen. Als er nun in voller Entschlossenheit Axthiebe gegen den Baum geführt hatte – es stand eine große Heidenmenge dabei, die Bonifatius heftig verfluchte –, da wurde nach kurzem Anhieb sogleich die ungeheure Masse der Eiche durch göttliches Wehen von oben her bewegt, der Äste Enden brachen und sie stürzten zur Erde. Wie durch höheres Wirken zerbrach sie in vier Teile. Bei diesem Anblick priesen die Heiden, die zuvor geflucht hatten, den Herrn, ließen von ihrem früheren bösen Willen ab und glaubten. Nun baute Bonifatius aus dem festen Holze dieses Baumes ein Bethaus.

b) Bonifatius in Thüringen

Der Ruf von seiner heiligen Predigt verbreitete sich weitum und wuchs so, dass sein Name im größten Teil Europas erklang. Und so kamen aus den Gauen Englands sehr viele Gottesknechte zu ihm, Männer, die im Lesen, Schreiben und anderen Künsten sehr bewandert waren. Sehr viele von ihnen unterwarfen sich seinen klösterlichen Einrichtungen und predigten weit und breit das Gotteswort.

c) Bonifatius in Friesland

Er zog also durch ganz Friesland, verdrängte den heidnischen Kult, schaffte irrtumsvolle Gebräuche ab, predigte und erbaute nach Zerschmetterung der Götzenbilder mit großem Eifer Kirchen. Nachdem des Glaubens Glanz in Friesland leuchtete, schlug er am Boornfluss, nur von seinen Begleitern umgeben, die Zelte auf. Er hatte den Festtag der Taufe dem Volk ansagen lassen. Aber am festgesetzten Tag kamen statt Freunden Feinde. Eine gewaltige Feindesmenge stürzte mit geschwungener Waffe, mit Speer und Schild, ins Lager. Wie Bonifatius den Ansturm des tobenden Haufens vernahm, berief er sofort seine Gottesknechte. Er verbot ihnen den Kampf mit den Worten: „Lasst vom Streit ab. Wir werden doch durch das Zeugnis der Heiligen Schrift belehrt, nicht Böses mit Bösem zu vergelten“. Nachdem er mit solcher Mahnung und Lehre seine Jünger angefeuert hatte, fiel sofort die wütende Heidenhorde mit Schwertern und Kriegswaffen über sie her und vergoss das Blut der heiligen Körper. Jauchzend warf sich das Heidenvolk auf die Siegesbeute. Das Lager wurde zerstört, die Beute geraubt und verteilt.

(Zit. nach: J. Bühler, Das Frankenreich, Leipzig 1923, S. 41 ff.)

M4 Das Wirkungsfeld des Bonifatius

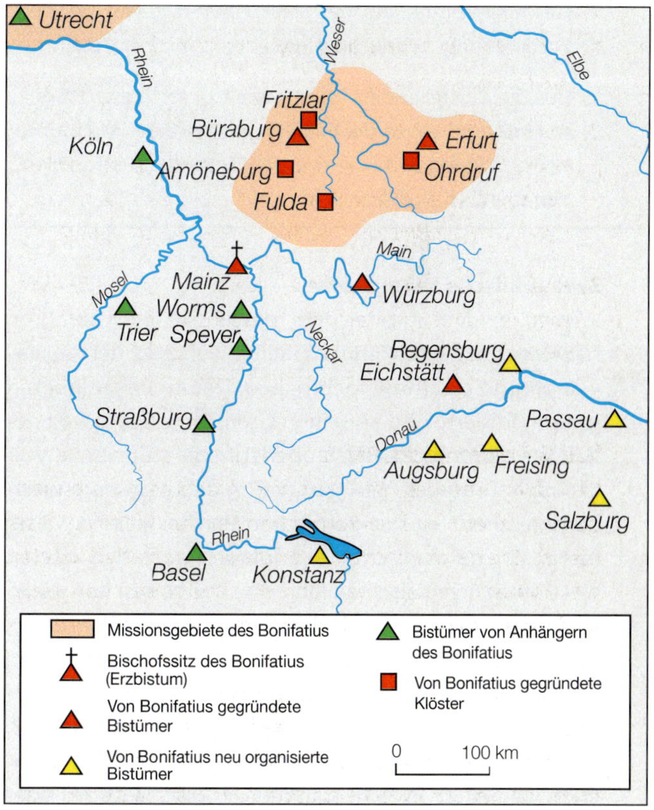

Ohne Päpste kein Mittelalter

Wenn wir heute dieses Bild sehen, dann erkennen viele Menschen, dass auf dem Foto der Papst zu sehen ist. Sie wissen, dass der Papst das Oberhaupt aller katholischen Christen auf der Welt ist und in Rom wohnt. Die meisten Menschen in Deutschland haben also schon einmal vom Papst gehört oder ihn auf Bildern, im Fernsehen oder vielleicht sogar persönlich gesehen. Aber nur ein Teil dieser Menschen, wahrscheinlich die Minderheit, dürfte in der Lage sein, genauso selbstverständlich und zutreffend zu erklären, wie sich das Papsttum ausgebildet hat. Wenn wir unsere eigene Gegenwart aber wirklich verstehen wollen, gehört es dazu, dass wir nach der Entstehung und Entwicklung gegenwärtiger Sachverhalte fragen: Wir befragen die Vergangenheit, um die Gegenwart zu verstehen.

- **Wie hat sich das Papsttum entwickelt?**
- **Wie sahen Papst und Bischof ihre Stellung und Rolle?**

Halte zu diesen beiden Fragen einen kurzen Expertenvortrag.

1. Lies noch einmal auf der Seite 124 nach, was bei der Vorbereitung zu beachten ist.
2. Lies die darstellenden Texte gezielt unter dieser Fragestellung und werte die beiden Quellentexte (M 2 a und b) aus. Wende dazu die erlernte Methode „Textquellen befragen" (s. S. 66) an.

M1 **Papst Benedikt XVI. in Amtstracht (21. Jh.)**

Zwei römische Kaiserreiche

Wie ihr in dem Kapitel über das antike Rom erfahren habt, war das weströmische Reich während der Völkerwanderung zusammengebrochen. Das im Reichsinneren gut organisierte und an seinen Grenzen wirkungsvoll gesicherte oströmische Reich überlebte die stürmische Völkerwanderungszeit. Seit 476 n. Chr. gab es in dem westeuropäischen Teil des Römischen Reiches keinen Kaiser mehr. Ein germanischer Heerführer setzte den letzten weströmischen Kaiser einfach ab. Die römischen Herrschaftszeichen wurden nach Konstantinopel gesandt.

Der Bischof von Rom

Aus schriftlichen Quellen wissen wir, dass seit dem 2. Jahrhundert n. Chr. Bischöfe an der Spitze der christlichen Gemeinde in Rom standen. Als Bischof bezeichnet man einen obersten kirchlichen Würdenträger in einem bestimmten Gebiet, dem sogenannten Bistum. In der katholischen Kirche hat der Bischof die unbeschränkte Kirchengewalt in seinem Bistum.

Den römischen Bischöfen kam eine führende Rolle zu, weil die Apostel Petrus und Paulus in Rom gewesen waren und sich ihre Gräber dort befinden. Begründet wurde dies damit, dass die besondere Rolle, die Petrus unter den Jüngern Jesu gespielt hatte, auf den Bischof von Rom als seinem Nachfolger übergegangen sei. Aus diesem Grund und als Bischöfe in der Hauptstadt des Weltreiches besaßen sie somit anerkannt große Bedeutung und besonderen Einfluss.

Dieser erste Platz geriet in Gefahr, als Konstantinopel neue Hauptstadt wurde. Die Stadt Rom hatte ihre Bedeutung als politisches Zentrum des Römischen Reiches verloren. Nun waren die römischen Bischöfe ständig bemüht, unter Berufung auf die Petrustradition ihren Vorrang zu behaupten. Seit Rom nicht mehr Hauptstadt war und weil im Laufe der Zeit die weströmischen Kaiser immer schwächer wurden, übernahm der Bischof von Rom mehr und mehr neben den geistlichen auch öffentliche, weltliche Aufgaben in Rom (z. B. Krankenpflege, soziale Dienste, Vertretung der Stadt nach außen). Seit dem 5. Jahrhundert wurde der Bischof von Rom Papst genannt. Papst bedeutet übersetzt „Vater". Der Papst, obwohl eigentlich Kirchenführer, nahm also seit der Völkerwanderungszeit gleichzeitig auch politische Aufgaben in der Führung der Stadt Rom wahr. Rom, seit dem Untergang des weströmischen Reiches politisch allmählich bedeutungslos geworden, wurde zum Mittelpunkt der christlichen Kirche im europäischen Abendland. Mit Abendland sind West- und Mitteleuropa gemeint, die Gebiete im Westen des Kontinents, wo die Sonne abends am Horizont versinkt. Seit dem 5. Jahrhundert galt der Papst als geistliches Oberhaupt der Christen in den Gebieten der ehemals weströmischen Reichshälfte. Bis heute gilt er als Oberhaupt der katholischen Kirche in aller Welt. Als Zentrum der Christenheit in Westeuropa gewann das Papsttum in der mittelalterlichen Welt Schritt für Schritt auch politisch – gemeint ist der Bereich der weltlichen Herrschaft – an Bedeutung.

M2 Wie sahen Papst und Bischof ihre Rolle?

Zwei Briefe aus dem 4. und 5. Jahrhundert geben Auskunft.

a) Ossius, der Bischof von Cordoba, schreibt im Jahre 355 an den Nachfolger des römischen Kaisers Konstantin:

[...] Mischt Euch nicht in kirchliche Dinge! Gebt nicht Ihr in diesen Belangen [Dingen] Eure Kommandobefehle: Darin habt Ihr vielmehr von uns zu lernen! Euch hat Gott die Kaisermacht in die Hand gegeben – uns hat er die Sache der Kirche anvertraut. Wie also jemand, der Euch die Kaiserherrschaft raubt, göttlich gesetzter Ordnung widerstreitet [gegen ... verstößt], so scheuet auch Ihr Euch, eines schweren Verbrechens schuldig zu werden, indem Ihr Euch in kirchlichen Dingen Rechtsgewalt anmaßt.

(Zit. nach: W. Lautemann/M. Schlenke (Hg.), Geschichte in Quellen, Altertum, München (BSV) 1965, S. 755)

b) Papst Gelasius schreibt im Jahre 494 an Kaiser Anastasius in Konstantinopel:

Es sind zwei, ehrwürdiger Kaiser, von denen diese Welt prinzipiell regiert wird: die heilige Autorität der Päpste und die königliche Gewalt. [...] Wenn sich nun also die Herzen der Gläubigen allen Priestern, die das Göttliche rechtmäßig verwalten, unterwerfen müssen, um wie viel mehr muss dem Vorsteher jenes Stuhls Folge geleistet werden, der nach höchstem göttlichen Willen alle Priester überragen sollte und den fortwährend die Pietät [oberste Geistlichkeit] der Gesamtkirche gepriesen hat.

(Zit. nach: Mittelalter, ausgewählt und kommentiert von P. Mokrosch und H. Walz, Neukirchen-Vluyn (Neukirchener Verlag) [3]1986, S. 1)

M3 Der Kirchenstaat im 8. Jahrhundert

Wie gelangten die Päpste in den Besitz eines „eigenen Staates"?
Die römischen Päpste hatten als kirchliches Oberhaupt keine bewaffneten Schutztruppen zur Verfügung. So war die Stadt angreifenden germanischen Stämmen nahezu schutzlos ausgeliefert. Die Päpste erbaten zumeist Hilfe beim fränkischen König. So auch im Jahre 756. Der fränkische König Pippin besiegte die Angreifer. Er schenkte dem Papst ein größeres Gebiet des eroberten Landes zwischen Ravenna und Rom. Aus dieser sogenannten Pippinischen Schenkung entstand der Kirchenstaat. Zur geistlichen Herrschaft des Papstes kam eine weltliche hinzu. Das Schutzproblem blieb. Der Papst entschied sich für die fränkischen Könige als Schutzherren. Papst und fränkische Könige traten in eine enge, für das Mittelalter sehr bedeutsame Beziehung zueinander.

- Was meinst du? Worin liegt die Bedeutung des Kirchenstaates für die Stellung des Papstes?

Zwischen Aachen und Rom: Könige, Kaiser und Päpste im mittelalterlichen Reich

Merowinger und Karolinger

Karl der Große

Otto I.

Heinrich IV.

Friedrich II.

Hugo Capet

Johann „Ohneland"

Wer kennt schon all ihre Namen ...?

Die Liste der mittelalterlichen Könige, Kaiser und Herrschergeschlechter ist so voller Namen und Daten, dass es uns schon sehr schwerfiele, sie alle zu behalten und chronologisch geordnet wiederzugeben. Noch mühseliger dürfte es sein, uns mit den vielfältigen Geschehnissen und Entwicklungen in diesen mehr als achthundert Jahren Herrschergeschichte im Einzelnen eingehend zu beschäftigen. Denn wie jeder von uns hat auch jeder dieser Herrscher seine eigene Lebens- und Regierungsgeschichte. Eines jedoch haben sie alle gemeinsam: Als Könige, einige trugen sogar den Titel Kaiser, standen sie als Herrscher an der Spitze eines europäischen Großreiches.

Davon soll auf den folgenden Seiten die Rede sein: Stellvertretend für die vielen anderen Könige wollen wir an ausgewählten Beispielen Typisches zum Thema Herrschen und Regieren im Mittelalter erfahren.

Eine solche Arbeitsweise und derartiges Betrachten von Geschichte bezeichnen wir als exemplarisches Vorgehen. Jede gezielte Beschäftigung mit Geschichte beginnt, wie wir wissen, mit Fragen. Zur Geschichte Fragen zu stellen bedeutet immer auch auszuwählen und zu begrenzen.

Auf den folgenden Seiten fragen wir vor allem:

- **Wie wurde jemand König oder Kaiser?**
- **Wie regierten und verwalteten die abgebildeten Könige und Kaiser ihre Reiche?**
- **Welche Probleme und Konflikte, die die Herrschaftsausübung zum Teil für jeden unterschiedlich mit sich brachte, mussten sie bewältigen?**
- **Welche Rolle spielte die Kirche dabei?**

Könige von Pippin bis Karl V.

Jahr	König	Dynastie
	Pippin (714/15 - 768)	KAROLINGER
800	Karl I.,d. Gr. (742/43 - 814)	
	Ludwig I., der Fromme (778 - 840)	
	Lugwig der Deutsche (804/05 - 876)	
	Karl III., der Dicke (839 - 888)	
	Arnulf von Kärnten (um 850 - 899)	
900	Ludwig VI., das Kind (893 - 911)	
	Konrad I. von Franken (†918)	
	Heinrich I. (um 876 - 936)	SACHSEN
	Otto I., d. Gr. (912 - 973)	
	Otto II. (955 - 983)	
	Otto III. (980 - 1002)	
1000	Heinrich II., der Heilige (973 - 1024)	
	Konrad II. (um 990 - 1039)	SALIER
	Heinrich III. (1017 - 1056)	
	Heinrich IV. (1050 - 1106)	
1100	Heinrich V. (1081 - 1125)	
	Lothar III., von Sachsen (1075 - 1137)	
	Konrad III. (1093 - 1152)	STAUFER
	Friedrich I., Barbarossa (1122 - 1190)	
1200	Heinrich VI. (1165 - 1197)	
	Otto IV., v. Braunschweig (1175/82 - 1218)	WELFE
	Friedrich II. (1194 - 1250)	
	Rudolf I. von Habsburg (1218 - 1291)	
1300	Adolf von Nassau (um 1250 - 1298)	
	Albrecht I. von Habsburg (1255 - 1308)	
	Heinrich VII., v. Luxemburg (1274/76 - 1313)	
	Ludwig IV., der Bayer (1282 - 1347)	
	Karl IV., von Luxemburg (1316 - 1378)	
	Wenzel I., von Luxemburg (1361-1419)	
1400	Ruprecht von der Pfalz (1352 - 1410)	
	Sigismund von Luxemburg (1368-1437)	
	Albrecht II. (1397 - 1439)	HABSBURGER
	Friedrich III. (1415 - 1493)	
1500	Maximilian I. (1459 - 1519)	
	Karl V. (1500 - 1558)	

Merowinger und Karolinger: Der Aufstieg des Frankenreiches

Wie wird man König: Das Beispiel Chlodwig

König zu werden, scheint auf den ersten Blick ganz einfach zu sein. Man wird eben als Sohn oder Tochter eines Königs oder einer regierenden Königin geboren und erbt dieses Amt. Der eine folgt sozusagen nach einer in der Königsfamilie festgelegten Reihenfolge, zum Beispiel nach Alter, dem Vorgänger bzw. der Vorgängerin nach. Unsere Frage ist damit aber nur vordergründig beantwortet, denn wir setzen voraus, dass es einen regierenden König bzw. eine regierende Königin gibt.

- **Wie wurde man König im frühen Mittelalter?**

1. Entnimm dem Text gezielt Informationen mit Blick auf die Leitfrage, indem du die Schritte sinnorientierten Lesens (s. S. 24) anwendest.

2. Notiere die Kernaussagen auf einem Stichwortzettel.

Stichwortzettel
– Wichtig: Abstammung von einem berühmten Vorfahren
– …
– …

3. Erkläre mithilfe der notierten Stichwörter deiner Sitznachbarin oder deinem Sitznachbarn die wesentlichen Merkmale, Besonderheiten und Entwicklungen.

Merowingische Könige (abgebildet von links nach rechts): Pharamund (legendärer König, er regierte angeblich von 420 – 468), Chlodio (ca. 425 – 455), Merowech (mythischer Stammvater des Königsgeschlechts, ca. 455), Childerich (457/58 – 482), Chlotilde und Chlodwig (482 – 511), Childebert I. (511 – 558)

Heereskönigtum der Germanen

Sicherlich wären viele Germanen gern König gewesen, aber nur einer konnte das Amt rechtmäßig bekleiden. Das Herrschaftsrecht eines Königs musste gegenüber denen, die seiner Königsherrschaft unterstanden, überzeugend begründet werden. Nach germanischer Vorstellung waren herausragende Tüchtigkeit, Mut, Stärke, Erfolg, Glück in Kriegs- und Friedenszeiten und die Abstammung von einem berühmten Vorfahren die Grundlage, um königliche Herrschaft auszuüben. Im Besitz dieses „Königsheils“ – so bezeichnen die Geschichtsforscherinnen und -forscher mit einem Fachbegriff das Vorhandensein solcher Eigenschaften – war nach der Überzeugung der Menschen zu Beginn des Mittelalters nur eine einzige Familie, die „Königsfamilie“. Die Thronfolge innerhalb der Königsfamilie war für einen langen Zeitraum in der Regel auf die männlichen Familienmitglieder beschränkt.

Zum Beispiel Chlodwig

Der König Chlodwig stellt ein gutes Beispiel für das germanische Heereskönigtum dar. Er war ein Franke und gehörte dem Geschlecht der Merowinger an. Zu einem Geschlecht gehören alle Angehörigen eines Familienverbandes. Der Name eines solchen Geschlechts leitet sich häufig von dem Stammvater ab. Dieser hieß in unserem Fall Merowech. Chlodwig war ehrgeizig, machtbesessen und in der Wahl seiner Mittel zur Durchsetzung seiner Machtinteressen nicht zimperlich. Es gelang ihm, die übrigen Fürsten und deren Familien auszuschalten und sich im Jahre 482 n. Chr. zum König aller Franken zu machen. Dabei waren Hinterlist, Verrat, Gewalt, ja sogar Mord im Spiel. Chlodwig wurde zum Begründer des Frankenreichs, das in den Folgejahren durch ihn und seine Söhne zum europäischen Großreich erweitert wurde.
Eine ganz entscheidende Rolle spielte dabei die Entscheidung Chlodwigs, zum Christentum überzutreten – ein Schritt mit tief greifenden Folgen für die weitere Entwicklung. Das Frankenreich und die römisch-katholische Kirche gingen dadurch eine für beide Seiten vorteilhafte Verbindung ein. Jeder profitierte: Die kirchlichen Einrichtungen (vertreten z. B. durch den Papst, Bischöfe oder Klostervorsteher) wurden zur Stütze des Königtums und halfen bei der Regierung und Verwaltung des Reiches. Im Gegenzug sahen Papst und Bischöfe im Frankenkönig in gewisser Weise einen Schutzherrn für die Kirche. Dieses Zusammenwirken von weltlicher und geistlicher Herrschaft war einer der Grundpfeiler des gesamten Mittelalters.

Pippin wird König: Die Karolinger herrschen im Frankenreich

Thronwechsel im Jahre 751 n. Chr. – ein Karolinger namens Pippin wird König und Herrscher im Frankenreich. Dieser Vorgang wirft Fragen auf:

- **Wie hat Pippin das geschafft?**
- **Wie entsteht ein neues „Königsgeschlecht"?**
- **Welche Bedeutung für die zukünftige Entwicklung hatte dieser Vorgang?**

Wir beschreiben und beurteilen bedeutsame Unterschiede und historisch-politische Veränderungen.

1. Erschließt den Darstellungstext mithilfe der Arbeitsaufgaben.
2. Beschreibt die Bildquelle M 1 und versucht, die dargestellten Zusammenhänge und die Wirkung der Darstellung zu klären. Untersucht die Bildquelle M 2 mithilfe der Erschließungsaufträge.
3. Versucht in Partnerarbeit, auf der Grundlage der gewonnenen Erkenntnisse aus der Erschließung des Darstellungstextes und der Bildquellen Antworten auf die ersten beiden Leitfragen zu formulieren.
4. Diskutiert die dritte Leitfrage gemeinsam in der Klasse:
   - Wie beurteilt ihr den Vorgang?
   - Schätzt die Bedeutung für die zukünftige Entwicklung der Königsherrschaft ein. Geht von Beurteilungsmaßstäben wie Rechtsanspruch, Macht, Interesse aus.
   - Beurteilt die Folgen dieser Vorgänge für das zukünftige Verhältnis von Königen und Päpsten.

M1

Karolingischer Herrscher, von der Hand Gottes gekrönt (Buchmalerei 9./10. Jahrhundert)

Macht schafft Probleme

Nach fränkisch-germanischer Vorstellung waren alle Söhne eines Königs, wie wir erfahren haben, im Besitze des Königsheils. Gemäß der fränkischen Erbsitte teilten nach dem Tode ihres Vaters Chlodwig seine vier Söhne die Herrschaft untereinander auf. Jeder von ihnen regierte einen Reichsteil. Teilen zu müssen ist nicht immer ganz problemlos. Häufig sind Neid, Missgunst, Streit und Konkurrenz die Folge. So auch im Frankenreich. Nach Chlodwigs Tod schwächten ständige Familien- und Erbstreitigkeiten das Frankenreich immer mehr und leiteten in der Folgezeit den teilweisen Niedergang und Machtverfall des merowingischen Königshauses ein.

Je größer der Machtverlust des Königsgeschlechts wurde, umso mächtiger und einflussreicher wurden die Adeligen im Land. Sie ließen sich ihre Unterstützung für die verschiedenen konkurrierenden Gruppen im Königshaus mit immer neuen Vorrechten bezahlen, so zum Beispiel Erblichkeit eines übertragenen Amtes und Überlassung von Landgütern.

Besondere Bedeutung gewannen dabei mehr und mehr die sogenannten Hausmeier in ihrer Position als oberste Hofbeamte. Auch das Amt des Hausmeiers war im Laufe des 7. Jahrhunderts in der Familie des jeweiligen Amtsinhabers erblich geworden. Als Verwalter der königlichen Güter, Leiter der Hofhaltung und somit oberste Hofbeamte, die im Namen des Königs die Regierungsgeschäfte im Reich erledigten, übten sie große – manche Forscherinnen und Forscher sagen sogar die wirkliche – Macht im fränkischen Reich aus. In diesem Amt gewann die Familie der Karolinger beherrschenden Einfluss auf die Politik im Frankenreich. Der bedeutendste unter den Hausmeiern war Karl Martell, dem es 732 als fränkischem Heerführer gelungen war, das Vordringen der Araber nach Mitteleuropa zu stoppen. Sein ehrgeiziger und zielstrebiger Sohn Pippin, der ihm im Hausmeieramt folgte, setzte schließlich mit Zustimmung des Papstes den letzten Merowingerkönig ab und ließ sich mit Zustimmung der mächtigen Adeligen zum König erheben. Außerdem versprach Pippin, den Päpsten zukünftig militärischen

Schutz zu gewähren, und schenkte der Kirche Land für einen Kirchenstaat (s. S. 197). Der Papst salbte den Karolinger dafür zum rechtmäßigen König.

Es empfiehlt sich, den Darstellungstext unter folgenden Fragestellungen zu bearbeiten:

1. Was ist konkret passiert? Listet den ereignisgeschichtlichen Ablauf chronologisch auf.
2. Wer sind die Beteiligten und welche Rolle spielen sie?
3. Wie begründen die beteiligten Parteien ihre Vorgehensweise und ihr Verhalten in der Sache?

... Und wie sah die Kirche von nun an ihre Rolle?

Wir beschreiben eine Bildquelle und erklären ihre Botschaft

M2 Ein Wandmosaik im Papstpalast in Rom

Dieses Wandmosaik aus dem Papstpalast ist eine der zahlreichen bildlichen Darstellungen aus dem Mittelalter, auf denen Herrschende – hochrangige weltliche und kirchliche Würdenträger – dargestellt sind. Häufig hat ein Künstler solch ein Bild nicht aus eigenem Antrieb geschaffen, sondern die Herrschenden selbst sind die Auftraggeber gewesen.
Solche „Herrscherbilder" zeigen dem Betrachter, wie die Herrscher in ihrer Rolle und Stellung im weltlichen oder auch kirchlichen Bereich gesehen werden möchten. Sie sagen somit viel aus über das Selbstverständnis derer, die sich haben abbilden lassen.
Papst Leo hat dieses Mosaik zwischen 795 und 800 n. Chr. in seinem Palast in Rom anbringen lassen.
Abgebildet wird augenscheinlich ein Verleihungsvorgang. Im Zentrum des Bildes sitzt der heilige Petrus. Er trägt ein Bischofsgewand und ist von einem Heiligenschein umgeben. Petrus überreicht der Person zu seiner Rechten – es handelt sich um Papst Leo – ein mit Kreuzen besticktes Schulterband. Es ist das sogenannte Pallium, das Zeichen höchster geistlicher Macht. Der Person zu seiner Linken – es handelt sich um den Frankenkönig Karl den Großen, Sohn Pippins – übergibt er die Fahne der Stadt Rom. Eine solche Fahne ist das Symbol für weltliche Macht. Die Übersetzung des in lateinischer Sprache auf der Tafel stehenden Textes lautet: „Heiliger Petrus, gib Papst Leo Leben und König Karl Sieg". Die viereckige Kopfumrahmung zeigt an, dass die betreffende Person noch lebt.

So könnt ihr dieses Bild beschreiben und erklären:

1. Betrachtet das Bild und benennt das Thema.
2. Wessen Sichtweise dürfte das Bild darstellen? Begründet eure Meinung anhand der einzelnen Bildelemente.
3. Welche Aussagen zum Verhältnis von König und Papst macht das Bild?
4. Entdeckt ihr Zusammenhänge zwischen der bildlichen Darstellung und den ereignisgeschichtlichen Entwicklungen im 8. Jahrhundert, die im Darstellungstext geschildert werden?

Tipp: Lest dazu auch noch einmal die Seiten 196/197 und schaut in den Lebenslauf Karls des Großen auf Seite 203 (M 3).

Wer war Karl der Große?

Von Otto I. im Jahr 936 bis zum Jahr 1531 wurden in Aachen 30 deutsche Könige gekrönt. Die Tatsache, dass die Wahl des Krönungsortes auf Aachen fiel, ist unmittelbar mit der Person Karls des Großen verknüpft.
Sein Thron steht im Dom zu Aachen. In Aachen hielt er sich auch am liebsten auf. In Paris haben ihm die Franzosen vor der prächtigen Kathedrale „Notre Dame" ein Standbild errichtet. Zwei große Völker Europas verehren ihn und sehen ihn als Begründer ihrer Reiche an. Beide haben gute Gründe. Denn aus dem Reich Karls des Großen entwickelten sich in der Folgezeit Deutschland und Frankreich. Nicht nur das! Seit dem Jahre 1950 wird von der Stadt Aachen in jedem Jahr der internationale Karlspreis verliehen. Der Preis geht an solche Personen, die sich um die europäische Bewegung und den Einigungsprozess Europas verdient gemacht haben. Der Karlspreis besteht aus einem Preisgeld und einer Medaille mit dem Bild Karls des Großen.

- **Wer war dieser Karl der Große?**
- **Was hat er geleistet?**

Wir würdigen eine historische Persönlichkeit.

1. Gestaltet ein Plakat für die Verleihung der Karlspreis-Medaille im Jahre 2008, auf dem die Leistungen Karls des Großen gewürdigt werden. Das Plakat sollte diese Elemente aufnehmen:
   - eine Abbildung Karls;
   - eine geordnete Auflistung und Beschreibung dessen, was er in seinem Leben getan und bewirkt hat;
   - eine Bewertung der Lebensleistung dieses Mannes.
2. Die notwendigen Informationen findet ihr in den Materialien auf dieser Doppelseite. Selbstverständlich könnt ihr weitere Informationen in der Bibliothek oder auch im Internet finden. Beachtet: Immer genau angeben, woher die Informationen stammen!

M1 Die Karlspreis-Medaille

M2

Schaut genau hin!
Dieses Bild Kaiser Karls des Großen, der von 768 bis 814 regierte, wurde von dem berühmten Maler Albrecht Dürer im Jahre 1512 – zu Beginn der Frühen Neuzeit – gemalt. Dies ist nicht ungewöhnlich. Es gibt zahlreiche Herrschaftsdarstellungen, die erst nach dem Tode des Herrschers entstanden sind und ihn aus der Sicht der Nachwelt, aus der historischen Rückschau, zeigen. So zeigt uns auch dieses Bild wahrscheinlich nicht genau, wie Karl der Große in Wirklichkeit ausgesehen hat, aber es vermittelt einen Eindruck davon, wie er noch Jahre nach seinem Tod gesehen wurde oder werden sollte.

Fragen zu M 2, die helfen:

1. Welchen Gesamteindruck vermittelt das Bild?
2. Welche Einzelheiten des Bildes sind besonders interessant?
3. Welche Symbole bleiben unerklärlich und geben Rätsel auf? (Die Seite 216 hilft weiter!)
4. Welches Bild Karls will der Maler vermitteln?
5. Wie sieht er ihn aus der Rückschau?

M3 Lebenslauf Karls des Großen

748: Am 2. April wird Karl als Sohn des fränkischen Königs Pippin und der Grafentochter Bertrada geboren. Sein Geburtsort ist in den Quellen nicht erwähnt und somit unbekannt. Auch über seine Kindheit ist nichts bekannt.

768: Nach dem Tod des Vaters wird das Reich unter den beiden Söhnen Karl und Karlmann aufgeteilt. Karl wird König in den Reichsgebieten Austrien und Neustrien.

771: Sein Bruder Karlmann stirbt. Karl übergeht die Erbansprüche der Söhne und übernimmt die Herrschaft im gesamten Frankenreich.

772: Karl beginnt einen Krieg gegen die Sachsen, der mehr als 30 Jahre dauern sollte. In zahlreichen verlustreichen Kämpfen werden die Sachsen unterworfen und zur Annahme des Christentums gezwungen. Karl zerstört die Irminsul, das wichtigste Heiligtum der Sachsen, und befiehlt schließlich die Umsiedlung aller Sachsen, die sich ihm nicht unterwerfen. Ob er 782 bei Verden/Aller ca. 4 500 aufständische Sachsen hinrichten ließ, ist umstritten.

774: Karl zieht erstmals nach Rom und übernimmt die Schutzherrschaft über den Kirchenstaat.

778: Karl führt Krieg in Nordspanien. Er erleidet mit seinem Heer eine schwere Niederlage bei Roncevalles.

781: Karl macht weitere Eroberungen in Italien. Sein Sohn Karlmann wird König von Italien.

799: Karl trifft mit Papst Leo III. in Paderborn zusammen. Der Papst war in Rom einer Verschwörung von Adeligen entkommen, die ihm einen unchristlichen Lebenswandel vorgeworfen hatten. Der Papst bittet um Hilfe gegen seine Feinde und Karl sagt sie ihm zu.

800: Karl zieht nach Rom. Am 25. Dezember krönt Papst Leo III. Karl in der Peterskirche zum römischen Kaiser. Quellen berichten, dass Karl davon überrascht war und dass er sich die Kaiserkrone lieber selbst aufgesetzt hätte, als sie vom Papst zu empfangen.

807: Karl einigt sich nach schwierigen Verhandlungen mit dem oströmischen Kaiser in Konstantinopel darauf, dass die beiden Reiche gleichberechtigt nebeneinander existieren sollen und keinen Krieg miteinander beginnen werden.

813: Karl lässt seinen Sohn Ludwig in Aachen zum Mitregenten erheben.

814: Am 28. Januar stirbt Karl der Große in Aachen an einer Lungenentzündung. Sein Sohn Ludwig erbt das Reich.

M4 Das Reich Karls des Großen (768 – 814)

König Karl der Große wird zum Kaiser gekrönt

Schauplatz Rom im Jahre 800: Im Herbst des Jahres 800 war Karl der Große mit einem Heer nach Italien gezogen, weil Papst Leo III. ihn um Hilfe gebeten hatte. In Rom war erneut ein Aufstand des Adels gegen den Papst ausgebrochen. Am Weihnachtstag krönte der Papst bei einer Messe den Frankenkönig Karl zum „Kaiser des Heiligen Römischen Reiches". Dies war ein Vorgang von weitreichender Bedeutung. Das Ereignis, das für großes Aufsehen und spürbare Aufregung sowohl im europäischen Abendland als auch am Hof des oströmischen Kaisers in Konstantinopel sorgte, war in aller Munde.

- **Wie wurde aus König Karl ein Kaiser?**

Wir betrachten eine historische Situation aus verschiedenen Perspektiven, indem wir uns in einer Spielsituation in andere Personen versetzen.

Stellt euch vor, ihr befindet euch im Jahre 800. In Rom ist Karl d. Gr. am Weihnachtstag zum Kaiser gekrönt worden. Versucht, in die Rolle dreier Hauptakteure zu schlüpfen.

So könnt ihr euch sachgerecht auf die Zeitreise in die mittelalterliche Vergangenheit begeben:

1. Schritt: Lest die vier Quellentexte kursorisch durch. Klärt gemeinsam Fragen (unbekannte Begriffe, Wörter, u. Ä.), die ihr nach der ersten Lektüre habt.

2. Schritt: Drei Szenen stehen zur Wahl. Entscheidet euch für eine der drei beteiligten Personen.
Was geht in den Köpfen vor?

3. Schritt: Bearbeitet die Quellentexte in eurer Gruppe mithilfe der Arbeitsanweisungen zu M1 – M4.

4. Schritt: Bereitet eure Spielszene inhaltlich vor und übt sie in eurer Kleingruppe ein. Wählt aus, wer sie vor der Klasse vorspielt.

5. Schritt: Die übrigen Klassenmitglieder prüfen sachkundig:
- Sind die geschichtlichen Tatsachen richtig dargestellt worden?
- Hätten Karl, Leo III. und der oströmische Kaiser so denken können?
- Welche(r) Spieler(in) hat überzeugend argumentiert?

Das Bild zeigt eine Büste Karls des Großen. Angefertigt wurde sie um 1360. Das Kreuz, die antiken Edelsteine, die Wappen von Deutschland (Adler) und Frankreich (Lilie) symbolisieren sein Kaisertum.

Die Kaiserkrönung Karls des Großen (Buchmalerei)

Zeitgenössische Quellen berichten

M1 Einhard, der Hofbiograf Karls, berichtet

Karls letzte Reise [nach Rom] wurde dadurch veranlasst, dass Papst Leo durch die vielen Misshandlungen, die er von den Römern erlitten hatte, sich genötigt sah, den König um Schutz anzuflehen. Er kam also nach Rom, [...] um die Kirche aus der Zerrüttung [...] zu reißen. Damals war es, dass er die Benennung Kaiser und Augustus empfing; es war ihm zuerst so zuwider, dass er versicherte, er würde die Kirche an jenem Tage nicht betreten haben, wenn er die Absicht des Papstes hätte vorherwissen können. Den Hass der [ost]römischen Kaiser, die ihm die Annahme des Kaisertitels sehr verübelten, trug er mit großer Gelassenheit.

(Einhard, Das Leben Karls des Großen; zit. nach: Quellen zur Karolingischen Reichsgeschichte 1, übers. v. R. Rau, Darmstadt (WBG) 1955)

M2 Das päpstliche Jahrbuch berichtet

Am Tag der Geburt unseres Herrn waren alle in der Basilika des Apostels Petrus [Kirche des Papstes in Rom] [...] versammelt. Und da krönte ihn [gemeint ist Karl] der ehrwürdige und segensreiche Vorsteher [gemeint ist der Papst] eigenhändig mit der kostbaren Krone. Darauf riefen alle Gläubigen und getreuen Römer, die den Schutz und die Liebe sahen, die er [Karl] der römischen Kirche und ihrem Vertreter [Papst] gewährte, einmütig mit lauter Stimme auf Gottes Geheiß [im Namen Gottes] und des heiligen Petrus Eingebung aus: „Dem allerfrömmsten, erhabenen, dem von Gott gekrönten, großen und Frieden bringenden Kaiser sei Leben und Sieg!“ Dies ist dreimal ausgerufen worden, und von allen ist er als Kaiser der Römer eingesetzt worden.

(Liber pontificalis Leo III., zit. nach: W. Lautemann/M. Schlenke (Hg.), Geschichte in Quellen, Mittelalter, München (BSV) 1970)

M3 Aus den Jahresberichten des Klosters Lorsch

Und weil es damals bei den Griechen [gemeint ist das oströmische Reich] keinen Träger des Kaisernamens gab [hier herrschte zwischen 780 und 802 eine Kaiserin], kamen Papst Leo und alle heiligen Väter, die auf diesem Konzil [gemeint ist eine Versammlung am 23.12.800 in Rom, bei der Streitigkeiten zwischen Bischöfen und Papst in Anwesenheit von Karl beigelegt wurden] anwesend waren, und das übrige christliche Volk zu der Auffassung, dass man Karl, dem König der Franken, den Kaisernamen geben müsse, da er über Rom herrschte, wo die Caesaren [frühere römische Kaiser] immer ihre Residenz hatten, und über die übrigen [früheren weströmischen Kaiser-] Residenzen in Italien, Gallien und Germanien. Weil der allmächtige Gott alle diese Residenzen in seine Gewalt gegeben hatte, schien es ihnen recht, dass er mit Gottes Hilfe und auf Bitten des ganzen Christenvolks den Kaisernamen erhalten solle. König Karl wollte sich ihrer Bitte nicht entziehen, sondern er fügte sich in aller Demut Gott und der Bitte der Priester und des ganzen christlichen Volkes und empfing am Tage der Geburt unseres Herrn Jesus Christus den Kaisernamen mit der Weihe durch Papst Leo.

(aus: Wiener Fragment der Lorscher Annalen)

M4 Bericht aus einer oströmischen Chronik

Im selben Jahr erhoben sich in Rom die Verwandten des seligen Papstes Hadrian [Vorgänger Leos], die das Volk von Rom auf ihre Seite gebracht hatten, gegen Papst Leo, und nachdem sie ihn gefangen genommen hatten, ließen sie ihn blenden [jemanden mit glühendem Schwert blind machen]. Sie vermochten aber nicht, sein Augenlicht zum Verlöschen zu bringen. [...] Er floh zum Frankenkönig Karl, der grausame Rache an den Feinden des Papstes nahm und ihn wieder auf seinem Thron einsetzte. Seit jener Zeit steht Rom unter der Macht der Franken. Als Belohnung dafür krönte der Papst ihn [gemeint ist Karl] [...] zum römischen Kaiser in der Kirche des Apostels Petrus, nachdem er ihn vom Kopf bis zu den Füßen gesalbt und ihm das kaiserliche Gewand angelegt und die Krone aufgesetzt hatte.

(aus: Chronik des Theophanes, Byzantinische Geschichtsschreiber VI, S. 132ff.)

1 Lest die Quellentexte M1–M4 genau durch.

2 Wählt euch einen Partner in eurer Gruppe. Erzählt in eigenen Worten nach, was in den Quellen berichtet wird.

3 Notiert gemeinsam in der Gruppe in Stichworten:
- Vorgang: Was sind die entscheidenden Ereignisse?
- Gründe: Wie wird die Krönung im Einzelnen begründet?
- Folgen: Welche Bedeutung und Auswirkungen werden dem Ereignis zugemessen?

Der Regierungsalltag eines Königs im Mittelalter – Herrschern über die Schulter geschaut

Auf den König als Herrscher kamen im Mittelalter zahlreiche Aufgaben zu: Herrschen bedeutete, den inneren und äußeren Frieden im Reich zu wahren. Im Falle von Angriffen von außen oder eigenen Kriegszügen führte der König das Heer. Erfolg im Krieg gegen Feinde war die Grundlage für Macht und Anerkennung eines Königs durch die Adeligen und das Volk. Sein eigenes Reich regieren hieß, Gesetze und Verordnungen zu erlassen, Recht zu sprechen, Streit zu schlichten, für den Schutz der Kirche einzutreten. Die Untertanen erwarteten von ihrem König, dass er selbst eine christliche Gesinnung zeigte, aus dieser heraus Gerechtigkeit gegen jedermann walten ließ und Gnade und Hilfe gewährte.

- **Wie herrschten Könige im Mittelalter über ihr Reich?**

Wir präsentieren im Rahmen eigenständiger Untersuchung und Recherche gewonnene Arbeitsergebnisse in der Klasse.

1. Entscheidet euch für eines der vier Themen, die den konkreten Alltag des Herrschens und Verwaltens vorstellen. **Tipp:** Schaut euch zunächst die Stichpunkte zu den vier Themen an und überlegt, welches euch am meisten interessieren würde. Möglicherweise wisst ihr ja schon etwas zu einem der Themen. Oder blättert die Seiten 207–211 durch und entscheidet dann, welches Thema ihr bearbeiten möchtet.
2. Stimmt euch untereinander ab, wer zu welchem Thema arbeiten möchte, damit alle vier Themen besetzt werden. Ihr könnt euch auch mit jemandem zusammentun.

Thema 1:

Wo ist der König?
König, König, du musst wandern! Oder … „Ein Leben im Sattel"

Thema 2:

Was bedeutet Lehnswesen im Mittelalter?
Lehen, das klingt so ähnlich wie Lohn oder leihen. Damit hat es auch zu tun.

Thema 3:

Der König ist der Kopf, aber …

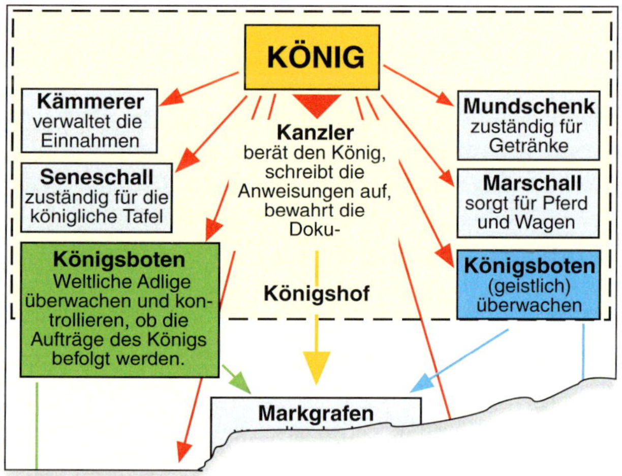

Thema 4:

Pfalzen – „Hauptstädte auf Zeit"

Kaiserpfalz Aachen

Thema 1: Wo ist der König?

Kein zentraler Regierungssitz, keine staatlichen Verwaltungseinrichtungen, also z. B. Gerichte oder Finanzamt; die Herrschaft war vornehmlich an die Person des Königs gebunden. Kein Telefon, von einem schnellen, in jeder Hinsicht verlässlichen Nachrichtenwesen keine Spur; schlecht ausgebaute Verkehrswege, Pferd und Wagen als hauptsächliches Verkehrsmittel, um von einem Ort zum anderen zu gelangen. Und das alles in einem Reich, das von der Elbe bis nach Spanien, von der Nordsee bis nach Italien reichte – die Entfernung dazwischen etwa 1500 km.

- **Wie sah der Regierungsalltag aus?**

Du versetzt dich in die Rolle eines Zeitgenossen: Stell dir vor, als Hofberichterstatter bist du häufiger im Gefolge Karls d. Gr. mitgereist und berichtest über seine Reisen.

1. Lies den Darstellungstext („Der mitreisende Hof und seine Aufgaben“, S. 208) sehr genau und notiere wichtige historische Sachverhalte, die du zum Thema Reisetätigkeit eines mittelalterlichen Königs erfährst.

2. „Immer unterwegs!“ Schreibe unter dieser „Headline“ einen Bericht für die Hofzeitung, indem du aus deiner Sicht des damaligen Mitreisenden ausführlich über die königliche Reisetätigkeit erzählst (z. B. Regierungsaufgaben, königlicher Hof, 1–2 Beispiele für Reisewege anhand der Karte, Unterbringung).
Beachte: Spannend erzählen und etwas ausschmücken, was so alles passieren konnte, ist erlaubt; dabei darfst du aber nicht die historischen Tatsachen verfälschen!

M Die Reiserouten Karls des Großen

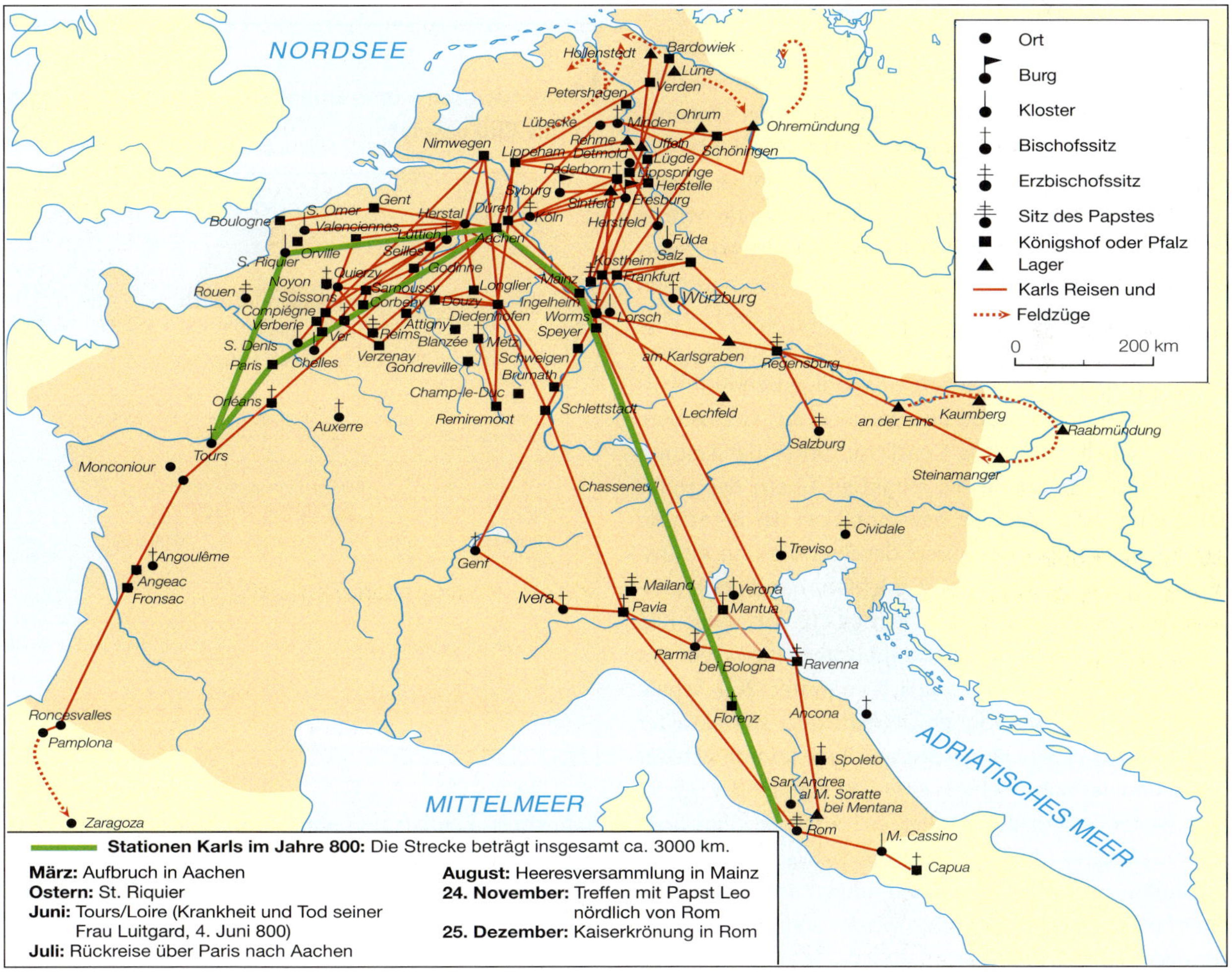

Stationen Karls im Jahre 800: Die Strecke beträgt insgesamt ca. 3000 km.

März: Aufbruch in Aachen
Ostern: St. Riquier
Juni: Tours/Loire (Krankheit und Tod seiner Frau Luitgard, 4. Juni 800)
Juli: Rückreise über Paris nach Aachen
August: Heeresversammlung in Mainz
24. November: Treffen mit Papst Leo nördlich von Rom
25. Dezember: Kaiserkrönung in Rom

Der mitreisende Hof und seine Aufgaben

Der königliche Hof, etwa 150 Personen, reiste durch das Land von einem Königshof (Pfalz) zur anderen. Über Karl den Großen wird berichtet, dass er in 24 Jahren ca. 82 000 km zurückgelegt hat. Das bedeutet, dass er wohl mehr im Sattel eines Pferdes sitzen musste als auf dem Thron. Der König regierte sozusagen vom Sattel aus. Die Geschichtsforscherinnen und -forscher nennen das mittelalterliche Königtum deshalb auch Reisekönigtum.

Einige dieser Pfalzen gibt es in Grundzügen heute noch. Voraus gingen die Quartiermacher (mansionarii), die die Unterkünfte und Vorräte zu prüfen und den Hof anzumelden hatten. Im Tross kamen auf viele Wagengespanne verteilt die königliche Familie, die Kanzlei und die Hofkapelle, Schreiber, Geistliche, Gäste, Gesinde. Die Reiseleitung hatten der Seneschall (zuständig für die Speisen), der Mundschenk (zuständig für die Getränke) und der Marschall (zuständig für die Pferde) inne. Der Kämmerer sammelte von Station zu Station die Abgaben, Steuern, Einkünfte und Strafgelder, die Kriegsbeute, Geschenke und Tribute. Er beaufsichtigte auch das Silber zum Prägen der Münzen sowie die Truhen mit den Kleidern, liturgischen Geräten, Schmuck und Edelsteinen. Er bezahlte auch Rechnungen und regelte die Unterkünfte und die Verwaltung des Hofes. Dies geschah unter der Oberaufsicht der Königin. Der Erzkanzler führte die Gruppe der Schreiber und Notare an und beaufsichtigte das Archiv der Dokumente und Urkunden. In dieser Kanzlei wurde die gesamte schriftliche Verwaltung ausgefertigt, wurden Staatsbesuche vorbereitet und die diplomatischen Beziehungen gesteuert. Auch die Abhaltung der Hoftage und Kirchensynoden, für die der König zuständig war, oblag der Kanzlei. Da hier Schreibkundige benötigt wurden, bestand die Gruppe überwiegend aus Geistlichen. Die Hofkapelle, ebenfalls Geistliche, unter der Leitung des Erzkaplans, musste die religiösen Feiern des Hofes vorbereiten, die Reliquien bewahren, bei der Besetzung der Kirchenämter – besonders der Bischöfe und Reichsäbte – beraten und oftmals Gerichtsverhandlungen leiten. Bei einem geschätzten Verbrauch von zwei Kilo Fleisch, zwei Kilo Getreide und drei Litern Bier/Wein pro Person und Tag mussten täglich mitunter 200 Schafe oder Schweine, zwei Tonnen Getreide und 30 Hektoliter Bier vorhanden sein; länger als zehn Tage konnte sich der Hof schon deshalb an einem Ort nicht aufhalten. Zog der Hof weiter, übernahm wieder ein Adeliger (Pfalzgraf) oder Geistlicher (Bischof, Abt) die Verwaltung des Königshofes und der dazugehörenden Ländereien. Vor allem mussten nun die Vorräte wieder aufgefüllt werden für den nächsten „Besuch".

Thema 2: Was bedeutet Lehnswesen im Mittelalter?

Herrschaft konnte im Mittelalter nur deshalb funktionieren, weil viele Beziehungen zwischen den Menschen durch das sogenannte Lehnswesen geregelt wurden.

- **Was bedeutet Lehnswesen?**
- **Wie war es aufgebaut?**
- **Welche Funktion hatte das Lehnswesen für die Herrschaft des Königs?**

Du erklärst einen wichtigen Begriff.

1. Präsentiere das Schaubild (Folie, Plakat, Beamer).
2. Erläutere am Schaubild mithilfe der Informationen des Darstellungstextes, wie das Lehnswesen entstanden, im Einzelnen aufgebaut und geordnet ist.
3. Formuliere eine zusammenfassende Antwort auf die dritte Leitfrage.

M Lehnswesen – eine komplizierte Sache anschaulich ins Bild gesetzt

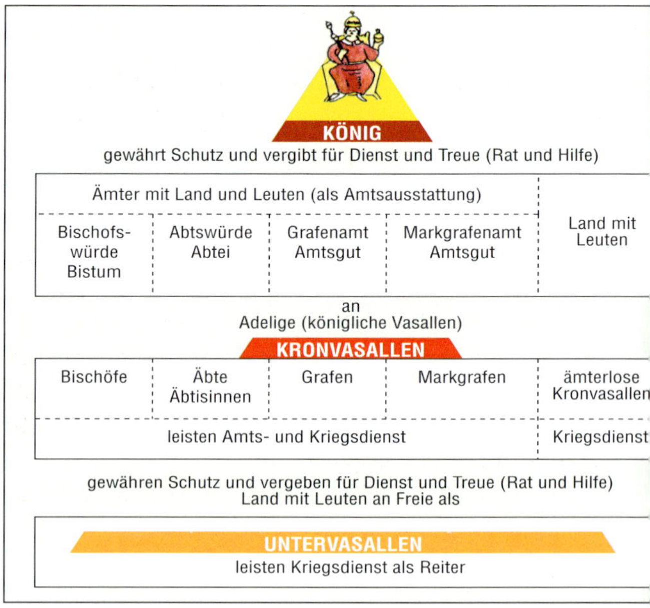

Lehnsherr, Lehnsfrau, Lehnsmann: Wie sind die Beziehungen geregelt?

Die mittelalterlichen Herrscher waren kraft ihres Königsamtes Herren über den größten Landbesitz. Seit Karl dem Großen belohnten die Könige und Kaiser die Arbeit

Lehnseid und -vertrag (Buchmalerei, 13. Jh.)

derer, die für sie Kriegsdienste, Verwaltungsaufgaben oder Dienste am Königshof übernahmen, mit der Vergabe von Land. Die Herzöge, Grafen, Bischöfe oder Äbte bekamen diesen Landbesitz allerdings nicht geschenkt, sondern zu „Lehen“: Sie bekamen das Landgebiet mit den Menschen, die dort wohnten, auf Lebenszeit zur eigenen Nutzung ausgeliehen.
Zahlreiche mittelalterliche Bilder stellen diesen feierlichen, nach festen Regeln ablaufenden Übergabeakt dar. Bei der Vergabe des Lehens schwor der Lehnsempfänger, auch Vasall (lat. vassus: der Knecht) genannt, Treue und Dienst. Der Lehnsherr, der Verleiher des Landes, versprach seinem Vasallen dafür Schutz und Treue.
Wer sein Lehen direkt aus der Hand des Königs erhielt, wurde als Kronvasall bezeichnet. Er gehörte vom gesellschaftlichen Rang her dem hohen Adel an. Kronvasallen waren berechtigt, geliehenes Land als Lehnsherren an andere Adelige, an Untervasallen, weiterzuverleihen. Der Untervasall war aber nur seinem Lehnsherrn zu Dienst und Treue verpflichtet. Es gab kein Treueversprechen gegenüber dem König. Dies war in Streitfällen zwischen Kronvasallen und König wichtig, denn Streit gab es nicht selten. So entstand eine ganze Kette von Lehnsverhältnissen im Reich, auf denen die ganze gesellschaftliche und staatliche Ordnung beruhte.
Diese Lehnsordnung blieb jahrhundertelang bestehen. Sie erfuhr allerdings einige gewichtige Veränderungen. Karls Nachfolger vergaben nicht nur Landgüter als Lehen, sondern auch hohe Kirchenämter und hohe weltliche Verwaltungsämter (z. B. das Amt des Grafen oder Herzogs).
Seit dem 9. Jahrhundert setzten es die einflussreichen großen Adelsfamilien durch, dass ihre erhaltenen Lehen, Land und Ämter, in der eigenen Familie erblich wurden. Die Machtposition des Königs wurde dadurch eingeschränkt; die Macht der Kronvasallen, der hohen Reichsfürsten also, stieg.
Im Verlauf des Hochmittelalters verfolgte der hohe Adel vermehrt eigene Machtinteressen und war daher keine verlässliche Hilfe mehr. Er verweigerte zum Teil sogar in manchen Fällen den Kriegsdienst für den König. Deshalb bezogen die Könige im weiteren Verlauf des Mittelalters auch nichtadlige Personen, die sogenannten „Ritter“, in das Lehnssystem mit ein.

Thema 3: Der König ist der Kopf, aber ohne Hilfe geht es nicht

Ein Herrscher konnte in so einem großen Reich, wie es Karl der Große zu regieren hatte, nicht überall und vor allem auch nicht immer präsent sein. Zudem war es auch unmöglich, alles selber zu regeln. Für die vielfältigen Regierungs- und Verwaltungsaufgaben brauchte er Leute seines Vertrauens, an die Verantwortung abgetreten werden konnte und die in Vertretung des Königs, d. h. in seinem Namen handelten.

Du informierst als Experte:

- **Wie konnte es Karl dem Großen gelingen, das große fränkische Reich zu verwalten?**

So kannst du zu dieser Frage informieren:

1. Lies den Darstellungstext (S. 210) aufmerksam durch und notiere gezielt die wichtigen Informationen zum Aspekt Regierungs- und Verwaltungspraxis.

2. Erkläre mit diesen Informationen anhand des Schaubilds (S. 210), wer den König bei der Verwaltung und Kontrolle im Reich unterstützte und welche Aufgaben die beteiligten Personen hatten.

3. Versuche abschließend zu beurteilen, welche Vorteile, Gefahren und Probleme diese Form der Herrschaft deiner Meinung nach hatte.

Präsentationstipp: Deine Zuhörerinnen und Zuhörer erhalten eine besonders anschauliche Vorstellung von den Zusammenhängen, wenn du
a) die Grafik als Plakat/projizierte Folie mit einbeziehst;
b) einen konkreten Fall anschaulich schilderst, z. B.: Der König hat erfahren, dass in einem Gau seine Anweisungen nicht befolgt werden. Er beschließt zu handeln und gibt Anweisungen an den …, der dann …

Mittelalterlicher Herrscher auf dem Thron (Buchmalerei, 13. Jh.)

Der König als Reisender

„König, König, du musst wandern, von dem einen Ort zum anderen!" So könnte man in Abwandlung eines bekannten Kinderreims über den wandernden Taler das Grundprinzip der mittelalterlichen Herrschaftsausübung umschreiben. Mittelpunkt der Herrschaftsausübung war der König, der ständig unterwegs war, um seine vielfältigen Regierungsaufgaben wahrzunehmen. Schaut man sich die mittelalterlichen Bilder eines regierenden Königs an, glaubt man zunächst, das Regieren im Mittelalter sei jederzeit eine selbstherrliche Handlung gewesen. Die Darstellungen vermitteln uns den Eindruck, der König sitze, umgeben von den mächtigen Adeligen im Reich, im kostbaren Purpurmantel auf dem Thron und spreche huldvoll Urteile und erteile Anordnungen, die von seinen Gefolgsleuten umgehend willig ausgeführt werden. Die Wirklichkeit sah, wie wir gesehen haben, ganz anders aus. Mittelalterliche Könige waren zumeist ständig mit ihrem gesamten Gefolge im Reich unterwegs, um ihre Regierungsaufgaben wahrzunehmen. Nur wenn der König persönlich anwesend war, konnte er Streitfälle entscheiden, Urkunden ausstellen, Land als Lehen weitergeben, alte verliehene Rechte und Ämterübertragungen erneuern sowie mit einflussreichen Adeligen über Feldzüge und andere wichtige Dinge im Reich beraten. Persönlich anwesend zu sein, war sicherlich auch der beste Weg, dafür zu sorgen, dass der eigene Wille sowie erlassene Verordnungen, Gesetze oder erteilte Befehle ausgeführt und gesprochene Urteile umgesetzt wurden.

Gewusst?

Wenn wir heute auf der Urlaubsfahrt durch den Rheingau fahren oder das Autobahnausfahrtsschild Freiburg im Breisgau lesen oder wenn das Allgäu unser Urlaubsziel ist, wer denkt da schon an die Franken im 9. Jahrhundert? Und doch haben sie mit diesen Namensgebungen etwas zu tun. Die Bezeichnung „Gau" erinnert noch heute an die Reichseinteilung, die Karl der Große in seinem Reich, das er zu regieren hatte, vorgenommen hat. In so einem großen Reich ständig alles selber zu regeln, war einfach unmöglich. Deshalb teilte Karl das Reich in mehr als hundert Verwaltungsbezirke ein. Diese hießen Gaue oder auch Grafschaften. In diesen Gebieten beauftragte er Männer, denen er besonders vertraute, mit der Verwaltung. Sie wurden zu Grafen ernannt und verwalteten die Grafschaft, den Gau, nach seinen Anweisungen. Aber es waren nicht nur Grafen, die ihm bei der schwierigen Verwaltung eines so großen Reiches zur Seite standen.

M Verwaltung und Kontrolle im fränkischen Reich

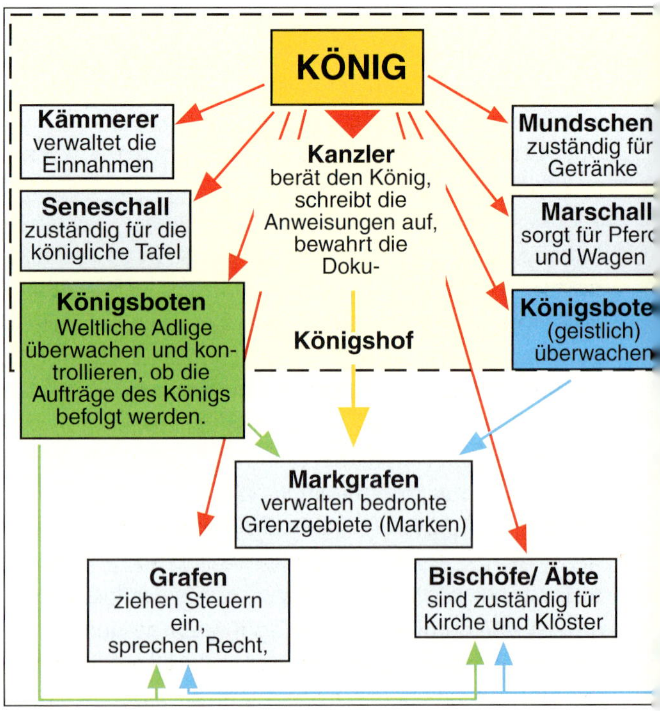

Thema 4: Pfalzen – „Hauptstädte auf Zeit"

Die fränkischen Kaiser und Könige und ihre Nachfolger wählten für den Bau von Pfalzen häufig noch vorhandene römische Anlagen aus, die dann zu Pfalzen um- und ausgebaut wurden. Geblieben von damals sind zumeist nur Gebäudereste. So auch in Aachen, wo Fremdenführer jeden Tag Touristen zu den Überresten der Gebäude führen.

- **Wie sah eine mittelalterliche Pfalzanlage aus?**
- **Welche Funktion hatte sie für die Herrschaft des Königs?**

Du erläuterst eine Rekonstruktionszeichnung.

1. Mache dich sachkundig, indem du aus dem Text die wichtigen Informationen herausschreibst. Informiere dich auch nochmals über Rekonstruktionen (s. S. 153).
2. Übe einen Vortrag als Fremdenführer ein: Berichte zur Gesamtanlage, über die Architektur und Nutzung der einzelnen Gebäude sowie zur Funktion für Herrschaft. So könntest du deinen Vortrag beginnen:

Die Pfalzen der mittelalterlichen Kaiser und Könige

Der römische Kaiser Augustus hatte seinen Palast auf dem Palatinshügel in Rom errichtet. Das lateinische Wort für Palast heißt palatium. Palatin und Palast – beide Wörter wurden im Germanischen zu Pfalz. Also hat der König doch eine Residenz, einen Regierungssitz gehabt? Bei Karl dem Großen kann man den Eindruck gewinnen, dass Aachen als bevorzugter Aufenthaltsort in diesen Rang hineinwuchs. Trotzdem gab es wegen des ständigen Reisens viele Plätze, viele Pfalzen, an denen sich der königliche Hof zeitweilig aufhielt …

3. Präsentiere der Klasse als Fremdenführer deine Kenntnisse.

Aufbau einer Pfalz

Jede Pfalz hat vier Hauptteile, die unterschiedliche Funktionen hatten: Es waren Bereiche für das Wohnen, für die Repräsentation – hier empfing man seine Gäste, hielt Hoftage ab, feiert Feste –, Bereiche für religiöse Zwecke und reine Wirtschaftsbereiche. Von Pfalz zu Pfalz verschieden kamen weitere Funktionsbereiche für spezielle Aufgaben hinzu, z. B. Räumlichkeiten für Gäste, die Einrichtung einer Hofschule, Gerichtshallen oder Räume für Verwaltung. Manche Pfalzen waren befestigt, andere auch mit Bischofskirchen oder -palästen verbunden.

Eine Besonderheit Aachens waren die warmen Heilquellen, die Karl mit zunehmendem Alter gern nutzte. Er ließ sich ein großes Marmorschwimmbecken bauen, das über 100 Personen aufnehmen konnte. Quellen berichten, dass Karl nicht nur seine Söhne, sondern auch sein Gefolge und seine Leibwächter zum Baden einzuladen pflegte.

Die Aachener Pfalzkapelle

Ein Meisterwerk der karolingischen Architektur ist die Pfalzkapelle, die um 790 begonnen und 805 von Papst Leo III. geweiht wurde. Bei diesem Bauwerk zeigt sich, dass Karl sowohl von römischen als auch von byzantinischen Werken angeregt wurde. Die Gesamtanlage scheint dem Lateranpalast und der Basilika San Vitale in Ravenna nachgebildet. Die Kirche ist ein achteckiger Kuppelbau, der von einer zweigeschossigen Galerie mit zehneckiger Außenmauer umschlossen wird. Das Obergeschoss war für den Kaiser und sein Gefolge bestimmt. Auf der Westseite des Obergeschosses befand sich der Königsthron. Zum Schmuck der Kapelle verwandte man Marmor und Gold. Aus Rom und Ravenna wurden ganze Säulen nach Aachen geschafft und mit Erlaubnis Papst Hadrians sogar Mosaike dem königlichen Palast in Ravenna entnommen. An den Zentralbau schließen sich rechts und links zwei Seitenkapellen an. Den neben der Kirche gelegenen Palast aus der Merowingerzeit baute Karl aus. Über einem Untergeschoss, das wahrscheinlich für das Gefolge und die Dienerschaft bestimmt war, erhob sich ein gewaltiges Bauwerk, das in seinem östlichen Teil die Gemächer für die kaiserliche Familie und in seinem westlichen Teil den Reichssaal enthielt. Kapelle und Königshalle waren durch eine lange Säulenhalle miteinander verbunden, sodass die kaiserliche Familie auch bei schlechtem Wetter ungehindert die Kirche betreten konnte.

M Rekonstruktionszeichnung der Aachener Pfalz

Geschichte im Internet – Kaiserpfalzen virtuell erleben

Euer **Forschungsauftrag:**

- **Ausgewählte Kaiserpfalzen: ihre Geschichte, äußere Anlage und Aufbau**

Wir recherchieren selbstständig im Internet.

1. Bildet eine kleine Arbeitsgruppe. Besucht die Webseiten zu den Kaiserpfalzen. Auf diese Weise könnt ihr euch ein virtuelles Bild von mittelalterlichen Kaiserpfalzen machen.

2. Entscheidet euch für eine Pfalz, die ihr vorstellen möchtet.

3. Stellt die Ergebnisse eures kleinen Projekts vor: Präsentiert der Klasse mithilfe eines Beamers die von euch ausgewählte Kaiserpfalz. Z. B.: kleine PowerPoint-Präsentation, die ihr kommentiert, oder ein virtueller Rundgang, zu dem ihr erzählt.

Ein Blick in das Innere der Aachener Pfalzkapelle

Startseite der Website über die Kaiserpfalz von Ingelheim:
http://www.archimedix.com/ingelheim/
http://www.cad.architektur.tu-darmstadt.de/stgallen/bildgal/aachen.htm
http://www.schaetze-der-welt.de/flash5_index.html

Otto der Große – Herrscher im Reich der Deutschen

Das Kaiserreich Karls des Großen zerfiel kurze Zeit nach seinem Tod. Sein Sohn, Ludwig der Fromme, hielt das Gesamtreich zwar noch zusammen, aber unter seinen Nachfolgern brach es endgültig auseinander. Seine drei Söhne, unter denen gemäß fränkischem Erbrecht Reich und Herrschaft aufgeteilt wurden, führten von Beginn an einen heftigen Bruderkrieg. Das Ergebnis ihrer jahrelangen kriegerischen Auseinandersetzungen war, dass das Karolingerreich in mehrere selbstständige Königreiche aufgeteilt wurde.
Ein einheitliches Reich entstand erst unter der Herrschaft von König Otto I., der deshalb auch mit den Beinamen „der Große" oder „Vater der Deutschen" versehen wurde.

Wir erstellen Karteikarten und stellen historische Zusammenhänge und Entwicklungen dar:

- **Wie entstand das „Reich der Deutschen"?**

1. Bearbeitet den Darstellungstext und die Materialien M1, M2 und M3 in kleinen Gruppen. Haltet in Stichworten fest, welche Informationen zur Leitfrage sie enthalten.
2. Übertragt eure Stichworte auf ein Plakat oder eine Folie. *Vorschlag:*

Wichtige Ereignisse:
…
…

Die Hauptakteure und ihre Rollen:
…
…

Die Probleme und Schwierigkeiten:
…
…

3. Stellt zusammenhängend dar, wie das Reich der Deutschen entstanden ist.

Magdeburger Reiterstandbild Ottos I.

Der größte Teil des Frankenreiches wurde in zwei Teilreiche aufgeteilt: das Westfrankenreich (Wurzel des heutigen Frankreich) und das Ostfrankenreich, das in der Folgezeit als „Reich der Deutschen" bezeichnet wurde. Das Wort „deutsch" leitet sich aus dem Althochdeutschen her. Die germanische Sprache, die von den Menschen im ostfränkischen Reich gesprochen wurde, gab dem Reich seinen Namen. Aus der Sprachbezeichnung „diutisk" entwickelte sich im Laufe der Zeit der Name für

M1 Die Aufteilung des Frankenreiches (nach dem Vertrag von Ribemont, 880)

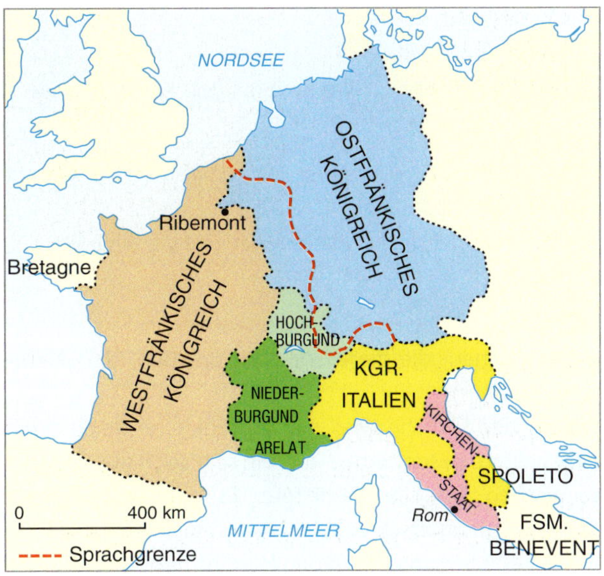

M2

Die Skulptur zeigt den deutschen König Otto I. (918 – 973) und seine Frau, die Königin Adelheid. Die Darstellung befindet sich am Dom in Meißen im Bundesland Sachsen.

1 Woran zeigt sich in dieser Skulptur, dass König Otto der machtvolle Herrscher ist?

2 Wie stellt der Künstler die Beziehung zwischen Königin und König dar?
Tipp: Beachtet die Körperhaltungen und die Blickrichtungen.

die Menschen, die diese Sprache sprachen, die „Deutschen“.
Neben der Sprache wies das ostfränkische Reich noch eine weitere Besonderheit auf, die sich auch aus der germanischen Tradition herleitete. Es gab verschiedene Stämme mit unterschiedlichen Sprachdialekten. Die Führung dieser Stämme lag in den Händen von Adeligen. Sie nannten sich Herzöge, eine germanische Bezeichnung für Heerführer. Solche Stammesherzöge gab es schon seit dem 7. Jahrhundert. Die Stammesherzöge waren zu allen Zeiten um den Erhalt ihrer Machtstellung und, wo möglich, auch um deren Ausbau bemüht. Die Bruderkriege und Reichsteilungen, die zum Verfall des Karolingerreiches führten, eröffneten ihnen neue Möglichkeiten. Ausgestattet mit in ihren Familien erblichen Lehen und großen Gebietsherrschaften wurden die Herzöge von Sachsen, Bayern, Lothringen, Franken und Schwaben zusehends mächtiger und herrschten wie kleine Könige in ihren Herzogtümern.
Als im Jahre 911 im ostfränkischen Teilreich der letzte Karolinger ohne Thronerben starb, nutzten sie die sich bietende Gelegenheit und nahmen entscheidenden Einfluss auf die Vergabe der Königswürde. Die Herzöge bestimmten einen aus ihren eigenen Reihen zum neuen König. Zunächst verständigten sie sich untereinander auf den Frankenherzog Konrad. Nach dessen Tod erwählten sie den mächtigen Sachsenherzog Heinrich zum neuen König. Sein Nachfolger wurde mit ihrer Zustimmung dessen Sohn Otto, der dann als Otto I. den Thron bestieg.

M3 Die deutschen Stammesherzogtümer

Ein König wird gekrönt

Auch wenn Otto der Große und sein Vater Heinrich I. von den Herzögen der deutschen Stämme gewählt waren: Erst durch die Zeremonie der Königserhebung wurden sie zu deutschen Königen gemacht.

Wir beschreiben und beurteilen eine historische Situation:

- **Welche Bedeutung hatte die Königserhebung eines deutschen Königs im Mittelalter?**
- **Welche Funktionen hatten die Beteiligten?**

1. Die Informationen zu eurem Thema liefert eine zeitgenössische Quelle. Benutzt die Methode (s. u.), um ihre Aussagen zusammenzufassen.

2. Urteilt anschließend selbst!
Zur Erinnerung: Urteilen heißt, Sachverhalte aus verschiedenen Perspektiven zu betrachten, z. B.:
- Welche Bedeutung hat der Wahlort?
- Ist die Abfolge der Königserhebung zufällig oder von tieferer Bedeutung?
- Ist die Aufteilung auf geistliche und weltliche Würdenträger bedeutsam?

M1 Eine zeitgenössische Quelle: Widukind von Corvey berichtet ...

Wie der Vorgang der Königsübertragung im Einzelnen genau ablief, berichtet Widukind (ca. 925–nach 973), ein sächsischer Mönch im Kloster Corvey an der Weser. Diese Quelle ist der einzige uns vorliegende zeitgenössische Text, der die seit Otto I. bis ins 14. Jahrhundert praktizierte Zeremonie der Königserhebung im Mittelalter ausführlich beschreibt.

Nachdem also König Heinrich gestorben war, wählte sich das gesamte Volk der Franken und Sachsen seinen Sohn Otto, der bereits vom Vater zum König bestimmt worden war, als Herrscher aus. Zum Ort der allgemeinen Wahl bestimmte man die Pfalz Aachen. Dort versammelten sich die Herzöge und obersten Grafen mit der übrigen Schar vornehmster Ritter in dem Säulenhof vor der Basilika Karls des Großen, setzten den neuen Herrscher auf einen dort aufgestellten Thron, huldigten ihm, gelobten ihm Treue, versprachen ihm Unterstützung gegen alle seine Feinde und machten ihn nach ihrem Brauch zum König. Währenddessen erwartete der Erzbischof von Mainz mit der gesamten Priesterschaft und dem ganzen Volk in der Basilika den Auftritt des Königs. Als dieser erschien, ging ihm der Erzbischof entgegen, berührte mit seiner Linken die Rechte des Königs, während er selbst in der Rechten den Krummstab trug, schritt vor bis in die Mitte des Heiligtums und sagte: „Seht, ich bringe euch den von Gott erwählten und von dem mächtigen Herrn Heinrich einst bestimmten, jetzt aber von allen Fürsten zum König gemachten Otto; wenn euch diese Wahl gefällt, zeigt dies an, indem ihr die rechte Hand zum Himmel emporhebt". Da streckte das ganze Volk die Rechte in die Höhe und wünschte unter lautem Rufen dem neuen Herrscher viel Glück. Dann schritt der Erzbischof mit dem König, der nach fränkischer Sitte mit einem eng anliegenden Gewand bekleidet war, hinter den Altar, auf dem die königlichen Abzeichen lagen: das Schwert mit dem Wehrgehänge, der Mantel mit den Spangen, der Stab mit dem Zepter und das Diadem. Er nahm das Schwert, wandte sich an den König und sprach: „Nimm dieses Schwert, auf dass du alle Feinde Christi verjagst, die Heiden und schlechten Christen, da durch Gottes Willen dir alle Macht im Frankenreich übertragen ist, zum unerschütterlichen Frieden für alle Christen." Dann nahm er die Spangen, legte ihm den Mantel um [...] und gab ihm Zepter und Stab. [...] Auf der Stelle wurde er mit dem heiligen Öl gesalbt und mit dem goldenen Dia-

Methode Wir fassen den Inhalt eines Quellentextes zusammen und beurteilen die Hauptaussagen

1. Schritt: Lies den Text Satz für Satz. Markiere alles, was du nicht verstehst, und versuche, unbekannte Begriffe zu klären.

2. Schritt: Gliedere den Text in sinnvolle Abschnitte. Frage immer: Wo beginnt Neues?

3. Schritt: Fasse den Inhalt eines jeden Abschnitts in eigenen Worten zusammen.

4. Schritt: Nun hast du die wichtigsten Aussagen (Hauptaussagen) zusammengestellt, bist selbst informiert und könntest auch anderen, die den Text nicht kennen, zusammenfassend erläutern, worum es in der Quelle im Kern (das Thema der Quelle) geht und was dort im Einzelnen ausgeführt wird.

dem gekrönt durch die beiden Bischöfe von Mainz und Köln und zum Thron geführt, zu dem man über eine Wendeltreppe hinaufstieg. [...] Nachdem man das Lob Gottes gesungen und das Messopfer feierlich begangen hatte, ging der König hinunter zur Pfalz und nahm mit den Bischöfen und dem ganzen Adel Platz; die Herzöge [von Lothringen, Franken, Schwaben und Bayern] aber taten Dienst.

(Widukind von Corvey, 11, 1/2; in: Res gestae Saxonicae, Stuttgart 1981, S. 105, 107, 109, übers. v. E. Rotter und B. Schneidmüller)

M2 Die Reichsinsignien

Wer die Hofburg in Wien, ein Museum, besichtigt, kann die Herrschaftsabzeichen der deutschen Kaiser und Könige noch heute im Original anschauen.

Eine wirklich geniale Idee? – Otto der Große sichert das Reich

Otto I. erschien schon seinen Zeitgenossen als ein großer König und Kaiser. Das vor allem deshalb, weil er nach außen große und gewichtige Erfolge errang und im Inneren seine Königsherrschaft sichern konnte. Doch es gab auch Widersacher, die die Macht des Königs einschränken wollten.

Wir beurteilen eine historische Situation aus verschiedenen Perspektiven.

- **Wie sicherte Otto der Große seine Herrschaft?**

Diese Frage könnt ihr aus verschiedenen Perspektiven betrachten:

1. Entscheidet euch für eine Person und stellt die Ereignisse in einem kurzen Bericht aus der Sicht der von euch gewählten Person dar.

König Otto I.: „Wenn ich mein Vorgehen betrachte, würde ich sagen …“

Ein weltlicher Herzog oder Graf: „Ottos Maßnahme …“

Ein von Otto neu ernannter Bischof: „Ich finde die neue Praxis …“

Der Papst: „Wenn ich so darüber nachdenke, dann bedeutet das für mich …“

2. Urteilt selbst! Tauscht in einem gemeinsamen Klassengespräch zusammenfassend eigene Einschätzungen aus über die Vorteile, aber auch möglichen Probleme, die das sogenannte „ottonische Reichskirchensystem“ mit sich brachte.

M1 Das Reich im 10. Jahrhundert

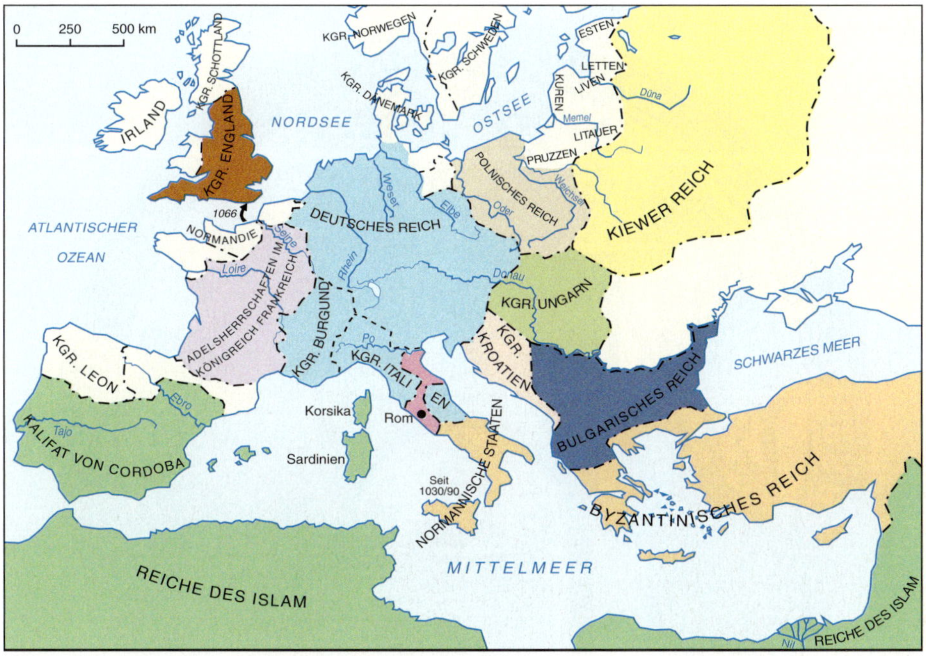

Sicherung und Ausbau des Reiches nach außen

Die Bedrohung von außen durch die häufigen Raubzüge der Ungarn bis in die Mitte des Reiches beendete Otto I. 955 mit einem entscheidenden Sieg. Im heutigen Ostdeutschland baute er eine feste Kette von Grenzmarken zur Sicherung der Reichsgrenzen auf. Um die Slawen zu christianisieren, richtete er das Erzbistum Magdeburg ein. Burgund, Lothringen und die Herrschaft über Italien band er in seinen Herrschaftsbereich ein. In den vielfältigen politischen Auseinandersetzungen in Italien ergriff er Partei für das Papsttum und übernahm im Stil der fränkischen Könige die Schutzherrschaft über die Stadt Rom, den päpstlichen Kirchenstaat und die gesamte Christenheit.

Quasi als Gegenleistung ließ Otto sich vom Papst zum römischen Kaiser krönen. Das Kaisertum war sozusagen von den Franken auf die „Deutschen“ übergegangen. Deutsche Königswürde und römische Kaiserwürde, die vom Papst verliehen wurde, gaben dem Reich auch seinen späteren Namen: „Heiliges Römisches Reich Deutscher Nation“. Von nun an wurden nur noch deutsche Könige römische Kaiser. Einerseits eine Auszeichnung für die deutschen Könige, drückte sich in dem Titel doch eine Vorrangstellung in Europa aus; andererseits aber auch eine doppelte Belastung, da sie in der Folgezeit ständig in die politischen Auseinandersetzungen in Italien und die Machtkämpfe um die Frage der Vorrangstellung – Papst über dem Kaiser oder Kaiser über dem Papst – verwickelt waren.

Ausbau der Königsmacht im Reichsinnern

Im Reichsinnern konnte Otto nur mit sehr viel Mühe und in langwierigen Auseinandersetzungen seinen Herrschaftsanspruch gegen die Herzöge durchsetzen. Eine ganze Reihe von Verschwörungen und Aufständen stellten Ottos Königsherrschaft vor harte Bewährungsproben. Stammesherzöge und Grafen sowie sogar ein Bruder und Sohn erhoben sich mit Waffengewalt gegen seine Königsherrschaft. Sie wollten ihre eigene Landesherrschaft stärken bzw. strebten danach, selber König zu werden. Otto erfuhr von diesen Plänen und es gelang ihm nur mit sehr viel Mühe und Hilfe von treu ergebenen Freunden, seine Widersacher zu besiegen.
Auf Dauer musste er aber gegen derartige Bedrohungen neue, verlässliche Bundesgenossen finden. Das brachte ihn auf eine Idee. Diese können wir aus einem etwa 200 Jahre später (um 1160) entstandenen kostbaren Bild heraus rekonstruieren. Es schmückt den Sargschrein des Kölner Erzbischofs Heribert, der zugleich Reichskanzler von Ottos Enkel, König Otto III., war.

Otto betraut Kirchenmänner mit weltlichen Aufgaben

Die obere Bildhälfte zeigt die Ernennung Heriberts zum Kölner Erzbischof durch Otto III. Dieser übergibt jenem den Bischofsstab und die Fahnenlanze. Die Fahnenlanze übergab der König üblicherweise an einen Adeligen, der in seinem Auftrag ein bestimmtes Gebiet verwalten sollte. Otto III. machte also Heribert zum geistlichen Hüter und gleichzeitig zum weltlichen Landesherrn im Erzbistum Köln. Erst danach, so stellt es die untere Bildhälfte dar, reist Heribert nach Rom. Dort wartet bereits der Papst mit dem sogenannten Pallium, um Heribert sein päpstliches Zeichen für das Bischofsamt in Köln zu überreichen.
Wichtig daran ist die bestimmende Rolle, die der König bei der Auswahl und Einsetzung von Geistlichen zu Landesherren spielte. Genial war dabei, dass Geistliche ja keine legitimen Erben hatten. Damit konnte der König bei dem Tod jedes Bischofs oder Abtes eines großen Klosters jeweils wieder neu einen seiner Getreuen mit dem geistlichen und weltlichen Amt betrauen. Diese waren ihm in der Regel zuverlässige Helfer. Es fehlte die Neigung, den erhaltenen Verwaltungsbereich gegen den König für eigene Nachkommen zu sichern. Ottos Idee von der Hilfe der Kirchenmänner beim Regieren stärkte und sicherte seine Königsherrschaft so sehr, dass seine Nachfolger – siehe Enkel Otto III. mit Heribert – genauso verfuhren. Die Idee wurde zum System, dem sogenannten „ottonischen Reichskirchensystem".

M2 Heribertschrein in Köln – Ein Bild erzählt

Betrachten | Beschreiben | Deuten

- Macht das Bild eine Aussage zum Verhältnis König und Kirche bzw. Papsttum? Belege deine Meinung am Bild.

Heinrich IV. – König und Papst im Streit

20. Jahrhundert: Ein Bischof der römisch-katholischen Kirche wird vom Papst in sein Amt eingesetzt. Als Zeichen seines hohen geistlichen Amtes überreicht ihm der Papst den Bischofsstab. Der Krummstab ist zusammen mit dem Ring äußeres Zeichen der bischöflichen Herrschaft. Beides wird einem von hohen Kirchenvertretern zum Bischof Erwählten bei seiner Weihe vom Papst, dem höchsten Kirchenvertreter, überreicht. Niemand unter uns wird in diesem Vorgang etwas Ungewöhnliches sehen. Wir finden es ganz normal und selbstverständlich, dass die Kirche ihre Amtsvertreter selbst und allein bestimmt.

12. Jahrhundert: Das Relief an der Tür des Domes zu Gnesen (um 1120) zeigt die Einsetzung des Bischofs Adalbert von Prag durch Kaiser Otto II.

An diesem Bild wird deutlich, dass sich in dieser Frage die heutige Welt deutlich von der des Mittelalters unterscheidet. An der Frage der Investitur, so nennt man mit einem Fachbegriff den Vorgang der Amtseinsetzung von Bischöfen in der römisch-katholischen Kriche, hatte sich im 11. Jahrhundert ein tief greifender Konflikt zwischen Staat und Kirche entzündet. Dieser Investiturstreit – so sein Name – spaltete das christliche Europa in mehrere Lager auf. Sie standen sich lange unversöhnlich gegenüber und bekämpften sich mit großer Heftigkeit. Hauptkonkurrenten in diesem Streit, der in der zweiten Hälfte des 11. Jahrhunderts begann und bis in das 12. Jahrhundert andauerte, waren der deutsche König Heinrich IV., Papst Gregor VII. sowie dessen Nachfolger und die deutschen Fürsten.

Das sind eure **Forschungsaufträge:**

- **Wie entstand und verlief der Streit zwischen König Heinrich IV. und Papst Gregor VII.?**
- **Welche Geschichte erzählen zeitgenössische Quellen?**
- **Der Investiturstreit: „Familienkrach" zwischen König und Papst im christlichen Abendland oder mehr?**

1. Schlagt nochmals auf Seite 122 nach. Wendet die methodischen Hinweise zur Untersuchung eines Streits an.

2. Lest den darstellenden Text und die Quellen (S. 220–223) aufmerksam durch. Notiert Stichworte auf vier Karteikarten.

Streitsache **Streitgegner** **Streitverlauf** **Streitlösung**

3. Erzählt anhand der Stichworte Vorgeschichte und Verlauf des Streites.

4. Untersucht die Quellen M1–M4. Nutzt dazu die Methode „Systematische Erschließung einer Textquelle" (S. 221): Erstellt in Kleingruppen für jeden Quellentext ein Übersichtsraster nach dem Muster, wie ihr es auf der Seite 221 findet, und tragt eure Arbeitsergebnisse ein.

5. Welche Geschichte erzählen die Quellen?
   a) Vergleicht die Informationen aus den Quellentexten miteinander, stellt Gemeinsamkeiten und Unterschiede heraus.
   b) Erläutert, wie die Unterschiede zu erklären sind.

6. Formuliert euer Urteil zu der dritten Forschungsfrage. **Tipp:** Die Hinweise auf S. 122 helfen dabei.
Stellt eure Sichtweisen in der Klasse zur Diskussion. Diskutiert eure Urteile.

Die Vorgeschichte

Um die Vorgänge zu verstehen, die mit dem Begriff Investiturstreit bezeichnet werden, muss zunächst davon gesprochen werden, wo die Ursachen lagen und wer die Träger des Streites waren. Neben Papst und Kaiser spielte in diesem Zusammenhang das Mönchtum eine wichtige Rolle – allerdings nicht das gesamte, sondern bestimmte Reformklöster, die aber eine ganze Reformbewegung ins Leben riefen. Viele Begüterte, meist Adelige, gründeten im Mittelalter Klöster und statteten sie mit Landbesitz und Gebäuden aus. Innerhalb des Reichskirchensystems wurden dann zumindest die Äbte auch noch Träger politischer Macht. Im Auftrage des Kaisers nahmen einige Äbte diplomatische, manchmal sogar kriegerische Aufgaben wahr. Es konnte nicht lange dauern, bis sich gegen solche klosterfremde und gegen die Regel verstoßende Verweltlichung Kritik erhob. Zentrum dieser Kritik wurde das Kloster Cluny in Burgund.

Wenn zum Beispiel die Klosterregel vorsah, dass ein Mönch das Kloster nicht verlassen durfte, der Abt aber tatsächlich durch das Land zog, dann gab er ein schlechtes Beispiel; oder wenn das Kloster durch fromme Stiftungen reich geworden war und die Mönche sich ein üppiges Leben leisteten, dann erkannte man darin einen Widerspruch. Eine zentrale Forderung der Reformer lautete: Die Klosterregeln sollen in ihrer alten Strenge wieder eingehalten werden. Aber die Vorkämpfer der Reform gingen noch weiter. Wenn, so sagten sie, die Regel vorschreibt, dass der Abt zu Hause bleibt, der König jedoch oder sonst jemand dem Abt befehlen kann, sich an einen anderen Ort zu begeben, dann stimmt etwas im System nicht. Das Kloster lebt gerade dadurch, dass es sich von der Welt unterscheidet; also soll kein Weltlicher, auch nicht der König, in das Kloster hineinregieren dürfen.

Das war eine unerhörte Forderung. Denn schließlich hatten die politisch Führenden – Könige, Herzöge und Grafen – die Klöster erst ermöglicht: Sie stellten Grund und Boden zur Verfügung, sie ließen die Gebäude errichten, sie sorgten für eine würdige Ausstattung und trugen noch weitere Kosten. Sie hielten es für selbstverständlich, die Oberhoheit über das Kloster auszuüben. Bislang hatte sich dieses sog. Eigenkirchenwesen auch bewährt; aber jetzt nannten das die Reformmönche „Simonie". Der Begriff bedeutete ursprünglich den Versuch, geistliche Vollmacht durch Geld zu erwerben, aber im Kampf der von Cluny ausgehenden Reformbewegung wurde der Begriff Simonie zu einer Waffe gegen das traditionelle System, in dem Kaiser und König sich selbst als die Herren der Kirche ansahen. Diese Reform war der erste Schritt zu einer größeren Selbstbestimmung kirchlicher Einrichtungen. Sie brachte einen Prozess in Gang, der das christliche Abendland, vor allem das Reich, über zwei Jahrhunderte in Atem hielt.

Von Cluny strahlte die Reformbewegung in andere Gebiete aus. Es brauchte jetzt nur noch ein Anhänger der Reformbewegung Papst zu werden, um aus dem Reformansatz einen Streit um die Grundsätze des christlichen Abendlandes zu machen.

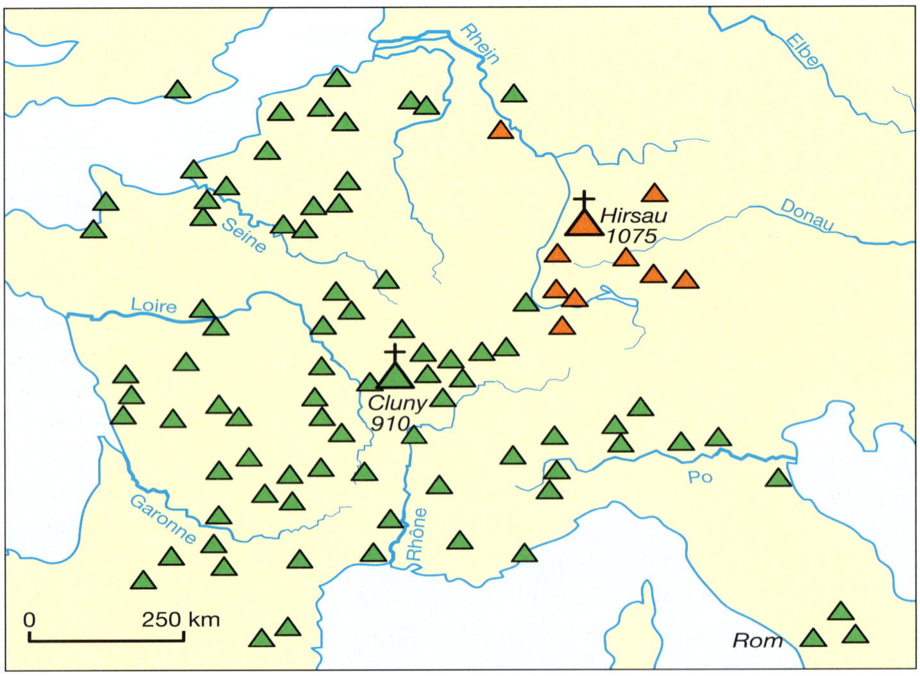

Reformbewegungen des Mönchtums im Hochmittelalter (Auswahl)

Methode Systematische Erschließung einer Textquelle

Quellen sind Materialien, die aus der Zeit stammen, über die sie erzählen. So berichten Textquellen z. B. über Personen und Ereignisse. Sie sind aber zunächst einmal eine persönliche Sichtweise dessen, der sie aufgeschrieben und der Nachwelt hinterlassen hat. Der spätere Leser sollte aber nicht unkritisch die Sichtweisen bzw. Meinungen des Quellenverfassers übernehmen, will er nicht Gefahr laufen, möglicherweise irregeführt oder einseitig informiert zu werden. Um dieser Gefahr bewusst zu begegnen, müssen wir Textquellen systematisch befragen. Zum Beispiel so:

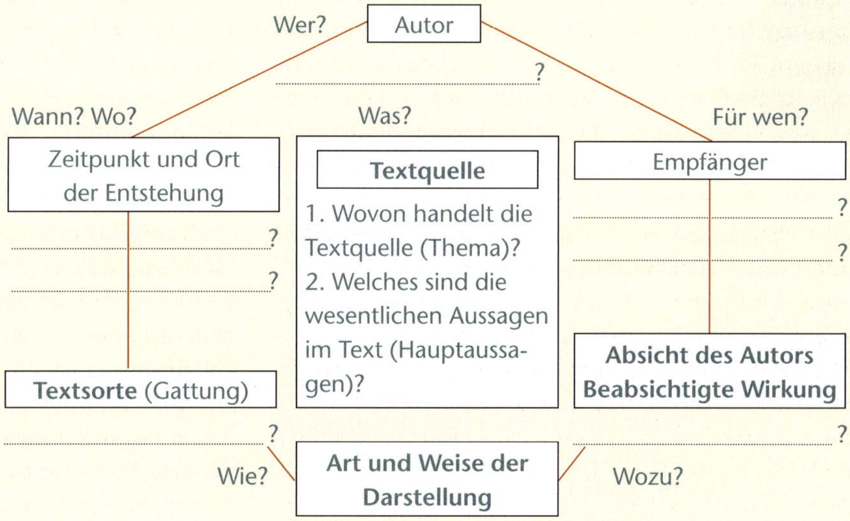

- Wo berichtet der Autor Sachverhalte?
- Wo finden sich eher wertende Aussagen?
- Will der Autor neutral darstellen?
- Schreibt er eher parteiisch?

M1 Jeder hat seine eigenen Vorstellungen

a) Heinrich IV. schreibt 1073 in einem Brief an Gregor VII.:

Da weltliche und geistliche Herrschaft, um in Christo richtig regiert zu werden, wechselseitiger Hilfe bedürfen […], darf zwischen ihnen auch nicht die geringste Spannung bestehen, sondern sie müssen unauflöslich zusammenhängen, wobei Christus sozusagen der Leim zwischen ihnen ist. Denn nur so und nicht anders kann die Harmonie der Einheit und der Bestand von Kirche und Religion in vollkommener Nächstenliebe und christlichem Frieden erhalten werden.

b) Gregor VII. entwickelt 27 Leitsätze zur geistlichen und weltlichen Gewalt. Er lässt sie im Jahre 1075 unter der Überschrift „Dictatus Papae" niederschreiben. Darunter befinden sich die folgenden kirchenrechtlichen Grundsätze:

1. Einzig und allein von Gott ist die römische Kirche gegründet. 2. Nur der römische Papst trägt zu Recht den Titel des universalen Papstes. 3. Er ganz allein kann Bischöfe absetzen und auch wieder einsetzen. […] 9. Alle Fürsten haben die Füße einzig und allein dieses Papstes zu küssen. […] 12. Der Papst kann Kaiser absetzen. […] 14. Er kann in der ganzen Kirche, wie er will, Kleriker ordinieren. […] 18. Sein Entscheid kann von niemandem aufgehoben werden, er selbst aber kann Urteile aller anderen Instanzen aufheben. 19. Über ihn besitzt niemand richterliche Gewalt. […] 22. Die römische Kirche hat nie geirrt und wird nach dem Zeugnis der Heiligen Schrift auch in Ewigkeit nicht irren.

(M 1 a/b zit. nach: W. Lautemann/M. Schlenke (Hg.), Geschichte in Quellen, Mittelalter, München (BSV) 1970, S. 291 f.)

c) Heinrich IV. schreibt mit Zustimmung der meisten deutschen Bischöfe in einem Brief an Papst Gregor VII. am 24.1.1076:

Heinrich, nicht durch Anmaßung, sondern durch Gottes gerechte Anordnung König, an Hildebrand [so hieß Gregor VII. als Mönch], nicht mehr den Papst, sondern den falschen Mönch. Diese Anrede hast du nämlich für die von dir angerichtete Verwirrung verdient, der du keinen Stand der Kirche davon ausgenommen hast, ihn der Verwirrung statt der gebührenden Stellung, des Fluchs statt des Segens teilhaftig zu machen. Petrus sagt nämlich: „Wenn irgendeiner, ich oder ein Engel, vom Himmel euch ein anderes Evangelium verkündete, als wir verkündigt haben, dann sei er verflucht". So steige du denn, der du durch diesen Fluch und das Urteil aller unserer Bischöfe und unser eigenes verdammt bist, herab, verlasse den apostolischen Stuhl, den du dir angemaßt hast. Ein anderer steige auf den Thron des heiligen Petrus, einer, der Gewalttat nicht mit Frömmigkeit bemäntelt, sondern die reine Lehre des heiligen Petrus lehrt. Ich, Heinrich, durch die Gnade Gottes König, sage dir mit allen meinen Bischöfen: Steige herab, steige herab!

d) Papst Gregor antwortet im Rahmen eines Gebetes auf einer Kirchenversammlung in Rom am 15.2.1076:

Und durch deine Gnade ist mir die Macht von Gott gegeben, zu binden und zu lösen im Himmel und auf Erden. Hierauf also vertraue ich, und für die Hoheit und den Schutz deiner Kirche, im Namen des allmächtigen Gottes, des Vaters und Sohnes und Heiligen Geistes, durch deine Macht und Vollmacht untersage ich dem König Heinrich, Sohne Kaiser Heinrichs, der gegen deine Kirche in unerhörtem Hochmut aufgestanden ist, die Lenkung des ganzen Reiches der Deutschen und Italiens und löse alle Christen vom Bande des Eides, den sie ihm geleistet haben oder leisten werden, los und verbiete, dass ihm irgendwer wie einem Könige diene.

(M 1 c/d zit. nach: Wolfgang Kleinknecht/Herbert Krieger (Hg.), Handbuch für den Geschichtsunterricht, Bd. 3, Frankfurt/M. (Diesterweg) 1985, S. 132f.)

M2 Dritte sehen eine Chance

Abkommen mit den Fürsten (Oktober 1076) – Lampert von Hersfeld berichtet:

Der König schickte wieder und wieder Botschaften und unterließ keine Art von Bitten, die ihm zur Verhinderung eines so entscheidenden Schrittes dienlich schien. Doch die Gegner blieben fest und unerschütterlich bei ihrem Entschluss. Schon sah es bei beiden Parteien so aus, als sollte es zu einem schweren Entscheidungskampf kommen. Schon schickten sich die Fürsten an, sich ungesäumt einen anderen König zu wählen, über den Rhein zu setzen [...], um am folgenden Tage König Heinrich anzugreifen, und der König befahl [...] seinen Leuten [...], sich zu sammeln und zum Kampf bereit zu machen, um die Gegner, wenn sie auf das jenseitige Ufer übersetzten, sofort anzugreifen. Während nun alle mit Spannung und Sorge entscheidende Ereignisse erwarteten, siehe, da schickten im Morgengrauen des nächsten Tages die Schwaben und Sachsen Gesandte zum König, die ihm ausrichten sollten, [...] [sie wollten] nun doch nach den Gesetzen mit ihm verfahren, und obgleich die Vergehen, deren man ihn beschuldigte, allen sonnenklar ersichtlich seien, würden sie trotzdem keine Entscheidung treffen, sie vielmehr dem Papst überlassen; sie würden bei ihm den Antrag stellen, dass er am Fest der Reinigung der heiligen Maria [2. Februar] nach Augsburg komme und dort auf einem allgemeinen Reichstag nach Untersuchung der Aussagen beider Parteien den Angeklagten für schuldig oder für unschuldig erkläre; wenn er aber bis zum Jahrestag seiner Exkommunikation, noch dazu durch seine eigene Schuld, nicht vom Bann losgesprochen sei, dann solle seine Sache unwiderruflich für immer verloren sein, und er solle dann künftig die Krone niemals rechtmäßig zurückgewinnen können, da er nach den gesetzlichen Bestimmungen als ein seit einem Jahr Exkommunizierter nicht mehr regieren dürfe; [...]. [Es folgt eine Liste mit zahlreichen Bedingungen, die er als König nur mit Ansehensverlust erfüllen konnte.] Der König [...] war außerordentlich froh darüber, dass er unter irgendeiner, wenn auch noch so entehrenden Bedingung für den Augenblick dem drohenden Unheil entronnen war, und versprach bereitwilligst in allen Punkten Gehorsam. [...]

M3 Zeitgenössische Quellen berichten zu Canossa

a) Der Chronist Lampert von Hersfeld, Mönch im Kloster Hersfeld, schrieb geschichtliche Jahrbücher, in denen er über Vorkommnisse seiner Zeit berichtete. Er stammte aus einer begüterten Familie und zählte zu den Gegnern König Heinrichs IV. Auch mit den Zielen der Kirchenreformer konnte er sich nicht anfreunden. Er berichtet über die Ereignisse Folgendes:

Da kam der König, wie es ihm befohlen war, und da die Burg von drei Mauern umgeben war, wurde er in den zweiten Mauerring aufgenommen, während sein ganzes Gefolge draußen blieb, und hier stand er nach Ablegung der königlichen Gewänder ohne alle Abzeichen der königlichen Würde, ohne die geringste Pracht zur Schau zu stellen, barfuß und nüchtern, vom Morgen bis zum Abend, das Urteil des Papstes erwartend. So verhielt er sich am zweiten, so am dritten Tage. Endlich am vierten Tag wurde er zu ihm vorgelassen und nach vielen Reden und Gegenreden wurde er schließlich vom Bann losgesprochen. [...] Der König nahm die Bedingungen mit Freuden an und versprach mit den heiligsten Beteuerungen, sie alle einhalten zu wollen. [...]

Heinrich IV. bittet die Markgräfin Mathilde von Tuszien und den Abt Hugo von Cluny in Canossa um Vermittlung bei Gregor VII.

b) Papst Gregor berichtet seinen Anhängern in folgender Weise:

Drei Tage lang stand er hier vor dem Burgtore, hatte jedes Abzeichen seiner königlichen Würde abgelegt, harrte unbeschuht und in linnenem Gewande kläglich drei Tage lang aus und ließ nicht eher davon ab, unter vielen Tränen die tröstliche Hilfe der apostolischen Erbarmung anzuflehen, bis er alle, die zugegen waren und die davon hörten, zu solch innigem Mitleid und Erbarmen bewegte, dass sie mit vielen Bitten und [Tränen] für ihn eintraten und unsere ungewöhnliche Härte gar nicht begreifen konnten [...]. Endlich durch seine beharrliche Reue und die so eindringliche Fürbitte aller Anwesenden überwunden, lösten wir ihn schließlich vom Bande des Bannes, nachdem wir uns von ihm die unten folgenden Sicherungen haben geben und durch den Abt von Cluny, unsere Töchter Mathilde und die Gräfin Adelheid sowie die übrigen Fürsten, Bischöfe und Laien, die uns hierzu tauglich schienen, bekräftigen lassen.

(M 2/M 3 zit. nach: Geschichte in Quellen, Mittelalter, a. a. O., S. 311, 314, 304 f.)

M4 Die Streitenden einigen sich

Kaiser Heinrich V. und Papst Calixt II. einigen sich 1122 auf Regeln bei der Besetzung von Bischofsstühlen. Die Texte geben die jeweiligen Eröffnungsabsätze der Erklärungen wieder, die das sogenannte „Wormser Konkordat" bilden:

a) Die Position des Kaisers:

Ich, Heinrich, von Gottes Gnaden Imperator Augustus der Römer, verzichte aus Liebe zu Gott und der heiligen römischen Kirche und zum Herrn Papste Calixtus und wegen meines Seelenheiles zugunsten Gottes und der heiligen Apostel Petrus und Paulus und der heiligen römischen Kirche auf alle Investitur mit Ring und Stab, und ich gestatte in allen Kirchen, die in meinem Regnum und Imperium liegen, kanonische Wahl und freie Weihe.

b) Die Position des Papstes:

Ich, Bischof Calixtus, servus servorum Dei[1], gestehe dir, o mein geliebter Sohn Heinrich, von Gottes Gnaden Imperator Augustus der Römer, das Recht zu, dass die Wahlen von Bischöfen und Äbten im Deutschen Reiche, die zum Regnum gehören, in deiner Gegenwart geschehen sollen, frei von Simonie[2] und Gewalttat; sollte zwischen den Parteien dabei Streit entstehen, dann sollst du mit dem Metropoliten und den Konprovinzialen[3] gemeinsam beraten und entscheiden und dem Würdigsten deine Zustimmung und Hilfe leihen. Der Erkorene aber soll von dir mit dem Zepter die Regalien erhalten und dir dafür das leisten, was er von Rechts wegen schuldig ist.

(Zit. nach: Mittelalter, ausgewählt und kommentiert von R. Mokrosch und H. Walz, Neukirchen-Vluyn (Neukirchener Verlag) [3]1989, S. 68)

---

[1] Auf Deutsch: „Diener der Diener Gottes", Titel des Papstes seit Gregor I.

[2] Kauf oder Verkauf von geistlichen Ämtern

[3] Die übrigen Bischöfe einer Kirchenprovinz

Mächtige Rivalen? – Kaiser und Fürsten herrschen im Reich

Die Macht der deutschen Könige gründete sich ganz wesentlich auf ihre eigenen Mittel bzw. Besitztümer und auf ihr Verhältnis zu den Fürsten. So waren sie z. B. bei größeren Kriegszügen auf die Hilfe der Fürsten angewiesen. Seit dem 12. Jahrhundert nutzten die Fürsten diese Abhängigkeit, um selbst mehr Macht und Eigenständigkeit zu erlangen. Ein bedeutender Einschnitt in dieser Entwicklung ist mit dem Gesetz Friedrichs II. zugunsten der deutschen Reichsfürsten von 1232 und der „Goldenen Bulle" aus dem Jahre 1356 verbunden.

- **Was bedeuteten das Gesetz von 1232 und die „Goldene Bulle" für die Stellung der Fürsten und die Königsherrschaft?**
- **Wer war nun mächtiger – der König oder die Fürsten?**

Wir beschreiben Veränderungen von weitreichender Bedeutung.

1. Lest den Darstellungstext aufmerksam durch und notiert wichtige Informationen mit Blick auf die beiden Leitfragen.

2. Erschließt die der Karte (M2) und dem Quellentext (M3) zu entnehmenden Informationen mithilfe der Arbeitsanweisungen.
Verfasst einen kurzen zusammenfassenden Darstellungstext für eure Mitschüler, der auf die beiden Leitfragen Antwort gibt. Ihr könnt von fünf Fragen ausgehen:
- Wie war es bisher?
- Was hat sich ereignet?
- Wie ist es dazu gekommen?
- Was ist neu?
- Was bedeutet diese Veränderung?

Was ist das Besondere an Friedrichs Herrschaftssituation?

Kaiser Friedrich II. – Herr über viele Reiche

Friedrich II. (1212–1250) herrschte über ein beeindruckendes Reich oder richtiger gesagt über mehrere Reiche. Durch sein väterliches Erbe war er Herzog von Schwaben sowie König und Kaiser des Reiches und Burgunds. Von seiner Mutter erbte er die Königswürde Siziliens und Neapels. Dies fiel ihm aber keineswegs in den Schoß, vielmehr musste er seine Ansprüche kämpfend durchsetzen. Schließlich eroberte er mit einem Kreuzzug und per Ehe das Königreich Jerusalem. Die Karte (M1) zeigt die Größenausdehnung von Friedrichs Herrschaftssystem, ebenso aber auch das Problem, mit einer Vielzahl unterschiedlichster Machtträger auskommen zu müssen. Dabei wollte Friedrich in erster Linie seinen Herrschaftsanspruch durchsetzen, d. h. Nachfolger der alten römischen Kaiser zu sein. Dafür zog er sich schließlich aus Mitteleuropa in sein süditalienisches Königreich zurück.
Damit setzte er den Anfangspunkt einer besonderen Entwicklung von Königs- und Fürstenherrschaft im Deutschen Reich, die andere europäische Länder so nicht mitgemacht haben. In einem Gesetz zugunsten der Fürsten von 1232 räumte er diesen weitgehende Rechte bei der Regierung ihrer Gebiete ein. Die Karte M2 zeigt die große Zahl der Territorien in Westfalen, die von unterschiedlichen Landesherren regiert wurden.

M1 Das Herrschaftsgebiet Friedrichs II.

Kaiser und Fürsten: Das Verhältnis ändert sich

Zur Zeit Ottos I. gab es im Deutschen Reich fünf Herzogtümer. Darüber hinaus verfügten nur der König und die von ihm eingesetzten Vasallen über größere Ländereien. Zur Zeit Friedrichs II. bot sich bereits ein gänzlich anderes Bild. Neben den Herzogtümern gab es eine Fülle von Grafschaften, Bistümern und Abteien, die sehr selbstbewusst über ihren Besitz herrschten. Friedrich II. bestätigte in seinem Gesetz von 1232 diesen Zustand.

Im Laufe des 13. Jahrhunderts wurden den Fürsten wichtige Rechte übertragen, die bislang dem König vorbehalten waren, z. B. das Prägen eigener Münzen und das Erheben von Markt- und Zollgebühren. So wurden sie zu fast unumschränkten Landesherren.

Nach dem Tode Friedrichs, der keinen Sohn als Nachfolger hinterließ, kam es zum Teil zu kriegerischen Auseinandersetzungen um die Kaiserwürde. 1273 wurde Rudolf von Habsburg zum Kaiser gewählt, ein Graf, der nicht zu den großen Reichsfürsten zählte. Die deutschen Fürsten achteten darauf, dass niemand aus ihrem Kreis als König zu mächtig werden konnte. Auch die Wahlbestimmungen wurden in den folgenden Jahren verändert. 1338 legten die Reichsfürsten fest, dass ein Kaiser auch ohne Bestätigung durch den Papst gewählt werden konnte. 1356 erließ Kaiser Karl IV. ein Reichsgesetz, genannt die „Goldene Bulle", in dem die Zahl der wahlberechtigten Fürsten (sieben „Kurfürsten") und der Wahlgang genau festgelegt wurden.

M2 Westfälische Territorien um 1400

■ Erläutere an der Karte, inwiefern sie das Ergebnis der Veränderungen spiegelt.

M3 Die „Goldene Bulle" von 1356

[...] Wenn nun die Kurfürsten oder ihre Gesandten in vorerwähnter Form und Weise diesen Eid geleistet haben, sollen sie zur Wahl schreiten und fortan die Stadt Frankfurt nicht verlassen, bevor die Mehrzahl von ihnen der Welt oder Christenheit ein weltliches Oberhaupt gewählt hat, nämlich einen römischen König und künftigen Kaiser. [...] bestimmen wir, dass, wer besagtermaßen zum römischen König gewählt worden ist, sogleich nach vollzogener Wahl, bevor er in irgendwelchen anderen Angelegenheiten oder Geschäften aus Vollmacht des heiligen Reiches seine Tätigkeit beginnt, allen und jeden geistlichen und weltlichen Kurfürsten [...] alle ihre Privilegien, Briefe, Rechte, Freiheiten und Vergünstigungen, alten Gewohnheiten und auch Würden und alles, was sie vom Reich bis zum Tage seiner Wahl empfangen und besessen haben, ohne Verzug und Widerspruch durch seine Briefe und Siegel bestätigen und bekräftigen soll [...].

Wir verordnen daher [...], dass von jetzt an künftig auf ewige Zeiten die berühmten und großmächtigen Fürstentümer [der weltlichen Kurfürsten] [...], die Länder, Gebiete [...] und alles andere, was zu ihnen gehört, nicht getrennt, geteilt oder unter irgendeiner Bedingung zersplittert werden dürfen, sondern es soll, damit sie vielmehr immerdar in ihrer gänzlichen Vollständigkeit verbleiben, der erstgeborene Sohn in ihnen nachfolgen und ihm allein soll Recht und Herrschaft zustehen [...].

(Zit. nach: Geschichte in Quellen, Mittelalter, a. a. O., S. 772ff.)

1 Beschreibt mit eigenen Worten, was in der „Goldenen Bulle" festgelegt wird.

2 Wer profitiert am meisten?

3 Welche Folgen hat dieses Gesetz?

England und die Entstehung des Parlaments

Einen König als Staatsoberhaupt zu haben, ist für viele von uns eine fremdartige Vorstellung. Dennoch gibt es in Europa eine Reihe von Demokratien, an deren Spitze ein König oder eine Königin stehen. In England regiert die Königin immer noch als „Queen in Parliament". So ernennt die Queen nicht nur Regierung, Richter und Militärspitzen, sie hält auch die Thronrede zur Sitzungseröffnung des Parlaments, in dem die demokratisch gewählten Vertreter des Volkes versammelt sind. Allerdings spricht sie sich mittlerweile eng mit dem englischen Regierungschef, dem Premierminister, ab und ist zur Überparteilichkeit verpflichtet.

- **Wie entwickelte sich das englische Parlament?**
- **Welche Rolle spielte der englische König dabei?**

Wir identifizieren Spuren der Vergangenheit in der Gegenwart.

1. Beantwortet beide Leitfragen. Die nötigen Informationen findet ihr im Darstellungstext und der Quelle (M 2).
2. Was hat die Vergangenheit mit der Gegenwart zu tun? Erläutert dies an den Bildern M 1 und M 3.

M1 „Queen in Parliament"

Königin Elisabeth II. eröffnet die Sitzungsperiode des englischen Parlaments.

Die Normannen

Seit dem 9. Jahrhundert drangen Eroberer aus dem Norden Europas nach Mitteleuropa ein: die Normannen. Sie eroberten zahlreiche Gebiete und wurden dort sesshaft. In Frankreich gründeten sie 911 das Herzogtum der Normandie. Den Angelsachsen, die in England lebten, gelang es 200 Jahre lang, sich den Angriffen der Normannen zu widersetzen.

Doch nach dem Aussterben des englischen Königshauses in der Mitte des 11. Jahrhunderts verlangte der normannische Herzog Wilhelm der Eroberer die englische Königskrone. Im Jahr 1066 – ein Datum, das jeder Engländer kennt – setzte Wilhelm mit einem riesigen normannischen Heer nach England über. Nach seinem Sieg in der Schlacht bei Hastings ließ er sich zum König von England krönen.

Nach dem Sieg zog der neue König den Grundbesitz des angelsächsischen Adels ein und vergab den größten Teil an seine eigenen normannischen Lehnsnehmer. Ein Fünftel des Königreiches, das ganz England ohne Schottland und Wales umfasste, behielt er selbst.

Die „Magna Charta"

Kaum 100 Jahre später starb das normannisch-englische Königshaus aus und es folgten viele Jahre des Bürgerkriegs. Zwar gelang es Königen wie Heinrich II. und Richard Löwenherz, die königliche Herrschaft in England wieder zu festigen, doch diese Zeit war nur von kurzer Dauer. Auf den lange Zeit abwesenden König Richard Löwenherz folgte der glücklose Johann „Ohneland". Unter seiner Herrschaft gingen die größten Teile der Festlandsgebiete, die die englischen Könige in Frankreich besaßen, verloren.

Daraufhin lehnten sich die englischen Barone und die mächtige Stadt London gegen ihn auf. Um seine Krone zu retten, war König Johann bereit, mit den englischen Baronen zu verhandeln. Die Barone unterbreiteten ihm am 15. Juni 1215 ihre Forderungen. Nach dreitägigen Verhandlungen unterzeichnete König Johann „Ohneland" die *Magna*

Charta Libertatum (kurz: *Magna Charta*). In diesem großen Freiheitsbrief wurden die Rechte des Königs, des weltlichen und geistlichen Adels sowie der Bürger und Freien festgeschrieben.
Mit der Magna Charta beginnt aus englischer Sicht die Entwicklung der englischen und damit auch europäischen Demokratie. Für die englische Geschichte ist sie von so großer Bedeutung, dass eine der Originalhandschriften von 1215 im Zweiten Weltkrieg auf einem Schlachtschiff nach Amerika gebracht wurde, um sie vor einer möglichen Zerstörung zu bewahren.

Das Parlament

Die königliche Regierung wurde durch die Magna Charta zwar nicht abgeschafft, sie wurde aber durch das Gegengewicht des Adelsrates, des sogenannten Parlaments (von französisch „parler“ = „sprechen“), ergänzt. Nach einem erneuten Aufstand 1259 wurde den Baronen zugestanden, einen Ausschuss zu bilden, der den König beraten und die Verwaltung kontrollieren sollte. Aus diesen Anfängen entwickelte sich das Parlament zu einer dauerhaften Einrichtung.
Seit 1295 wurden auch der niedere Adel und die Bürger beteiligt. Sie bildeten das Unterhaus (House of Commons), der Hochadel und die Bischöfe bildeten das Oberhaus (House of Lords).
Am Ende des 17. Jahrhunderts wurde England zu einer parlamentarischen Monarchie. Von nun an konnte der König nicht mehr gegen das Parlament regieren, sondern musste ihm wichtige Herrschaftsbereiche wie Gesetzgebung und Steuererhebung überlassen. Im Gegensatz zu vielen anderen ähnlichen Versammlungen in Europa handelten die englischen Parlamentarier jedoch überwiegend als Vertreter der gesamten Bevölkerung.

M2 Aus der „Magna Charta“ von 1215

14. Zum Zustandekommen des allgemeinen Reichsrates zur Beschließung über das Hilfsgeld […] oder über das Schildgeld werden wir die Erzbischöfe, Bischöfe, Äbte, Grafen und größeren Barone mit unseren gesiegelten Urkunden einladen lassen und außerdem werden wir […] alle einladen lassen, die von uns Lehen haben, zu einem bestimmten Tag […] und an einen bestimmten Ort, und in allen Einladungsschreiben werden wir die Ursache der Einladung nennen, und nach so geschehener Einladung soll die Sache zu dem bestimmten Termin nach dem Rat jener, die anwesend sind, vorangehen, auch wenn nicht alle Eingeladenen erschienen sind. […]
39. Kein freier Mann soll festgenommen oder eingekerkert oder um seinen Besitz gebracht oder geächtet oder verbannt oder auf andere Weise vernichtet werden, und wir werden nicht gegen ihn vorgehen oder gegen ihn vorgehen lassen, es sei denn aufgrund eines gesetzlichen Urteils seiner Standesgenossen oder nach dem Recht des Landes. […]
60. Wenn wir oder unser oberster Richter […] oder irgendeiner von unseren Amtleuten sich irgendwie gegen irgendjemand vergangen hat oder irgendeinen Artikel des Friedens und der Sicherheit übertreten hat und das Vergehen vier Baronen von den vorgenannten 25 Baronen angezeigt worden ist, dann sollen jene vier Barone vor uns […] treten und uns die Übertretung vorlegen. […]

(Zit. nach: Joachim Leuschner/Hartmut Boockmann, Europa im Hoch- und Spätmittelalter, Stuttgart 1982, S. 171 ff.)

- Untersucht den Auszug aus der „Magna Charta“: Welche Regelungen werden im Text getroffen?

M3 „Queen in Parliament“ im 16. Jahrhundert

Königin Elisabeth I. eröffnet die Sitzungsperiode des englischen Parlaments.

Der König erweitert seine Macht – Das Beispiel Frankreich

Die Auseinandersetzung zwischen Kaiser und Papst hat das Mittelalter geprägt. Am Beispiel des Investiturstreits habt ihr festgestellt, dass selbst der mächtige Kaiser den Forderungen der Päpste nachgeben musste.
Dies war allerdings nicht überall in Europa so: Als sich Papst Bonifaz VIII. zu Beginn des 14. Jahrhunderts gegen die wachsende Macht des französischen Königs Philipp IV. auflehnte, zwang dieser den nachfolgenden Papst Clemens V. dazu, seine Residenz von Rom ins französische Avignon zu verlegen. Diese Zeit des sogenannten Avignonesischen Exils dauerte bis 1377 an.

- **Wie groß war die Macht des französischen Königs?**
- **Worin lagen die Unterschiede zwischen der Herrschaft in Frankreich und derjenigen im Deutschen Reich?**

Wir vergleichen die Herrschaft der französischen und deutschen Könige bzw. Kaiser und halten einen Expertenvortrag.

1. Orientiert euch bei der Vorbereitung eures Vortrags an den methodischen Arbeitsschritten (s. S. 124), die ihr schon mehrfach mit Erfolg benutzt habt.
2. Um zu vergleichen, müsst ihr in kurzer Form zusammenstellen, was ihr über die Herrschaft des deutschen Kaisers bisher schon erfahren habt.

Die lange Regierungszeit der Kapetinger

Nachdem das Reich Karls des Großen zerfallen war, wurde das Karolingerreich in mehrere selbstständige Königreiche aufgeteilt. Nach dem Aussterben der Karolinger wurde Hugo Capet im Jahr 987 zum französischen König gewählt. Er begründete die Linie der Kapetinger, deren Familie bis 1328 den französischen König stellte. Diese lange Regierungszeit einer Familie über mehr als 300 Jahre war auch im Mittelalter ungewöhnlich. Daher war die Stellung des französischen Königs auch viel gefestigter als die der deutschen Kaiser. Im Deutschen Reich kam der Kaiser nur für wesentlich kürzere Zeiträume aus derselben Familie (siehe Zeitleiste S. 198).

Die Erweiterung des Kronlandes

Der westfränkische König hatte im 10. Jahrhundert nur ein sehr kleines Gebiet als Kronland in Besitz. Es lag in der Gegend um Paris, in der sogenannten Île de France. Paris war schon lange die größte Stadt des Königreichs und die wichtigste Residenz des Königs. Die Herrschaft über den großen Rest des Königreiches teilte sich der König mit über 20 mächtigen Fürsten.
Im Laufe der Zeit gelang es den französischen Königen jedoch, das Kronland deutlich zu vergrößern. Nach dem Aussterben von Fürstenfamilien vergaben sie die Lehen nicht neu, sondern fügten sie dem eigenen Kronland hinzu. Ein solches Vorgehen war dem deutschen König nicht möglich: Er musste frei gewordene Lehen wieder ausgeben und durfte sie nicht seinem eigenen Besitz eingliedern.
Im Jahr 1214 eroberte der französische König die englischen Besitzungen in Frankreich vom englischen König Johann „Ohneland" zurück. Damit vergrößerte sich das Kronland noch einmal erheblich.

M1

Der französische König Karl VII. sitzt einem „lit de justice", d. h. einer Sitzung des königlichen Hofgerichts vor (15. Jh.).

Der König gewinnt an Macht

Der französische König dehnte seine Herrschaft auch in der Verwaltung aus. Das ganze Land wurde in Verwaltungsbezirke eingeteilt, in denen königliche Beamte Recht sprachen und die Einnahme der Steuern kontrollierten. Gegenüber den Bischöfen konnte der König seine Macht ebenfalls vergrößern: Sie unterstanden nach 1214 dem weltlichen Hofgericht des Königs. Deutsche Könige und Kaiser konnten einen ähnlichen Einfluss nur im 10. und frühen 11. Jahrhundert bis zum Investiturstreit ausüben.

Der Hundertjährige Krieg

Mit dem Aussterben der Kapetinger entbrannte 1337 zwischen England und Frankreich ein Krieg um den französischen Thron – ein Krieg, dessen blutige Kämpfe mit Unterbrechungen ca. 100 Jahre andauerten. Die englischen Siege brachten das französische Königtum an den Rand des Untergangs. Große Teile Frankreichs waren von englischen Truppen besetzt.

Die Rettung brachte das französische Bauernmädchen Jeanne d'Arc. Sie fühlte sich von Gott berufen, Frankreich von den Engländern zu befreien. Tatsächlich gelang es ihr 1429, an der Spitze des französischen Heeres die Stadt Orleans von den Engländern zu befreien. In einem Siegeszug geleitete sie den französischen Thronfolger zur Krönung in der Kathedrale von Reims, dem Krönungsort der französischen Könige.

Es gelang ihr allerdings nicht, Paris zu befreien. Durch Verrat wurde sie dem englischen König ausgeliefert und 1431 auf dem Scheiterhaufen verbrannt. In Frankreich wird sie noch immer als Nationalheilige verehrt.

In der Folgezeit verlor England seine militärische Macht auf dem Kontinent. 1453 kehrte das englische Heer auf die Insel zurück.

Zahlreiche Denkmäler – hier ein Beispiel aus Paris – erinnern an die französische Nationalheilige Jeanne d'Arc.

M2 Das Selbstbewusstsein des französischen Königtums

Das große Selbstbewusstsein spiegelt sich in folgender Quelle wieder, die um 1296 geschrieben wurde:

Der König von Frankreich hat alle Gewalt in seinem Königreich, die der Kaiser im Kaiserreich hat, und ihm steht eine ebenso große oder größere Menge ausgezeichneter Männer in der Ritterschaft wie in der Geistlichkeit zur Seite, wie jemals irgendein Kaiser hatte; und er hat in der Welt keinen Oberen in weltlichen Dingen, und es kann von ihm gesagt werden, was man vom Kaiser sagt, nämlich dass alle Rechte, besonders die sein Königreich betreffenden, in seiner Brust beschlossen sind. Daher muss von ihm wie von seinem Handeln und seiner Überzeugung das erwartet werden, was vom Kaiser geschrieben steht [...]. Der König von Frankreich ist in seinem Königreich Kaiser, und zwar an Stelle des Kaisers [...].

Denn das Königreich Frankreich und andere Königreiche der Welt waren früher als das Imperium. Denn vom allerersten Recht, d. h. vom Völkerrecht, „waren die Völker unterschieden und die Königreiche gegründet" [...]. Und erst seit kurzer Zeit, nach den Reichsgründungen, gab es einen Kaiser; und auch zu Rom gab es vor ihm viele Könige, durch die die Stadt regiert wurde [...]. Und weil der König von Frankreich vor dem Kaiser da war, kann er gewissermaßen umso vornehmer genannt werden.

(Zit. nach: Hagen Schulze (Hg.), Europäische Geschichte – Quellen und Materialien, München 1994, Nr. 26)

■ Nennt die Argumente, mit denen der Vorrang des französischen Königs vor dem deutschen Kaiser in der Quelle begründet wird.

Lebenswelten in der Ständegesellschaft

Auch im Mittelalter: Leben in Gruppen

Wir erzählen und dokumentieren

Alle Menschen sind gleich. Für uns heute eigentlich selbstverständlich, denn so ist es zum Beispiel in der Verfassung unseres Staates, der Bundesrepublik Deutschland, festgeschrieben. Dieser Grundsatz galt nicht immer. Ihr erinnert euch?

Ob in der Hochkultur Ägyptens, in der antiken Lebenswelt der Griechen oder bei den Römern – immer haben wir „geschichtete" Gesellschaften vorgefunden. „Geschichtet" heißt, dass die Gesellschaft in verschiedene Gruppen eingeteilt ist, die nicht gleichgestellt sind. Das wichtigste und entscheidende Merkmal einer solchen gesellschaftlichen Ordnung ist die politische, rechtliche und soziale Ungleichheit zwischen den einzelnen Bevölkerungsgruppen.

So war es augenscheinlich auch im Mittelalter, wenn wir dem Künstler des Holzschnitts Glauben schenken dürfen, der die mittelalterliche Gesellschaftsordnung ins Bild gesetzt hat. War es so oder ist es nur die persönliche Botschaft und Sichtweise eines Künstlers, der vielleicht sogar im Auftrag gehandelt hat? Wie war das damals im Mittelalter?

Wir machen uns selbst sachkundig und präsentieren unsere Arbeitsergebnisse in einer anschaulichen Wandzeitung:

- **Wie lebten die Menschen früher in der mittelalterlichen Ständegesellschaft?**

Um anschaulich zu erfahren, wie die Menschen früher in dieser Zeit gelebt haben,

- blicken wir in die Lebenswelt der bäuerlichen Dorfbevölkerung;
- untersuchen wir den Alltag ihrer „Herren": der Adeligen und Ritter auf den Burgen – bereits hier wird deutlich, wie eng verknüpft der Alltag beider Lebenswelten im Mittelalter war;
- erforschen wir die Lebensweise der Menschen, die als Mönche und Nonnen in der Abgeschiedenheit der Klöster gelebt haben.

Holzschnitt aus dem Jahr 1492

Methode Eine Wandzeitung erstellen

Bäuerliche Bevölkerung

Die Welt des Adels

Menschen in Klöstern

Wozu erstellt man eine Wandzeitung?

Nachdem ihr die Kapitel über das Leben im Dorf, auf der Burg und im Kloster durchgearbeitet habt, bietet sich die Erarbeitung und Präsentation einer Wandzeitung an. Die Wandzeitung ist eine informative, großformatige, gut lesbare und anschaulich gestaltete Präsentationsform von Ergebnissen aus dem Unterricht. Sie kann in der Klasse oder im Schulgebäude aufgehängt werden.

Wie erstellt man sie?

- Zunächst müsst ihr euch inhaltlich darüber klar werden, was in der Wandzeitung zum Thema dargestellt werden soll.
- Für die Produktion bietet sich ein arbeitsteiliges Vorgehen an, wobei einzelne Schüler oder Schülergruppen bestimmte Teilthemen übernehmen; hier: bäuerliche Bevölkerung, Welt des Adels, Menschen in Klöstern.
- Eine formal übersichtliche und optisch ansprechende Gestaltung ist für die Wirkung einer Wandzeitung sehr bedeutsam. Verwendet kurze, selbst geschriebene Texte. Besonders schön wirken selbst angefertigte Bilder und Zeichnungen. Es können aber auch Fotos und andere fertige Materialien verwendet werden. Auf die Verwendung kopierter Texte solltet ihr verzichten, weil sie in der Regel von den Betrachtern nicht gelesen werden. Die Textmenge darf nicht zu umfangreich sein.

Worauf solltet ihr besonders achten?

Ein fremder Leser bzw. Betrachter will sich schnell orientieren können und sofort sehen, wo ihn welche Informationen erwarten.

Tipps:

- Übersichtliche Gliederung, die inhaltliche Schwerpunkte auf einen Blick erkennen lässt.
- Ansprechende Überschriften.
- Ausgewogenes Verhältnis von Texten und Bildern.
- Die Schriftgröße (als Faustregel gilt): pro Meter Abstand, aus dem die Wandzeitung lesbar sein soll, ein Zentimeter Mindestschriftgröße, also drei Meter Abstand = drei Zentimeter große Buchstaben.
- Schriftfarben wählen, die gute Lesbarkeit garantieren und optisch ansprechen.

Adeliger, Geistlicher oder Bauer – die mittelalterliche Gesellschaftsordnung

Wo wir stehen, wer wir sind: Diese Fragestellung, die auf den Platz und Rang, den ein Mensch in der Gesellschaft einnimmt, abzielt, fordert zum Urteil auf. Ob wir nun Gegenwärtiges oder Vergangenheit beurteilen – begründet urteilen bedeutet offenzulegen: Aus welcher Sicht formuliere ich mein Urteil? Welche Maßstäbe lege ich dabei zugrunde? Wir schauen auf das Mittelalter.

Aus verschiedenen Perspektiven urteilen:

- **Eine Gesellschaft, in der ich gern (wohl nicht so gern) leben möchte …**

1. Untersucht das Schaubild mithilfe der Erschließungsaufgaben und notiert die darin enthaltenen Informationen.
2. Zusätzliche Informationen und erläuternde Zusammenhänge, die das Schaubild nicht erklärt, könnt ihr dem Darstellungstext entnehmen.
3. Projiziert das Schaubild (z. B. selbst gemaltes Plakat, Folie, eingescanntes Bild und Beamer) und bezieht Position: „Ich möchte in dieser Gesellschaft …“.

M Soziale Rangabstufungen in der ständischen Gesellschaft auf dem Land

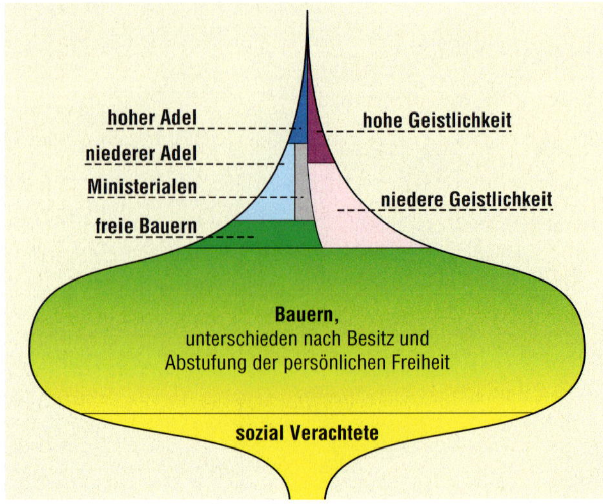

1 Erschließt das Schaubild mithilfe der methodischen Hinweise, die ihr am Beispiel der Gesellschaftsordnungen in Ägypten (s. S. 70) und bei den Griechen und Römern kennengelernt habt.

2 Vergleicht die äußere Form des Schaubildes mit anderen euch schon bekannten Formen und überlegt, warum der Zeichner hier diese graphische Darstellung gewählt hat.

Was heißt eigentlich Ständegesellschaft?

Im 11. Jahrhundert schrieb der geistliche Gelehrte Burchard von Worms:
„Der gerechte Gott hat das Leben der Menschen so unterschieden, indem er die einen zu Knechten, die anderen zu Herren einsetzte, damit die Möglichkeit zu freveln für die Knechte durch die Macht der Herren eingeschränkt würde.“
So begründeten Gelehrte im Mittelalter – zumeist Geistliche – den Aufbau der mittelalterlichen Gesellschaft. Sie unterschieden zwischen Freien und Unfreien, Herren und Knechten. Gott hatte der Welt eine feste, unumstößliche Ordnung gegeben. Die einen standen oben, die anderen unten in der Gesellschaft. So hatte Gott es gewollt. Nach kirchlicher Lehre hatte Gott die Menschen in drei Gruppen, sogenannte Stände, aufgeteilt: Geistliche – Klerus genannt – weltliche Adelige und Bauern. Die Menschen „standen“ somit auf einem festen, ihnen zugewiesenen Platz innerhalb einer gottgewollten Ordnung. Eine Ausnahme stellten Tagelöhner, Arme, fahrendes Volk, Henker, Totengräber und auch zum Teil die Juden dar. Sie galten als gesellschaftliche Außenseiter und gehörten zu keinem Stand, sondern stellten eine soziale Randgruppe dar. In der Regel wurde man in seinen Stand hineingeboren und blieb dort. Nachkommen von Adeligen waren adelig. Nachkommen unfreier Bauern zum Beispiel waren unfrei und blieben es auch. Jeder Mensch gehörte nach dem Willen Gottes seinem Stand an. Standeswechsel war die ganz seltene und große Ausnahme. Aufbegehren und Auflehnung gegen diese Weltordnung war eine Sünde gegen Gott. Jeder Stand hatte seine spezielle Aufgabe in der Gemeinschaft zu erfüllen. Der Künstler des Holzschnitts auf der Seite 230 stellt sie bildlich dar: „Beten“, „Schützen“, „Arbeiten“ – so teilt der Segen spendende Christus auf dem Regenbogen den drei Ständen ihre Aufgaben zu. Dass es keine Gleichheit unter den Ständen gab, obwohl sie aufeinander angewiesen waren, dass Adel und Klerus über die große Masse der bäuerlichen Bevölkerung herrschten und von ihr lebten, die rechtliche Ungleichheit der Menschen – dies alles entsprach göttlichem Willen. Diese Sichtweise einer dreigeteilten Ständegesellschaft bestimmte das Denken über den größten Zeitraum des Mittelalters.

Das Leben der Bauern in den Dörfern

Bauern bei der Feldarbeit

Information

Alltag in Haus und Dorf

Das Leben in einem kleinen Bauerndorf, das mitten zwischen Wiesen, Feld und Wald liegt, ist für uns heute die Ausnahme. Im Mittelalter war es jedoch die Regel. Fast alle Menschen lebten auf dem Land. Im frühen Mittelalter waren es mindestens 95 Prozent und um 1500 noch mehr als 80 Prozent. Man siedelte dort, wo Klima und Boden die Landwirtschaft ermöglichten. Der Alltag der Bauern war hart und entbehrungsreich.

- **Wie lebten die Bauern in den Dörfern?**

Wir erzählen über Lebensbedingungen im Mittelalter.

1. Nutzt den Darstellungstext als Informationsgrundlage für einen Stichwortzettel, der euch hilft, sachgerecht und anschaulich zu erzählen.
Tipp: Ihr könnt auch die Bilder auf dieser Doppelseite und das Bild auf S. 233 mit einbeziehen.

Stichwortzettel
– Das Leben der Bauern in den Dörfern:
– Dörfer = Inseln (in Wäldern)
– In einem Bauernhaus
– Arbeit und Arbeitsalltag
– Entwicklung bis etwa 1500

2. Übertragt euer Stichwortschema auf ein Plakat – dies hilft den Zuhörern, eurer Erzählung zu folgen. Es könnte auch die Grundlage für die Präsentation auf der Wandzeitung sein.

Ein Dorf um das Jahr 1000 (Rekonstruktionszeichnung auf der Grundlage archäologischer Funde, 1996)

Das Dorf – eine Insel im Wald

Nur selten verließen die Menschen ihr Dorf, oft kannten sie nicht einmal den Marktplatz der nächsten größeren Stadt. Von bedeutenden Ereignissen in der Welt erfuhren sie erst viel später oder gar nicht. Die Stadtbevölkerung sah deshalb geringschätzig auf die unwissenden Bauern herab. Man nannte sie „tumbe toren" oder „dörper" (Tölpel). Die Abgeschiedenheit ergab sich aus den äußeren Umständen. Im frühen Mittelalter bestand der größte Teil Mitteleuropas aus Wald, den man sich wie einen Urwald vorzustellen hat. Die Menschen hatten große Angst vor diesem fast undurchdringlichen Dickicht und verließen ihr Dorf nur, wenn es unbedingt nötig war. Die Wälder waren so groß und finster, dass man sich leicht verirren konnte. Gefahr drohte von wilden Tieren (Wolf, Bär) und von Räuberbanden, die sich hier versteckten. Ohne Waffen traute sich niemand, auf einem kleinen Pfad in das Nachbardorf zu gehen, das vielleicht erst nach einem stundenlangen Marsch erreicht werden konnte.
Auf der anderen Seite war der Wald für die Dorfbewohner sehr wichtig. Er lieferte Holz, das man als Brennmaterial zum Heizen, für Herd und Schmiede nutzte. Aus Hartholz konnte Baumaterial gewonnen werden und nicht zuletzt gab es Beeren, Pilze, Honig und Wild im Wald zu finden. Selbst das Vieh wurde gelegentlich in den Wald getrieben, um Futter zu suchen.
Um 1300 sah es in Mitteleuropa ganz anders aus. Die Bauern hatten den Wald immer mehr zurückgedrängt, um neue Anbauflächen zu erhalten. Riesige Gebiete waren gerodet worden und überall entstanden neue Gemeinden (oft mit den Endsilben -reuth, -rode oder -wald). Einige Forscher nehmen an, dass es um 1300 weniger Waldgebiete in Mitteleuropa gab als heute.

Wohnverhältnisse

Auf der Rekonstruktionszeichnung sehen Dorf und Häuser recht niedlich und idyllisch aus. Wie aber würden wir wohl reagieren, wenn wir eines der Häuser hätten betreten müssen? Es ist nicht schwer vorherzusagen: Alle Sinne würden uns vergehen! Wir könnten kaum etwas sehen, denn in den Häusern war es stockdunkel. Fenster gab es nicht, nur kleine Luken in den Lehmwänden; die waren aber meistens verstopft, damit es nicht zu kalt wurde. Selbst im Sommer würden wir wahrscheinlich frieren und eine Gänsehaut bekommen. Vielleicht würden uns auch die Augen tränen, denn der Raum war voller Rauch.

Die offene Flamme an der Herdstelle produzierte jede Menge Qualm, der nur mühsam durch die Ritzen des strohgedeckten Daches entweichen konnte. Einen Abzug gab es nämlich nicht. Auch die Nase würde rebellieren: Die Kleidung wurde jahrelang getragen und kaum gewechselt. Als Bett dienten Strohsäcke, die vielleicht zweimal im Jahr ausgetauscht wurden. Überhaupt: Auf Körperpflege achtete man wenig.
In diesem Raum, in dem übrigens auch das Vieh untergebracht war, lebten, arbeiteten und schliefen etwa 12 bis 20 Personen: die Eltern, die Kinder, bei größeren Höfen auch Knechte oder Mägde sowie die unverheirateten Geschwister der Eltern. Private Rückzugsmöglichkeiten gab es nicht. Großeltern lebten wohl nur in seltenen Fällen auf den Höfen, denn die Lebenserwartung war gering, die der Frauen wohl noch geringer als die der Männer. Mit spätestens 16 Jahren heirateten die Bauernmädchen. Ein entbehrungsreiches Leben lag vor ihnen. Acht oder mehr Schwangerschaften waren keine Seltenheit und wegen der mangelnden Hygiene bedeutete jede Geburt Lebensgefahr für das Kind und die Mutter.

Arbeitsalltag im Dorf

Das Leben auf einem mittelalterlichen Bauernhof hatte mit Urlaubsatmosphäre oder Ferienidylle wenig zu tun. Die Bäuerinnen und Bauern mussten harte, körperliche Arbeit leisten. Es gab nur einfache Hilfsmittel, aber keine Maschinen. In der warmen Jahreshälfte wurde von morgens bis abends gearbeitet, um das Tageslicht auszunutzen. Eine 14- oder 16-stündige Arbeitszeit war keine Seltenheit. Im Winterhalbjahr, der dunklen Jahreszeit, gab es dagegen weniger zu tun. Sonntage wurden geheiligt, auch an den zahlreichen Festtagen wurde nur in Ausnahmefällen körperliche Arbeit geleistet.

Selbstversorgung

Alle anfallenden Arbeiten mussten nach Möglichkeit in Eigenregie erledigt werden. Man erntete nicht nur Getreide, in Backhäusern buk man auch das Brot. Man züchtete nicht nur das Vieh, man schlachtete auch selbst und konservierte das Fleisch, z. B. in Räucherkammern. Getränke, z. B. Säfte, Bier und Wein, wurden selbst hergestellt; das Gleiche gilt für Butter und Käse. In vielen Gegenden erstreckte sich das Prinzip der Selbstversorgung auch auf Arbeitsgeräte sowie auf Textilien und Schuhe. Zu den wenigen Arbeiten, die nicht auf dem eigenen Hof ausgeführt wurden, zählt das Mahlen des Getreides: Mühlen waren aufwendige Konstruktionen, sie wurden von hauptberuflichen Müllern betrieben. Auch die Herstellung komplizierter Metallgeräte (Hufeisen, Pflug, Kupferkessel usw.) erfolgte durch Spezialisten, die es nicht in jedem Dorf gab.

Arbeitsteilung

Zwischen Männern und Frauen gab es eine räumliche Form der Arbeitsteilung. Die Frauen waren überwiegend für Arbeiten innerhalb des Hauses sowie für Stall und Garten zuständig, während die Männer oft Arbeiten verrichteten, die in einiger Entfernung vom Hofe anfielen. Einen Haushalt ohne Frau zu führen, war unmöglich. Kinder mussten schon in ganz jungen Jahren mithelfen. Sie hüteten Tiere, verscheuchten Vögel von den Feldern und halfen bei allen Arbeiten mit. So lernten sie allmählich den Umgang mit den Geräten. Eine schulische Ausbildung war auf den Lande unbekannt.

Die Dorfgemeinschaft entwickelt sich

Im späten Mittelalter waren die Häuser moderner. Sie besaßen ein Fundament aus Stein, größere Fenster und oft abgetrennte Zimmer, manchmal sogar eine rauchfreie Stube, in der ein Ofen stand. Die Häuser standen jetzt verhältnismäßig eng nebeneinander und waren um eine Dorfmitte gruppiert. Jeder Hof besaß ein eigenes Stück Garten, aber Wald, Wiesen und Flusslauf wurden von allen Dorfbewohnern gemeinsam genutzt (Allmende). Jeder Hof wurde von einem Vollbauern bewirtschaftet. Sie wählten aus ihrer Mitte einen Dorfvorsteher oder Bauernmeister, der bei Streitigkeiten vermittelte und auch Termine der Aussaat und Ernte festsetzte. Die Nachbarschaft (Nachbar = nächster Bauer) war ganz wichtig. Man half sich beim Schlachten, bei der Ernte und in allen Notfällen. Man feierte Hochzeiten und Geburten zusammen und trauerte gemeinsam um verstorbene Dorfmitglieder. Auf diese Weise sorgte die Dorfgemeinschaft für eine große Geborgenheit.

Melken und Butterherstellung (Buchmalerei, 15. Jh.)

Die Bauern hatten Herren

Bilder erzählen über den Alltag der Bauern

Die Bilder auf dieser Doppelseite stammen aus dem späten Mittelalter; sie stellen typische Situationen aus dem Alltag der Bauern dar. Schon beim ersten flüchtigen Betrachten wird euch auffallen, dass nicht nur Bauern dargestellt sind, sondern auch Herren, wie es auch die Überschrift auf dieser Seite andeutet.

- **Was erzählen uns die Bildquellen über den Alltag der Bauern im späten Mittelalter?**

Wir unterscheiden zwischen Belegbarem und Vermutetem.

1. Untersucht in Gruppen die drei Bilder M1, M2 und M3.
   Nutzt dazu die Methode „Bilder gezielt beschreiben und deuten".
2. Stellt eure Arbeitsergebnisse vor.
3. Diskutiert an diesen Beispielen, was und wie Bilder über Geschichte erzählen.

M1

M2

Methode Bilder gezielt beschreiben und deuten

Was sagen die dargestellten Szenen über die bäuerlichen Lebensverhältnisse aus?

1. Untersucht die Bilder mithilfe der angebotenen Arbeitsschritte.
2. Notiert die Ergebnisse eurer Untersuchung in ganzen Sätzen. Durch eure Wortwahl und Formulierung solltet ihr deutlich herausstellen,
   - was eine gesicherte, eindeutige Aussage ist.
     Z. B.: „Auf dem Bild sind zwei Männer dargestellt. Die Person am linken Bildrand trägt …"
   - was eine gesicherte Schlussfolgerung darstellt.
     Z. B.: „Daraus ist eindeutig zu schließen, dass …"
   - was eher (noch) vermutete Aussagen bzw. Schlussfolgerungen (Forscher nennen dies Hypothesen) sind, d. h. Aussagen, die euch auf den ersten Blick richtig erscheinen, für die ihr aber über die Bilder noch keine eindeutigen Beweise findet.
     Z. B.: „Man kann vermuten, dass …"
     „Daraus kann wohl mit einiger Sicherheit gefolgert werden, dass …"
3. Hypothesen überpüfen.
   a) Bearbeitet den Dialog zum „Fall Johann B" (M4).
   b) Überprüft auf der Grundlage des Dialogs, welche eurer Vermutungen sich als richtig, möglicherweise aber auch als falsch erweisen, nicht belegbar sind oder zumindest sachlich ergänzt und verändert werden müssen.

Möglicherweise bleibt auch etwas weiterhin ungeklärt und wirft offene Fragen auf.

Monatsbild aus einem mittelalterlichen Bauernkalender

M3 Ackerbau und Arbeit im Weinberg

1 Betrachtet die Bilder M 1 – M 3 und notiert erste Eindrücke.

2 Benennt, sofern ihr es ermitteln könnt oder wenn eine Legende dazu etwas aussagt, den Bildtyp, wann es entstanden ist, von wem es geschaffen wurde, eventuell auch für wen?

3 Beschreibt genau, was dargestellt ist, z. B.:
- Welche Personen sind dargestellt?
- Was tun sie?
- Gibt es Auffälligkeiten in der Darstellung (Kleidung, Größenverhältnisse, Haltung ...)?

Der Fall Johann B

Im hohen Mittelalter war kaum ein Bauer frei. Fast alle waren abhängig von einem adeligen Grundherrn, dessen Anordnungen sie folgen mussten. Wie dachten die Bauern über diese Unfreiheit? Eine Antwort fällt schwer, denn die Bauern konnten nicht schreiben. Deshalb gibt es keine Quellen, die dies aus ihrer Sicht darstellen. Man muss eine Rekonstruktion aus Urkunden, Lebensbeschreibungen, Chroniken usw. versuchen und die gewonnenen Informationen wie Puzzleteile zusammensetzen. In einem Geschichtsbuch ist es kaum möglich, die Vielzahl der Originalquellen abzudrucken. Das folgende Gespräch zwischen den Bauern Johann und Hinrich hat also nicht wirklich stattgefunden. Der Autor des Geschichtsbuches hat den Dialog entworfen, nachdem er viele Quellen aus dem 7. und 8. Jahrhundert gelesen hat.

M4 Warum ein Bauer unfrei wurde

Johann: Gott zum Gruße, Hinrich.

Hinrich: Gott zum Gruße. Es ist Monate her, seitdem wir uns gesehen haben. Was führt dich durch unser Dorf?

Johann: Ich war beim Grafen. Ich komme gerade von der Burg.

Hinrich: Hast du etwa auch ...

Johann: Ja, Hinrich. Ich habe meinen gesamten Besitz dem Grafen gegeben. Meine kleine Hütte, das Land mit allen Feldern und Wiesen.

Hinrich: Nie hätte ich das von dir gedacht. Ich glaube, ich bin bald der einzige Bauer aus allen Dörfern der Umgebung, der noch frei ist.

Johann: Glaube mir, Hinrich. Die Entscheidung war nicht einfach. Mein Hof hat sehr gelitten in den letzten Jahren. In jedem Frühjahr musste ich in den Krieg ziehen. Meine Frau und die Kinder konnten das Feld nur mit Müh und Not bestellen, auf allen Feldern war nicht tief genug gepflügt. Von der anderen unerledigten Arbeit will ich gar nicht reden.

Hinrich: Ich verstehe, Johann. Als unfreier Bauer musst du nicht mehr in den Krieg ziehen. Du kannst in Ruhe zu Hause bleiben und deinen Hof versorgen – ein großer Vorteil, aber bedenke nur: Jetzt bist du nicht mehr dein eigener Herr. Das Land, das dein Vater und Großvater schon bearbeitet haben, gehört nicht mehr dir. Der Graf wird alles bestimmen wollen.

Johann: Ganz so schlimm wird es schon nicht kommen. Es ist zwar richtig, dass mir das Land nicht mehr gehört. Aber der Graf hat es mir praktisch zurückgegeben, damit ich es für ihn bewirtschafte.

Hinrich: Aber das hat der Graf nicht aus reiner Menschenfreundlichkeit gemacht.

Johann: Das weiß ich auch. Ein Mönch aus dem Kloster hat in einer Urkunde alles genau notiert. Ich habe mich zu Abgaben verpflichtet. In jedem Jahr muss ich vier Malter (ca. 500 kg) Korn abliefern, zwei gut gemästete Gänse und eine Kuh.

Hinrich: Jedes Jahr eine Kuh!

Johann: Sicher, das ist viel, aber mein Schwert ist zerbrochen. Wenn ich wieder in den Krieg ziehen müsste, brauchte ich ein neues Schwert. Du weißt, was der Schmied verlangt.

Hinrich: Ein Vermögen. Fünf Kühe habe ich ihm vor zwei Jahren gegeben. Es hätte fast meinen Ruin bedeutet. Aber sag, wie sieht es mit den Diensten aus? Wie oft musst du auf den Hof des Grafen kommen und auf den Feldern arbeiten, die er selbst bewirtschaftet?

Johann: Dieser Frondienst macht mir die größten Sorgen. Ich soll im Frühjahr, zur Ernte und im Herbst für jeweils zwei Wochen kommen.

Hinrich: Johann! Weißt du, was das bedeutet? Du kannst dich nicht um deinen Hof kümmern. Und in der Erntezeit verhagelt dir vielleicht dein Getreide, während du auf den Feldern des Grafen die Ernte einbringst. Wie konntest du dich nur darauf einlassen? Deine Familie wird Not leiden müssen.

Johann: Und was wäre aus uns geworden, wenn mich im letzten Kriegszug der Schwerthieb getroffen hätte? Dann wäre ich tot und Frau und Kinder säßen ohne Hilfe da.

Hinrich: Aber du wärst als ein freier Mann gestorben.

Johann: Als freier Mann – pah! Nichts hätten meine Frau und die Kinder davon gehabt. Aber von heute an gibt es einen großen Unterschied, Hinrich. Meine Familie wäre nämlich gut versorgt, auch wenn ich nicht mehr lebe. Der Graf hat sich verpflichtet, uns zu beschützen und im Notfall zu helfen. Niemand müsste verhungern, niemand müsste den Hof verlassen. Er würde dafür sorgen, dass der Hof bewirtschaftet bleibt, bis mein ältester Sohn in der Lage ist, an meine Stelle zu treten.

Hinrich: Bist du sicher? Ihm gehört jetzt schon das meiste Land in der Umgebung. Er spricht Recht. Er baut auch eine neue Kirche und setzt den Pfarrer ein. Alle müssen vor ihm buckeln. Wo ist unsere Freiheit? Irgendwann wird der Graf seine Macht ausnutzen. Er wird immer mehr Dienste von dir fordern und immer höhere Abgaben. Deine Kinder und Enkel werden deine Entscheidung büßen müssen.

Johann: Das glaube ich nicht. Ich glaube eher, dass du auch bald ein abhängiger Bauer sein wirst. Vielleicht wird dein Grundherr nicht der Graf sein, sondern die Äbtissin des Klosters.

1 Lest den Dialog mit verteilten Rollen in der Gruppe oder der Klasse vor.

2 Füllt die Tabelle aus:

Welche Vorteile erwähnt Johann?	Welche Nachteile sieht Hinrich?
...	...

3 Wägt Vorteile und Nachteile gegeneinander ab. Wie hättet ihr euch entschieden?

System der Grundherrschaft

Das Gespräch zwischen Johann und Hinrich steht am Beginn einer Entwicklung, die etwa 1000 Jahre Bestand haben sollte und die man als Grundherrschaft bezeichnet. Die beiden Wortbestandteile „Grund" und „Herrschaft" sollte man wörtlich verstehen. Denn wer im Mittelalter Grund und Boden besaß, übte auch Herrschaft aus über die Menschen, die auf diesem Grund arbeiteten. Die Grundherren, z. B. Grafen, Ritter, Bischöfe oder Klöster (auch Frauen konnten Grundherren sein!), gaben Höfe und Ackerflächen zur Bewirtschaftung aus und von nun an besaßen sie auch Rechte über diese Menschen.

Wir erstellen eine Mindmap:

- **Grundherrschaft im Mittelalter**

1. Erstelle eine Mindmap auf der Grundlage der folgenden Darstellungstexte und der Grafik M 5.
Tipp: Methodische Hilfe findest du auf Seite 174.

2. Bildet Kleingruppen. Stelle deine Mindmap Mitschülerinnen und Mitschülern in einem Kreisgespräch vor.

3. Überlegt alle gemeinsam: Wie beurteilt ihr das Zusammenleben in der Grundherrschaft?

Hörige Bauern

Das Ausmaß der Unfreiheit der Bauern war von Region zu Region sehr unterschiedlich. Im Grundsatz gilt, dass Mägde und Knechte, die direkt auf dem Hof der Grundherrn arbeiteten, jede Freiheit verloren hatten. Sie gehörten als *Leibeigene* zum persönlichen Besitz des Grundherrn. Bauern wie Johann, der von seinem Grundherrn Land zur Nutzung bekommen hatte, dafür aber Dienste und Abgaben leisten musste, wurden als *Hörige* bezeichnet. Auch ein höriger Bauer konnte nicht selbst entscheiden, zu heiraten oder wegzuziehen. *Freie Bauern* gab es gegen Ende des hohen Mittelalters so gut wie keine mehr.

Formen der Grundherrschaft

Grundherrschaften waren verschieden groß. Es gab Grundherren, die noch selbst als Bauern arbeiteten und nur wenige abhängige Bauern besaßen. Es gab aber auch riesige Grundherrschaften, die aus zahlreichen Dörfern und hunderten von Menschen bestehen konnten und Herzögen oder großen Klöstern gehörten. Johann kannte seinen Grundherrn, den Grafen, noch persönlich, aber in dem weit verzweigten System einer großen Grundherrschaft kannten die Bauern oft nur noch einen Mittelsmann, der für die Verwaltung eines Teilbezirkes zuständig war. Diese Verwalter, die fast überall in Deutschland *Meier* genannt wurden, bewirtschafteten einen großen Bauernhof und sammelten dort im Auftrag der Grundherrn die Abgaben der abhängigen Bauern. Sie organisierten auch die Dienste der abhängigen Bauern und machten sich – je nach Entfernung – einmal oder mehrmals im Jahr auf den Weg zum Fronhof des Grundherrn.

Wandel der Grundherrschaft

Der Transport von Getreide, lebendem Vieh usw. war höchst mühsam und aus heutiger Sicht betriebswirtschaftlicher Unsinn. Da war es ein großer Vorteil, dass sich im Laufe des Mittelalters die Geldwirtschaft durchsetzte und manche Abgaben und Dienste durch Geldzahlungen abgegolten werden konnten. Zu festgesetzten Terminen mussten die Bauern ihren Beutel mit Münzen aus Edelmetall beim Grundherrn abliefern (daher: Geldbeutel). Die Bauern zahlten nicht nur für die Nutzung des überlassenen Grund und Bodens, sondern auch für die Inanspruchnahme von Dingen und Rechten, die dem Grundherrn gehörten, z. B. für das Mahlen des Getreides in der Mühle oder für das Holzfällen im Wald. Um dieses Geld aufzubringen, mussten sie Überschüsse erwirtschaften, die sie auf den städtischen Märkten verkauften.

Wer behielt Recht – Johann oder Hinrich?

Der Umfang der Abgaben und Fronarbeiten schwankte von Gebiet zu Gebiet. Im Prinzip aber kann man sagen, dass Hinrich auf lange Sicht Recht behalten hat. Spätestens gegen Ende des Mittelalters geriet das System des gegenseitigen Gebens und Nehmens in eine Schieflage. Die Dienste und Abgaben wurden erhöht bzw. zunehmend als ungerecht empfunden. Je nach Gebiet bildeten sich die unterschiedlichsten Forderungen aus (z. B. die Abgabe des Besthauptes = starb der abhängige Bauer, musste die Witwe das beste Stück Vieh an den Grundherrn abgeben). Die Bauern versuchten durchaus, sich zur Wehr zu setzen. Dennoch blieb das System der Grundherrschaft bis ins 19. Jahrhundert prägend für weite Teile Europas.

M5 Grundherrschaft im Mittelalter

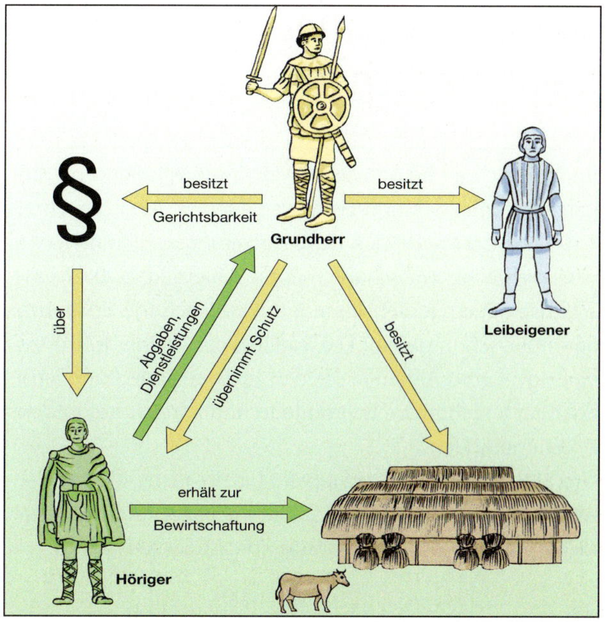

M6 Bauern und Herren

M7 Ein Grundherr empfängt abhängige Bauern

Not macht erfinderisch: Die Bauern ernähren immer mehr Menschen

Im Vergleich zu heute waren West- und Mitteleuropa das ganze Mittelalter hindurch dünn besiedelt. Aber zwischen 650 und 1350 hatte sich die Bevölkerungszahl annähernd versiebenfacht. Wie schafften es die Bauern, dass alle Menschen ernährt werden konnten? Eine wichtige Erklärung könnt ihr schon geben: Die Rodung der Wälder führte zu einer größeren Anbaufläche. Von großer Bedeutung sind aber auch technische Erfindungen und Fortschritte in den Anbaumethoden.
Um 800 wurde nur die doppelte bis dreifache Menge der Aussaat geerntet, 500 Jahre später war es die fünf- bis achtfache Menge – eine beeindruckende Ertragssteigerung!

Wir beschreiben wesentliche Veränderungen:

- **Wie gelang es den Bauern, immer mehr Menschen zu ernähren?**

1. Die Informationen, die die Materialien enthalten, sollt ihr in einer Tabelle festhalten.

	Veränderung	**Auswirkung/Erklärung für die Produktionssteigerung**
1.	Ausdehnung der Anbaufläche	Wenn mehr angebaut wird, kann mehr geerntet werden.
2.	M 1, M 2: Verbesserung der Bodenbearbeitung	…
3.	M 3: …	…
4.	M 4: …	…

2. Die Interessen der betroffenen Bauern könnt ihr nachvollziehen: Stellt euch vor, ihr kommt in ein Dorf, in dem die Dreifelderwirtschaft noch unbekannt ist. Abends sitzt ihr mit den Bauern unter der Dorflinde und erklärt die Vorteile. Die Bauern sind skeptisch. Versucht, sie zu überzeugen. Spielt die Szene oder schreibt das Gespräch auf.

M 1a

Pflügen mit dem Hakenpflug (Buchmalerei, Anfang des 9. Jh.)

M 1b

Pflügen mit dem Räderpflug (Buchmalerei um 1500)

Bis ins 12. Jahrhundert hinein war der Hakenpflug im Einsatz. Er ritzte die Erde nur oberflächlich auf. Danach setzte sich der Räderpflug durch, der Furchen zog und die ausgehobene Erde wendete. Pferde lösten die wenig ausdauernden Ochsen als Zugtiere ab.

M 1c

Fast alle Geräte (z. B. Spaten und Pflugschar) wurden durch die zunehmende Verwendung von Eisen statt Holz leistungsfähiger. Auch schwere Lehmböden konnten jetzt beackert werden.

M2a

M2b

Die Anspanntechnik änderte sich, sodass sich die Zugleistung um das 3- bis 4-fache erhöhte. Dem Zugtier wurde nicht mehr ein Riemen um den Hals gelegt; ein gepolsterter Ring (Kummet) wurde von der Brust abgestützt.

M3a

Dreschflegel trennten die Getreidekörner sauber von den Ähren. Zuvor hatten Tiere die Körner austreten oder stampfen müssen: Verschmutzung!

M3b

Die Erfindung der Sense beschleunigte die Heuernte und erleichterte damit die Viehhaltung.

M3c

In Mühlen können große Getreidemengen in kurzer Zeit gemahlen werden. Die ersten Windmühlen tauchten in Europa um 1100 auf.

M4

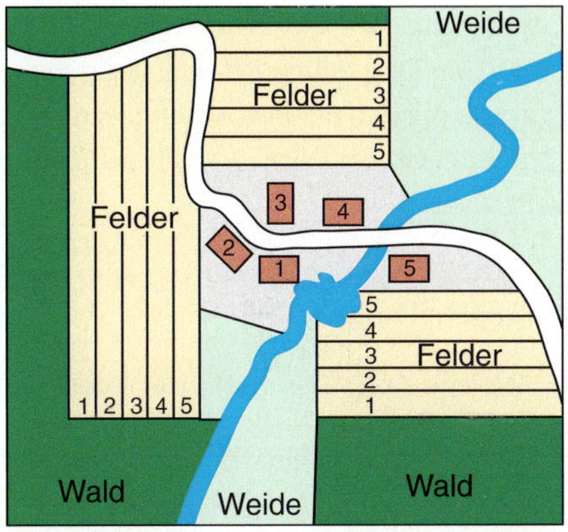

Schematische Zeichnung eines Dorfes mit Höfen und Dreifelderwirtschaft: Weide, Wald und Fluss werden gemeinsam genutzt (= Allmende).

Bis ins 12. Jahrhundert hinein war nur eine Hälfte des Ackerlandes bestellt worden. Die andere Hälfte lag brach, damit sich der Boden erholen konnte. Um 1200 löste die Dreifelderwirtschaft die herkömmliche Bodennutzung ab. Die einzelnen Felder eines Dorfes wurden in Großfeldern zusammengefasst, wobei jeder Hof seinen eigenen Ackerstreifen erhielt. Die Bauern bearbeiteten ihre eigenen Streifen selbst, aber die Dorfgemeinschaft legte die Nutzung fest. Auf dem ersten Großfeld wurde Wintergetreide angebaut, auf dem zweiten Sommergetreide, das dritte lag brach und diente als Viehweide. Im nächsten Jahr änderte sich die Nutzungsart. Auf Großfeld 1 wuchs nun Sommergetreide, Feld 2 lag brach und Feld 3 erhielt Wintergetreide. Im dritten Jahr lag Feld 1 brach usw. Im Laufe von drei Jahren hatte jedes der drei Großfelder diese Abfolge durchlaufen. Gegenüber der Zweifelderwirtschaft stiegen die Erträge deutlich, da immer zwei Drittel der Gesamtfläche genutzt wurden und die unterschiedlichen Pflanzen den Boden nicht so auslaugten. Missernten bei einer Getreidesorte konnten durch gute Ernten bei der anderen Saat ausgeglichen werden. Pflügen, Säen und Ernten verteilten sich über das ganze Sommerhalbjahr.

Adel und ritterliches Leben

Adel im Mittelalter: Was bedeutet das?

Kennzeichnend für alle Gesellschaften – dies gilt für die Hochkultur in Ägypten in gleicher Weise wie für die antiken Staats- und Gesellschaftsformen der Griechen und Römer – waren zu allen Zeiten gesellschaftliche Eliten, herausragende Gruppen, die sich als „die Besten" oder auch „die Edlen", „die Besitzenden" bezeichneten. Im deutschen Raum hatte sich seit dem frühen Mittelalter der Begriff „Adel" als Sammelbegriff für all diejenigen Personen eingebürgert, die sich auf ihre Abstammung von „edlen Vorfahren" beriefen und sich deshalb als bevorrechtigter Stand verstanden.

- **Welche Personen gehörten zum mittelalterlichen Adel?**
- **Welche Aufgaben hatte der Adel?**
- **Wie ist die Stellung des Adels zu bewerten?**

Wir beschreiben und bewerten Rolle und Funktion einer bevorrechtigten Gruppe in der Gesellschaft.

1. Beschreibt auf der Grundlage des Darstellungstextes, der Bildquelle (M 1) und des Quellenauszugs (M 2) die charakteristischen Merkmale der adeligen Gesellschaft.

2. Zeitreise: Entwerft in Partnerarbeit ein Interview, in dem ihr einen Adeligen zu Wort kommen lasst. So könnt ihr beginnen: „Sie gehören dem Adel an. Was bedeutet das für Sie? ... „Wie sehen sie Ihre Rolle?" ...

3. Tragt eure Interviews mit verteilten Rollen vor.

4. Position beziehen: Wie bewertet ihr die Stellung des Adels?
Tipp: Schaut dazu noch einmal auf die Seite 48 in diesem Buch.

Adelige Gesellschaft

Die Welt des Adels

Der Adel war auch im Mittelalter die Herrenschicht, die politisch und kulturell bestimmend in der Gesellschaft war. Man wurde in diesen Stand hineingeboren und konnte auch nicht aus diesem gesellschaftlichen Stand wieder herausfallen. Adelig waren die Könige, Herzöge, Grafen und Ritter. Auch die meisten Bischöfe und Äbte stammten aus dem Adelsstand. Frauen konnten nur durch ihre Geburt zum Adel gehören.

Der zahlenmäßig weit größeren bäuerlichen Bevölkerung standen nur wenige adelige Verwandtschaftsgruppen gegenüber. Diese adeligen Familienverbände, auch Adelsgeschlecht genannt, dokumentierten ihr Zusammengehörigkeitsgefühl nach außen dadurch, dass sie einen Familiennamen und in der Regel ein Wappen führten. Noch im 10. Jahrhundert benannten sich adelige Familien üblicherweise nach dem Vornamen ihres Urahnen. Ein gutes Beispiel dafür sind die Welfen. Sie leiteten ihren Namen ab von Welf, dem Grafen Welf von Argengau, als ihrem adeligen Vorfahren. Erst als seit dem 12. Jahrhundert die Burg Besitz und Macht einer Familie nach außen zur Schau stellte, übertrug man den Namen des Geschlechts eher auf den Wohnsitz als auf den gerade lebenden Adeligen. Fortan nannten sich berühmte Adelsgeschlechter auch nach dem Ort ihres Herrschaftssitzes, so zum Beispiel die Staufer nach ihrer Stammburg Hohenstaufen.

Obwohl der Adel verglichen mit der Gesamtgesellschaft nur eine kleine Gesellschaftsgruppe darstellte, beanspruchten die Adeligen aufgrund ihrer Abstammung und ihres großen Grundbesitzes besondere Rechte gegenüber der übrigen Bevölkerung. Gemeinsam war allen, dass sie entweder durch Erbe, Schenkung oder in früherer Zeit auch durch kriegerische Aneignung über freien Eigenbesitz verfügten. Hinzu kamen häufig noch Amtsgüter, d.h. Grundbesitz, den sie als Gegenleistung für Verwaltungs- und Kriegsdienste für den König erhalten hatten. Steuern zahlten die Adeligen nicht. Sie waren stets bemüht, ihre Macht und ihren Einfluss durch eine geschickte Heiratspolitik zu sichern und auszubauen. Wichtige und einträgliche Ämter wurden, wenn irgend möglich, mit eigenen Verwandten besetzt.

- Notiere die Kernaussagen in Stichworten.

M1 Krönungsbild Herzog Heinrichs des Löwen

M2 Kaiser Ludwig der Fromme wendet sich mit folgenden Worten an die Adeligen seines Reiches (823/825)

Euch Adeligen sagen wir und ermahnen euch, worauf es bei eurer Herrschaft vor allem ankommt, dass ihr die Ehrfurcht und Achtung vor der heiligen christlichen Kirche bewahrt und mit euren Bischöfen in Eintracht lebt und ihnen Hilfe bei der Ausübung ihres Amtes zukommen lasst und dass ihr selbst in eurer Herrschaft Frieden und Gerechtigkeit wahrt; und was unsere kaiserliche Autorität öffentlich bestimmt, das sollt ihr in eurer Herrschaft sorgfältig und mit Nachdruck umsetzen. […] Und überhaupt kein Grund, weder die Annahme von Geschenken noch die Freundschaft zu jemandem, weder Hass noch Furcht noch Begünstigung, darf euch vom Wege der Aufrichtigkeit ablenken, dass ihr unter Freien immer gerecht urteilt. Nehmt euch der Waisen, Witwen und Armen an und verteidigt die Kirche und ihre Amtsträger nach Kräften. Diejenigen, die durch Anmaßung und Gewalt bei Diebstahl, Wegelagerei und Raub die öffentliche Ordnung stören wollen, verfolgt mit Entschiedenheit und Strafe, wie es sich gehört. […]

(Capitularia Regum Francorum, MGH Leg. Sect. II. 1, Hannover 1960, S. 303f., übers. v. F. Bratvogel)

- Fasse den Inhalt der Quelle in eigenen Worten zusammen.

- Beschreibt das Krönungsbild und deutet es unter den ersten beiden Leitfragen.

Burgen – Adelige entwickeln ihre ideale Wohnung

Der Anblick einer mittelalterlichen Burg hat für viele Menschen etwas Faszinierendes – vielleicht, weil diese Gebäude so prächtig wirken, weil sie unsere Fantasie anregen oder weil wir das Gefühl haben, die Geschichte würde uns hautnah begegnen und jeden Augenblick könnte ein Ritter in festlicher Rüstung aus dem Tor reiten.
Möglicherweise seid ihr schon einmal auf einer Burg gewesen und kennt bereits viele Teile einer Burganlage.

- **Was ist typisch für eine mittelalterliche Burg?**

Wir beschreiben und erläutern eine Rekonstruktionszeichnung.

1. Legt dazu eine Tabelle an, in der ihr die verschiedenen Burgteile (Bergfried, Verlies, Burggraben ...) aufführt und in einer gesonderten Spalte erläutert.

Nr.	Fachausdruck	Erläuterung
1	Bergfried	Beobachtungsturm, letzter Zufluchtsort für den Notfall.
2	Verlies	
3		

2. Nutzt die Tabelle, um eure Mitschülerinnen und Mitschüler durch die Burg zu führen.
Überlegt, welche Form der Präsentation, die ihr kennt und beherrscht, eurer Meinung nach dafür am besten geeignet ist.

Die Burgen des Mittelalters wurden nicht gebaut, um schön, stolz oder prächtig zu wirken. Es waren in erster Linie Zweckbauten, bei deren Planung die Baumeister eine Fülle von Anforderungen im Auge haben mussten. Der ursprüngliche Zweck lag darin, die Bewohner vor Angriffen zu schützen. Deshalb liegen die Burgen oft an unzugänglichen Stellen: auf Bergen, auf Felsvorsprüngen oder, wie in Norddeutschland, von Fluss oder See umgeben. Seit dem 12. Jahrhundert baute man Burgen fast nur noch aus Stein – eine feste Burg konnte nicht so schnell abbrennen und gab durch das mächtige Mauerwerk zusätzlichen Schutz. Im Laufe der Jahre entwickelten die Baumeister viele zusätzliche und oft raffinierte Verteidigungselemente und stellten sicher, dass die Bewohner auch längere Belagerungen überstehen konnten.

Neben der militärischen Bedeutung besaß die Burg aber auch eine wichtige politische Aufgabe: Sie war der Herrschaftssitz eines Adeligen, der von dieser Burg aus das zugehörige Land verwaltete und regierte. Hier spielte sich das Leben der Adeligen zu einem großen Teil ab.
Wie viele Menschen auf einer Burg lebten, ist schwer zu schätzen. Eine große Burg, wie sie auf der Zeichnung zu sehen ist, dürfte 50 bis 100 Personen Platz geboten haben. Neben dem Burgherrn und seiner Familie lebten dort weitere Ritter und Edelfrauen, Knappen, Knechte, Mägde und vermutlich auch ein Geistlicher.

M Eine typisch mittelalterliche Burg (Rekonstruktion)

Zu Aufgabe 1

a) Wenn du die Abbildung genau betrachtest, kannst du zuerst herausfinden, welche Burgteile (1 – 20) mit welchem Fachausdruck bezeichnet werden: Bergfried, Brunnen, Burggraben, Fallgitter, Haupttor, Kapelle, Kemenate, Küche, Lagerraum für Lebensmittel, Mauer, Nebentor, Pechnase, Rittersaal, Schlafraum, Stallungen, Toilette, Verlies (= Gefängnis), Wehrgang, Weinkeller, Zugbrücke.

b) Einige der Fachausdrücke werden näher erläutert: Fülle die dritte Spalte entsprechend aus. Achtung: Die Reihenfolge ist durcheinandergeraten!

- Beobachtungsturm, letzter Zufluchtsort für den Notfall.
- Einziger Zugang ist eine Luke in der Decke, das „Angstloch".
- Lagerung von Lebensmitteln, deshalb direkter Zugang zur Küche.
- Überdachte Verbindung zwischen Haupthaus und Bergfried.
- Nur der Burgherr und seine Frau besaßen diesen „privaten" Schlafraum für sich.
- Beheizbarer Wohnraum (Kamin).
- Abgetrennter Abort-Erker, nur für die Familie des Burgherrn und seine Gäste.
- Großer Raum, indem wichtige Entscheidungen getroffen und Gäste empfangen wurden.
- Zubereitung der Speisen am offenen Feuer.
- Je nach Örtlichkeit bis zu 70 – 80 Meter tief.
- Konnte heruntergelassen werden, um das Eindringen in den inneren Burghof zu erschweren.
- Je nach Örtlichkeit mit Wasser gefüllt.
- War zumindest nachts in der Regel immer hochgezogen.
- Diente Fußgängern als Eingang.
- Sitz der Torwache, Angreifer konnten von hier aus mit heißen Flüssigkeiten überschüttet werden.

Information

Das Leben der Ritter

Ausstellungen zum Mittelalter, mittelalterliche Märkte und Burgfeste mit nachgestellten Ritterspielen haben besonders in Städten, die zu dieser Zeit entstanden sind, Konjunktur und finden Anklang. Bis heute schwingt im Wort Ritter ein Hauch von Freiheit und Abenteuer mit. Bücher über das Leben der Ritter finden viele Leser. So wird mancher Leser zu einem informierten Experten auf diesem Gebiet.

- **Wie lebte ein Ritter im Mittelalter?**

Wir halten einen Expertenvortrag zu diesem Thema.

Bereite einen Expertenvortrag vor. Ausreichende Informationen erhältst du im Darstellungstext auf dieser Doppelseite.
Orientiere dich bei der Vorbereitung an den methodischen Hinweisen auf S. 124.
Natürlich kannst du auch zusätzliche Informationen (eigene Bücher, Schul- oder Stadtbibliothek, Internet) beschaffen und einarbeiten.

Herrschaft eines Ritters (aus einer Chronik von 1492)

Die Entstehung des Rittertums

Es ist gar nicht so einfach, genau zu erklären, was einen Ritter im Mittelalter ausmachte. Das Wort „Ritter" hat sich erst im 11. Jahrhundert ausgebildet. Zu dieser Zeit war es üblich geworden, dass mächtige und vermögende Herren, etwa Grafen, Herzöge oder Bischöfe, einigen nichtadeligen Personen, denen sie vertrauten, wichtige Aufgaben übertrugen. Dies konnten Aufgaben in der Verwaltung sein, in der Verteidigung der Burg oder ganz allgemein im Militärdienst. Waren die Herren mit den Leistungen dieser Dienstmannen (lateinisch: Ministerialen) sehr zufrieden, konnten diese mit einer großzügigen Entlohnung rechnen: Sie erhielten mehr Freiheiten und vor allem Grundherrschaften zur Bewirtschaftung, sodass sie sich von den Einnahmen eigene Pferde und sehr teure Waffen leisten konnten. Von nun an dienten sie ihrem Herrn auf eine vornehme Weise: Sie verstanden sich nicht mehr als einfache Dienstmannen, sondern als Ritter. Im Laufe des 12. und 13. Jahrhunderts wurden die Grenzen dann immer fließender. Grob gesehen war im Deutschen Reich des Mittelalters jeder Adelige ein Ritter, aber nicht jeder Ritter war auch automatisch ein Adeliger. Ab einer gewissen Machtposition empfand sich auch ein Ritter, dessen Vorfahren noch Dienstmannen gewesen waren, als dem Adel zugehörig. Für das deutsche Sprachgebiet hat es sich eingebürgert, diese Ritter als „niederer Adel" einzustufen, der sich von dem Hochadel der Herzöge und Grafen unterschied. Ritter, die eigene Burgen errichten konnten, fühlten sich dem alten Adel sogar ebenbürtig und dienten keinem fremden Herrn mehr – nur einem Herrn fühlten sie sich alle in gleicher Weise verpflichtet: ihrem „Herrn Jesus Christus". Ihm treue Dienste zu leisten, war im christlichen Mittelalter eine Selbstverständlichkeit. Rief die Kirche zum Dienst, durfte kein Ritter zögern. Einen spektakulären Ausdruck fand dieses christliche Denken bei den Kreuzzügen. Zu Tausenden brachen die Ritter auf, um das Heilige Grab zu befreien.

Welche Aufgaben hatten die Ritter?

Alle Ritter waren in erster Linie Berufssoldaten. Sie dienten entweder ihrem Herrn und hatten im Kampfe tapfer zu streiten oder aber sie kämpften für eigene Interessen. Sie legten sehr viel Wert auf eine exzellente militärische Ausbildung und trainierten immer wieder die typischen Kampfsituationen mit Schwertern, Lanzen usw. In allen militärischen Fragen mussten Ritter Expertenwissen besitzen. Die Qualität von Rüstungen einschätzen zu können und etwas von Pferden zu verstehen, konnte überlebenswichtig sein. Im zivilen Hauptberuf waren die Ritter Grundherren. Ihre Existenz hing von der Arbeitsleistung „ihrer" Bauern ab, die auf den Höfen der von ihnen geleiteten Grundherrschaft arbeiteten und zu bestimmten Zeiten verpflichtet waren, die festgelegten Mengen an Getreide, Vieh oder anderen Lebensmitteln auf die Burg zu bringen. Im Gegenzug mussten die Ritter ihre Bauern vor Überfällen schützen und in Notfällen unterstützen. Bei Streitigkeiten waren die Ritter die obersten Gerichtsherren, die zwischen den Streithähnen vermittelten und

Strafen aussprachen. Um eine funktionierende Grundherrschaft abzusichern, mussten die Ritter also in erheblichem Maße Verwaltungs- und Kontrolltätigkeiten ausüben. Es ist davon auszugehen, dass es nicht immer einfach gewesen ist, die Bauern „bei der Stange zu halten", vor allem wenn es darum ging, die geforderten Abgaben und Dienste auch tatsächlich einzutreiben.

Ein standesgemäßes Leben

Im Grundsatz gingen die Ritter davon aus, sich von jeder eigenen körperlichen Arbeit freizuhalten. Ein materiell sorgenfreies Leben schien ihnen unbedingt notwendig, um das rechte Maß zu finden bei der Verwirklichung der ritterlichen Tugenden, die sich zwischen 1150 und 1250 entwickelten. Im Selbstverständnis der Ritter waren Hilfsbereitschaft und Aufopferung für andere Menschen, vor allem Kranke und Schwache, oberstes Gebot. Wer aber „niedrigen" Vorteilen nachstrebte, etwa Geld, verlor nicht nur den Respekt seiner Mitmenschen, sondern seine Ehre – was dem Ausschluss aus der höfischen Gesellschaft gleichkam.

Verachtung drohte jedem Ritter, der seinen Gegner aus dem Hinterhalt angriff, der seinem Herrn untreu wurde, das Recht missachtete oder den Armen nicht half. Noch heute benutzen wir die Adjektive „ritterlich" und „höflich", um besonders vorbildliche oder rücksichtsvolle Verhaltensweisen zu kennzeichnen. Wie sich ein Ritter im konkreten Fall zu verhalten hatte, war nirgendwo exakt festgelegt, aber jeder Ritter kannte die Leitlinien durch die fahrenden Sänger und Schriftsteller, die von Hof zu Hof oder von Burg zu Burg zogen und dort die Ritterdichtungen vortrugen. In diesen Dichtungen wurde das vorbildliche Verhalten der „Helden" gepriesen und jedes Fehlverhalten scharf verurteilt und bestraft.

Die Literatur sorgte dafür, dass auf allen Burgen und an allen Höfen ganz ähnliche Vorstellungen von ritterlichem Verhalten existierten. Parallel dazu entwickelten sich an den Höfen und auf den Burgen auch die ersten Umgangsformen, z. B. Tischsitten oder Tänze. Voller Verachtung blickten die Ritter auf die Bauern hinab, die unfrei waren, körperliche Arbeit leisteten und keinerlei Vorstellung von höfischer Kultur besaßen und von dem, was sich gehörte und was nicht.

Das Ende eines Berufszweiges

Seit dem 14. Jahrhundert verließen immer mehr Adelige die abgelegenen Burgen und bauten sich helle, komfortable Schlösser in den Tälern und in der Nähe der aufblühenden Städte. Zeitgleich wurden die kritischen Stimmen aus dem Christentum immer lauter, denn ein frommer Christ durfte allenfalls aus Notwehr die Waffe einsetzen, wenn er das Seelenheil nicht verlieren wollte. Der Kampf um des reinen Kampfes willen erschien zunehmend als sündhaft und musste direkt in die Hölle führen. Das endgültige Ende wurde durch militärtechnische Neuerungen herbeigeführt. Söldnerheere und Kanonen machten Burgen und Ritter schlicht überflüssig. Die Waffenkünste der Ritter, ihre Kraft, ihre Disziplin und auch ihre Vorstellungen von Anstand und Ehre wurden nutzlos, wenn einfache Feuerwaffen, oft aus dem Hinterhalt abgefeuert, und das noch von beliebigen „Bauernlümmeln", viel wirkungsvoller eingesetzt werden konnten. Um ihren Lebensunterhalt zu verdienen, sahen sich viele Ritter gezwungen, den Druck auf die Bauern zu erhöhen, was deren Widerstand herausforderte. Immer mehr Ritter wurden nach heutigen Maßstäben kriminell: Sie erpressten „Schutzgelder", überfielen reisende Kaufleute und plünderten Höfe und Dörfer. Mit ritterlichem und standesgemäßem Verhalten hatten diese „Raubritter" nichts mehr gemeinsam. Mit dem 16. Jahrhundert endete spätestens die Zeit der Ritter. Einige Ideale jedoch haben die Jahrhunderte überdauert und ein „ritterliches" Verhalten gilt auch heute noch als „aller Ehren wert".

Ein Ritter und zwei Damen tanzen zu Musik.

Wie lebten die Jungen und Mädchen auf einer Burg?

Geschichte ist, wie ihr es an vielen Beispielen schon erfahren habt, gewissermaßen eine Reise in die Vergangenheit. Dabei vergleichen wir oft wie selbstverständlich das Fremde und Andersartige früherer Zeiten mit unserer Lebenswelt. Hast du dir schon einmal vorgestellt, als Junge oder Mädchen auf einer mittelalterlichen Burg gelebt zu haben?

- **Warum ich (nicht) gern als Sohn eines Ritters auf einer Burg gelebt hätte.**
- **Warum ich (nicht) gern als Tochter eines Ritters auf einer Burg gelebt hätte.**

Wir beschreiben und nehmen Stellung.

1. Lies den Darstellungstext und die Quellen kursorisch durch, betrachte die Bilder und entscheide dich, ob du die Rolle eines Jungen (S. 248) oder die eines Mädchen (S. 249) übernehmen möchtest.

2. Beschreibe mithilfe der Informationen, die Darstellungstext, Quellentexte und Bilder liefern, wie ein Junge oder ein Mädchen zu dieser Zeit gelebt haben.

3. Nimm Stellung zu der Leitfrage, für die du dich entschieden hast.

Die Situation der Jungen und jungen Männer

Bis zum Alter von etwa sieben Jahren konnten die Jungen auf der Burg herumtollen. Kein Winkel der Burg dürfte vor ihnen sicher gewesen sein: Die Ställe, die Lagerräume, der Burggraben – alles haben sie genau ausgekundschaftet. Vermutlich hat es sie wenig gestört, dass die Räume dunkel und feucht waren, dass es im Winter durch alle Ritzen zog, dass es bitterkalt war und es fürchterlich stank – sie kannten es ja nicht anders. Dann übernahmen die Männer für sie die Erziehungsaufgaben. Es begann ein hartes Leben voller Pflichten. Als Page blieb der Sohn eines Ritters auf der elterlichen Burg – oder aber er wurde auf die Burg eines Verwandten geschickt, wo er die wichtigen praktischen Fähigkeiten trainierte. Parallel dazu musste er die „höfische Lebensweise" erlernen. Dazu gehörte, dass er sich jederzeit höflich benahm, wohlerzogen auftrat und sich den Frauen gegenüber respektvoll verhielt. Im Alter von 14 Jahren begann die eigentliche Ausbildung zum Ritter. Spätestens jetzt verließ er die gewohnte Burg und die Familie und begab sich als Knappe zu einem fremden Herrn, der ihn weiter ausbildete. Selbstverständlich begleitete er ihn zu Turnieren, auf Jagden und auf Reisen und er nahm auch als Helfer seines Herrn an den Kämpfen teil. Täglich musste er seinen Herrn bei Tisch bedienen. Hatte er sich bewährt, endete seine Ausbildung mit der feierlichen Zeremonie der Erhebung in den Ritterstand. In der Kirche wurde ihm zum Symbol seiner neuen Rolle das Schwert überreicht, das er segnen ließ und von nun an immer bei sich trug. Ein typischer Segensspruch lautete: „Herr, mache dieses Schwert deiner wert, damit es zum Schutz von Kirchen, Witwen, Waisen und allen, die Gott dienen, gegen die Wildheit der Heiden helfen kann." Oft kehrte der junge Mann erst nach dieser Zeremonie auf seine Heimatburg und zu seiner Familie zurück; in der Regel war er zu diesem Zeitpunkt 21 Jahre alt. Seine Ausbildung hatte also 14 Jahre gedauert.

M1 Erziehung eines Jungen

Gottfried von Straßburg, einer der bekanntesten Dichter des Mittelalters, verfasste im 13. Jahrhundert das Werk „Tristan und Isolde". Am Beispiel Tristans schildert er die seiner Meinung nach vorbildliche Erziehung eines Jungen. Gottfried zeichnet ein Idealbild, denn es gilt als sicher, dass nur wenige Ritter lesen und schreiben konnten.

Nachdem Tristan getauft und in die christliche Kirche aufgenommen worden war, nahm die tüchtige Mutter ihren Sohn wieder in liebevolle Pflege. Als er sein siebentes Jahr erreichte, schien er seinem Vater verständig genug, um ihn zu einem gebildeten Mann zu geben. Mit diesem Mann reiste Tristan in fremde Länder,

M2 Ein junger Mann wird zum Ritter geschlagen

um deren Sprachen zu studieren. Neben seinem Studium der Bücher und Sprachen beschäftigte er sich viel mit allen Arten des Saitenspiels. Daneben lernte er auch nach ritterlicher Sitte das Reiten mit Schild und Speer. Er übte sich im Fechten, dem schweren Ringkampf, Weitsprung, Um-die-Wette-Laufen, Speerwerfen. All das konnte Tristan vorzüglich, denn er war sehr kräftig. Auch wissen wir, dass niemand so meisterlich wie er pirschen und jagen konnte. Die höfischen Gesellschaftsspiele kannte er gut und beherrschte sie. Als er in sein 14. Jahr kam, ließ ihn sein Vater wieder heimkehren und überzeugte sich davon, wie weit seine Ausbildung schon gediehen war.

(Gottfried von Straßburg, Tristan und Isolde; gekürzt und sprachlich vereinfacht)

Die Lage der Mädchen und der jungen Frauen

Die Mädchen erhielten ihre Erziehung in der Regel auf der Burg der Eltern. Ihre wichtigste Lehrerin war die Mutter. Unverheiratete oder verwitwete Frauen aus der Verwandtschaft brachten den Mädchen Handarbeiten wie Stricken und Nähen bei. Viele lernten lesen und schreiben und waren oft gebildeter als die Jungen. Manche lernten Fremdsprachen, um die beliebten Ritterromane im englischen oder französischen Original lesen zu können. Erst im heiratsfähigen Alter verließen die Mädchen die heimatliche Burg. Sie wurden an den Hof eines befreundeten Ritters geschickt, um dort die letzten Feinheiten beigebracht zu bekommen, die sie für ihre spätere Aufgabe als Ehefrau und Burgherrin brauchten. Das Lebensziel eines adeligen Mädchens wurde nämlich darin gesehen, standesgemäß zu heiraten, Kinder zu bekommen und den Burghaushalt zu führen. Durch ihre Schönheit, vornehmes Verhalten und Kunstfertigkeiten sollte sie ihren Ehemann und die höfische Gesellschaft erfreuen. Ein selbstbestimmtes Leben mit vielen Freiheiten zu führen – das war für alle Mädchen und jungen Frauen des Adels unvorstellbar. Wen die Mädchen einmal heiraten sollten, wurde oft schon in den ersten Lebensjahren festgelegt; und dass eine junge Frau ihren Gatten schon vor dem Hochzeitstag zu Gesicht bekam oder sogar näher kennenlernte, dürfte eher die Ausnahme gewesen sein. Um ihrer Treue sicher zu sein, konnte ihr Ehemann sie bewachen oder sogar einsperren lassen, wenn er die Burg verließ oder in den Krieg zog. In diesen Phasen der Abwesenheit änderte sich jedoch die Lage: Jetzt besaß die Burgherrin die Kommandogewalt auf der Burg; sie kontrollierte die Abgaben und Dienste der Bauern, sie trieb die Schulden ein, sie organisierte alle Abläufe in Küche und Haushalt. Kaum war der Mann wieder zurück, führten die adeligen Frauen ein eher müßiges Leben. Bereits der Kleidung war anzusehen, dass jede Verrichtung körperlicher Arbeit ausgeschlossen war, weil dies Schande bedeutet hätte. Die mittelalterliche Dichtung „Iwein" berichtet von edlen Jungfrauen, die zu mühseligen Arbeiten wie dem Flachsbrechen und zum Spinnen gezwungen wurden. Würde und Ansehen sind in großer Gefahr, bis der erbarmungsvolle Ritter auftritt, die Frauen rettet und von der Arbeit erlöst! Im Vergleich zu anderen mittelalterlichen Frauen hatte die Dame von Stand viel Zeit, etwa für Spiele, schöne Künste und Hobbys: Man ließ sich prunkvolle Gewänder anfertigen und konkurrierte mit den Herrinnen der Nachbarburgen um die schönsten Wandmalereien und Teppiche. Glaubt man den bildlichen Darstellungen der Zeit, kann man annehmen, dass viele Mädchen und Frauen es sehr genossen, von den Minnesängern umschmeichelt und verehrt zu werden.

M3 Erziehung eines Mädchens

Am Beispiel Isoldes schildert Gottfried von Straßburg die seiner Meinung nach vorbildliche Erziehung eines adeligen Mädchens. Er zeichnet ein Idealbild.

Das schöne Mädchen beherrschte Französisch und Latein und konnte ganz vorzüglich die Fidel in der Art der Menschen spielen, die südlich der Alpen leben. Auch sang das begabte Mädchen mit einer süßen Stimme. In allem, was sie sonst noch konnte, half ihr der Lehrer und förderte sie nach Kräften. Daneben unterwies er sie in einem Gegenstand, den wir die Sittenlehre nennen, die Kunst, die feinen Anstand lehrt. Damit sollten sich alle Frauen in ihrer Jugend befassen. Diese Lehre umfasst die Welt und Gott zugleich. Sie lehrt in ihren Geboten, Gott und der Welt zu gefallen und ein anständiges, züchtiges Leben in Demut und Bescheidenheit zu führen. Sie wurde dadurch hochgebildet, schönen und reichen Sinnes, und ihr Benehmen war lieblich.

(Gottfried von Straßburg, Tristan und Isolde; gekürzt und sprachlich vereinfacht)

M4 Lesende Dame

Feste und Turniere

Zu den Höhepunkten des adeligen Lebens zählten Feste und Turniere, bei denen die Ritter einerseits ihre Kampfkraft und ihre Stärke beweisen konnten. Andererseits zeigten sie ihre Ritterlichkeit aber auch, indem sie sangen, Instrumente spielten oder Gedichte vortrugen.

- **Wie verlief ein mittelalterliches Turnier?**

Wir erzählen anschaulich über frühere Zeiten.

1. Gestaltet in Gruppen, in denen ihr die Arbeit untereinander aufteilt, einen Bildervortrag zur Leitfrage.
   a) Lest dazu den Darstellungstext und das Textmaterial M 1 sinnorientiert unter der Fragestellung (vgl. Methode S. 24) und haltet die wichtigsten Informationen in Stichworten auf Karteikarten fest.
   b) Ordnet die gesammelten Informationen den Abbildungen zu.

2. Entscheidet gemeinsam, wie ihr euren Bildervortrag anschaulich und spannend präsentieren wollt.
Tipp: Ihr dürft das Geschehen spannend ausgestalten und ausschmücken, vielleicht auch ein wenig dramatisch darstellen, dabei aber die historischen Tatsachen nicht verdrehen oder verfälschen.

Die Minnesänger

Wenn der Burgherr feierte, lud er gern sangeskundige Ritter ein, die begleitet von Fidel oder Leier ihre Gedichte und Lieder vortrugen. In diesen Texten ging es um Ehre und Kampf, natürlich um das Lob desjenigen Herrn, der ihren Auftritt bezahlte, vor allem aber um eine besondere Form von Frauenverehrung, die sogenannte Minne. In diesen Minneliedern steht fast immer ein Liebesverhältnis im Zentrum: nämlich das Verhältnis zwischen einem Ritter und einer adeligen Herrin, die der Sänger verehrt, für die er kämpft und um deren Gunst er bittet. Mit körperlicher Liebe hat Minne jedoch nichts zu tun, denn die Frau ist verheiratet und steht gesellschaftlich höher als der Sänger. Allenfalls ein Lächeln, eine huldvolle Geste oder gar ein anerkennendes Geschenk (z. B. einen Blumenkranz) darf die Hauptperson in der Dichtung erwarten und auch der singende Ritter durfte nicht mehr erhoffen. Keine Liebesfreuden, sondern Minnedienst – hier spiegelt sich das Idealbild vom selbstlosen, disziplinierten, ritterlichen Verhalten.

M1 Turniere – ein gefährliches Vergnügen

Noch beliebter als solche Feste waren Turniere, bei denen Ritter vor Publikum ihre Geschicklichkeit im Umgang mit den typischen Waffen demonstrieren mussten, im Zweikampf oder auch in Gruppenkämpfen. Wie es bei einem Turnier zuging, könnt ihr dem zeitgenössischen Bericht des Minnesängers Ulrich von Lichtenstein entnehmen:

Am Montag bei Tagesanbruch diente man Gott und hörte die Messe hier und dort singen. Dann entstand in den Gassen überall ein großes Gedränge von den Knechten. Der Lärm der Posaunen, Flöten, Hörner und Trommeln war groß. Die Herolde freuten sich und riefen überall aus: „Zieht aus, edle Ritter, zieht mutig aus, die Boten der Frauen sehen es, zieht freudig auf das Feld, dort liegt der Preis für die Liebenden.“ Mit Schall zogen wir hinaus. [...] Als die Ritter auf dem Felde waren, bot das einen herrlichen Anblick, man sah die Fahnen und Wappen, die Speere nach dem Wunsch der Ritter verschieden bemalt, die Helme prächtig geschmückt. Die blitzenden Helme, die schimmernden Schilde blendeten manchen so, dass er kaum etwas sehen konnte, die leuchtenden Farben der Rüstungen wetteiferten mit der Sonne. Da kam die Zeit für den Kampf. Man gab den Rossen die Sporen, zu kräftigem Zusammenprall sprengten die Ritter aufeinander los, Ross und Reiter sah man stürzen. Mächtig krachten die Speere, heftig stießen die Schilde aneinander. Die Knie der Ritter schwollen, Beulen und Wunden von den Lanzen gab es zur Genüge, die Sonne erhitzte die Panzer der Rüstungen und mancher Arm und manches Bein war verrenkt. Die Ritter drängten hin und her und versuchten, den Gegner zu Fall zu bringen. Klingend schlugen Schwerter auf Helme, von denen mancher ebenso brach wie viele Schilde. Das Turnier war wirklich gut. Viele Speere wurden verstochen und wer von ihnen zu Boden gefällt wurde, der litt große Schmerzen durch die Hufe der Pferde, die auf ihn traten. Des einen Verlust war des anderen Gewinn, so ging der Tag mit Kämpfen hin. Mancher nahm müde den Helm ab; andere turnierten noch so, als ob sie gerade erst begonnen hätten. Gegen Abend banden alle die Helme ab und zogen in die Herberge. Da waren für die Ritter schöne Bäder gerüstet, mancher wurde vor Müdigkeit ohnmächtig; hier verband man den einen, dort salbte man den andern, dem dort die Arme, dem hier die Knie. Wer aber etwas gewonnen hatte, der war froh und hochgemut.

(Zit. nach: K. Lachmann (Hg.), Ulrich von Lichtenstein, Berlin 1841, S. 62 ff.)

M2–M8 Ein Turnier in zeitgenössischen Abbildungen

Die Bilder sind so ausgewählt, dass sie wichtige Stationen eines Turniers festhalten: von der Vorbereitung über die Durchführung bis zu den Folgen.

M2

M3

M4

M5

M6

M7

M8

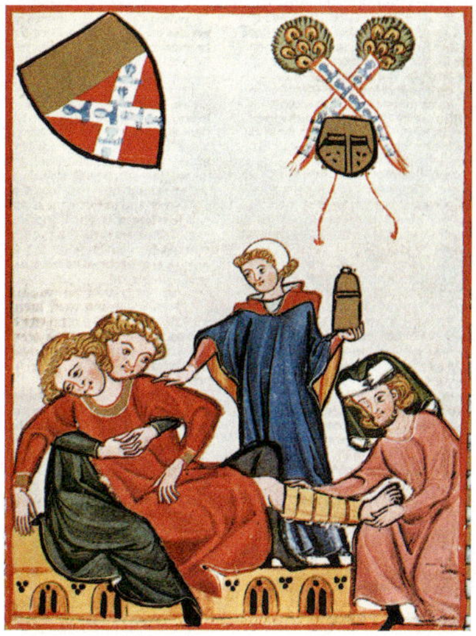

Die Welt der Klöster

Warum lebten Menschen in Klöstern?

In unserem Alltag spielen Klöster kaum noch eine Rolle. Im Mittelalter war dies ganz anders. Überall gab es Klöster: auf dem Land, in den Städten und auch an extremen Stellen – wie der Insel Skellig Michael.

- **Warum gingen Menschen in ein Kloster, um darin zu leben?**

Wir vollziehen Motive und Interessen nach.

1. Bearbeitet den Darstellungstext und den Quellenauszug. Die Aufgaben helfen euch, sie inhaltlich zu erschließen.

2. Fremdverstehen: Menschen dachten nicht zu allen Zeiten gleich und so wie wir heute.
Könnt ihr nachvollziehen, warum Menschen an Orten wie Skellig Michael oder im Kloster auf dem Berg Monte Cassino leben wollten?

Lage/Größe:	Felsinsel im Atlantik westlich von Irland, etwa 1,7 km^2 groß
Entfernung vom Festland:	ca. 15 km, zweistündige Fahrt mit dem Kutter
Erreichbarkeit:	nur bei ruhiger See (kein Hafen, Steilküste!)
Klima:	rau, sehr windig und feucht
Vegetation:	Graswuchs, keine Bäume
Ernährungsmöglichkeiten:	Fische, Robben, Vögel/Eier; einige Schafe/Ziegen können gehalten werden; kein Getreideanbau möglich; keine Quelle vorhanden
Bebauung:	Ruinen einer kleinen Kirche und einiger Mönchszellen in der Form von Bienenkörben; Brunnenanlagen zur Sammlung von Regenwasser; Steinwälle zur Begrenzung von kleinen Gärten
Lage der Ruinen:	ca. 150 m oberhalb des Meeres; 670 in Stein gehauene Stufen führen zum Meer.
Einwohner:	zwischen dem 6. und 13. Jahrhundert von durchschnittlich 10–15 Menschen bewohnt; heute unbewohnt

Luftbild der Atlantik-Insel Skellig Michael: Ruinen des Klosters

Die ersten Nonnen und Mönche waren Einsiedler (griechisch: monachos = alleinlebend) und führten ein entbehrungsreiches Leben an entlegenen Orten, um Gott nahe zu sein. Manche dieser Einsiedler erregten großes Aufsehen, weil sie bis an die Grenze der körperlichen Leidensfähigkeit gingen. So soll der heilige Simon 33 Jahre auf einer Säule gelebt haben. Andere fromme Menschen lebten ebenfalls in großer Abgeschiedenheit, aber zusammen mit anderen Mönchen oder Nonnen in einer organisierten Gemeinschaft. Ihre Häuser nannte man Klöster (lateinisch: claustrum = abgeschlossener Bereich). Unter der Leitung eines Abtes oder einer Äbtissin bildete jedes Kloster eine recht unabhängige Gemeinschaft: eine Welt für sich. Um sich auch räumlich von den Anfeindungen der „sündhaften Welt" abzugrenzen, bauten die Mönche und Nonnen ihre Häuser oft an unzugänglichen Stellen oder umgaben die Klosteranlage mit einer Mauer. Das Kloster, das Benedikt von Nursia um 529 n. Chr. auf dem Berg Monte Cassino in Süditalien gegründet hatte, wurde zum Vorbild in ganz Europa. Überall lebten nun Menschen nach den Regeln, die Benedikt aufgestellt hatte. Wenn sich die Neulinge (= Novizen) nach einer mehrjährigen Probezeit für ein Leben im Kloster entschieden, blieben sie bis an ihr Lebensende in der Klostergemeinschaft. „Ora et labora!" (= „Bete und arbeite!") lautete der Grundsatz, der von nun an ihren Alltag bestimmte. Sie mussten das feierliche Gelübde ablegen, ein Leben in Armut, Gehorsam und Ehelosigkeit zu führen. Besondere Kleidung (Ordenstracht) und Frisuren (die Männer schoren sich eine Stelle auf dem Kopf kahl) machten die Veränderung gegenüber dem bisherigen Leben auch äußerlich sichtbar.

Klöster: Ausdruck tiefer Frömmigkeit

Während sich heute wohl die wenigsten von uns vorstellen können, ihr ganzes Leben nach den Regeln Benedikts auszurichten, lebten im Mittelalter Hunderttausende als Nonnen oder Mönche. Einige hatten es wohl nur notgedrungen getan, z. B. Töchter und Söhne adeliger Familien, deren Einnahmen nicht ausreichten, um ihnen ein standesgemäßes Leben zu sichern. Auch in den Fällen, in denen kleine Kindern von ihren Eltern in ein Kloster gegeben wurden, kann von Freiwilligkeit natürlich keine Rede sein. Aber grundsätzlich ist davon auszugehen, dass die wenigsten Menschen in die Klöster gezwungen wurden. Sie unterwarfen sich den strengen Regeln, um ihr Seelenheil zu erlangen – um in den Himmel zu kommen.

1 Wie entstanden Klöster und was sind ihre besonderen Merkmale?

2 Welche Gründe für den Klostereintritt werden genannt?

Der heilige Benedikt unterrichtet einen Mönch.

M Aus der Mönchsregel des heiligen Benedikt von Nursia (um 529)

[Wir wollen] unter der Führung des Evangeliums auf seinen [= Gottes] Wegen voranschreiten, damit wir verdienen, ihn, der uns in sein Reich berufen hat, dereinst zu schauen. Wenn wir in seinem Zelt wohnen wollen, müssen wir bedenken, dass niemand dorthin gelangt, außer durch die Verrichtung guter Werke. [...] Die Werkstätte aber, in der wir das alles mit Eifer ausführen können, ist das abgeschlossene Kloster und die feste Zugehörigkeit zu einer Gemeinschaft. [...] Müßiggang ist der Feind der Seele, deshalb sollen sich die Brüder zu bestimmten Stunden mit Handarbeit und zu bestimmten mit dem Lesen heiliger Schriften beschäftigen. [...] Bringt es die örtliche Lage oder die Armut mit sich, dass die Brüder die Feldfrüchte selber einernten müssen, so sollen sie darüber nicht unmutig werden. Denn dann sind sie ja in Wahrheit Mönche, wenn sie gleich unsern Vätern und Aposteln von der Arbeit ihrer Hände leben. [...] Das Kloster nämlich soll, wenn es möglich ist, so angelegt werden, dass alles Notwendige sich innerhalb der Klostermauern befindet, nämlich Wasser, Mühle und Garten sowie verschiedene Werkstätten, damit die Mönche nicht zum Nachteil für ihr Seelenheil draußen umherschweifen müssen.

(Zit. nach: F.-J. Jakobi, Klosterkultur des Früh- und Hochmittelalters, Paderborn 1982, S. 4 f.)

1 Welche Motive und Ziele formuliert Benedikt?

2 Wie charakterisiert Benedikt den Lebensort Kloster?

Ein Junge geht ins Kloster

Abbildung aus dem Codex Benedictus, einer Textsammlung, die im 11. Jahrhundert im Kloster Monte Cassino angefertigt wurde. Frei übersetzt lautet die Bildunterschrift: „Florus übergibt seinen Sohn. Der Abt macht eine Zusage. Florus gibt dem Abt Grundbesitz."

Was erzählt das Bild?

Die Aufnahme in ein Kloster, so verrät uns die Darstellung, war nicht nur ein Akt der Frömmigkeit, sondern auch ein Geschäft.

Der Abt als Leiter des Klosters nimmt den Sohn nur auf, weil Vater Florus dafür bezahlt. Mit der rechten Hand zieht er den Jungen zu sich, mit der linken ergreift er eine Schenkungsurkunde. Beide Seiten haben ihre Zeugen mitgebracht, damit der Vorgang rechtsgültig wird.

Unser Kloster, so mag der Abt denken, hat zunächst einmal einen Bewohner und Esser mehr; nach vielen Jahren, wenn der Junge eine gute Ausbildung erhalten hat, ist er

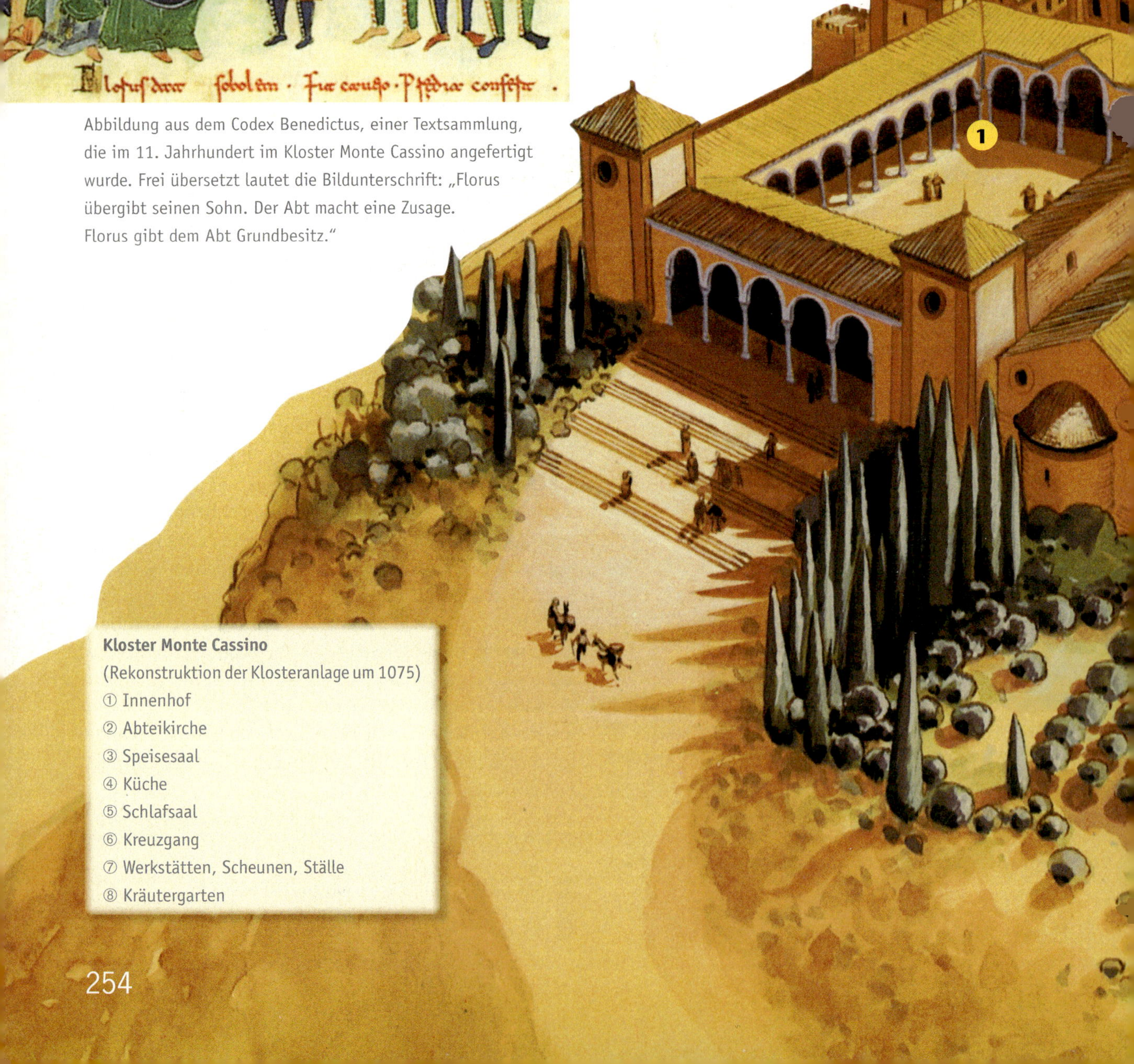

Kloster Monte Cassino
(Rekonstruktion der Klosteranlage um 1075)
① Innenhof
② Abteikirche
③ Speisesaal
④ Küche
⑤ Schlafsaal
⑥ Kreuzgang
⑦ Werkstätten, Scheunen, Ställe
⑧ Kräutergarten

bestimmt ein guter Mönch; Gott wird sicher gefallen, dass unser Kloster jetzt mehr Grund und Boden hat.
Der Vater dürfte andere Gedanken haben: Er hat Land verloren und kann in Zukunft weniger ernten. Aber er weiß, dass für seinen Sohn gesorgt ist und dass dieser viele Gebete sprechen wird.

Was wohl im Kopf des kleinen Jungen vor sich geht? Wir wollen den Jungen Markus nennen und folgen ihm auf seinem ersten Rundgang durch das Kloster.

1 Der Abt erklärt ihm, dass ein Kloster „eine Welt für sich" ist. Was ist damit gemeint?

2 Beschreibt die Rekonstruktionszeichnung und erklärt die Aussage des Abtes.

Leben im Kloster

Zeitsprung: Wir nehmen an, dass Markus mittlerweile 13 Jahre alt ist und seit vielen Jahren im Kloster lebt. Er weiß, dass die Eltern überlegen, auch seine Schwester Adelheid in ein Kloster zu geben. Er will seine eigenen Erfahrungen mitteilen und ihr einen Rat geben.

- **Wie lebt Markus im Kloster?**

Wir beschreiben eine Lebenssituation aus zeitgenössischer Perspektive.

Markus erfährt von den Plänen der Eltern und beschließt, einen Brief an seine Schwester zu verfassen. Er möchte ihr über sein Leben im Kloster berichten. Ihr könnt unter zwei Briefanfängen wählen:
- „Liebe Adelheid, das Kloster ist ein Vorzimmer des Paradieses …"
- „Liebe Adelheid, hier im Kloster ist es wie in einem Gefängnis …"

Alle für den Brief notwendigen Informationen findet ihr im Darstellungstext, auf den Bildern und im Schaubild auf dieser Doppelseite.

M1 Mönche beim Gottesdienst

Gottesdienst und Schule

Auf eine Leistung wurde der kleine Markus ganz besonders vorbereitet: Er musste für das Seelenheil der Lebenden und Verstorbenen beten. Dazu war es nötig, die Heilige Schrift sowie Psalmen und Hymnen zu kennen. Der Junge wird deshalb mit großer Wahrscheinlichkeit lesen und schreiben gelernt haben. Das erscheint uns heute selbstverständlich, aber im Mittelalter war das eine seltene Kunst, die man nur im Kloster lernen konnte. Deshalb schickten einige Eltern ihre Kinder auch nur vorübergehend, als Gäste, in die sogenannte äußere Klosterschule. Diese Kinder durften das Innere des Klosters nicht betreten und mussten nicht nach den strengen Regeln der Novizinnen und Novizen leben. Die Lernmethoden waren für alle Kinder gleich und nicht besonders einfallsreich: Die Kinder mussten stur auswendiglernen und gebetsmühlenartig nachsprechen. Nur die Begabten erhielten später Unterricht in den sogenannten „sieben freien Künsten" (u. a. Redelehre, Rechnen, Musik, Theologie).

Tagesablauf

Der heilige Benedikt hatte in seiner Regel festgelegt, in welcher Folge sich religiöse Dienste, Arbeits- und Ruhephasen abwechseln sollten. Jeder Tag begann und endete mit dem gemeinsamen Gebet. Die Anfangszeiten verschoben sich je nach Jahreszeit. Im Sommer musste der kleine Markus schon um zwei Uhr morgens aufstehen um die Morgenandacht in der von Kerzen erleuchteten Kirche zu halten. Die Kirchenglocken „gaben den Ton an": Ihr Geläut gliederte den Tag.

M2 Tagesablauf (Idealmodell)

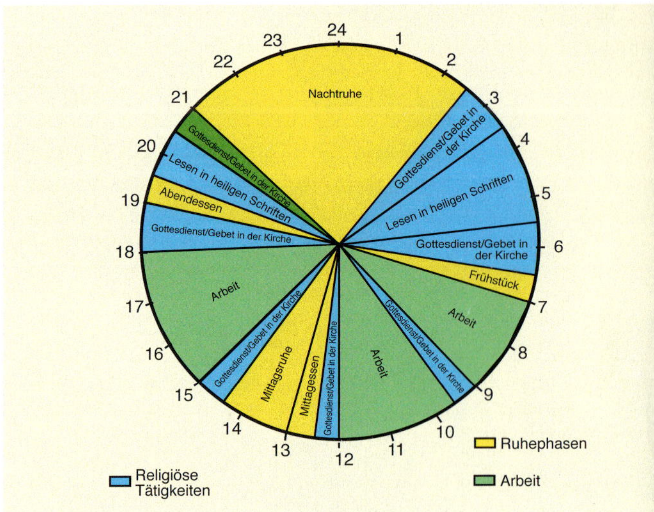

Leben in der Gemeinschaft

Ein eigenes Zimmer hatte Markus nicht. Es gab einen gemeinsamen Schlaf- und einen Speisesaal, aber keine Privaträume, in die er sich allein hätte zurückziehen können. Benedikt hatte festgelegt, dass niemand im Kloster etwas nur für sich besitzen sollte; alles sollte allen gehören. Sprechen durfte Markus nur, wenn ihn einer der Mönche gefragt hatte; sonst musste er schweigen – auch beim Essen, wo alle einem Mitbruder zuhörten, der aus einem heiligen Text vorlas. Ungehorsam oder Fehler in der Schule wurden mit Rutenhieben bestraft. Wurde er krank, konnte er sich auf die Hilfe der anderen verlassen. Aufopfe-

M3 Mönch bei der Feldarbeit

M4 In der Klosterschule

rungsvoll wurde er gepflegt und versorgt Das Gebot der Nächstenliebe wurde auch gegenüber den Fremden und Besuchern sehr ernst genommen; alle erhielten Nahrung und Unterkunft, Trauernde wurden getröstet, Kranke und Sterbende im Klosterhospital aufgenommen.

Arbeitsalltag.

Für Benedikt von Nursia war klar, dass man im Kloster kein faules oder bequemes Leben führen durfte. „Müßiggang ist der Feind der Seele", hatte er in seiner Klosterregel erklärt und die tägliche Handarbeit zur Pflicht für alle Mönche und Nonnen gemacht. Da das Kloster sich nach Möglichkeit allein versorgen sollte, fielen zahlreiche landwirtschaftliche und handwerkliche Arbeiten an, die die Mönche und Nonnen entweder selbst verrichteten oder beaufsichtigten. Wenn Markus nicht von adeliger Herkunft, sondern ein Bauernsohn war, kamen auf ihn wahrscheinlich harte körperliche Arbeiten auf dem Acker oder in der Klosterschmiede zu.

Ernährung

Auf den ersten Blick bot der Speiseplan wenig Abwechslung: Brot, Käse, Bohnen, Haferbrei, Gemüse und Fisch. Aber im Vergleich mit der Ernährungslage der meisten Bauern hatte das Essen einen großen Vorzug: Es war genug da, niemand musste Hunger leiden. Zu jedem Essen gab es Wasser und Bier, in einigen Regionen auch Wein. Als Novize bekam Markus auch etwas Fleisch, eine seltene Delikatesse, die ansonsten den Kranken vorbehalten war. Er hatte eine weit höhere Lebenserwartung als die Menschen außerhalb des Klosters.

Verwaltung und Wissenschaft

In den größeren Klöstern gab es hoch spezialisierte Nonnen oder Mönche, deren Fähigkeiten im weiteren Umkreis bekannt waren. Sie betreuten etwa den Kräutergarten und stellten Arzneien her oder sie arbeiteten als Heilkundige im Hospital. Wenn sich herausstellte, dass Markus eine technische Begabung besaß, konnte er seine Fähigkeiten als Ingenieur weiterentwickeln. Fortschritte im Bereich der Erzverhüttung oder der Nutzung der Wasserenergie kamen im Mittelalter zustande, weil Mönche entsprechende Experimente gemacht hatten. Auch die Technik des Bierbrauens wurde durch die Mönche verfeinert.

M5 Mönch in der Schreibstube

Wenn sich Markus in der Schule geschickt anstellte, hatte er die Chance, für die Klosterbibliothek, für Könige oder reiche Adelige Bücher zu kopieren und mit prunkvollen Bildern zu bemalen (einige solcher Bilder siehst du auf dieser Doppelseite). Das dazu nötige Werkzeug, z. B. Tinte in unterschiedlichen Farben, Federn und Messer zum Schärfen, Lineale sowie das aus Tierhäuten gewonnene Pergament, wurde im Kloster selbst hergestellt. Vielleicht nutzte der schreibkundige Junge die Schreibstube oder die Bibliothek mehr als Büro: um den Grundbesitz zu verwalten und über die Abgaben und Dienste der abhängigen Bauern Buch zu führen. Dann wäre er so eine Art Manager oder Betriebswirt geworden. Nie hätte Markus außerhalb des Klosters solche Berufschancen gehabt! Ein Kloster war eine Universität im Kleinen.

STOPP – Ein Blick zurück

Diese Begriffe kann ich erklären:

- → Adel
- → Christianisierung
- → Feudalismus
- → Frondienste
- → Grundherrschaft
- → Hörigkeit
- → Investiturstreit
- → König/Königtum
- → Kaiser/Kaisertum
- → Kloster
- → Lehnswesen
- → Mission
- → Papst/Papsttum
- → Ständegesellschaft

Mit diesen Methoden kann ich arbeiten:

- → Den Inhalt eines Quellentextes zusammenfassen und die Hauptaussagen beurteilen
- → Systematische Erschließung einer Textquelle
- → Eine Wandzeitung erstellen
- → Bilder gezielt beschreiben und deuten

Wir erstellen Quizkarten und veranstalten einen kleinen Wettbewerb

Im Kapitel über das Mittelalter habt ihr einiges über das Leben der Bauern im Dorf, über ritterliches Leben auf der Burg und über den Alltag in den Klöstern erfahren.

■ Ihr habt nun den Auftrag, Quizkarten zu den jeweiligen Stichworten anzufertigen. Dazu benötigt ihr kleine Karteikarten. Auf die Vorderseite schreibt ihr jeweils die Frage, die ihr stellen wollt; die passende Antwort notiert ihr auf der Rückseite. Schlagt dazu, wenn nötig, noch einmal auf den entsprechenden Seiten im Buch nach.
Tipp: Zu mehreren geht es schneller und leichter!

Antike	500 Frühmittelalter			850	
391 Das Christentum wird Staatsreligion.	**482** Chlodwig wird König der Franken.	**um 529** Benedikt von Nursia verfasst die Benediktinerregel.	**771** Karl der Große übernimmt die Herrschaft im Frankenreich.	**800** Karl der Große wird zum Kaiser gekrönt.	**962** Otto der Große wird zum Kaiser des Heiligen Römischen Reiches gekrönt.

Ein Spiel: Königswahl

Die Kandidaten

Von den Kurfürsten soll ein neuer König gewählt werden. Die Macht des Königs ist geschwächt. Da die Kurfürsten den König wählen, stellen sie an die Kandidaten häufig harte Forderungen. Zur Wahl stehen zwei angenommene Kandidaten; ihre Namen kann man beliebig festlegen. Die meisten Kandidaten müssen die Fürsten mit Versprechen ködern, um ihre Stimme zu erhalten. Andererseits dürfen sie sich nicht zu nachgiebig zeigen, wollen sie nicht zur Marionette der Fürsten werden.

- Überzeugende Argumente für meine Wahl sind: ...
- Argumente für ein starkes Königtum sind: ...
- Meine kurze Wahlansprache würde so lauten: ...

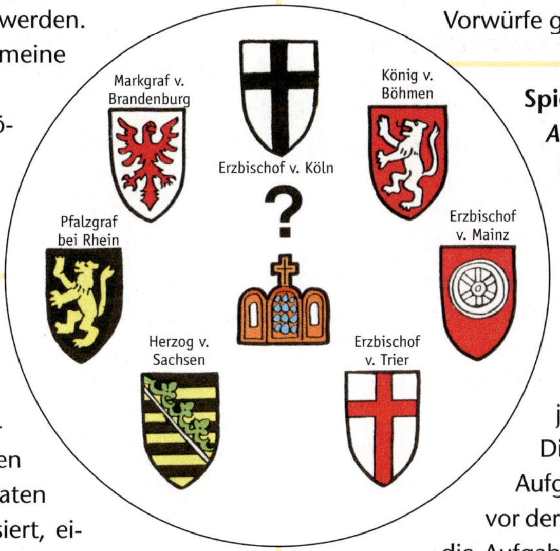

Die Kurfürsten

Die sieben Kurfürsten setzen sich aus drei geistlichen und vier weltlichen Fürsten zusammen. Bevor sie abstimmen, wollen sie mehr über die beiden Kandidaten erfahren. Sie sind daran interessiert, einen schwachen König zu wählen, der ihnen nicht in ihre eigenen Herrschaftsgebiete hineinregiert.

- Folgende Fragen haben die Kurfürsten an die beiden Kandidaten: ...
- Folgenden Bedingungen an den zu wählenden König haben die Kurfürsten: ...

Der Papst

Die Kurfürsten hatten festgelegt, dass – nachdem jemand von ihnen zum römischen König gewählt worden ist – er zur Übernahme des Königstitels nicht der Zustimmung des Papstes bedarf. Die Kurfürsten erklären, dass mit der Königswahl auch der Kaisertitel verliehen wird.

- Der Papst würde sich über diese Erklärung sehr ärgern und folgende Stellungnahme abgeben, in der sowohl den Kurfürsten als auch den Kandidaten schwere Vorwürfe gemacht werden: ...

Spielverlauf

A. Einteilung in fünf Gruppen:
Papstgruppe, Kurfürstengruppe, zwei Kandidatengruppen, Reportagegruppe.

B. Beratungsphase:
Bis auf die Reportagegruppe finden die anderen Gruppen ihre Spielanweisungen in den jeweiligen Feldern.
Die Reportagegruppe hat folgende Aufgaben: Sie interviewt den Papst vor der gesamten Klasse. Danach hat sie die Aufgabe, den Spielverlauf zu beobachten, um die Ereignisse am Schluss in einem Kurzbericht noch einmal vorzustellen.

C. Spielphase:
① Die beiden Kandidaten stellen sich vor und halten jeder eine Wahlansprache.
② Die Kurfürsten befragen die Kandidaten.
③ Kurze Beratung unter den Kurfürsten.
④ Bekanntgabe des Abstimmungsergebnisses durch einen der Kurfürsten.
⑤ Kurzreportage/Kurzbericht über die Wahl.

Hochmittelalter | 1250 **Spätmittelalter** | 1500 **Neuzeit**

1077 Der Bußgang Heinrichs IV. nach Canossa stellt den Höhepunkt des Investiturstreits dar.

1122 Der Investiturstreit wird im Wormser Konkordat beigelegt.

1215 König Johann „Ohneland“ von England unterzeichnet die Magna Charta.

1232 Friedrich II. erlässt das Gesetz zugunsten der deutschen Reichsfürsten.

1356 Karl IV. erlässt die „Goldene Bulle“, die u.a. die Wahl des Königs durch die Fürsten regelt.

1429 Jeanne d’Arc befreit im Hundertjährigen Krieg Orléans von den Engländern.

Begriffe zum Nachschlagen

Adel. Bezeichnung für die Gruppe der Herrschenden, die sich durch Geburt (Geburtsadel) oder Ernennung für Dienste im Auftrag des Königs (Dienst- oder Amtsadel) vom übrigen Volk abhebt. Grundbesitz, kriegerische Leistungen und Herrschaft über Leute waren die Kennzeichen des Adeligen im Mittelalter. Die Angehörigen des Adels beanspruchten durch ihre Abstammung und den Grundbesitz, über den sie verfügten, besondere Rechte gegenüber der übrigen Bevölkerung. Neben ihren Aufgaben als Grundherr bekleideten die Adeligen auch Verwaltungsämter für die Kaiser und Könige und sprachen in ihrem Namen Recht. Als bevorrechtigter Stand entwickelten die Adeligen besondere Lebensformen und sie waren von der Zahlung von Steuern befreit. Seit dem Hochmittelalter (12. Jahrhundert) unterschied man zwischen dem Hochadel (z. B. Kurfürsten, Herzöge, Grafen) und dem niederen Adel (z. B. Ritter und Ministeriale). Letztere sind Leute, die ehemals unfrei waren und durch Übertragung von Verwaltungsaufgaben für ihren Herrn in den Adelsstand erhoben wurden.

Allmende. Bezeichnung für das von der Dorfgemeinschaft oder Gemeinde gemeinschaftlich genutzte Land, also die Dorfweide, der Gemeindewald und Ödland, manchmal auch Gewässer. Die Organisation der gemeinschaftlichen Nutzung der Allmende war eine wichtige Aufgabe der Dorfgemeinschaft.

Alltag. Der Begriff bezeichnet die Lebenswelt, in der sich die Menschen tagtäglich bewegen. Diese Lebenswelt erscheint den Menschen oft nicht der Rede wert, weil sich die Vorgänge ständig wiederholen und wie selbstverständlich sind. Zum Beispiel gehen die Kinder regelmäßig zur Schule; die Eltern arbeiten und sorgen für den Lebensunterhalt; sie ernähren, kleiden die Kinder und wohnen mit ihnen zusammen. Man redet miteinander, es gibt Spaß und Streit. Erst bei näherem Hinsehen erkennt man, dass es sehr unterschiedliche Alltage gibt. Die Lebensweise der Menschen ist immer abhängig von der Wirklichkeit, in der sie leben. Je nach Zeitstufe, nach Region, nach Einkommen, Beruf, Geschlecht usw. verändert sich das, was alltäglich ist. Jeder Mensch hat seine Geschichte und seine ganz persönliche Alltagsgeschichte.

Altsteinzeit. Auf dieser Stufe der Entwicklungsgeschichte kannten die Menschen keine festen Wohnsitze und zogen als Nomaden umher. Sie lebten in Horden von etwa 10 bis 30 Personen. Sie ernährten sich, indem sie Pflanzen und Kleintiere sammelten oder auf wilde Tiere Jagd machten, etwa das Mammut. Die Menschen der Altsteinzeit besaßen eine ganz enge Bindung zur Natur, in der sie sich hervorragend auskannten. Die Altsteinzeit endete im Vorderen Orient etwa um 10000 vor Christus, in Mitteleuropa um 6000 vor Christus. (Vgl. auch Steinzeit, Jungsteinzeit.)

Arbeitsteilung. Eine einfache Form der Arbeitsteilung wurde bereits in der Altsteinzeit praktiziert – die Frauen sammelten Früchte und Beeren, die Männer gingen auf die Jagd. In der Jungsteinzeit, besonders aber während der Metallzeiten spezialisierten sich die Menschen auf bestimmte Tätigkeiten; es bildeten sich erste Berufe heraus. Es bildeten sich vielschichtige Formen der Arbeitsteilung, ohne die das Entstehen von Hochkulturen (z. B. Mesopotamien, Ägypten) nicht vorstellbar wäre.

Archäologie. Diese Wissenschaft befasst sich mit der Erforschung früherer Zeiträume. Archäologen suchen nach Überresten, z. B. nach Knochen, Bauwerken, Werkzeugen usw. Die Funde werden sorgfältig beschrieben, ausgewertet und rekonstruiert. Je weiter man in der Erdgeschichte zurückgeht, umso häufiger ist man auf Fossilien angewiesen; das sind Abdrücke von Tieren oder Pflanzen im Gestein.

Aristokratie. Die Griechen verstanden darunter „die Herrschaft der Besten und der Angesehensten". Eine Aristokratie ist ein Staat, in dem die politische Herrschaft vom Adel ausgeübt wird. Um 700 v. Chr. hatte der Adel in Athen die Königsherrschaft beseitigt und die Aristokratie eingeführt.

Barbaren. Die Griechen nannten diejenigen Völker, die kein Griechisch sprachen, abfällig Barbaren, was man als ‚Stammler, Laller' übersetzen muss. Die Römer, die ebenfalls ihre eigene Kultur hoch schätzten, übernahmen diese Vorstellung von den Griechen und bezeichneten fremde, auswärtige Stämme (z. B. Germanen) als Barbaren. Barbaren galten in der Antike als ungebildet, grausam, wild, roh, gewalttätig und treulos.

Bauer/Bäuerin. Als Bauer wurde eine Person bezeichnet, die eine Hofstätte bewirtschaftete. Als Oberhaupt einer Hofgemeinschaft vertrat der Bauer die Hofstätte nach außen, also z. B. gegenüber Gerichten oder dem Grundherrn (Grundherrschaft). Die Bäuerin beaufsichtigte die Personen und Tätigkeiten im inneren Hofraum, also vor allem die Mägde und einen Großteil des Viehs. Sie organisierte die Versorgung der Hofgemeinschaft. Die soziale und rechtliche Stellung der Bauern war regional sehr unterschiedlich und wandelte sich im Verlauf des Mittelalters. Im frühen Mittelalter gab es noch eine große Zahl freier Bauern. Viele haben sich in die Abhängigkeit eines Herrn begeben oder wurden dazu gezwungen. Als Hörige verloren sie das Obereigentum an Grund und Boden an den Grundherrn sowie ihre Waffenfähigkeit.

Beamter. Inhaber eines Verwaltungsamtes im Dienste des Staates. Meist wird das Amt auf Dauer ausgeübt; die obersten Beamten allerdings üben in einigen Staaten ihr Amt nur für begrenzte Zeit aus. Beamte erledigen fest umrissene Aufgaben, z. B. Einziehen von Steuern. Es gibt unter den Beamten deutliche Rangunterschiede: Höhere Beamte können Weisungen erteilen, niedere Beamte haben diese Weisungen auszuführen. Aber auch der höchste Beamte im Staate (in Ägypten: der Wesir) muss seinem obersten Herrn gehorchen. Diese oberste staatliche Macht (in Ägypten: der Pharao) ist auf die Beamten angewiesen und erwartet, dass sie ihre Pflichten treu erfüllen. In jeder staatlichen Organisation hat es Beamte gegeben. Die früheste deutliche Ausprägung eines Beamtentums finden wir in Ägypten.

Bürger. Als Bürger bezeichnet man in der Antike diejenigen Personen, die das uneingeschränkte Bürgerrecht besitzen. Häufig befanden sich Bürger im Verhältnis zur gesamten Einwohnerschaft in der Minderheit. Nur die Bürger stimmten in der Volksversammlung einer Polis oder Roms ab, nur sie durften alle Ämter bekleiden und an allen Kulten teilnehmen. Das Bürgerrecht erlangte man in der Regel durch die Geburt, eine Ausnahme bildete dagegen die Verleihung des Bürgerrechts an Fremde. Jede griechische Polis kannte ihr eigenes Bürgerrecht; im römischen Kaiserreich gab es dagegen seit 212 n. Chr. ein einheitliches römisches Bürgerrecht, denn in diesem Jahre verlieh der Kaiser Caracalla das römische Bürgerrecht an alle freien Bewohner des Reiches.

Christen. Die Anhänger des Christentums. Sie vereint der Glaube an Jesus Christus als den Sohn Gottes, der in die Welt gekommen ist, um die Menschheit zu erlösen. Die Vorankündigungen Jesu sind im Neuen Testament überliefert. Jesus setzte sich für die Nächstenliebe und tatkräftige Unterstützung der Armen und Leidenden ein. Auch die Feinde sollen in dieses Liebesgebot miteinbezogen werden. Jesus verkündete die ‚Frohe Botschaft' (Evangelium) vom ‚Reich Gottes' als dem Endpunkt der Weltentwicklung. Nach dem Tode Jesu verbreiteten die Apostel seine Lehre im Römischen Reich. Die Christen kamen häufig in Konflikt mit dem Staat, weil sie sich weigerten dem Kaiser zu opfern. Im Jahr 313 n. Chr. wurde das Christentum von Kaiser Konstantin als gleichberechtigte Religion anerkannt, unter Kaiser Theodosius I. 381 n. Chr. zur Staatsreligion erklärt.

Christianisierung. Die Bekehrung der Germanen zum Christentum ist eines der Grundelemente des Mittelalters. Sie vollzog sich in der Regel stammesweise, und zwar – beim König beginnend – von oben nach unten. Meist dauerte es mehrere Generationen, bis ein Stamm christianisiert war. Da das Christentum für alle Stämme offen war, konnte es bei der Einbeziehung neuer Völker und Stämme in das werdende Abendland eine Schlüsselrolle spielen. Des Weiteren haben die Germanen durch die Christianisierung Anschluss an Teile der antiken Kultur bekommen.

Demokratie. Der aus dem Griechischen stammende Begriff ist als ‚Volksherrschaft' zu übersetzen (demos: Volk; kratein: herrschen). Ihren Ursprung hat die Demokratie in Athen, wo alle Angelegenheiten der Polis direkt in die Zuständigkeit der Versammlung der (männlichen) Bürger fielen. Die römische Republik dagegen war keine demokratische Ordnung: In den verschiedenen Volksversammlungen besaß nicht jeder Mann gleiches Stimmrecht.

Diktatur. Die Konzentration aller öffentlichen Macht in der Hand einer einzelnen Person für einen befristeten oder unbegrenzten Zeitraum. In der römischen Republik konnte in besonderen Notsituationen einer der Konsuln auf Vorschlag des Senats zum Diktator ernannt werden, um Krisen durch schnelles, entschlossenes Handeln zu meistern. Diese ‚Diktatur' war auf höchstens sechs Monate beschränkt.

Dorf. Eine bäuerliche Siedlungsform, die ihren Bewohnern gegenüber den ebenso verbreiteten Einzelhöfen die Vorteile gemeinschaftlichen Wirtschaftens, Sicherheit und soziale Vielfalt bot. Als Wirtschaftsgemeinschaft organisierte die Dorfgemeinschaft die Nutzung der Allmende sowie die Dreifelderwirtschaft. Hieraus gingen manchmal genossenschaftliche Formen der Selbstverwaltung hervor. Das Dorf konnte einen eigenen Rechtsbezirk zum Schutz der Bewohner und damit ein eigenes Dorfgericht begründen. Es war der Ort, an dem Religion und Brauchtum gemeinschaftlich gepflegt werden konnten. Unter den Dorfbewohnern waren große soziale Unterschiede zu beobachten.

Eiszeit. Auf der Erde herrschte nicht immer das gleiche Klima. Im Laufe der Jahrtausende und Jahrmillionen wechselten sich kalte und warme Zeiten ab. In den letzten zwei bis drei Millionen Jahren gab es mindestens sechs Eiszeiten, in deren Verlauf riesige Wassermassen zu Eis gefroren. Nordeuropa lag mehrfach unter einer kilometerdicken Eisdecke. Die letzte Eiszeit dauerte bis etwa 10000 vor Christus.

Expansion. Die Ausdehnung des Einfluss- bzw. Herrschaftsgebietes eines Staates mithilfe militärischer, wirtschaftlicher oder politischer Mittel. Den Römern gelang es, durch eine Vielzahl von Kriegen über mehrere Jahrhunderte hinweg das eigene Einflussgebiet auszudehnen und ein Weltreich entstehen zu lassen.

Familie. Über ein Familienleben in der Altsteinzeit ist nichts Konkretes bekannt, wahrscheinlich gab es in der Jungsteinzeit bereits Familien, die in einem Haus zusammenlebten, eine Hausgemeinschaft. In Ägypten wurden ebenso wie später in Griechenland und Rom Haus und Familie als Bereich der Frau angesehen. In Ägypten war die Stellung der Frau dennoch besser als in Griechenland oder Rom. Sie war dem Mann rechtlich gleichgestellt, durfte persönliches Eigentum besitzen und auch erben und vererben. In Griechenland gehörten zur Familie der Mann, die Frau und nur wenige Kinder. Der Mann besaß die Verfügungsgewalt über den Familienbesitz und die Kinder. Wie auch in Rom entschied der Vater nach der Geburt eines Kindes, ob es in die Familie aufgenommen oder ausgesetzt wurde. Die römische Familie bestand mit dem pater familias als Vorstand aus der Frau und den Kindern, den Enkeln, Urenkeln und Sklaven. Der pater familias hatte über die Familie und deren Besitz die absolute Gewalt, sie waren sein persönliches Eigentum.

Feudalismus. lat. feudum = Lehen. Die Herrschafts- und Gesellschaftsordnung des Mittelalters. Da die Haupterwerbsquelle der Bevölkerung die Landwirtschaft war, entschied der Besitz an Grund und Boden über Macht, Ansehen und Reichtum. Land wurde von Eigentümern, meist Adligen, üblicherweise verliehen, um es durch Pachtbauern oder andere Untertanen (Vasallen) bewirtschaften zu lassen. Welchen Anteil der Ernte und sonstige Einkünfte der Eigentümer für sich behielt, war selten festgelegt. Das System von Abgaben und Diensten machte die Untertanen von den Herren abhängig (hörig).

Frondienst. Dienst eines abhängigen Bauern für seinen Grundherrn (Grundherrschaft), der überwiegend aus landwirtschaftlichen Arbeiten auf dem Hof des Grundherrn bestand: Fronarbeit bei der Feldbestellung, bei Aussaat und Ernte. Daneben mussten manchmal auch Botengänge und Transportdienste geleistet werden.

Gesellschaft. Eine Gesellschaft ist die Gesamtheit der Menschen, die beispielsweise in einem Staat wie durch ein Netz miteinander verbunden und aufeinander angewiesen sind. Jede Gesellschaft gliedert sich in Gruppen. Diese Gruppen unterscheiden sich durch den Rang innerhalb der Gesellschaft. Häufig wird zur Darstellung der Rangunterschiede innerhalb einer Gesellschaft auf die Form der Pyramide zurückgegriffen. Dies ist jedoch eine stark vereinfachende Darstellung.

Gottkönigtum. Der König ist gleichzeitig Gott und wird als Gott verehrt; in Ägypten gab es auch Vorstellungen, die den König nicht als Gott sahen, sondern als Menschen, der aber Sohn eines Gottes war oder als Stellvertreter Gottes dem göttlichen Bereich sehr nahe stand. Für die Stellung eines Königs ist es wichtig, sich auf göttlichen Willen berufen zu können; die Herrschaft ist also durch Berufung auf heilige Kräfte gerechtfertigt (Fachausdruck: sakrale Legitimation).

Graf. Im frühen Mittelalter Bezeichnung für einen Amtsträger, der in einem bestimmten Gebiet (Grafschaft) im Auftrag des Königs Verwaltungs- und Rechtsprechungsaufgaben wahrnahm. Wichtige Aufgaben des Grafen waren neben der Rechtsprechung der Aufruf zur Heeresfolge und die Sicherung des Friedens in seiner Grafschaft. Im 9. Jahrhundert wurde das Amt erblich in der jeweiligen Adelsfamilie. Ab dem 12. Jahrhundert bauten mächtige Grafen ihre Herrschaft aus und errichteten im Laufe der Zeit eigene Herrschaftsgebiete, als deren Landesherren sie sich betrachteten.

Grundherrschaft. Bezeichnung für ein Abhängigkeitssystem zwischen den Nutzern einer Hofstätte (Hörige) und einem Herrn, der das Obereigentum über die Hofstätte besaß. Als Herren konnten Personen des Adels, also der König, Fürsten oder andere Adlige auftreten oder Personen aus dem Klerus wie Bischöfe, Äbte oder auch Pfarrer. Der Herr übergab die Hofstätte zur Bewirtschaftung an einen abhängigen Bauern, verlangte dafür aber Dienste (Frondienst) und Abgaben, deren Umfang regional sehr unterschiedlich war und sich im Verlauf des Mittelalters veränderte. Die Dienste wurden mehr und mehr durch Abgaben ersetzt. Die Höhe der Abgaben war beständige Quelle für Auseinandersetzungen und Streit. Der Hörige war vom Kriegsdienst befreit, den der Grundherr übernahm. Der Grundherr verpflichtete sich, seine Bauern vor Übergriffen zu schützen.

Hegemonie. Das aus dem Griechischen abgeleitete Wort bedeutet ‚Vorherrschaft'. Sparta übte die Hegemonie über die Mitgliedstaaten im Peloponnesischen Bund aus; Athen war die Hegemonialmacht des Delisch-Attischen Seebundes; zwischen dem 5. und 3. Jahrhundert v. Chr. errang Rom die Hegemonie in Italien.

Hellenismus. Das Wort bezeichnet den Zeitabschnitt von 336 v. Chr. (Herrschaftsantritt Alexanders des Großen) bis 30 v. Chr. (Eroberung Ägyptens durch die Römer). Vorherrschende Staatsform des Hellenismus war das Königtum (Alexanderreich und die Nachfolgereiche). Im Hellenismus breitete sich die griechische Siedlungs-, Denk- und Lebensweise im gesamten östlichen Mittelmeerraum aus.

Herrschaft. Herrschaft ist die Ausübung von Macht über Untergebene. Dazu verfügen die Herrschenden über Machtmittel. Es gibt verschiedene Formen, die Herrschaft zu rechtfertigen, z. B. durch eine Wahl. In Mesopotamien und Ägypten wurde die Herrschaft mit göttlichem Willen gerechtfertigt: der Herrscher sei also von Göttern berufen. Der Fachausdruck hierfür ist „sakrale Legitimation der Herrschaft" (vgl. auch Gottkönigtum).

Hierarchie. Mit diesem Begriff wird eine Gesellschaft gekennzeichnet, die eine feste Rangordnung aufweist, also eine deutliche Gliederung in oben und unten. Der Rangniedere ist an Weisungen des Ranghöheren gebunden. Ein hierarchisches System lässt sich mit einer Pyramide vergleichen: Es ist auf die Spitze hin ausgerichtet.

Hochkultur. Hochkultur ist die Bezeichnung für die seit etwa 3500 v. Chr. beginnende Kulturstufe in der Entwicklung der Menschheit. Kennzeichen sind: Arbeitsteilung, zentrale Verwaltung, Kenntnis einer Schrift, umfangreicher religiöser Kult, anspruchsvolle künstlerische Leistungen. Die ersten Hochkulturen entstanden 3500 v. Chr. in den sumerischen Stadtstaaten und in Ägypten. Die ersten Hochkulturen entstanden alle in großen fruchtbaren Stromtälern, am Euphrat und Tigris, am Nil, am Huang He und am Indus. Man nennt sie deshalb auch Stromtal- oder Stromkulturen.

Höriger. Bezeichnung für abhängige Bauern, die die Hofstätte eines Grundherrn bewirtschafteten (Grundherrschaft).

Imperium. Ursprünglich ‚Oberbefehl' oder ‚Herrschaft'. Im republikanischen Rom konnte das Imperium den höchsten Beamten als Amtsgewalt übertragen werden, die sich auf das Heereskommando bezog. Seit dem 1. Jahrhundert v. Chr. bezeichnete ‚Imperium' auch das Gebiet, in dem Rom seine Herrschaft ausübte (Imperium Romanum = römisches Weltreich).

Investiturstreit. Nachdem in der Spätantike und im frühen Mittelalter der Kaiser unumstritten als Schutzherr an der Spitze der Kirche gestanden hatte, führten im 11. Jahrhundert die Reformbestrebungen und der gewachsene Einfluss des Papstes zu einem Streit zwischen Kaiser und Papst um den ersten Platz in der abendländischen Christenheit. Auslöser und wichtiger Streitpunkt war die Frage der Einsetzung von Bischöfen in ihr Amt (= Investitur).

Jungsteinzeit. Auf dieser Stufe der Entwicklungsgeschichte wohnten die Menschen in festen Häusern in Siedlungen; sie waren also sesshaft (Beispiel: Köln-Lindenthal). Anders als in der Altsteinzeit arbeiteten die Menschen jetzt als Ackerbauern und Viehzüchter und stellten ihre Lebensmittel selbst her. Dadurch wurden sie unabhängiger von der Natur. Die Auswirkungen auf das alltägliche Leben waren so bedeutsam, dass man von der **Neolithischen (= landwirtschaftlichen)** Revolution spricht. Großsteingräber sind beeindruckende Gemeinschaftsleistungen dieser Zeit. (Vgl. auch Steinzeit, Altsteinzeit.)

Kaiser/Kaisertum. Bezeichnung für ein monarchisches Herrschaftssystem mit einem Kaiser an der Spitze. Dieser höchste weltliche Herrschertitel, der den deutschen Königen des Mittelalters seit 962 verliehen wurde, leitet sich von dem römischen Begriff „Caesar" ab. Die antike römische Kaiseridee lebte mit der Krönung Karls des Großen am Weihnachtstag des Jahres 800 wieder auf. Das Krönungsrecht lag beim Papst. Auf diesem Wege nahmen die Päpste Einfluss auf den weltlichen Bereich. Die mittelalterlichen deutschen Kaiser verbanden mit ihrer Ernennung zum Kaiser Herrschaftsansprüche über Teile Italiens und nahmen so auch Einfluss auf die Kirche.

Kloster. lat. claustrum = verschlossener Raum. Bezeichnet die meist mit einer Mauer umschlossene Gesamtanlage, die Ordensleuten, also Mönchen oder Nonnen, als gemeinsame Wohn-, Arbeits- und Gebetsstätte dient. Im übertragenen Sinne meint man mit Kloster die religiöse Gemeinschaft selbst. Im christlichen Mittelalter waren die Klöster als geistliche, wirtschaftliche und kulturelle Zentren von tragender Bedeutung. Ihren Aufgaben entsprechend besaßen sie eine Kirche (meist im Zentrum der Anlage) mit anschließendem Kreuzgang, einen Schlaf-, einen Speise-, einen Versammlungssaal, einen Schreib- und Leseraum mit Bibliothek, einen Kranken-, einen Wärme-, einen Gästeraum, eine Küche und einen Garten. Da in den meisten Ordensregeln des Mittelalters, nach denen die klösterlichen Gemeinschaften lebten, die Klausur, also der Abschluss von der Außenwelt, vorgeschrieben war, umfasste der Klosterbezirk auch die für die Selbstversorgung notwendigen Wirtschaftsbetriebe wie Mühle, Werkstätten und Ställe.

Kolonien. Eine Kolonie ist eine neu gegründete Siedlung. Z. B. die Römer haben derartige Neusiedlungen angelegt. Den Römern dienten im 4./3. Jahrhundert v. Chr. ihre neu eingerichteten Kolonien vor allem als militärische Außenposten. Seit dem 1. Jahrhundert v. Chr. wurden häufig römische Soldaten nach Beendigung ihrer Dienstzeit in neuen Kolonien angesiedelt (Veteranenkolonien); in der Kaiserzeit schließlich erhielten bis dahin schon bestehende Orte als Auszeichnung den Ehrentitel „colonia".

König. Die Herrschaft eines Königs als Alleinherrscher (Monarchie) ist in der Frühzeit die vorherrschende Verfassungsform gewesen: in Mesopotamien, in Ägypten, aber auch in Griechenland und Rom. Während beispielsweise in Ägypten das Königtum nie abgeschafft wurde, löste in vielen griechischen Poleis der Adel die Könige ab, und in Rom entstand nach der Vertreibung der Könige die Republik. Das Römische Reich wurde allerdings nach dem Untergang der Republik und Caesars Ermordung wieder jahrhundertelang monarchisch (von Kaisern) regiert.
Im Frühmittelalter stand an der Spitze der germanischen Stämme ein König, der im Besitz des sogenannten „Königsheils" war. Nach germanischer Vorstellung verfügte er damit über besondere Eigenschaften, die ihn zum geeigneten Herrscher machten. Mit den Karolingern, insbesondere unter Karl dem Großen, setzte sich das „Gottesgnadentum" durch, nach dem der König durch den Willen Gottes in sein Amt eingesetzt war.

Kult. Verehrung der Gottheit, z. B. in einem Gottesdienst; dabei werden häufig auch Opfer dargebracht. Den Kult vollziehen meist die Priester.

Kultur. In der Vorgeschichte spricht man von verschiedenen Kulturen, wenn sich eine Gemeinschaft durch eine bestimmte Form oder Verzierung ihrer Geräte, Waffen oder Keramik oder durch die Art und Weise ihrer Siedlungen und Begräbnisse von einer anderen unterscheidet. Die frühen Kulturen sind nur aus Funden, die im Boden erhalten blieben, bekannt. Von den Hochkulturen (Mesopotamien, Ägypten) sind wir durch schriftliche Zeugnisse auch über Verwaltung, Regierung, Recht usw. unterrichtet, sodass wir uns eine genauere Vorstellung von ihrer Kultur machen können.

Landesherr/Landesherrschaft. Der Landesherr versteht sich als Herr über ein größeres Gebiet (auch Territorium genannt) innerhalb des kaiserlichen Gesamtreiches. Seit dem 12. Jahrhundert waren mächtige Adelsfamilien bestrebt, ihre zum Teil verstreut liegenden Besitztümer und Herrschaftsrechte zusammenzufassen und ein geschlossenes Territorium aufzubauen, indem sie konkurrierende Familien gewaltsam verdrängten oder zur Unterwerfung zwangen. Alle Bewohner in diesem geschlossenen Territorium unterstanden nun allein der Herrschaft des Herzogs oder Grafen, der als Landesherr über das Territorium herrschte. Wichtige Herrschaftsrechte (z.B. Gerichts- und Verwaltungshoheit, Steuererhebung) hatten sich die neuen Landesherren seit dem 13. Jahrhundert schrittweise vom König bzw. Kaiser übertragen lassen oder aber an sich gebracht. Die Bildung dieser Landesherrschaften führte naturgemäß zur spürbaren Schwächung des Königtums.

Lehnswesen. Auf dem Lehen (s. Feudalismus) gründete das für die mittelalterliche Herrschaft typische persönliche Herrschaftsverhältnis zwischen Lehensgeber und -nehmer (Vasall). Unter einem Lehen verstand man Herrschafts- und Besitzrechte, die der Lehensgeber an untergeordnete Lehensnehmer verleihen oder vererben konnte. Es diente der besseren Ausübung der Herrschaft oder war eine Belohnung für erbrachte Dienste. Als Gegenleistung wurde Treue zum Lehensherrn erwartet. Die Lehensübergabe war eine feierliche Zeremonie.

Metallzeit. Diese Zeitstufe folgte auf die Jungsteinzeit. Als die Menschen lernten, Geräte und Waffen aus Metall herzustellen, wurde der Stein als wichtigster Rohstoff abgelöst. Der Gletschermann Ötzi lebte in einer Übergangsphase zwischen Jungsteinzeit und Metallzeit.

Mission. Nach ihrem Übertritt zum Christentum waren die fränkischen Könige daran interessiert, nicht nur ihre fränkischen Untertanen, sondern auch die übrigen germanischen Stämme für den neuen Glauben zu gewinnen. Sie förderten Missionsklöster oder einzelne Missionare. Mit Gregor I. schaltete sich auch ein Papst in diese Bemühungen ein. Im Laufe des Mittelalters wurden sowohl alle Germanen wie auch Slawen und Ungarn durch die Mission zu Christen.

Monotheismus. Glaube an einen einzigen Gott, z. B. im Judentum, Christentum, Islam; im Gegensatz dazu: Polytheismus.

Naturvölker. Dieser Sammelbegriff bezeichnet Menschen, die auch heute noch auf der Entwicklungsstufe der Steinzeit leben (bzw. bis vor kurzer Zeit gelebt haben).

Oikos. Dieses griechische Wort bedeutet nicht nur ‚Haus‘, sondern darüber hinaus ‚Hausstand‘ und ‚Familie‘. Es bezeichnet die typische Lebens- und Wirtschaftsform der Griechen, die Familie, die (wie auch in Rom) aus den zusammenlebenden Personen und dem zugehörigen Besitz besteht.

Oligarchie. Darunter versteht man die Herrschaft von wenigen (griech.: oligoi = wenige, archein = herrschen). Diese Art der Herrschaft war im frühen und klassischen Griechenland verbreiteter als die Demokratie (Volksherrschaft). In der griechischen Staatslehre wird der Begriff oft auf die Adelsherrschaft (Aristokratie) angewandt.

Papsttum. Das Wort bedeutet eigentlich Priestertum, doch wurde es im Mittelalter vor allem für das Papsttum verwendet, und zwar zur Betonung der geistlichen Gewalt im Gegensatz zur weltlichen des Kaisers (Imperium). Den Hintergrund für die Entstehung dieses Modells mit zwei Gewalten an der Spitze des Abendlandes bildet die Zwei-Schwerter-Theorie; diese besagt, dass Christus dem Kaiser das Schwert der weltlichen Herrschaft und dem Papst das Schwert der geistlichen Herrschaft verliehen hat.

Plebejer. In Rom all jene freien Bürger, die nicht dem Adel angehörten. Die Plebejer sind lange Zeit rechtlos gewesen und erlangten erst durch die Ständekämpfe die Möglichkeit, öffentliche Ämter zu übernehmen und am politischen Leben gleichberechtigt mitzuwirken.

Polis. Das griechische Wort Polis (Mehrzahl: Poleis) bezeichnet den zentralen Lebensraum der Griechen: Eine Polis besteht aus einem Siedlungszentrum und dem dazugehörigen Umland. Die Gesamtzahl der Vollbürger einer Polis bildet die Bürgergemeinde, die nach Möglichkeit alle öffentlichen Angelegenheiten eigenständig regelt und wirtschaftlich unabhängig ist. Seit dem 8. Jahrhundert v.Chr. war die Polis der Mittelpunkt des öffentlichen Lebens in Griechenland, das in hunderte derartiger Poleis zerfiel. Unser heutiger Begriff ‚Politik‘ ist von der griechischen Polis abgeleitet.

Polytheismus. Glaube an mehrere Götter, z. B. bei den Ägyptern, Griechen, Römern.

Prinzipat. Die Bezeichnung der von Augustus geschaffenen Herrschaftsform. Augustus nannte sich ‚Princeps‘ (= Erster) um seine Herrschaft vom Königtum und von der Diktatur zu unterscheiden. Er ließ Elemente der republikanischen Verfassung bestehen, hatte aber selbst fast uneingeschränkte Macht. Der Prinzipat kann demnach als eine Form der Monarchie angesehen werden. Nach dem Tod des Augustus blieb diese Herrschaftsform mehrere Jahrhunderte lang erhalten.

Privileg. lat. privilegium = Vorrecht. Entsprechend der ständischen Gesellschaftsordnung hatte jeder Stand sein eigenes Zivilrecht. Die herrschenden Stände verfügten über mehr Rechte als die Untertanen, was man Vorrecht/Privileg nannte. Seit dem 12. Jahrhundert wurden auch anderen Gruppen besondere Vorrechte eingeräumt.

Provinzialisierung. Ein Begriff, der jene Veränderungen bezeichnen soll, die sich für Rom und die Römer aus dem Kontakt mit den Provinzen ergaben. In der Kaiserzeit konnten zunehmend mehr Provinzbewohner (Provinziale) das römische Bürgerrecht erwerben oder Beamte und Senatoren werden. Die Bevölkerung Roms war in dieser Zeit, zumindest was die unteren Schichten betraf, eine bunte Völkermischung. Ebenso wie römische Lebensweise in die Provinzen getragen wurde (Romanisierung), gelangten provinziale Einflüsse in die Hauptstadt. Die altrömische Kultur wandelte sich, neue Religionen und Kulte fanden in Rom ihre Anhänger. Rom wurde „provinzialisiert".

Quellen. Das sind Überlieferungen aus der Vergangenheit; sie berichten über die Zeit, aus der sie stammen (oder umgekehrt: stammen aus der Zeit, über die sie berichten). Die wesentlichen Quellengruppen sind: schriftliche Quellen (Inschriften, Briefe u. a.), bildliche Quellen (Höhlenmalerei, Gemälde u. a.), gegenständliche Quellen (Münzen, Werkzeuge u. a.) und mündliche Quellen (Erzählungen, Sagen u. a.)

Recht. Das Recht besteht aus einzelnen Regeln, die ein geordnetes Zusammenleben von Menschen ermöglichen sollen. Die Einhaltung dieser Regeln wird durch die Androhung von Strafen angestrebt. Die entsprechenden Verbote bzw. Vorschriften können schriftlich niedergelegt sein, aber dies muss nicht der Fall sein. Der ägyptische Pharao zum Beispiel ließ Ge- und Verbote aufschreiben. In Griechenland ragt Solon als Gesetzgeber hervor. In Rom wurden um 450 v. Chr. auf zwölf Tafeln die wichtigsten Gesetze festgeschrieben (Zwölftafelgesetze). Über die Einhaltung des Rechts wachen Richter und Gerichte, bei denen Klagen eingereicht werden können.

Religion. Im weitesten Sinne ein besonderes Verhältnis des Menschen zu Gott. Im Alten Ägypten, in Griechenland und Rom wurden viele unterschiedliche Götter verehrt (Polytheismus). Für die Ägypter verkörperte sich das Göttliche in Tier- und Menschengestalten. Die Götter der Griechen hatten nicht nur menschliches Aussehen, sondern auch menschliche Eigenschaften. Die Römer kannten darüber hinaus Götter, die symbolisch für bestimmte Werte standen. Während man in Ägypten und Rom mithilfe von Opfergaben und Gebeten versuchte, die Götter gnädig zu stimmen, war es in Griechenland auch möglich, sich in Zukunftsfragen an ein Orakel zu wenden, um göttlichen Rat zu erhalten. Bei Opfern, Gebeten und Orakeln übernahmen zumeist Priester eine vermittelnde Funktion zwischen Mensch und Gottheit. Während die meisten antiken Völker mehrere Götter anbeteten, verehrten schon in dieser Zeit die Juden einen einzigen Gott (Monotheismus). Eine weitere Ausnahmeerscheinung stellten in der Antike die Erlösungsreligionen dar, deren Anhänger an ein Leben nach dem Tod glaubten. Hierzu zählten auch die Christen.

Republik. Eine Staatsform, in der das Volk oder ein Teil des Volkes die politische Macht besitzt (lat.: Res Publica = die öffentliche Angelegenheit). Die obersten Staatsämter werden nur für eine bestimmte Zeit durch Wahl besetzt. Die römische Republik war keine Demokratie wie Athen. In Rom wurden politische Ämter zunächst nur von den Adligen bekleidet. Durch die Ständekämpfe erlangten auch die Plebejer Mitbestimmungsrechte. Dennoch blieb die römische Republik weitgehend eine Aristokratie (= Herrschaft der Besten).

Romanisierung. Die Verbreitung der römischen Kultur im römischen Weltreich. Durch die Ausbreitung römischer Bürger im gesamten Reichsgebiet gelangten römische Baukunst, Verwaltung, Bildung und Sprache in die eroberten Provinzen. In vielen Lebensbereichen übernahmen die Provinzbewohner das römische Vorbild. Die lateinische Sprache wurde vor allem im Westen zum gemeinsamen Verständigungsmittel.

Schrift. Ist ein wesentliches Kennzeichen einer Hochkultur. Von Schrift kann erst gesprochen werden, wenn Bildzeichen – eine Vorform der Schrift – durch Lautzeichen ersetzt werden. Dieser Schritt vollzog sich vor 3100 v. Chr. in Ägypten und Mesopotamien. Die ägyptischen Hieroglyphen haben zwar die Form von

Bildern, stehen jedoch überwiegend für einzelne Laute (wie in unserem Alphabet) oder Silben. Die Zeit, aus der schriftliches Material vorliegt, nennen wir Geschichte, die Zeit davor: Vorgeschichte.

Senat. Die Bezeichnung für das Beratungsgremium des römischen Staates (lat.: senatus = Rat der Ältesten). Der Senat unterbreitete den Konsuln Vorschläge für ihre Arbeit; er hatte großen politischen Einfluss. In der Zeit der Republik war der Senat aus Mitgliedern der Patrizier zusammengesetzt. Hohe Beamte (Magistrate) wurden nach Ablauf ihrer Amtstätigkeit ebenfalls zu Senatoren auf Lebenszeit. Im Zusammenhang der Ständekämpfe erhielten ab 367 v. Chr. auch die Plebejer Zugang zu diesem Ratsgremium. In der Kaiserzeit verlor der Senat zunehmend an politischer Bedeutung.

Sklaven. Nach griechischem und römischem Recht Gegenstände, über die der Besitzer frei verfügen konnte. Sie wurden im Bergbau, in der Landwirtschaft, im Haus und in der öffentlichen Verwaltung eingesetzt und lebten unter sehr verschiedenartigen Bedingungen. Vor allem durch Kriegsgefangenschaft gelangten Menschen in die Sklaverei. Die Kinder von Sklaven waren ebenfalls Sklaven.

Staat. Eine Einrichtung, die das Zusammenleben einer bestimmten Menschengruppe auf einem abgegrenzten Gebiet ermöglichen soll. Die ersten Staaten entstanden in Mesopotamien und Ägypten vor dem Hintergrund hoher kultureller Entwicklung und der Notwendigkeit, größere Aufgaben gemeinsam bewältigen zu müssen. Seit Aristoteles unterscheidet man drei grundsätzliche Formen der Herrschaft in einem Staat: Monarchie (Herrschaft eines Einzelnen), Aristokratie (Herrschaft der Besten) und Demokratie (Volksherrschaft).

Staatsform. Darunter versteht man die Art und Weise, wie ein Staat organisiert und gegliedert ist. Die Griechen haben die Staatsform der Demokratie entwickelt, die Römer die der Republik. Auch die Monarchie und die Aristokratie sind Kennzeichnungen für verschiedene Staatsformen. Wichtige Merkmale zur Unterscheidung verschiedener Staatsformen sind die Machtverteilung, das Maß an Mitbestimmung der Menschen in der Politik, die Freiheit und die Gleichheit vor dem Gesetz.

Ständegesellschaft. Eine Gesellschaft, deren Rangordnung durch Geburt oder Amt bestimmt wurde. Im Mittelalter gab es den Stand der Herrschenden (Adel), der Kirche (hohe Geistlichkeit) und der freien Untertanen (Bürger und freie Bauern). Der größte Teil der Bevölkerung war unfrei und wurde daher nicht den drei Ständen zugeordnet. Die unterschiedlichen Machtbefugnisse, Rechte und Sitten nannte man die Ehre (Standesehre). Die Abgrenzung zwischen den Ständen wurde durch Verordnungen betont, weil sie ein Ausdruck für die jeweilige Teilhabe der Stände an der Macht war. Heiratsverbote und Privilegien machten den Wechsel von einem Stand zum anderen fast unmöglich.

Steinzeit. Grob gesagt bezeichnet der Begriff den Abschnitt der Geschichte, in dem die ersten Menschen lebten. Ihren Namen erhielt die Steinzeit, weil die typischen Werkzeuge (etwa der Faustkeil) aus Stein hergestellt wurden und diese Steingeräte in großer Zahl erhalten blieben – im Gegensatz zu Geräten aus anderen Materialien wie etwa Holz. Da man nicht genau sagen kann, wann die ersten Menschen gelebt und Steinwerkzeuge hergestellt haben, kann man auch den Beginn der Steinzeit nicht mit einer genauen Jahreszahl angeben; einige Wissenschaftler rechnen schon „Lucy" zur Steinzeit, andere erst den „Jungen vom Turkana-See"; wieder andere meinen, die Steinzeit beginne erst viel später. Wann aber endete die Steinzeit? Diese Frage ist einfacher zu beantworten: Mit der Erfindung von Bronze und Eisen brach eine neue Zeit an, die Metallzeit löste die Steinzeit ab. Dies geschah in Mitteleuropa etwa um 3000 vor Christus. (Vgl. auch Altsteinzeit, Jungsteinzeit.)

Tyrannis. Die Tyrannis bedeutete für die Griechen die Herrschaft eines einzigen Adligen, der sich im Kampf um die Macht gegen seine (ebenfalls meist adligen) Gegner durchgesetzt hatte. Tyrannen gab es vor allem in größeren griechischen Poleis im 7. und 6. Jahrhundert v. Chr. (z. B. in Athen und Korinth). Nach heutigem Verständnis ist die Tyrannis gleichbedeutend mit der Unterdrückung von Bürgern und der Ausübung von Gewalt. Diese Vorstellungen dürfen jedoch nicht einfach auf die griechische Zeit übertragen werden.

Verfassung. Unter der Verfassung versteht man die Ordnung eines Gemeinwesens (z. B. einer Polis oder eines größeren Reiches). In dieser Ordnung ist geregelt, wer für was zuständig ist, welche Rechte und Pflichten Amtsträger (z. B. die römischen Konsuln), Einrichtungen (z. B. der römische Senat) und die Bürger haben. Manchmal, aber nicht immer, wird die Verfassung in schriftlicher Form festgehalten.

Verwaltung. Vor allem die Regelung von Aufgaben des Staates; eine sehr frühe Form wirksamer Verwaltung findet man im Alten Ägypten in der Tätigkeit der Beamten.

Volksgericht. Die Einrichtung des Volksgerichts gehört zu den Reformen Solons in Athen. Jeder Bürger Athens durfte hier eine Klage einreichen, selbst wenn er nicht persönlich von einem Unrecht betroffen war. Später, im klassischen Athen, wurden aus der gesamten Bürgerschaft 6000 Richter durch das Los bestimmt. Auch im republikanischen Rom gab es das Volksgericht: Die Volksversammlung betätigte sich zugleich als Gerichtshof, seit dem 2. Jahrhundert v. Chr. wurde das Volksgericht jedoch zusehends von ständigen Gerichten verdrängt.

Volksversammlung. Die Versammlung aller stimmberechtigten Bürger eines Staates. Im demokratischen Athen übte die Volksversammlung selbst die höchste Staatsgewalt aus und entschied über alle wichtigen politischen Fragen. Im republikanischen Rom gab es verschiedene Formen der Volksversammlung. Dort wurden zwar Gesetze beschlossen, Beamte gewählt und über Krieg und Frieden entschieden; diese Volksversammlungen hatten jedoch bei Weitem nicht das politische Gewicht wie im demokratischen Athen. In der Kaiserzeit wurde die Volksversammlung zunehmend bedeutungslos.

Vorgeschichte. Umfasst den Zeitraum, aus dem wir keine schriftlichen Zeugnisse besitzen (also die Steinzeit und die frühe Metallzeit). Um etwas über die Menschen herauszufinden, die in diesen Zeiten gelebt haben, sind wir auf Funde angewiesen: auf Knochenfunde („Lucy“, Neandertaler), auf Höhlenmalerei (Altsteinzeit), auf Pfostenlöcher (Köln-Lindenthal) oder auf eine Gletschermumie („Ötzi“).

Zeitrechnung. Das ist ein von uns Menschen geschaffenes System, bestimmte Ereignisse in der Vergangenheit in eine Zeitskala einzuordnen; es ist abhängig von der jeweiligen Kultur. Unsere Zeitrechnung geht von der Geburt Christi aus. Eine andere Zeitrechnung haben die Muslime, die die „Hedschra“ 622 n. Chr. als Ausgangspunkt für ihre Zeitrechnung nehmen. Die alten Römer begannen ihren Kalender mit der Gründung Roms im Jahre 753 v. Chr. Als grobes Raster wird die Geschichte unterteilt in Vorgeschichte, Antike, Mittelalter, Neuzeit. Die Antike umfasst die Geschichte Griechenlands und Roms. In Zahlen ausgedrückt umfasst die Antike oder das „klassische Altertum“ die Zeit vom 11. Jahrhundert v. Chr. bis zum 6. Jahrhundert n. Chr. Das Mittelalter schließt an die Antike an und endet im 16. Jahrhundert; hier beginnt die Neuzeit. Die Übergänge zwischen den einzelnen Epochen sind fließend, auch die Anfangs- und Enddaten können variieren. Die Historiker sind sich nicht immer einig, welches Ereignis den Beginn einer ‚neuen‘ Zeit auslöste.

Zivilisation. Voraussetzung für eine Zivilisation ist eine arbeitsteilig organisierte Gesellschaft, die in Städten zusammenlebt und von der Landbevölkerung versorgt wird. Zivilisation und Kultur stehen im engen Zusammenhang. Zum Beispiel: Römische Kultur, Lebensweise, technische Errungenschaften sowie die sozialen Lebensbedingungen ergeben die römische Zivilisation.

Register

Bildquellenverzeichnis

Ägyptisches Museum, Kairo: S. 66; Agora-Museum/Spot News, Athen: S. 114 o.; akg-images: S. 10/11 (James Morris), S. 14 o.r., S. 96 l.o., S. 100, S. 120, S. 124 o. (Pirozzi) und u. (Hervé Champollion), S. 131, S. 145 u. (Werner Forman), S. 152 u., S. 153 l.u. (Peter Connolly), S. 156 o. (Peter Connolly), S. 163 (Erich Lessing), S. 169, S. 170/171, S. 175 (Erich Lessing), S. 186 r. (Erich Lessing), S. 193, S. 198 l. 1./2.v.u. und r.u., S. 199, S. 228, S. 229, S. 240 M., S. 248; Alinari, Florenz: S. 201; Alinari/BRIDGEMANART.COM: S. 150 o.; Alinari-Giraudon: S. 177; American School of Classical Studies (Marie und Craug Mauzy): S. 14 o. M.; Anderson, Rom: S. 135 o.; Archäologischer Park/Regionalmuseum, Xanten: S. 22 o. und u. 1.-4.v.l.; Arena Verlag, Würzburg: S. 146/147; Arnoldo Mondadori, Verona: S. 25 o.r.; Ashmolean Museum, Oxford: S. 19 l., S. 112 u.r., S. 113; Antonio Attini: S. 75; Aventinum Verlag/K. Sklenár: S. 32/M8; Axel Poignant Archive: S. 50 u.; Bayerische Staatsbibliothek, München: S. 231 l.o., S. 233, S. 241 l.u., S. 235; C. Bevilacqua. Mailand: S. 98 l.o. und u.; Biblioteca Apostolica Vaticana: S. 223, S. 254 o.; Bibliothèque Nationale, Paris: S. 200, S. 210 l.; Bibliothèque Royal, Brüssel: S. 13 o.l.; Bildarchiv Preußischer Kulturbesitz (bpk): S. 12 M., S. 47 o.r. (Klaus Göken), S. 89, S. 92 u., S. 96 r.M., S. 105 u., S. 112 o.l., S. 118, S. 129 o., S. 136/137, S. 138, S.151, S. 178 l. (Alfredo Dagli Orti), S. 236, S. 237, S. 257 o.r.; Dieter Brede, München: S. 72; British Library: S. 256 o.; British Museum, London: S. 80, S. 81, S. 85 o.r. und M., S. 96 l.u. und r.u., S. 111 M., S. 112 o.M., S. 144 o., S. 231 r.; Burda-Verlag, Offenburg: S. 219 o.; Jose Camejo, Hamburg: S. 54 o.l.; Cesa, Marburg: S. 194; Colors Magazine/Todd Eberle: S. 28 o.; Hans-Joachim Cornelissen, Monte Estoril: S. 35 l.; Pierre Crotti, Lausanne: S. 33/M12; Giovanni Dagli Orti: S. 153 r.o., S. 154 o.; DAI, Athen: S. 114 r.u.; DAI, Kairo: S. 52/53; Araldo De Luca, Rom: S. 149 u.; Deutsches Architekturmuseum, Frankfurt: S. 38 r.; Deutsches Museum, München: S. 14 o.l.; Domkapitel Aachen: S. 204 M. (Ann Münchow); Dorling Kindersley: S. 71, S. 152 o. (Modell: Karl Shone/Peter Connolly) und M.r. (Paolo Donati), S. 158 M. (Stephen Conlin); DVA, Stuttgart: S. 27 o.; Jochen Eckel, Berlin: S. 160 o.; Edition Gallimard, Paris: S. 188/189, S. 254/255; Egmont Childrens Books, London: S. 160 u. (Philipp Hood); Ekdotike Athenon S.A., Athen: S. 112 u.l.; Erzbistum Köln/Generalvikariat – Denkmälerarchiv: S. 218 (Helmut Stahl); Explorer, Paris: S. 34 M. (M. Evans); Joachim Feist, Pliezhausen: S. 32/M4; FHW Desktop Publishing Unit/Foundation of the Hellenic World: S. 91; Forschungsinstitut für Alpine Vorzeit der Universität Innsbruck: S. 42; Foto Marburg: S. 166, S. 213 o.; Gamma Liaison, New York: S: 32/M2; Germanisches Nationalmuseum, Nürnberg: S. 202 r.; Giraudon/BRIDGEMANART.COM: S. 134; Klaus Grote: S. 31 l.; John Gurche: S. 26 r.; Regine Hahn, Weißenburg/Bayern: S. 63 r.; Herzog August-Bibliothek, Wolfenbüttel: S. 243; Hessische Landesbibliothek, Darmstadt: S. 230; Institut für Ur- und Frühgeschichte und Archäologie des Mittelalters der Universität Tübingen: S. 23 2.v.o., S. 50 M. (W. Tambour); Jan Thorbecke Verlag, Sigmaringen: S. 234; Kestner-Museum, Hannover: S. 63 l., S. 74, S. 82; Kinderbuchverlag Luzern: S. 88; Roland Kohlsaat: S. 178 r.; Kunsthistorisches Museum, Wien: S. 57 u.r. (Ingrid Asmus-Seipel, Konstanz), S. 65 l.; Kunstverlag Brück & Sohn, Meissen: S. 214 o.; Ernst Kupfer: S. 102 l.; Landesamt für Archäologie, Dresden: S. 23 o., S. 32/M5 (U. Wohmann); Landesamt für Denkmalpflege und Archäologie Sachsen-Anhalt: S. 29 (Juraj Lipták), S. 47 o.l. (Juraj Lipták), S. 47 u. (Juraj Lipták); Landschaftsverband Rheinland/Rheinisches Amt für Bodendenkmalpflege, Bonn: S. 37/M3; Lauros-Giraudon, Paris: S. 209; Loewe Verlag, Bindlach: S. 173 (Stephan Kaluza); Louvre, Paris: S. 12 u., S. 141, S. 198 r.o., S. 206 u.l.; Mary Evans Picture Library: S. 114 l.; mediacolors: Umschlag 2.v.l. (Löhr) und 3.v.l. (EGS), S. 14 u.l. (Bienik), S. 15 u.l. und 2.v.l. (Löhr); Metroplitan Museum of Art, New York: S. 111 u.r.; Middelhave Verlags GmbH: S. 240 u.; Ann Münchow, Aachen: S. 186 l., S. 212 o.; Musée Condé, Chantilly: S. 242; Museo Nazionale, Neapel: S. 182; Museum für Vor- und Frühgeschichte, Berlin: S. 34 u., S. 37/M2 und M4; National Museum of Denmark: S. 32/M6; Natural History Museum, London: S. 26 l.; Neanderthal-Museum, Mettmann: S. 33/M10; Niederösterreichisches Landesmuseum, St. Pölten: S. 37/M5; Augustin Ochsenreiter: S. 44; Österreichische Nationalbibliothek, Wien: S. 240 o.; Karlheinz Oster, Mettmann: Umschlag 2.v.r., S. 8 o., S. 14 u.r., S. 116/117; Photo Archive Jürgen Liepe, Berlin: S. 62; picture alliance: Umschlag r. (dpa/Patrick Seeger), S. 13 r.M. (dpa/Getty Platt), S. 15 o. (dpa/Felix Heyder), S. 15 u.r. (dpa), S. 31 M. (dpa/Everett Kennedy Brown), S. 54 r.u. (Helga Lade Fotoagentur), S. 86/87 (Bildagentur Huber/M. Pignatelli), S. 94 (dpa/Gero Breloer), S. 149 o. (Bildagentur Huber/Giovanni), S. 187 l. (dpa/Ronald Wittek) und r. (Bildagentur Huber/R. Schmid), S. 196 (dpa/La Presse Ricci), S. 226 (dpa/Steve Parsons); Picture Press/Hulbe: S. 244/245; Planet Earth Pictures: S. 25 o.l. (Peter Scooner); Polnisches Nationalmuseum, Warschau: S. 239 M.; Klaus Propson/Verlagsarchiv: S. 14 u.M., S. 15 u.M.; Rheinisches Landesmuseum, Trier: S. 142, S. 143; Roemer- und Pelizaeus-Museum, Hildesheim: S. 58 (P. Windszus), S. 67, S. 73, S. 85 r. 2.v.u. (P. Windszus); Römisch-Germanisches Museum/Archäologische Gesellschaft, Köln: S. 23 2.v.u., S. 37/M7 o.l.; Römisch-Germanisches Zentralmuseum, Mainz: S. 23 u. (Christin Beeck), S. 33/M9, S. 43 alle bis auf o.r. (Christin Beeck); Scala, Florenz: S. 122, S. 135 u., S. 156 u., S. 159; Schatzkammer, Wien: S. 216; Günter Schlottmann, Paderborn: S. 22 u.r.; Herbert Schöttle/Verlagsarchiv: Umschlag l.; Abdel Gaffar Shedid, München: S. 65 r.; Norbert Simianer, Ostfildern: S. 18 u., S. 19 r., S. 46; Slide File, Dublin: S. 252; Staatliche Münzsammlung, München: S. 198 l.o.; Staats- und Universitätsbibliothek Bremen: S. 204 u.r.; Stadt Aachen: S. 202 l. (Paula Schulz); Berthold Steinhilber: S. 184/185; Südtiroler Archäologiemuseum, Bozen (www.iceman.it): S. 20/21, S. 43 o.r.; SV-Bilderdienst/Rue des Archives: S. 54 r.o.; Tampa Museum of Art: S. 111 u.l. (Bastón Design Inc.); Harry Taylor: S. 24; Thiem/Lotos-Film, Kaufbeuren: S. 18 o., S. 64, S. 69, S. 85 u.r., S. 119, S. 152 M.l., S. 153 l.o., S. 153 r.u., S. 154 u.; Tony Stone, Hamburg: S. 15 u. 2.v.r. (Cosmo Condina); topic Verlag, Karlsfeld: S. 76; Helmut Uhlig, Berlin: S. 39 o.; ullstein bild: S. 13 o.r., S. 176 u., S. 227; Universitätsbibliothek Heidelberg: S. 206 o., S. 247, S. 251; J. Weiner, Bonn: S. 37/M7 M.l.; Weldon Owen Pty Limited, Australien: S. 30, S. 48, S. 49; Illustration von Fritz Wendler; aus: Ernst Probst, Deutschland in der Steinzeit, C. Bertelsmann Verlag GmbH, München 1991, in der Verlagsgruppe Bertelsmann: S. 40; Westermann, Braunschweig: S. 203; White Star S.r.l., Vercelli: S. 155 u., S. 158 u.; Wolgensinger, Zürich: S. 55 u.; Württembergische Landesbibliothek, Stuttgart: S. 231 l.u.; Württembergisches Landesmuseum, Stuttgart: S. 37/M7 u.; ZEFA, Düsseldorf: S. 45 (Robin Smith); weitere: Verlagsarchiv Schöningh.

Sollte trotz aller Bemühungen um korrekte Urheberangaben ein Irrtum unterlaufen sein, bitten wir darum, sich mit dem Verlag in Verbindung zu setzen, damit wir eventuell notwendige Korrekturen vornehmen können.